行政管理学

许驰 ◎ 主 编

李 宁 田风雪 刘雅晶 ◎ 副主编

清华大学出版社
北京

内 容 简 介

我国的传统文化源远流长，博大精深，蕴含着丰富的行政管理思想，本书致力于使学生了解中国传统行政管理思想，达到古为今用的效果，将中国传统行政管理的闪光点运用在新时代的行政管理中。同时本书还有效地阐释了行政管理学的基本原理和西方经典理论思想，实现洋为中用，以提高学生行政管理专业素养和知识水平。全书将中国古代管理思想和智慧、西方经典行政管理理论和我国现代管理实践紧密融合，帮助读者建立系统全面的知识体系和分析视角，同时每章结尾还安排了实战案例活动，旨在培养学生学以致用的应用能力。

本书主要供高校行政管理专业及相关专业本科生使用，也可以作为社会各界实际工作人员的学习参考用书。

本书封面贴有清华大学出版社防伪标签，无标签者不得销售。
版权所有，侵权必究。举报：010-62782989，**beiqinquan@tup.tsinghua.edu.cn**。

图书在版编目（CIP）数据

行政管理学 / 许驰主编 . -- 北京：清华大学出版社，2024.12. -- ISBN 978-7-302-67808-3
Ⅰ. D035
中国国家版本馆 CIP 数据核字第 2024NC1052 号

责任编辑：刘士平
封面设计：张鑫洋
责任校对：袁　芳
责任印制：刘　菲

出版发行：清华大学出版社
网　　址：https://www.tup.com.cn, https://www.wqxuetang.com
地　　址：北京清华大学学研大厦 A 座　　邮　编：100084
社 总 机：010-83470000　　邮　购：010-62786544
投稿与读者服务：010-62776969, c-service@tup.tsinghua.edu.cn
质量反馈：010-62772015, zhiliang@tup.tsinghua.edu.cn
课件下载：https://www.tup.com.cn, 010-83470410

印 装 者：大厂回族自治县彩虹印刷有限公司
经　　销：全国新华书店
开　　本：185mm×260mm　　印　张：17.25　　字　数：416 千字
版　　次：2024 年 12 月第 1 版　　印　次：2024 年 12 月第 1 次印刷
定　　价：49.50 元

产品编号：100025-01

前言
FOREWORD

中国曾在历史上创造了丰富的物质文明，也创造了举世公认的政治文明和政府管理文明，根植于儒家文化的科举制、内阁制等制度对政府制度的设计有着举足轻重的作用。中国共产党成立后，中国走上了一条探索具有中国特色的政府管理模式的道路。改革开放40多年以来，中国特色社会主义的道路、理论、制度、文化在全球的影响力不断地扩大和加深，为解决人类问题贡献了中国智慧和中国方案，日益呈现出国际化、本土化、跨域性等特征，回应并解决了一些重大的理论与现实问题。行政管理学是研究国家权力机关的执行机关依法对国家事务、社会事务和机关内部事务进行管理的一般规律的科学，与管理学领域的其他学科一样，是应用学科，是行政管理专业的核心课程。

本书的特色在于全面系统地介绍了行政管理学的主要理论与知识领域基础，创新性地将中国传统的行政管理思想与国外先进的管理理论与实践紧密结合，立意新颖。每章开头的引文体现了行政管理学日益呈现出的本土化、跨域性等特征，为读者提供信息、资料及多视角思考空间。同时本书还设计了贴合实际的创新性实践环节，能够更好地培养学生的管理思维与实际应用能力。

本书共十二章内容，按照"总—分—总"的结构布局，即"头"和"尾"两章带有总论性质，中间十章按照行政主体、行政行为约束和行政流程编排。"头"的部分是对行政管理学的总体概述；中间部分包括第二章介绍行政系统的影响因素（行政环境）；读者通过第三章不仅可以知道政府是干什么的，还可以知道政府用什么方法干它该干的事（政府职能）；通过第四章可以深入地了解政府"长"什么样（行政组织）；通过第五章了解政府怎样管理它的公务员（行政人事）；第六章告诉读者政府凭借什么资源干事（公共财政）；第七章是行政系统工作流程的完整展现（行政领导）；第八章是行政管理过程的起点（行政决策）；第九章是行政权力的集中表现（行政执行）；第十章介绍行政管理中什么事能做什么事不能做（行政监督）、第十一章介绍政府做事的效率如何去评估（政府绩效管理）。"尾"的部分总结了政府改革和发展趋势（第十二章）。

本书由哈尔滨金融学院管理系教师编写。许驰负责编写第一至四章；田凤雪负责编写第五、七章；刘雅晶负责编写第八、九章；李宁负责编写第六、十至十二章。在编写过程中，编者们参阅了大量有关的著作、论文、教材，使用了大量的案例，谨在此对各位作者表示真诚的谢意。

编　者

2024 年 5 月

目 录
CONTENTS

第一章　绪论 ··· 1
　第一节　行政管理与行政管理学 ··· 1
　　一、行政管理学在社会治理中的意义和作用 ······························ 1
　　二、行政管理的内涵与特点 ··· 2
　　三、行政管理学的研究目的与学科特点 ····································· 6
　　四、行政管理学的研究对象与方法 ·· 8
　第二节　行政管理学的形成和发展 ·· 10
　　一、科学管理时期（19世纪末20世纪初至20世纪30年代） ···· 10
　　二、行为科学时期（20世纪30至60年代） ····························· 11
　　三、现代行政管理时期（20世纪60年代以来） ······················· 12
　第三节　中国特色行政管理学的建设和发展 ································ 14
　　一、中国行政管理学研究回顾 ·· 14
　　二、我国行政管理学的发展趋向 ·· 16

第二章　行政环境 ·· 19
　第一节　行政环境概述 ·· 19
　　一、行政环境问题的提出 ··· 19
　　二、行政环境的含义 ·· 20
　　三、研究行政环境的意义 ··· 21
　第二节　行政环境要素 ·· 21
　　一、自然环境 ··· 21
　　二、社会环境 ··· 22
　第三节　行政环境和行政管理的互动关系 ··································· 29
　　一、行政管理对外部环境的依赖性 ·· 29
　　二、行政管理对外部环境的选择与塑造 ··································· 30
　第四节　中国现阶段的行政环境 ·· 30
　　一、以和平与发展为主题的国际环境 ······································ 30
　　二、社会主义初级阶段我国的基本国情 ··································· 31
　　三、中国现阶段社会环境对行政管理的要求 ··························· 32

第三章 行政职能 ··· 36
第一节 行政职能概述 ··· 36
一、行政职能的概念 ··· 36
二、行政职能的特点 ··· 37
三、行政职能的作用 ··· 37
第二节 行政职能体系 ··· 38
一、政府的基本职能 ··· 38
二、政府的层级职能 ··· 40
三、政府的运行职能 ··· 42
四、政府职能的实现 ··· 43
第三节 行政职能转变 ··· 46
一、行政职能转变的必然性 ··· 46
二、西方国家政府职能转变的沿革 ··· 46
第四节 改革开放以来中国政府职能转变 ··· 47
一、中国政府职能转变的沿革 ··· 47
二、中国政府职能转变的主要内容 ··· 50
三、中国政府职能转变的趋势 ··· 53

第四章 行政组织 ··· 56
第一节 行政组织概述 ··· 56
一、行政组织的含义与基本要素 ··· 56
二、行政组织的特点 ··· 58
三、行政组织的类型 ··· 59
第二节 行政组织结构和体制 ··· 60
一、行政组织结构 ··· 60
二、管理幅度与管理层次 ··· 62
三、行政组织体制 ··· 63
第三节 行政组织编制 ··· 66
一、行政组织编制的含义 ··· 66
二、行政组织编制管理的含义及内容 ··· 66
三、行政组织编制管理的原则 ··· 68
四、我国的编制管理机构 ··· 68

第五章 行政人事系统 ··· 71
第一节 行政人事管理与人力资源管理 ··· 71
一、人事行政的含义 ··· 71
二、人事行政的地位、作用 ··· 73
三、人事行政的原则 ··· 74
四、人事行政的运行机制 ··· 77

  五、人力资源管理概述 ··· 79
  六、人力资源管理与传统人事管理的区别 ··· 80
 第二节 国家公务员制度 ··· 80
  一、中国公务员制度的形成 ··· 80
  二、国家公务员的权利和义务 ··· 82
  三、国家公务员管理机构 ··· 83
  四、职位分类与品位分类 ··· 84
 第三节 国家公务员日常管理 ··· 85
  一、公务员的录用 ··· 85
  二、考核、奖励与惩戒 ··· 86
  三、职务任免与职务升降 ··· 87
  四、培训、交流与回避 ··· 88
  五、公务员辞职、辞退、退休 ··· 89
  六、职位聘任 ··· 90

第六章 公共财政 ··· **92**
 第一节 概述 ··· 92
  一、公共财政的相关概念 ··· 92
  二、公共财政的特征 ··· 93
  三、公共财政的职能作用 ··· 95
  四、公共财政的收支政策 ··· 95
 第二节 公共预算 ··· 96
  一、公共预算的含义 ··· 96
  二、公共预算的作用 ··· 96
  三、编制公共预算的原则 ··· 97
  四、公共预算的模式 ··· 97
  五、我国预算的编制、审批程序 ··· 100
 第三节 公共预算的执行 ··· 103
  一、控制与执行的权衡 ··· 103
  二、财政管理周期 ··· 103
  三、预算执行中需要关注的关键性问题 ··· 104
 第四节 政府决算 ··· 105
  一、政府决算的主要内容 ··· 106
  二、政府决算的编制程序和方法 ··· 106
  三、政府决算的申请与批准 ··· 108
 第五节 公共财政收入和支出 ··· 109
  一、公共财政收入 ··· 109
  二、国家税收 ··· 110
  三、公共财政支出 ··· 111

第七章 行政领导 …… 114
第一节 行政领导理论概述 …… 114
一、领导的含义、构成要素与特点 …… 114
二、领导与管理的区别及联系 …… 117
三、领导和管理工作的专业化 …… 119
四、行政领导的含义、特点、地位、作用 …… 120
第二节 行政领导者的职位、职权和责任 …… 122
一、行政领导者的职位 …… 122
二、行政领导者的职权 …… 123
三、行政领导者的责任 …… 123
四、行政领导权威 …… 124
第三节 行政领导制度和领导方法 …… 125
一、行政领导制度 …… 125
二、行政领导的方法、方式和艺术 …… 127
第四节 行政领导者的素质结构 …… 131
一、行政领导者的素质 …… 131
二、行政领导者个人的素质结构 …… 131
三、行政领导班子结构 …… 133
四、行政领导班子结构的优化原则 …… 134

第八章 行政决策 …… 136
第一节 行政决策概述 …… 136
一、行政决策的含义与特征 …… 136
二、行政决策的分类 …… 138
三、行政决策的原则 …… 141
四、行政决策的地位和作用 …… 142
第二节 行政决策程序 …… 144
一、从经验决策到科学决策 …… 144
二、行政决策的基本程序 …… 145
三、行政决策的基本模式 …… 148
第三节 现代行政决策体制 …… 151
一、现代行政决策体制的特点 …… 151
二、现代行政决策体制的作用 …… 152
三、现代行政决策体制的构成 …… 152

第九章 行政执行 …… 156
第一节 行政执行概述 …… 156
一、行政执行的含义、特征与分类 …… 157
二、行政执行的作用与地位 …… 159
三、行政执行的任务与基本原则 …… 159

四、行政执行的前提与手段……160

第二节 行政执行的主要环节……165
 一、行政指挥……165
 二、行政控制……167
 三、行政沟通……169
 四、行政协调……171

第三节 行政执行过程……173
 一、行政执行的准备阶段……173
 二、行政执行的实施阶段……174
 三、行政执行的总结阶段……175

第四节 行政执行障碍及解决措施……176
 一、影响行政执行的因素……176
 二、行政执行中的障碍分析……177
 三、克服行政执行障碍的对策……178

第十章 行政监督……181

第一节 行政权力制约的基本理论……181
 一、分权制衡理论：以权力制约权力……181
 二、人民主权理论：以权利制约权力……183
 三、社会契约论：以道德制约权力……185

第二节 行政监督的基本内容……186
 一、行政监督的含义……186
 二、行政监督的种类……188
 三、行政执行与监督在行政管理中的地位……189
 四、行政监督在行政管理中的作用……189

第三节 行政监督体系……190
 一、行政监督的内容……190
 二、行政管理内部监督体系……192
 三、行政管理外部监督体系……196
 四、构建权威高效的监督体系……200

第四节 我国行政监督机制的完善……201
 一、我国行政监督机制存在的问题……201
 二、完善我国行政监督机制的有效措施……203

第十一章 政府绩效管理……208

第一节 政府绩效管理概述……208
 一、政府绩效管理的概念……208
 二、政府绩效管理的意义……210
 三、政府绩效管理的特征……211

第二节 政府的绩效计划与实施……212

一、政府绩效管理的价值取向 212
　　二、绩效计划 213
　　三、绩效实施与过程管理 214
　第三节　政府绩效考核 214
　　一、政府绩效考核对象 214
　　二、绩效考核指标体系 215
　　三、个体绩效考核方法 217
　　四、系统绩效考核方法 218
　第四节　政府部门绩效反馈与改进 220
　　一、绩效反馈 220
　　二、绩效改进和导入 221
　第五节　中国政府绩效管理实践 222
　　一、中国政府绩效管理的现状 222
　　二、中国政府部门绩效管理存在的困难及原因 224
　　三、优化中国政府绩效管理的对策 225

第十二章　行政改革与发展 229
　第一节　行政改革概述 229
　　一、行政改革的含义 229
　　二、行政改革的必然要求 230
　第二节　西方国家行政改革实践 231
　　一、当代西方国家行政改革的发展趋势 231
　　二、西方国家行政改革的主要特征 234
　第三节　中国行政改革的经验与未来展望 237
　　一、中国行政改革的经验 237
　　二、中国行政改革的展望 238
　第四节　行政发展概述 240
　　一、行政发展的含义与特点 240
　　二、行政发展的动力与阻力 241
　　三、行政发展的内容 243
　第五节　行政发展理论 244
　　一、公共选择理论 244
　　二、新公共管理理论 247
　　三、新公共服务理论 249
　第六节　行政发展实践 250
　　一、西方国家行政发展实践 250
　　二、中国行政发展的历程 253
　　三、中国行政发展的方向 259

参考文献 262

第一章

绪　论

【学习目标】
* 掌握行政管理的内涵和特点。
* 明确行政管理学的研究对象。
* 了解行政管理学的学科特点和研究方法。

《史记·周本记》曾记载："成王少，周初定天下，周公恐诸侯畔周，公乃摄行政当国。"行政一词在中国古已有之，它是随着国家的产生而产生的。行政管理学作为一门独立的学科已走过百年历程。作为一门应用学科，行政管理百余年的发展史内容颇为丰富，我国行政管理学在推进行政改革和实现行政管理科学化的过程中起着越来越重要的作用，行政管理正经历着蓬勃发展时期。在本章，我们将从行政管理及行政管理学的内涵入手，了解行政管理学的形成与发展，以及中国特色的行政管理学是如何建设和发展的。

第一节　行政管理与行政管理学

一、行政管理学在社会治理中的意义和作用

"行政"一词在我国应用较为广泛，不限于政府工作，企业、各类组织、事业单位也常常涉及行政管理，主要关乎行政管理的岗位职责、管理技能、行政事务管理等。而本书所讲的行政管理，主要是指各级政府部门在执行政府职能及其具体运作过程中，对所经历的程序、环节，以及所处理的事项和解决的问题等的管理活动。我国宪法规定，国务院是最高国家权力执行机关、最高国家行政机关，是全国的中央人民政府。而各级人民政府则分别面向全省、自治区、直辖市和市、县等。由宪法和法律规定的各级政府行使的职权，都是行政管理的职权。

综上所述，完全可以认为，人类社会自原始社会之后，出现国家和政府组织以来，无论是奴隶社会、封建社会、资本主义社会还是社会主义社会，不同性质和方式方法的行政管理都从来没有间断过。从世界各国历史来考察，很容易看到，一个国家乃至一个地区的行政管理与其盛衰成败息息相关，同时也决定着老百姓的生活质量。

行政管理在各种管理之中，也在各种管理之上，是涉及面最广和最具有权威性的管理。中国素来以历史悠久著称于世，产生了许多杰出的政治家、思想家、军事家和各类优秀的管理人才，出现了汉、唐、宋、明、清等走在世界历史前列的强大王朝，历代统治者在政府行政管理方面也积累了丰富的经验。行政管理关乎老百姓日常社会生活的各个方面，包括吃、穿、住、用、基础设施、教育、交通、医疗卫生、养老、就业、文化娱乐、安全保健等，政府中的行政管理可以说是千头万绪、纷繁复杂。

在社会主义社会，如果行政管理不上轨道、管理不善，必将产生两种严重的不良影响：一是严重影响中国共产党和人民政府的声誉与形象，直接损害党和政府与人民群众的关系；二是严重影响社会主义制度的声誉和形象，大大妨碍社会主义制度优越性的发挥。即使其他相关条件都很好，若关系全局和具有关键和枢纽作用的行政管理不能正确、及时、得力、有效地发挥作用，那么结局也可想而知。

以近现代的"福利国家"为例，"从摇篮到坟墓"的管理，其中主要和绝大部分都与行政管理有关。说行政管理事关国计民生，是切合实际的。其实，在一个人的生前和死后，如生前的计划生育、孕妇检查、胎儿保健，死后的死亡证明、殡葬改革，以及遗留问题的处理等都存在管理问题。同时，行政管理关系到国家发展和社会进步的大计，包括内政外交、国防安全、物质文明、政治文明、精神文明、生态文明等，这里不一一列举。

回顾过去的历史，在社会主义革命和建设中所取得的胜利和成就，无不存在行政管理因素。汉语中的"政治"一词，其词义即政要落实到治，是什么"政"要通过"治"来证明。有政而无治，政是空的。"德治""法治""人治"主要是指所行何政和如何行政。听其言（政治）还要观其行（行政），才能得到体现和检验。在《孙中山全集》中孙中山提出："政治两字的意思，浅而言之，政就是众人之事，治就是管理，管理众人的事便是政治。"这也是关于政治和行政关系的一家之言。

行政管理实践还表明，为了迎接国家在发展过程中面临的新机遇和新挑战，解决国家在治理中出现的一个个新问题，政府行政管理方面必须及时进行改革，才能与时俱进，取得较好的效果。行政管理改革需要研究，于是一门新兴学科——行政管理学便应运而生并且得到较快的发展。

二、行政管理的内涵与特点

（一）行政的内涵

"行政"一词在中国古代典籍中早已出现。《左传》中载有"行其政令"或"行其政事"。《史记·周本纪》也载："周公、召公二相行政。"说的是公元前841年，周厉王为政不仁，迫使国人愤而发难，于是厉王惶惶逃遁。周、召二公在国人的拥戴下执掌政务，史称"共和行政"。古人所说的行政，意为处理政事，执行政务。

在日常生活中，对"行政"一词的理解主要有两种：一种是把它理解为勤杂事务或对这类事务的管理，所以大小单位都设有行政科（处、局）以处理物资供应、房屋修缮、伙食、水电等杂务。另一种是把它理解为权力当局。例如，工会对某一事情提出了建议，行政上要对此加以考虑。这里的行政是指具体机构，既可以是政府机关，也可以是企事业、党、群团体的办事机构。

在西方，学者对"行政"的理解见仁见智，说法多种。其代表性观点有三种。狭义行政说，即认为行政是指除国家立法、司法系统以外的行政系统所从事的活动。它以美国行政学家威洛比（William F. Willoughby）为代表。威洛比在《行政学原理》一书中，依据立法、行政、司法"三权分立"的原则，提出行政仅仅是指政府行政部门的政务活动的观点。这种观点的意义在于把"行政"概念的质的规定性表述得较为明确，其缺陷是不能全面地反映出当代"三权"之间相互渗透、行政权逐步扩大的现状与趋势。

广义行政说，即认为行政是一种与政治相分离的、为了实现国家目标的执行活动。这种观点以美国行政学家古德诺（Frank J. Goodnow）为代表。他在《政治与行政》一书中提出，在所有的政府体制中，都存在着两种主要的或基本的功能，即国家意志的表达和国家意志的执行。他将这两种功能分别称为"政治"与"行政"。这种观点的意义在于促使行政管理学从政治学母体中分离出来，并逐步形成一门独立的学科，推动了行政管理学理论的发展与完善。其缺陷是片面地强调政治与行政两者之间的分离，不能全面地反映当代世界各国政治与行政紧密联系、相互结合和相互影响的实际情形。

最广义行政说，即认为行政是指国家所有机关（包括立法、司法、行政各系统所属部门）和所有企事业单位的行政事务的管理与处理。这种观点以美国学者赫伯特·A.西蒙（Herbert A. Simon）等人为代表。他们在合著的《行政学》一书中指出，最广义的行政就是若干人为达到共同目的所做的合作的集体行动。这一解释后来演变为"行政即指一切团体处理行政事务的活动"的广泛性观点。这种观点的意义在于把行政概念的外延扩展到部门行政的范畴，使行政管理学研究的范围更为广阔。当前在一部分西方国家中所出现的营利性机构的行政活动与非营利性机构的公共行政活动日益趋同化的现象，证明了这一观点具有现实意义。其缺陷是容易与国民经济管理、企业管理等相关学科所研究的领域和内容相混淆，不易显现行政管理学科的独特性和确定性。

目前，我国行政管理学界关于"行政"的内涵也众说不一，但是人们都把马克思关于行政的阐述作为共同的基础。所有的国家都在寻找行政机关无意或有意地办事不力的原因，他们把行政措施看作改正国家缺点的手段。为什么呢？因为行政是国家的组织活动。马克思关于"行政是国家的组织活动"这一科学论断，以行政机关为前提，准确地揭示了行政的内涵，指明了行政的三个基本特点。

第一，行政是国家的活动，即国家的一项职能。它的主体是国家，而不是个别人或社会组织。对企业集团，主要使用"经营"这一名称，而行政主要用于国家事务的管理方面。

第二，行政是国家的组织活动，即国家必须通过行政组织，才有可能行其职能。不设置行政组织、不合理地配备行政人员，国家的职能活动就无法开展。

第三，行政是相对于国家立法机关而言的。国家行政机关是国家权力机关的执行机关。执行是行政的一个本质特征，行政即执行统治阶级的意志、法律和政策的组织活动。

（二）行政管理的内涵、来源与发展

1. 行政管理的内涵

行政管理是一种以国家权力为基础，以政府机关为管理主体，以国家事务、社会公共事务以及政府机关内部事务为管理对象的管理活动。其本质上体现着政府管理公共事务、谋求公共利益、承担公共责任的过程。这一定义包含四层含义。

第一，行政管理的主体是政府。狭义的政府是指国家权力机关的执行机关，即国家行政机关，或者仅指中央政府或内阁。我国是议行合一的体制，政府是国家的行政机关，是国家权力机关的执行机关，政府由人民代表大会选举产生，并对人民代表大会负责。

第二，行政管理的内容是国家事务、社会公共事务和自身内部事务。对国家事务的管理，即国家行政机关对国防、外交等事务的管理，这主要是对外而言。对社会公共事务的管理，包括对社区、地区或国家等各层次的社会公众或居民所共同面临的事务的管理，与特定范围的社会公众的利益息息相关，如城市交通、供水、煤气、教育等。对自身内部事务的管理，即对行政机关自身的机构设置、人员、经费、财务、工作程序等的管理。

第三，行政管理的基础是国家公共行政权力。行政权力是一切行政现象的基础，在现代民主社会中，公共行政权力是经立法机关授权和法律规定，由政府行使的，区别于立法、司法以及军事等其他国家公共权力。政府从合法、合理的权力地位出发，通过履行特定的职能，实现国家对广泛社会生活的有效管理。

第四，政府的管理活动必须依法进行。依法进行，就是政府管理必须有法定身份、地位和法定权力，必须依照法定程序进行活动。政府管理所依据的"法"不仅包括法律规范，还包括法律的一般原则、法律精神和法律目的。

2. 行政管理的来源与发展

行政管理作为人类社会的管理现象，与其他管理活动一样，是人类社会的必然产物。人类为了获得维持生存所需的衣食住等物质生活条件，就必须共同生活，以一定的生产方式相互结合起来，建立一定的社会秩序，保证整个社会生产和生活的正常进行。只要存在人类群体的共同生活，就有管理问题，正如马克思所言："一切规模较大的直接社会劳动或共同劳动，都或多或少地需要指挥，以便协调个人活动。"行政管理最早萌芽于原始氏族和部落公共事务的管理。关于这一点，恩格斯在《家庭、私有制和国家的起源》中进行了比较详细的考察和论述。他在考察易洛魁人的氏族、希腊人的氏族、罗马的氏族、凯尔特人的氏族、德意志人的氏族的生活和历史之后，发现原始氏族有一个共同点，就是设有氏族机构，如"议事会""联盟议事会""人民大会"和"巴赛勒斯"（军事首长）等，以及有相应的人员来管理原始氏族和部落的公共事务，如保护共同财产、指挥协作劳动、管理共同的墓地、宣布对外战争、解决内部争端、监督用水、主持祭祀活动等。这些氏族机构及其人员可以说是行政管理机构及其管理人员的萌芽。

但文明时代的行政管理是从有了国家组织才开始的，而国家是随着社会分工的发展以及阶级的出现而产生的。由于阶级的出现和财富的迅速集中，氏族团体的成员再也不能集会来处理自己的共同事务了，只有不重要的事情，例如宗教节日，还勉强能够安排。除了氏族团体有责任并且能够予以保证的需要和利益以外，由于谋生条件的变革及其所引起的社会结构的变化，又产生了新的需要和利益，这些新的需要和利益不仅同旧的氏族制度格格不入，而且千方百计在破坏它。于是，氏族制度被国家代替了。

国家的产生标志着以国家权力为基础的行政管理正式产生。在国家产生以前，氏族机构对公共事务的管理还只是一种社会职能。国家产生以后，国家作为阶级矛盾不可调和的产物，是阶级统治的工具。占统治地位的阶级，运用国家机器这种凌驾于社会之上的强制力量，按照本阶级的意志支配社会生产和生活，对社会公共事务实行管理。自此以后，行政管理既是国家实施管理的一种社会职能，也是一种政治职能；作为行政管理对象的社会公共事务，既有公共性的一面，也有阶级性的一面。而且随着社会组织要素、经济结构、政治权力结构以及社会沟通网络的变化，各个社会阶段的行政管理有着不同的内容和特点。

（三）行政管理的特点

如上所述，在原始氏族社会，行政管理活动只是一种社会职能，它与我们今天所说的一般管理活动没有什么区别。但自国家产生以来，行政管理活动就开始具有不同于一般意义上的管理活动的特点。尤其是到了近代社会，一方面，国家职能开始分化，立法、司法和行政逐步分离，行政管理获得了相对独立的发展空间；另一方面，随着工商企业组织的出现及其规模的迅速扩大，一般意义上的管理也在工商企业组织领域获得了相对独立的发展空间。所以，人们一般把与政府或行政机关的活动相关的管理，称为行政管理；而把与工商企业组织的活动相关的管理，称为企业管理。

概括地说，行政管理活动的"公共性"特点主要表现在以下五个方面。

第一，行政管理的权力基础是公共权力。公共权力是由宪法、法律所规定，有社会和公民所认同的公共权威。在国家产生之后，公共权力集中表现为国家权力，包括立法权、司法权、行政权等。行政管理所行使的是其中的行政权。公共权力代表着国家的意志，为大多数公众所认同，具有很高的权威性和很强的约束力。它的行使有国家的暴力工具，如警察、军队、监狱等为其做后盾和保证。公共权力的这一性质，决定了行政管理活动具有很强的政治性、权威性和强制性。

第二，行政管理的基本职能主要是管理社会公共事务。行政管理之所以需要行使公共权力，是由其肩负的管理公共事务的职能决定的。这个特点说明，凡是公民个人可以自理的事情，凡是工商企业组织内部的事情，政府行政管理机构都不必干预，不必插手管理。行政管理所管的是公民个人管不了的、企业不愿管或管不了的社会公共事务，以及政府机关的内部事务。行政管理将管理社会公共事务作为基本职能的性质，使其具有了明显的社会性、广泛性特点。

第三，行政管理的宗旨是为公共利益服务。行政管理行使公共权力、管理公共事务，这决定了它必须以谋取公共利益为宗旨。公共是相对于私人而言的，从本质上说，行使公共权力和管理公共事务就是要代表和谋取公共利益，或称"公众的利益"，而不是某集团或者私人的利益。行政管理以谋取公共利益为宗旨的性质，决定了它具有鲜明的服务性、非营利性和全局性等特点，也决定了其公众参与性的特点。

第四，行政管理必须承担社会公共责任。依法行使公共权力，管理公共事务，代表和实现公共利益，相应地就必须承担公共责任，包括对社会公众和公民所负的责任，对国家宪法、法律所负的责任，对上级行政机关或行政领导所负的责任，对执政党所负的责任等。行政管理必须承担公共责任的性质，决定了其具有规范性、合法性、合理性等特点。

第五，行政管理必须坚持公开、公正、公平的原则。这是由前面的四个特点决定的。公正和公平是管理社会公共事务和谋求公共利益的必然要求，而公开是保证公正、公平的前提。只有公开，才能接受社会公众和公民的检查、监督和评判。

三、行政管理学的研究目的与学科特点

（一）行政管理学的研究目的

研究行政管理学的目的在于明确行政价值，寻找和掌握行政管理的一般规律，获取指导行政工作的原理、原则和系统知识，促进行政管理的科学化、法治化、现代化，从而高效地实现行政目标与行政价值。

（1）行政管理科学化就是尊重行政管理活动的客观规律，采用现代科学的管理方法实施政务，即行政管理中的决策、咨询、执行、信息、监督等活动和国家行政机关自身建设中的机构设置、人员配备和工作程序等，都要有科学的依据并严格按照规律行事。实现行政管理科学化，必须按照开放的、系统的观点，建立起决策、执行、监督有机统一的现代化行政管理体系。现代行政管理的功能和效率主要取决于：是否有严密的科学决策系统，及时做出有效、经济、可行的决策；是否有高效率的执行系统，准确、高效率地组织实施各项决策；是否有强有力的监督系统，对整个行政管理过程实施有效控制，保证预定目标的实现。

（2）行政管理法治化就是运用法律规范和其他具有法律性质的各种行政规则来进行行政管理，实现依法行政，以维持和保证行政管理的权威性和行政效能。邓小平在谈到我国党政机关中严重存在的官僚主义病根时指出："我们的党政机构以及各种企业、事业领导机构中，长期缺少严格的从上而下的行政法规和个人负责制，缺少对于每个机关乃至每个人的职责权限的严格明确的规定，以至事无大小，往往无章可循。"实现行政管理法治化，重要的是健全完善行政法制，建立健全行政法制体系。在现代，具有完备的、发达的行政法制，已成为保证有效、经济、公正的行政管理的基本手段，是各国行政管理走向法治化、现代化的基本标志。

（3）行政管理现代化就是国家行政机关及其管理活动，在思想观念、组织机构、人员素质、方法手段等方面都达到现代化的水平。行政管理现代化一般包括行政管理体制的现代化和行政管理手段的现代化。前者主要是指按照现代化的思想观念和现代化管理的要求确定一系列行政管理的具体制度和措施，把组织机构、人员配备、协调机制、监督手段等方面都纳入现代化的轨道；后者主要是指行政管理中采用一系列先进的技术手段等，为行政管理的现代化提供必要的物质条件。行政管理的科学化、法治化、现代化三个方面相互依存、互相促进。学习和研究行政管理学，就是要掌握现代行政活动规律，寻求在我国社会主义初级阶段条件下实现行政管理科学化、法治化、现代化的途径，形成权责一致、分工合理、决策科学、执行顺畅、监督有力的行政管理体制，促进我国社会主义现代化建设。

（二）行政管理学的学科特点

行政管理学作为一门理论性与应用性相结合的科学，其学科特点主要表现在以下方面。

综合性。这一特点由政府行政管理的复杂性、广延性所决定。政府行政管理的对象繁多且复杂，与此相一致，行政管理学也就必须研究涉及各个方面的管理问题。因此，研究

行政管理现象必须具备许多相关学科的知识，并为此发展出了多种专业行政理论，如司法行政、公安行政、工商行政等。综合性是行政管理学的学科优势和突出特点之一。

实践性。行政管理是一个实实在在的过程，行政管理学就是使这一过程合法、合理、行之有效。为此，就必须从这一过程中寻找、发现问题，经过客观分析和周详论证，进而提出解决问题的对策。实践性是行政管理学的生命力和效用性的基础。离开了行政管理实践，行政管理学就失去了存在的价值。

系统性。政府是一个按照一定法则建立的、有着一定结构和序列的相互联系的组织系统，其行政活动或行政行为是按照一定的法则开展的，并产生整体效应。这就要求行政管理学具有同样的特点。只有用系统的观点和方法看待、研究各种行政现象及其相互关系，才能提出解决各种复杂行政问题的正确方法。

技术性。研究和解决行政问题，不仅要有正确的理论指导，而且要有科学、可靠的方法和技术。如前所述，行政管理学就是一门建立了众多的研究和解决问题方法的学科，并形成了方法论方面的综合优势。

发展性。行政管理是人类社会发展的产物，它随着时代的进步而不断演进。与此一致，研究国家行政现象的行政管理学也必须不断更新、创造和发展。在行政学的发展史上，新的理论和方法层出不穷，这些理论和方法都在适应着政府在新的社会历史条件下行政管理的需要。正因如此，行政管理学才历久不衰，为各国政府所重视。

（三）行政管理学与相关学科的关系

行政管理学是综合性、交叉性的学科，与许多学科有着密切的关系。分析它们之间的区别与联系，有助于我们更好地把握行政管理学的特征。

行政管理学与管理学的关系。管理学是研究管理规律的科学，早在19世纪下半叶就先于行政管理学而产生和发展起来，现代管理学已发展成为涉及工程、经济、心理、数学、计算机等学科的具有极强综合性的学科。行政管理学是研究行政管理规律的，管理学是研究一般管理规律的，它们是小系统与大系统、子系统与母系统的关系，行政管理学是管理学的一个分支，管理学的原理、原则涵盖了行政管理学的规律。

行政管理学与政治学的关系。政治学是研究国家政治现象及其发展规律的学科。政治与行政的密切关联，决定了行政管理学应运用政治学的基本理论研究行政管理规律。行政管理学应借助于政治学指引其努力方向，政治学则有赖于行政管理学充实其内涵。

行政管理学与法学的关系。法学是以社会现象中的法律为研究对象的科学。行政管理的规律之一是依法行政。行政管理既受法律的指导和制约，又运用法律来制定行政法规进行管理，而行政法规的制定和实践又丰富了法学的内容。因此，行政管理学与法学存在着相互渗透、相互交叉的关系。

行政管理学与社会学的关系。社会学以社会和社会问题为研究对象，探讨社会良性运行的规律。行政管理学运用社会学的理论、原则和方法于行政管理之中，充实了行政管理学的内容。社会学的理论、原则也有赖于行政实践中的实施和验证。

行政管理学与心理学、经济学、财政学、数学、运筹学等学科也有密切关系。行政管理学要借助这些学科的理论与方法揭示行政管理的规律，保证或促进行政管理科学化的实现。行政管理学正是在行政管理实践中、在相关学科的发展进步中得以不断丰富和发展。

四、行政管理学的研究对象与方法

（一）研究对象

基于上述对行政和行政管理含义的深入认识，行政管理学就是研究国家权力机关的执行机关依法对国家事务、社会事务和机关内部事务进行管理的活动及其一般规律的科学。行政管理对象的广泛性也决定了这个学科与多个学科有着密切的联系。作为行政管理学，其主要研究对象与行政管理的主要构成要素是一致的，即行政管理的主要研究内容可以分为行政管理主体研究、行政行为约束研究和行政流程研究三大部分。

（1）行政管理主体研究。这是行政管理学的核心部分，它具体包括政府职能、行政组织、政府间关系及行政人员。这些内容之间存在清晰的逻辑联系，即作为国家职能组成的政府职能是全部行政管理活动的逻辑起点，政府职能的抽象性决定了它必须以行政组织和不同层级的政府为载体。行政组织和不同层级的政府又是在行政体制内运作并发挥作用的。行政组织及各级政府的真正运作主体是人，而在行政组织及各级政府内的行政人员就是政府的人力资源。

（2）行政行为约束研究。这是研究约束行政管理主体行政行为各因素的部分，这些约束因素主要包括公共财政、行政法治和行政伦理。政府的所有活动都离不开资金的支持和保证，所以公共财政是必须要研究的重要约束因素。所有现代国家都是法治国家，政府以"法无授权不可为"作为基本行为准则，研究行政行为也必须研究行政法治。行政伦理作为一种特殊的职业伦理，其特殊性就在于它是指导和约束政府公职人员的职业伦理，而政府公职人员是政府职能的实现者。

（3）行政流程研究。这是研究政府管理过程的部分。政府的一般管理流程依次包括行政领导、行政执行、政府绩效管理、行政监督几个环节，行政领导即组建了领导机构，确立了领导体制才能开始行政决策、行政执行等后续实务。政府绩效管理和行政监督都是行政管理的控制手段，它们的区别在于，绩效管理可以起到事前引导、事后反省的作用，而行政监督更多的是事中、事后的督促和处罚。

（二）研究方法

中国古语说：给人以鱼，得一餐食；教人以渔，得一生食。这句古语充分说明了掌握方法的重要性。学习和研究行政管理学，要取得好的效果，除了学好这门课程外，掌握科学的方法是十分必要的。这里介绍几种主要的方法。

1. 历史的方法

历史的方法就是从行政管理实践和行政管理理论的历史演变中学习和研究行政管理的方法。这是一种至今仍被广泛使用的最传统的方法。古今中外的许多政治家正是通过学习历史的知识、借鉴历史的经验巩固自己的统治地位的。多数行政管理思想家以及学者也是通过这种学习和研究方法而形成自己的看法或建立自己的理论框架的。同样，在现代社会，学习和研究行政管理学，也要学习借鉴历史经验和智慧。

2. 理论的方法

理论的方法是一种运用逻辑思维对行政管理的现象进行归纳或演绎推理从而抽象出基

本的观点、思想以致理论体系的方法。行政管理学的基本原理和原则，就是运用这种方法而形成的。社会是不断发展变化的，行政管理学的理论不是一经形成就永恒不变，相反，它随着社会实践的发展而不断修正和丰富。所以，在运用这种方法时，要注意理论联系实际，让抽象出来的观点、思想以致理论体系回到实践中去指导实践，并在实践中接受检验，从中加以修正、补充、发展。

3. 调查的方法

中国古代诗人陆游有诗云："纸上得来终觉浅，绝知此事要躬行。"毛泽东曾说，"没有调查，没有发言权""一切结论产生于调查情况的末尾，而不是在它的先头"。行政管理学是一门应用性很强的科学，实践是行政管理学生长和发展的土壤。到行政管理实践中去进行调查研究，有助于发现行政管理的新现象、新问题，也有助于更加全面地掌握行政管理学的基本规律，并推动行政管理学的发展。调查的方法包括实地考察、抽样调查、现场采访、民意测验、舆论监测、电话访谈等。

4. 比较的方法

比较的方法就是在两个或更多的对象之间进行对比分析，以找出它们的差异性和相似性的方法。这也是一种适用范围相当广泛的方法。第二次世界大战结束后，这种方法在政治学和行政管理学中发展得非常快，已经发展出比较政治学、比较行政学等分支学科。行政管理的比较地域范围是世界各国，但运用这种方法要注意对象的可比性，因为比较的基本规则是，拿来比较的现象必须是同类的。比如，可以对不同国家的行政管理制度进行比较，也可以比较不同国家或地区行政管理模式的异同，还可以对同一国家或地区的同一类对象如政府职能进行不同历史阶段的比较，等等。

5. 系统的方法

系统的方法是从系统工程理论移植过来的。系统的方法包括许多内容，简要地说就是运用系统工程的理论和方法来分析和研究行政管理过程，把构成行政管理的各项因素，如人、财、物和信息等作为一个有机的整体，看成一个系统，进行全面分析，把事物的各个环节联系起来，对它们之间的关系进行定量分析，以确定目标和最优的实施办法，求得最高效率。行政管理的系统分析，不仅从静态看系统的构成，还从动态看系统的活动，把行政管理看成是信息的"输入—转换—输出"的过程，研究从客观环境取得的某些信息的输入（主要指来自社会的需要和条件）、信息的转换（主要指决策、拟订行政实施议案）和信息的输出（主要指作用于社会行政管理客体的效果），同时，还研究信息的反馈。

6. 案例的方法

案例的方法在医学、法学等领域的成功运用，引起了社会科学家的兴趣。20世纪30年代美国哈佛大学商学院就开始把案例分析引入管理科学的教学和研究中，40年代以后发展为一种广为流行的研究方法。这种研究方法首先把已发生的典型而真实的行政事件，原原本本地、客观地用文字叙述出来，形成可供分析和研究的行政管理案例，然后进行经验性、实证性的研究，以求在直接或间接证据的基础上，探寻有关行政管理活动的规律和治事规范。这种方法通过思考、分析和争辩，在加深对行政管理知识、理论以及技术的理解与记忆的同时，提高分析和处理实际问题的能力。

7. 实验的方法

实验的方法是研究者通过有意改变或者人为设计的社会过程来了解研究对象的外显行为，发现影响人们行为的主要因素的一种方法。实验法的依据是，自然和社会中现象与现象之间相当普遍地存在着一种相关关系——因果关系。一般来说，实验的方法包括实验室实验法和自然实验法，前者便于严格控制各种因素，并通过专门仪器进行测试和记录实验数据，具有较高的信度；后者则更接近人们的生活实际，便于实施。实验法大量应用于心理学、教育学等学科，行政管理领域也开始逐渐采用实验研究的方法，主要集中在行政决策、风险控制等领域。

8. 定量分析的方法

定量分析的方法是对社会现象的数量特征、数量关系与数量变化进行分析的方法。定量分析的理论基石是实证主义，强调对研究对象进行量的探讨和解析。目前，定量分析主要应用于经济学、人口学、社会学等学科，而在行政管理的研究中，定量分析法的发展势头同样极为迅猛，如行政绩效、公共政策、财政等研究领域，均大量采用定量分析的方法。随着大数据时代的到来，定量分析法也越来越受到研究者们的推崇。

第二节　行政管理学的形成和发展

行政管理学是现代社会发展进步的产物。就社会历史背景而言，产业革命后的社会化大生产和科学技术的进步，为行政管理学的产生奠定了物质基础；企业管理、行政管理的实践为行政管理学的产生提供了有益的经验材料；政治学、法学、管理学、经济学、心理学等相关学科的发展为行政管理学的建立提供了丰富的思想理论资料。就行政管理实践而言，一方面，资本主义经济发展和资本主义国家政府职能变革必然催生行政管理学。在自由资本主义时期，政府只是充当"守夜人"。随着资本主义经济的进一步发展，到19世纪末20世纪初，"市场失灵"表明，简单化的经验管理已经不再适应行政实践的需要，必须有一个能够做事的、有能力、有效率的政府对经济、社会进行协调、控制，资本主义国家的政府行政管理职能由此迅速扩大。另一方面，当时各国政府机构中普遍存在办事效率低下、腐败现象严重、官僚主义盛行等弊端，迫切要求进行行政改革，这为行政管理学的产生提供了契机。行政管理学正是在这样的历史环境下应运而生的。

行政管理学产生至今，经历了不同的发展时期，以研究方法、价值追求、理论特征为标准，我们将其划分为科学管理、行为科学、现代行政管理三大阶段。

一、科学管理时期（19世纪末20世纪初至20世纪30年代）

科学管理时期的主要代表人物有美国学者威尔逊（Thomas W. Wilson）、古德诺（Frank J. Goodnow）、怀特（Munsell Wright）、威洛比（William F. Willoughby）等。

根据现有资料，最早使用"行政学"一词的是德国学者冯·史坦因（Lorenz von Stein），他于1855年出版了《行政学》一书，主要讨论了警察权、国家与地方行政组织、民政、卫生与健康、治安行政与教育行政等问题，他期待行政权的运行符合"宪法"及时代精神，但史坦因主要是从行政法意义上使用"行政学"一词的。

1887年，威尔逊在美国哥伦比亚大学《政治科学季刊》上发表了《行政学研究》一文，由此蜚声政治学界并产生了深远影响。该文被视为行政管理学发端的标志，他本人被誉为行政管理学鼻祖。威尔逊行政管理思想主要包括行政管理学研究的必要性、行政管理学研究的目的、行政管理学研究的方法、行政管理的实质等。

威尔逊认为，没有任何一门实用科学，当人们还没认识到它的必要性时会对之进行研究，把行政管理研究提上议事日程是时代的要求，因为"与制定一部宪法相比较，贯彻一部宪法变得越来越困难了"。威尔逊认为，行政管理学研究的目的是，"首先要弄清楚政府能够适应而且成功承担的是什么任务，其次要弄清政府怎样才能够以尽可能高的效率和尽可能少的金钱或人力的消耗来完成这些专门的任务"。威尔逊提出了政治与行政二分法，他认为，政治是政治家的特殊活动范围，行政管理则是技术性职员的事情。"行政管理是政府工作中较为显著的一部分，它就是行动中的政府，它就是政府的执行，政府的操作。"他认为，如果对权力控制和使用得当，集中的权力能够更好地造福国民，这种权力越大越好。为了提高行政效率，可以适当牺牲民主，一个良好的政府应有两大支柱，即坚强有力的政务官和精干效能的文官。

古德诺是与威尔逊同时代的又一著名行政学家，其代表著作是1900年出版的《政治与行政》一书。古德诺认为，所有的政府体制都存在着两种主要的或基本的功能，即国家意志的表达和国家意志的执行，前者称为"政治"，后者称为"行政"。政治是国家意志的表达，即政治制度；行政是国家意志的执行，即政治执行。前者通过政党活动、民意表达、选举投票、政治分肥等途径引导或影响政府的政策行为，后者纯系政策的执行工作。古德诺认为，政治与行政的分离在实践中并不现实，必须使二者相互协调，这种协调的基础便是政治必须以某种形式实现对行政的控制，但必须保持一定的限度，比如不妨碍执行功能的发挥。一方面，为保证国家意志的执行，政治必须对行政进行控制；另一方面，为保证政府的民主性和政府的高效率，这种控制又必须维持在政治与行政协调的范围内。

怀特于1926年出版的《行政学导论》一书是美国第一本行政管理学教科书，其贡献在于运用传统理论和方法全面概括、介绍了行政管理学所面临的各种问题。他指出，在错综复杂的现代社会中研究行政事务，必须运用科学的方法以得出某些规律性的东西，进而构建完整的原理、法则和知识体系。

威洛比于1928年出版了《行政学原理》一书，他认为，财政、预算和物资管理是行政管理学的重要研究范畴，而这些内容常常被人们忽略了。因此他用较大的篇幅论述这些内容，从而拓宽了行政管理学的研究范围，这是威洛比的突出贡献所在。

科学管理时期的行政管理学深受工商企业管理思想的影响，比如大量借鉴、吸收泰勒（Frederick Taylor）、法约尔（Henri Fayol）的管理思想。这一时期的行政管理学存在的突出缺陷是：过分重视机械的效率，忽视社会效益；关注组织的静态面，忽视组织的动态性；把行政组织视为封闭系统，忽视外在环境的影响；片面强调人的物质利益，忽视人的精神因素，缺乏对人的尊重。

二、行为科学时期（20世纪30至60年代）

20世纪30年代出现的经济大萧条使行政管理理论与实践受到了巨大冲击。科学管理时期的行政管理学研究因其内在的缺陷而受到包括人际关系论、后期行为科学理论、决策理论、权变理论、经验主义理论等的批评。这些理论各有特色，相互影响又相互渗透，共同开拓了行政管理学研究的新领域，使行政管理学研究进入了新的发展时期，即行为科学时期，其开端的标志是 20 世纪 30 年代开始的"霍桑实验"（Hawthorne Experiments）和由此引发的对人的研究。

行为科学时期的行政管理理论大致由两方面构成，一是以梅奥（George Elton Mayo）、马斯洛（Abraham H. Maslow）、麦克雷戈（Douglas M. Mc Gregor）、亚当斯（J.S. Adams）等为代表的人事激励理论；二是以西蒙（Herbert A. Simon）、巴纳德（Chester Barnard）、卡斯特（Fremont E. Kast）、菲德勒（Fred E. Fiedler）、德鲁克（Peter F. Drucker）等为代表的决策理论、社会系统理论、系统管理理论、权变理论、经验主义理论等。

梅奥等人通过 1924 年至 1932 年的霍桑实验证明，组织成员是复杂的社会系统的"社会人"、组织中普遍存在着各类"非正式组织"、新型的领导能力在于提高职工的满足度等观点。马斯洛则依据产生顺序和重要程度把人的需要依次划分为生理需要、安全需要、归属需要、尊重需要和自我实现需要。麦克雷戈提出了 X 理论和 Y 理论，认为传统理论把人看成是经济人，称 X 理论；人应该是社会人，称 Y 理论。亚当斯的公平理论则认为，职工的工作态度与工作积极性不仅取决于他们所得报酬的绝对量，而且取决于他们所得报酬的相对量。

20 世纪 40 年代，系统论、信息论、控制论相继诞生，为行政管理理论研究提供了新的视角和方法，由此形成了诸多学派。美国学者孔茨（Harold Koontz）在 1961 年发表的《管理理论的丛林》一文中归纳了各种学派的差异，认为当时最有影响的学派有：以西蒙为代表的决策理论学派强调了决策的重要性，分析了决策过程中的组织影响，提出了决策的准则，概括了决策的类型。以巴纳德为代表的社会系统学派的主要贡献是从系统理论出发，运用社会学的观点，对正式组织与非正式组织、团体及个人做出了全面分析。以卡斯特等为代表的系统管理学派侧重用系统的观点考察组织结构及其管理的基本职能。以菲德勒为代表的权变理论学派认为，管理中并不存在最好的方法，管理者必须明确每一情境中的各种变数，从而针对不同情况而灵活变通。以德鲁克为代表的经验主义学派强调概括分析组织管理的经验，使之理论化、系统化。行为科学时期的研究成果在很大程度上弥补了科学管理时期行政管理理论的缺陷，其显著特征包括：一是呈现出向政治学回归的态势，使社会公正、行政责任等成为行政管理学的立论基点。二是在研究方法上转向实证研究。传统行政管理学强调所谓原理、原则的建立，带有浓厚的"应如何"的价值取向。行为科学时期则注重用科学的方法收集事实、分析原因、提出验证。比如通过行政案例的研究、行政行为的分析，行政管理学的视野得以拓展，也摆脱了所谓"原理""原则"的束缚。三是在组织理论研究上，提出了组织应当以人为中心的观点，使行政管理学研究从传统的静态分析转入动态的探讨，强调尊重人格、满足人的需求。

从科学管理时期到行为科学时期，行政管理理论的显著变化是：从注重组织机构、规章制度、权责分配，到同时重视组织中人员意见的沟通、个人需求的满足以及非正式组织的作用；从重视监督制裁到重视激发人员的工作积极性；由专断领导到民主管理；由重事到重人。

三、现代行政管理时期（20 世纪 60 年代以来）

20 世纪 60 年代以来，以沃尔多（Dwight Waldo）、弗雷德里克森（H. George Frederickson）

和拉斯维尔（Harold Lasswell）、伊斯顿（David Eston）、戴伊（Thomas R. Dye）为代表的新公共行政学、政策科学的兴起，进一步拓展了行政管理学的研究领域，丰富了行政管理学的研究方法，标志着行政管理学研究进入了现代时期。

新公共行政学的理论观点主要包括：实现社会正义和社会公平是行政管理的根本目的，是政府的基本价值标准之一。传统行政管理过于强调机械的效率和管理行为的协调性，现代行政管理"不是中性的，应责成他们承担责任，把出色的管理和社会公平作为社会准则、需要完成的事情或者基本原理"。

强调行政管理的"公共"性质。政府行政管理必须承担公共义务、履行公共责任，以公共利益为宗旨。新公共行政学认为，"公共"对政府的重要意义正在淡化，而公共性，包括公共目的、公共利益、公共权力、公共行为等，正是政府行政管理与以产权私有为基础的工商企业管理的根本区别。因此，绝不存在适用于一切组织的"全称性管理科学"，为实现社会正义与社会公平，政府必须坚持行政管理的公共性质。在这方面，新公共行政学偏重"公共的"而不是"一般的"。

主张民主行政。新公共行政学视"民主行政"为其"学术识别系统"，他们认为，民主行政的核心价值在于尊重人民主权与人民意愿，实现社会正义和社会公平，反对滥用权力和行政无能。为此，应以公共诉求、公共利益为导向，构建公共组织、制定公共政策，实现政府信息的公开化，发挥公众的参与功能。

倡导构建改革的，与实际过程相关的公共行政学。新公共行政学强调以积极进取的态度改革公共政策与行政制度，倡导对传统行政管理学的基本假设、理论框架、价值体系、研究范畴与研究方法等做出重大调整，即所谓的"典范革命"。

政策科学或公共政策分析兴起的背景是现代行政环境和行政管理的复杂化，社会正义和社会公平的诉求使公共政策问题凸显。一般认为，最初把政策与科学直接联系并赋之以现代意义的是美国政治学者拉斯维尔。20世纪60年代，美国联邦政府率先吸收和采用政策科学的研究成果，将其直接运用于联邦政府所面临的若干大型、复杂国策问题的研究和处理，从而引起了各国政府的普遍重视，政策科学得以迅速发展。至20世纪80年代，政策科学理论和方法已经成为发达国家政府行政管理的基本方法，以至于有"未作政策分析，不作政策决策"之说。政策科学的创始人拉斯维尔认为，公共政策是一项含有目标、价值与策略的大型计划，强调公共政策行为的设计功能及其目标性。政策学者伊斯顿认为，公共政策就是对全社会的价值作权威的分配，强调公共政策的价值分配功能。政策理论研究者戴伊认为，公共政策是政府选择作为或不作为的行为，本质上是一门实践科学。

公共政策分析力图克服传统行政管理学的弊端，要求将科学知识、方法与公共决策过程密切联系起来，提倡一种以政策实践、政策系统及过程作为研究对象，以端正人类社会发展方向、改善公共政策系统、提高政策质量为目标，倡导以问题为导向而不是以学科为导向的研究方法，从具体行为上体现理论与实践、知识与行动的统一。可见，公共政策分析并非一个或几个学科的简单集合、发展或更新，而是同时吸收了众多学科的有益成果，并在自身广泛实践中不断综合与消化而形成的一种新的行政管理的研究范式。

20世纪70年代中期始于英国的私有化改革促成了新公共管理运动的兴起，并形成了一种全新的行政管理理论，即新公共管理理论，其典范之作是由奥斯本（David Osborne）、盖布勒（Ted Gaebler）于1992年所著的《改革政府》一书。他们认为，"政府再造就是用企业化体制来取代官僚体制，即创造具有创新惯性和质量持续改进的公共组织和公共体制，而不必靠外力驱使"。《改革政府》一书概括总结了"政府再造"的基本原则，即"起催化作用的政府：掌舵而不是划桨""社区拥有的政府：授权而不是服务""竞争性政府：把竞争机制注入提供服务中去""有使命感的政府：改变照章办事的组织""讲究效率的政府：按效果而不是按投入拨款""受顾客驱使的政府：满足顾客的需要""有事业心的政府：有收益而不浪费""有预见的政府：预防而不是治疗""分权的政府：从等级制到参与和协作""以市场为导向的政府：通过市场力量进行变革"。

新公共管理理论强调重构传统行政模式下政府与社会间的关系、重视政府行政管理活动的产出和结果、主张放松行政规制、倡导广泛采用私营部门管理的成功经验开展行政管理。它突破了传统行政管理学研究的界限，把当代经济学、管理学、政治学、社会学以及政策科学的知识和方法融合运用到行政管理研究领域；它在保留传统行政管理学、政策科学研究领域的基础上，开辟出诸如公共物品、外部性、公共服务供给、理性人、交换范式、制度选择、公共选择、政府失败等新的领域；它提供了一种当代行政管理研究的新模式，即在处理行政管理实践尤其是政府与市场、企业、社会的关系问题方面一整套不同于传统行政的新思路。新公共管理学理论开始更多地从经济学途径研究行政管理问题，由此被称为"以经济学为基础的新政策管理理论"或"市场导向的公共行政学"。

第三节　中国特色行政管理学的建设和发展

一、中国行政管理学研究回顾

（一）中国古代的行政思想和经验

中国古代关于国家管理的思想和学说非常丰富，两千多年前的《论语》就专门有"为政"篇。"四书五经"、《资治通鉴》《二十四史》实际都是有关国家管理的经验和理论，有关"修齐治平"之道妇孺皆知，更是成为我们民族文化的一个重要组成部分。如果就行政管理学所研究的主要内容来说，中国作为一个文明古国，在漫长的封建统治时期，积累了相当丰富的国家管理经验，如集中统一的行政组织体制、古代科举制度、古代监察制度等。不过在中国古代，行政思想与政治思想不分，政治思想与伦理思想不分，所以虽然有关行政管理的思想和实践经验都非常丰富，但是却没有能够产生独立的行政管理学。行政管理学作为一门独立学科，还是从西方传入中国的。

（二）行政管理学在中国的传播

早在19世纪末，行政管理学刚刚在西方出现，就有学者把它们介绍到中国。梁启超曾在1896年写的《论译书》里呼吁"我国公卿要学习行政学"。不过，当时中国内忧外患的实际国情，是不可能真正形成学习行政学的动力的。20世纪三四十年代以后，一些国内学者开始比较系统地介绍、传播行政管理学。1935年上海商务印书馆出版了我国第一部行政管理学专著《行政学之理论》。这部书的作者张金鉴在1944年与唐振楚等一起发起成立了行政学会，并出版了《行政学季刊》。此后，行政管理学在中国的研究进入了兴盛时期，一些大学开设了行政学专业，为了适应教学需要，一些学者编写了相关的教材，如

《行政管理学》《行政学概要》《行政学提要》《行政学典范》等，此外还翻译了一批国外行政管理学的著述。

（三）行政管理学在中国的恢复

中华人民共和国成立之初，国内一部分高等学校继续设置行政学专业，开设相关课程。但是在1952年，国家对高校进行院系调整时却由于种种原因取消了全国各个高校设置的行政学专业，相关的行政管理学等专业课程也同时被取消，这使我国行政管理学的教学和研究工作就此中断。

1978年年底，中国走上了改革之路。1979年3月30日，邓小平在党的理论工作会上明确指出："政治学、法学、社会学以及世界政治的研究，我们过去多年忽视了，现在也需要赶快补课。"就这样，在邓小平的直接关心下，1980年中国政治学会成立。同时，随着全党和全国工作重心转到经济建设上，对政府及其工作的研究问题被急迫地摆到理论工作者和实际工作者的面前。1981年全国政治学会年会对行政体制改革的有关问题进行了专题讨论。1982年1月29日，夏书章教授在《人民日报》上发表署名文章《把行政学的研究提上日程是时候了》，极大地激发了理论工作者和实际工作者投入行政学研究的热情。1984年全国召开的"行政科学研讨会"是我国的行政学研究发展到行政管理学的转折点。在这次会议上，与会的国务院和各省、市地方政府代表以及各地学者专家，共同对开展行政科学的有关问题进行深入的讨论。同时初步明确了行政管理学和行政改革要研究的主要课题，建议成立中国行政管理学会和筹建国家行政学院。这次会议为在全国恢复和重建行政管理学起了极大的推进作用。正是在这次会议的基础上，1986年部分高校首批开设"行政管理"本科专业。1988年中国行政管理学会经国务院批准正式成立。从此，行政管理学科在中国的发展进入快车道。

（四）行政管理学在中国的蓬勃发展

在国家改革实践的推动下，无论是学科建设、人才培养，还是理论研究、成果发表，各个方面都取得了显著的成就。

行政管理学科建设方面，现在行政管理已经发展为体系完整的一级学科。继1986年部分院校开设行政管理本科专业以后，1990年、1994年国务院学位委员会办公室又先后批准行政管理专业的硕士、博士学位授予权。1998年教育部重新修订本科专业目录时，第一次在管理学门类下增加设置了公共管理一级学科。公共管理一级学科下设行政管理、公共政策、卫生政策与管理等11个二级学科。

行政管理专门人才培养方面，现在已经建成多个层次的、比较完备的人才培养机制。除了有普通高校可以培养相关的专门人才外，还有各地的党校、行政学院承担行政管理的在职教育和短期培训。1993年，国家公务员制度在全国正式施行，1994年国务院批准成立了国家行政学院，作为国家高级公务员培训基地。此后，部分国务院部委及各副省级以上地方相继成立行政学院，作为本系统和地方干部培训基地。

行政管理学的学术队伍和理论研究方面，现在从事行政管理学理论研究的人员，主要是来自各高校、各研究院所、各党校、行政学院的学者专家，以及各级行政管理学会的会员。在研究的内容方面，20世纪80年代至90年代初，主要是对西方相关理论和改革实践的介绍，所以翻译的著作比较多,还有就是基本相关课程的教材编写。进入21世纪以来,理论研究有了突破性的发展,一方面,随着行政管理学科建设的推进,包括行政管理学、政策学、行政思想史、地方政府学、行政组织学、国家公务员制度、领导科学、电子政务、行政监察、机关管理学、公共事业管理、非政府组织研究、行政制度史、行政案例研究等相关理论,以系列丛书或系列教材的形式出版,充分显示行政管理学的理论研究正向深度和广度两个方向迅速发展。另一方面。一大批记载着各地行政改革实践经验和体会的著作相继出版,通过书名中的"政府职能转变""责任政府建设""政府绩效管理""服务型政府建设""行政能力建设""电子政务"等关键词,可以让我们清楚地看到,这些著述是行政管理学的理论与各级各地的行政改革实践结合的产物。事实也正是如此,我国行政管理学的理论研究正越来越关注改革实践,而改革实践也越来越主动地寻找理论的指导和支持。

作为一门应用型的学科,更紧密地与行政改革和工作实践结合,将是行政管理学保持勃勃生机最简单也最有效的途径。

二、我国行政管理学的发展趋向

回顾历史,在马克思列宁主义、毛泽东思想、邓小平理论、"三个代表"重要思想、科学发展观的指导下,中国行政管理学建设取得了重大成就。展望未来,中国行政管理学必将在习近平新时代中国特色社会主义思想指导下走向辉煌。习近平新时代中国特色社会主义思想,是当代中国的马克思主义,是建设中国特色社会主义的伟大旗帜。它对我们学习研究行政管理学,建设具有中国特色的行政管理学体系有着更广泛、更直接的指导作用。

中国特色社会主义行政管理学的发展,应以坚持和完善中国特色社会主义行政体制,构建职责明确、依法行政的政府治理体系为原则,以优化行政决策、行政执行、行政组织、行政监管体制,完善国家行政体制,优化政府职能体系为重点,以推进政府治理体系和治理能力现代化为宗旨。为此,要从以下方面做出努力。

第一,立足国情,建设有中国特色的行政管理学。中国行政管理学过去几十年的发展,如其他社会科学一样,充满了借鉴与本土化的特质,从发展中国特色的公共行政或公共行政学的角度看,本土化依然是中国公共行政未来发展的方向和最大的挑战。在未来的研究中,仍将坚持这一正确的方向不动摇。

第二,理论联系实际,重点研究我国行政管理面临的突出问题。马克思指出:"理论在一个国家的实现程度,取决于理论满足这个国家的需要的程度。"我国的改革开放正逐步走向纵深,各类社会公共问题凸显,政府自身也存在着这样或那样的问题,迫切需要用行政管理学的理论与方法对之进行系统分析、深入探讨,以寻求解决问题的有效对策。

第三,多学科整合研究的趋势。公共问题的多样性、复杂性使得任何一个单一学科的理论与知识都不足以应对,解决公共问题需要借助多学科的整合研究。行政管理学的综合性特点为多种学科的整合研究提供了前提条件,但不同学科之间如何借鉴以发挥整合功能,是行政管理学研究必须克服的问题所在。

第四,行政管理学的比较研究。"公共行政的研究若缺乏比较性,它就永远无法成为科学。或许有一种美国的公共行政学,一种英国的公共行政学,一种法国的公共行政学,但不可能建立一种能够涵盖普遍原则、放诸四海皆准的公共行政学。""没有比较的思维,一切科学的思想和所有科学研究,都是不可思议的,因为比较研究是加强我们了解或实现能力的最有效的途径之一。"这里所谓的比较研究既包括不同历史时期行政管理理论与实践的比较研究,也包括对同一时期不同国家行政管理理论与实践的比较研究;既包括发达国家之间的比较研究,也包括发展中国家之间的比较研究。经过多年的发展和积累,中国行政管理学有必要、也有能力开展比较研究,以推动学科的进一步发展。

第五,行政管理学分支学科和部门行政管理学的研究。行政管理学研究不能停留在"概论式"研究层面,应当在扎实行政管理学理论体系的基础上,一是加强其分支学科,比如行政领导学、行政决策学、行政组织学、行政生态学等的研究;二是加强教育、工商、公安、民政、医疗、卫生等部门行政管理学的研究,以此拓展行政管理学的研究空间,推动行政管理学研究的深入开展。

南山区将常态化开展"政务开放日"活动　邀请公众走进政府机构体验政府工作

南山区将常态化开展"政务开放日"活动,通过座谈交流、实地参观等多种形式,邀请企业、公众走进政府机构、体验政府工作。2022年7月4日,区人民政府办公室在"南山政府在线"官网发布通知称,《南山区"政务开放日"活动方案》(简称"方案")已经区政府同意,予以印发实施。

根据方案,区各职能部门、各街道办事处,以及与企业、公众联系密切的企事业单位、服务窗口等实施主体,可围绕优化营商环境、法治政府建设、民生关注热点等方面,开展"政务开放日"活动。相关具体内容包括:展示信息化、便捷化、一站式的政务服务环境,介绍、解读南山区惠企服务政策,组织服务对象体验高频政务服务事项办理流程,听取意见建议,优化审批流程;围绕行政执法、食品药品安全、城市治理、治水治污、环境保护、交通运输等企业、民生关注焦点,展示政府事前、事中、事后监管工作,让更多公众成为城市治理的监督者和参与者;围绕南山区年度民生实事、民生微实事项目等民生关注热点,介绍民生实事征集方式、决策流程、公开渠道,现场察看民生关注项目落地进度,听取意见建议并整改落实。

活动方式包括观摩体验、座谈交流、参观调研、线上直播。如走进行政机关、政务服务大厅、交易服务大厅、执法现场等场所,体验政务服务办事流程、行政执法全过程;以办事案例讲述、问答、征询、发放调查问卷等方式,进行"面对面"开放式交流座谈,展示本单位重点与特色亮点工作开展情况,讨论公众普遍关注的热点问题以及与民生密切相关的工作事项,介绍人大建议、政协提案办理情况;走进学校、医院、交通设施建设等重点民生项目工程现场,参观、调研工程实施和推进情况;通过短视频、网络直播、微博、微信等方式,开展普法宣传、解读惠企惠民政策、公开执法过程。

方案提出,把"政务开放日"活动列为部门政务公开重点工作,各单位原则上每年至少开展一次"政务开放日"活动,并至少提前10日公开发布活动预告。"政务开放日"活动纳入全市政务公开绩效考核指标。人大代表、政协委员、政府特邀行政执法监督员、企业员工、社区居民、专家学者、媒体记者等可参与活动。

资料来源:蛇口消息报.南山区将常态化开展"政府开放日"活动　邀请公众走进政府机构体验政

府工作.www.SZNS.gor.cn/xxgk/qzfxxgkml/jryw/content/post_9932332.html,2022-07-05.

思考题：

1. 结合案例，分析行政管理活动区别于一般管理活动的基本特点。
2. 结合案例，分析行政管理为什么必须坚持公开、公平、公正的原则。

1. 什么是行政？
2. 什么是行政管理学？
3. 如何理解行政管理学产生的时代背景？
4. 研究行政管理学有什么意义？
5. 行政管理学需要怎样的研究方法？
6. 你认为应如何建设具有中国特色的行政管理学？

第二章

行政环境

【学习目标】
* 掌握行政环境的含义和分类。
* 了解和掌握行政管理与行政环境的关系。
* 了解我国行政环境的特点。

《孟子》有云:"舜发于畎亩之中,傅说举于版筑之中,胶鬲举于鱼盐之中,管夷吾举于士,孙叔敖举于海,百里奚举于市。"马克思也指出:"随着经济基础的变更,全部庞大的上层建筑也或慢或快地发生变革。"作为上层建筑一部分的行政管理活动,其开展总是在一定的环境中进行的,行政管理活动只有在适应行政系统内外部环境的情况下才能得以顺利开展。作为社会大系统的一部分,行政环境是客观存在的多层次、多因素总和。它包括国内外政治、经济、文化、自然等各个方面。行政环境对行政管理有直接的影响作用,它影响和制约着行政管理的性质、职能、目标、体制、组织、观念、方式、方法等。同时,行政管理对环境也有反作用。实施行政管理必须把握中国社会主义初级阶段基本的社会环境。

第一节 行政环境概述

一、行政环境问题的提出

孟德斯鸠曾说:"居住在山地的人坚决主张要平民政治,平原上的人则要求由一些上层人物领导的政体,近海的人则希望一种由二者混合的政体。"这说明,地理环境对于行政管理模式会产生一定程度的影响。另外,行政管理对于行政环境的适应虽然重要,但并不是被动地适应行政环境的需要,而是对行政环境具有反作用,行政管理活动能够改造行政环境,从而使二者相互适应。行政管理学通过借鉴生态学的相关概念和原理逐步建立了行政环境理论。1936年，美国哈佛大学教授高斯（John M. Gaus）指出行政环境和行政管理之间存在密切关系。1947年，高斯教授在其著作中再次强调外部环境对行政管理的作用，同时把"生态学"一词正式引入行政管理学领域。从行政生态学的产生背景来看，"二战"后国际政治格局的变化是其产生的现实基础。"二战"后，随着殖民体系的瓦解，新兴民族独立国家在亚非拉大量涌现，西方国家不仅对这些新兴民族独立国家开展了经济援助，还同时开展了政治"援助"，帮助这些国家建立西方式的行政制度。而引起西方学者思考的是在西方行之有效的制度在这些国家收效甚微，甚至无效。1961年，美国夏威夷大学教授弗雷得·里格斯（Fred W. Riggs）在其出版的《行政生态学》一书中，将生态学的理论与方法运用到发展中国家行政问题的研究中，使行政生态学得到了广泛关注。

前人对行政环境的重视足以见得行政环境对行政管理的影响之大，为了保证行政管理的公平性、顺畅性、有效性，为了保证行政管理的开展最大限度地满足群众需求，为了使所有的行政管理活动最大限度地做到"人民至上"，对行政环境进行学习和研究自然必不可少。

二、行政环境的含义

环境是指事物周围的境况，或者说围绕某一主体的外部情况。不同事物有不同的环境，不同的环境对同一事物可产生不同的影响。行政环境即政府管理所处的环境。行政环境是行政系统赖以存在和发展的外部条件的总和，也就是各种直接或间接作用和影响行政活动的外部客观因素的总和。这些条件或客观因素有物质的与精神的，有有形的与无形的，有自然的与社会的，等等。总之，凡是作用于行政系统，并为行政系统反作用所影响的条件和因素，都属于行政环境的范畴。行政环境的特征主要有四个方面。

1. 广泛性

行政环境是行政系统赖以存在和发展的外部要素的总和。因此，凡是作用于行政系统的外部条件和要素都属于行政环境的范畴，包括从地形地貌、山川河流到气候特征、自然资源；从人口数量、民族状况到阶级状况、历史传统；从文化教育、科学技术到社会制度、经济状况乃至人际关系、道德水准等。

2. 复杂性

行政环境是一个复杂的开放系统，它对行政管理的影响与作用不仅广泛，更重要的是在此基础上体现出来的复杂性。行政环境的各种条件和要素本身以及这些条件、要素之间构成纵横交错的复杂关系。

3. 差异性

构成行政环境的各种条件和要素，对行政主体来说没有两个是完全相同的。各种不同的行政管理体制、管理模式的形成和发展正是这种差异性的具体体现。

4. 变异性

世界上没有一成不变的东西，任何事物都处于不断变化之中，行政环境的各个条件和要素也不例外。社会不断变迁，体制不断变革，观念在不断嬗变，行政环境因素也在不断变异，这直接或间接地影响着行政系统的变化与变革。

三、研究行政环境的意义

（一）有利于探寻行政职能变迁

行政管理的产生本就是基于环境的需要，所以行政环境的变化自然会对行政管理提出新的要求，要求行政系统应当履行的行政职能也会相应地发生变化，或许是删减已经不必要存在的行政职能，或许是增加从前没有的行政职能，或许是削弱某项行政职能，或许是强化某项行政职能，或许是合并几项行政职能，不管如何变化，都将以对行政环境的熟悉和正确认知为基础。

（二）有利于提高公务人员适应并优化行政环境的能力

行政环境的变迁是行政职能变革的根本原因和实践基础，但是这种变革往往不会自动发生，而需要人的推动。最具有推动行政职能变革的条件和能力的人就是行政职能的具体履行者公务人员。因为公务人员作为行政职能的具体履行者，最了解行政职能的覆盖范围、运行体系、运行环节和运行方式等，而且公务人员作为行政系统的一部分，是行政职能变革的内生型动力源泉，对于推动行政职能的变革具有其他部门不具备的便利性。

公务人员适应行政环境能力的提高对于其本人和其所在部门的管理能力和管理水平的提高都会产生助益，但是在经济、社会发展速度加快的当代，行政环境的变化速度比历史上任何时候都要更快，要保持行政管理水平不下降，乃至提升行政管理水平，就要提高公务人员优化行政环境的能力，最终提升公务人员推动行政职能变革的能力，让行政职能与行政环境始终保持动态的适应性，由此才能始终做到"人民至上"。

第二节　行政环境要素

行政环境分为内部环境和外部环境，本章主要分析外部环境。根据行政环境中各种因素性质上的差异性，外部行政环境可以分成两大类：自然环境和社会环境。

一、自然环境

自然环境是指行政系统界线之外、未经人工影响而存在的事物。它包括地球环境和地球之外的宇宙环境。地球环境包括地形、地貌、气候、土壤等地理环境因素，以及可开发利用的水力、风力、生物、矿藏等资源环境因素。宇宙环境包括天体运动、太阳黑子干扰、日食影响、月食影响等地外因素。因为在大多数情况下，宇宙环境对行政系统的影响非常小，所以不作详细介绍。作为国家构成的重要物质基础，地球环境对行政系统的影响则绝对不可忽视。

自然环境对行政系统的影响体现在以下几个方面：一是自然环境会制约行政系统发展模式，这种制约通过自然环境对人类社会文明形成与发展的影响来实现，十分典型的就是美国东西两岸各有大西洋和太平洋作为天然屏障，除了让美国远离两次世界大战之苦外，也为美国行政系统的连续性和稳定性创造了天然条件。二是自然资源的丰富程度和国土面积的大小对一个国家综合国力的强弱具有直接影响，进而影响行政系统的财力基础及其功能的内容与权力体系的完善程度等。三是一个国家的自然环境能够影响其经济走向与结构，进而影响行政系统的部门设置与功能发挥。例如，澳大利亚畜牧业发达，沙特阿拉伯、科威特等中东国家石油储备丰富，自然资源的优势不同，不同国家的支柱产业也就不同，从经济基础决定上层建筑的理论出发可以推断，经济支柱不同的国家在行政系统内部的部门设置方面也会各有侧重，事实也往往如此。四是不同的国土形状还会对一国的民族团结、国家统一与行政系统的稳定性产生影响，对民族团结与行政系统稳定性和权威性最有利的国土形状是紧凑型、方块形和圆形，反之，则是破碎形和狭长形，这是因为不同的国土形状对不同区域间经济发展的平衡性和国内交往的难易程度等方面的影响不同。五是地理环境还对政府的国际战略及其功能组织产生影响。

二、社会环境

社会环境是指行政系统界线之外、直接影响行政系统活动并决定其兴衰存亡的各种社会因素的总和。社会环境是一个由各项要素构成的复杂系统，不同要素对行政系统的影响也不尽相同。社会环境又可以分成两类：一是国际社会环境；二是国内社会环境。

（一）国际社会环境

国际社会环境包括"国际关系格局、重大国际事件、战争与和平、国际组织与国际法及其他各国共同关心的社会问题等"。2013年的南海仲裁案、2018年开始的中美贸易摩擦、2020年全球新冠肺炎疫情、2022年俄乌战争等都是中国需要考虑的国际社会环境。

（二）国内社会环境

1. 政治环境

政治环境通常包括"国体、政体、国家机构、政党制度"等要素；法治环境通常包括"立法、执法、守法、法治教育"等环节。法律是统治阶级意志的表达，不可避免地带有政治性。在很多文献中，法律这一要素也会被归为政治要素之一，本章也将法治环境归入政治环境当中一并阐述。

（1）国体

国体直接决定行政系统的基本性质，体现的是一个国家的阶级性质。行政系统在处理国家事务、社会事务和机关内部事务时，从根本上讲，都是在维护国家主人的利益，所以国家主人的性质决定了行政系统的阶级属性。

（2）政体

政体是指政权组织形式，因为它规定了整个国家机构的组成形式和各个机构之间的关系，所以也就决定了行政系统的具体形式和其在整个国家机构体系中的地位与作用。议会制政体和总统制政体就大有不同。英国和日本就是典型的议会制政体，政府更迭以议会选举结果为基础；美国则是典型的总统制政体，总统由选民选举，总统的选举结果和议会中哪个党派占多数席位没有必然联系，总统与议会相互制衡。我国的政体是人民代表大会制，全国人民代表大会是我国最高国家权力机关，国家行政机关、监察机关、审判机关、检察机关都由人民代表大会产生，对它负责，受它监督。

（3）政党制度

政党制度对行政系统的影响是全方位的，不仅对行政系统与政党间的关系有直接影响，还对行政系统的机构设置、政策稳定性、纠错机制等产生直接影响。通常而言，在一党制之下，行政系统的机构设置较为稳定，人员配备与功能发挥也相对稳定，政策连续性有保障，党政双方能够达到政见的高度一致，同时，纠错机制也可能会反应迟缓和脆弱。但并不绝对，纠错机制的反应速度和力度主要取决于执政党自我监督、自我革命的意识、决心和能力。而行政系统在一党制之下的前述优势，在两党制或者多党制之下的表现恰好相反。值得一提的是，在过去的很多教材和论著当中，关于纠错机制在一党制和两党制、多党制之下的表现的观点通常是一党制之下的纠错机制往往反应迟钝，而在两党制或者多党制之下则反应相对灵敏。但事实上，纠错机制的反应速度和力度主要取决于执政党的自我监督、自我革新的意识、决心和能力，与执政党数量并没有必然联系。就以中国为例，近年来，中国的反腐力度之大有目共睹，这正是中国共产党自我监督，自我纠错的决心和能力的体现。

（4）政治生活

政治生活的民主、平等程度制约着行政决策和行政执行的民主与科学化程度。政治和行政是同一领域里不同层次的活动，政治是高层次的行政活动，而行政则是执行的政治活动。因此，行政系统在决策和执行方面的风格会直接受到政治生活的影响。政治生活的民主程度和平等程度越高，行政系统做的决策就越会体现出民主化和科学化特征，行政执行的沟通、协调等环节也会体现政治生活的风格。事实上，这与领导层对民众参与决策和执行的观点有着直接关系。如果领导层认为，民众是否在决策中表达意愿并不重要，那么行政决策程序就不会设置向民众公示的环节，或者会在不得不公示的情况下，选择尽可能低调的公示方式；如果领导层认为，民众在决策中的意愿表达十分重要，甚至对行政决策产生决定性影响，那么行政决策程序中就会设置公示环节，并且会对民众的诉求予以回应。

（5）政治形势

政治形势的稳定性会对行政系统的运行状态产生显著影响。稳定的政治形势是行政系统保持结构完善、履职正常、沟通畅通、程序严密的基础；而缺乏稳定性的政治形势则会造成行政系统运转不畅，程序失序。

（6）法律制度

作为国家意志的表达，法律制度对行政系统在整个国家体系中的地位和权力关系的规定与保障至关重要。在现代法治国家，法律通常都会对行政系统的地位、权限、机构设置等作出规定，这也是对行政系统的保障。

法律的完善化、科学化程度对行政系统运转的协调性和规范性影响显著。如果法律规定足够完善并且足够科学，那么行政系统运行的协调性、法治性和科学性就会很高，否则就会出现行政系统运行不畅，无法可依，或者尽管有法可依，但正是由于遵守法律规定才导致出现行政系统运行不畅的尴尬局面。

2. 经济环境

经济基础决定上层建筑，经济环境是行政系统外部环境中最基础的一项要素。经济环境的诸多要素可以概括为两大方面：一是生产力；二是生产关系。

（1）物质生产与人口生产的发展状况对行政系统的影响

行政系统的性质由生产力发展状况决定。行政系统并不是自有了人类以后就产生的，而是生产力发展到一定阶段但又不够发达时才会产生和存在的，是为阶级统治而生。同时，生产力的发展状况又决定了生产资料的所有制形式，进而决定了行政系统的阶级属性。

行政系统的功能发挥与部门设置受到生产力发展状况的制约。在自然经济社会中，生产力水平低，商品生产非常不发达，在这种经济基础上，行政系统的政治功能就十分凸显，同时，经济功能十分微弱，承担经济管理的职能部门也设置较少。而在市场经济社会中，社会化大生产需要行政系统对宏观经济生活进行干预，使行政系统的宏观经济功能和相应的宏观经济管理部门得以强化。此外，经济发展引发的社会问题，包括失业、环保等，对行政系统提出了新的要求，即社会管理功能得到强化，社会管理部门得以增设。

行政系统运行的物质基础由生产力的发展状况决定。行政系统开展行政管理需要一定的物质基础，物质基础的数量和质量，尤其是技术装备的精良程度，决定了行政系统运行效率的高低。而行政系统运行的物质基础与行政系统所处时代的生产力发展水平关系密切。这一点，通过行政系统对新冠肺炎疫情中的相关人员排查就可见一斑。智能手机的普及和大数据的应用，使得行政系统能够快速地锁定应当接受核酸检测的人员，并通知本人接受检测，这给相关人员的排查工作提供了极大便利。如果没有智能手机的普及和大数据在生活中的普遍应用，这种快速锁定相关人员的方式便不可能大范围使用。而核酸检测时的信息登记也全都可以通过扫描二维码的方式进入系统快速完成填写，检测结果可以通过手机接收和查询，以此做到了尽量少的直接接触，也能避免出现人员信息登记混乱导致检测结果与受检人员不匹配的问题。

此外，行政系统的正常运转也离不开行政经费的支持。而行政经费的多少与一国生产力发展状况直接相关。

行政系统的发展战略和人口管理功能受到一国人口发展状况的影响。这种影响主要体现在三个方面：第一，人口数量与质量会直接影响一国经济与社会的发展。例如，有专家预测，在经济方面，中国的人口红利正在消失，随着劳动力数量的减少，劳动密集型产业便无法支撑，中国必须实现产业结构的升级和优化。经过40多年的改革开放，中国也具备了产业升级的人力条件和物质基础，"人口红利"加速向"人才红利"转变，这是中国发展的最大"底气"。这种转变是必须，也是必然。第二，行政系统的人口管理政策及部门设置由人口数量决定。因为国情的不同，不同国家在人口政策方面的倾向也不同，有的国家鼓励提升人口数量，有的国家控制人口数量的增长，而且设置了不同的管理部门。2016年1月1日起，我国"二孩"政策全面放开，此政策与我国未富先老的国情直接相关。第三，行政系统的编制数量和改革难易程度也受到人口数量的影响。我国人口数量世界第一，但是经济发展水平还在持续提升当中，所以就业岗位尤其是优质就业岗位的竞争更加激烈，而且受到传统观念以及行政机关、国有企事业单位工作稳定性高等因素的影响，成为公务员或者到国有企事业单位工作成为很多人在求职时的首选。同时，也因为从前我国对公务员编制数和国有企事业单位的编制数控制不严格，导致行政机关、国有企事业单位人员超编、机构庞大，故而，行政改革难度较大。

（2）生产关系与具体的经济体制对行政系统的影响

行政系统的性质和变化由基本的生产关系决定。生产关系属于经济基础范畴，行政系统属于上层建筑范畴，经济基础决定上层建筑，因此经济基础的性质与变化，决定了上层建筑的性质和变化。

行政系统的功能配置和运行模式受到具体的经济体制的影响。作为生产关系的具体表现形式，人类历史上已经出现了三种经济体制：自然经济体制、计划经济体制和市场经济体制。在市场经济体制中，资源配置由市场完成，市场虽然能够自我调节，但是也会出现市场失灵的情况，这就需要行政系统通过宏观调控实施干预，行政系统的部门设置也和相应职能相对应。计划经济体制对行政系统的职能要求则截然相反，计划经济体制要求行政系统对经济实施全面、直接的指令管理，因此行政系统设置了大量的经济管理部门，行政系统对企业的管理也十分具体、直接。

3. 科技环境

科技环境包括科技发展水平及其装备应用于生产和生活中各领域的广度、深度等。现代生活的便捷性得益于科技的进步，这一点已经非常明确，手机移动支付功能、定位功能、导航功能，高铁在中国的迅猛发展，电商仓库配送商品的机器人等都是科技应用于生产、生活的常见例证。应该说，中国的科技发展水平从未达到今天的高度，科技为群众生活带来的便利也有目共睹，这是值得全体中国人自豪的。然而，美国对华为公司的打压让我们看到，中国在高精尖科技领域还有非常显著的进步空间，还需要努力提升科技水平，把关键技术掌握在自己手里，只有做到"自力更生"，才能真正实现"丰衣足食"。

4. 教育环境

教育环境包括教育制度、教育方法、教育水平、教育层次的比例结构、受教育的人口比重等。1986年4月，《中华人民共和国义务教育法》颁布，该法确定了中国的九年义务教育制度。此后，中国普遍实行的是包括小学和初中教育在内的九年义务教育，后来在一些地区开始尝试高中教育免费，主要集中在发达地区、民族地区。九年义务教育是为受教育者具备生活能力提供基础保障，而免费高中教育的加入则为受教育者的未来提供了更广阔的前景。2019年5月24日，国务院办公厅印发了《教育领域中央与地方财政事权和支出责任划分改革方案》，该方案在"学生资助"的"普通高中免学杂费补助和国家助学金"部分规定，相关经费由中央和地方财政按照不同地区不同比例进行分档承担，共分为五个档位。

近二三十年来，关于教育方法的探索不仅受到教育者的重视，也受到家长们的关注。但就实践来看，教育方法似乎并没有最好的，而只有适合的，不仅要适合社会需要，而且要适合受教育者的需要。受教育者不仅要具备丰富的知识，还应拥有健康的人格，知识教育是基础，人格教育是保障。健康的人格才能让学到知识的人把知识用到正途，而不是危害社会。

改革开放以来，我国经济发展迅速，高等教育的大众化让更多人有机会接受高等教育。相关数据显示，1982年全国接受过高等教育的人口只有443万，但是到了2015年，全国接受过高等教育的人口已达1.71亿人，占全国总人口的12.4%。从就业情况看，2010年，受过高等教育的人口处在就业状态的比例从大学专科、大学本科到研究生依次升高，而且都不低于90%，可见，接受高等教育的层次越高，获得就业岗位的可能性就越大，并且失业的可能性越低。接受高等教育人口的绝对数字和相对数字的提升，为我国经济的高质量发展提供了人才保障，但同时也应当认识到，高等教育人口结构和经济发展需求的对应性还有待提升。如果这个问题能够解决，那么每年都会被提及的就业难的问题也能够得到改善。

5. 民族环境

民族环境包括民族的人口和分布、民族语言、民族经济、民族文化和传统等。民族政策及相应的行政系统的设置都受到民族环境的影响。在多民族国家中，民族问题的处理是否得当直接关系到国家是否稳定、是否统一，因此这些国家都要设立专门的部门来处理少数民族事务。例如，英国根据苏格兰、威尔士、北爱尔兰地区的民族和地方特点，设置了苏格兰、威尔士、北爱尔兰三个事务部，分别负责相关的地区和民族事务。有30多万少数民族人口居住的泰国北部山区经济文化落后，民族矛盾与冲突频繁。为扶持山区民族经济发展，解决民族问题，泰国政府专门设立了山民发展委员会处理相关事务。中国共有56个民族，是一个由多民族共同组成的大家庭。中华人民共和国成立以来，各民族间逐步形成了平等、团结、互助、和谐的民族关系，这得益于党和政府对民族事务的重视和对民族事务的妥善处理。在国务院组成部门中，国家民族事务委员会（以下简称"国家民委"）的工作职责与民族事务的关系最为紧密。

行政系统的体制受到民族环境的影响。行政系统的体制无非涉及两个问题：一是行政权力的配置；二是行政部门的设置。集权制和分权制是中央与地方关系的两种类型。在一个国家中，如果几个民族实力上没有明显差别，没有哪个民族能够在政治上占有绝对优势，那就需要采取分权制。南斯拉夫就是一个典型。南斯拉夫境内民族众多，各民族之间在人口、土地和经济实力方面相差不多，难以形成权力中心，因此采用了分权制。在少数民族聚居区，大部分国家都建立了民族区域自治政府，其比一般地方政府拥有更多自治权。

行政系统权力的行使受到民族环境的制约。一般而言，行政系统所辖范围内，行政权力的行使要求任何团体和个人都必须服从，但在具体民族环境中，行政系统行使权力时会进行更多考量。当某项行政权力的行为会损害民族感情、不利于民族团结时，对于权力如何行使和是否行使便需要重新考虑。

行政系统的凝聚力受到民族环境的影响。一个行政系统的凝聚力在很大程度上由该行政系统所处的民族环境所决定。如果民族矛盾尖锐，民族关系不够融洽，而行政系统又不能有效解决，那么民族间离心倾向的加剧便会削弱行政系统的凝聚力。

中华人民共和国成立以来，在党的领导下，经过全国人民的共同努力，我国"平等、团结、互助、和谐的社会主义民族关系已经确立，并将继续加强"。这为我国行政系统政策的稳定性和功能的发挥提供了良好的民族环境。

6. 宗教环境

作为一种复杂的社会历史现象，宗教是人类对超自然力量的信仰与崇拜。在人类社会发展史中，宗教始终与政治相互关联、相互影响。特别是在宗教盛行的民族和国家中，宗教的作用绝不可低估。行政系统也不可避免地受到宗教的影响。宗教在国家中的地位、宗教活动、宗教意识等都是宗教环境的要素。

行政系统的机构设置和职权行使受到宗教的制约。宗教的这一影响在政教合一的国家表现得尤为明显。在这类国家中，神权高于一切，行政系统的设置、功能大小都必须根据宗教影响决定。例如，在沙特阿拉伯，国王既是国家元首，也是伊斯兰教教长，行政系统的设立和活动都不得违反《古兰经》与穆罕默德（伊斯兰教创始人）遗训。

属于意识形态领域的宗教的影响往往深入人心，对宗教问题的无视必然影响一国政局的稳定，因此世界上很多国家都设有行政机构专司宗教事务，如中国的国家宗教事务局、伊朗的伊斯兰指导部等。

在宗教影响较大或者全民信教的国家和地区，行政系统组成人员的来源还要适当考虑宗教界人士。在宗教盛行，又缺乏独立的行政道德规范的国家，行政系统成员通常用宗教道德规范来发挥替代作用。

行政系统的管理活动会受到宗教的推动或妨碍。作为一种意识形态，宗教的诞生和发展有其现实基础，同时宗教对现实的影响也分正反两面。当宗教与统治阶层的需求契合时，宗教对行政系统的管理活动就有助推作用；当宗教与统治阶层的需求不一致甚至相悖时，宗教对行政系统的管理活动就会产生阻碍作用。

7. 文化环境

文化环境包括生活方式、风俗习惯、价值观念、道德标准、行为模式等。广义文化包括物质文化、社会文化和精神文化三部分。狭义文化是指社会意识形态，包括风俗、习惯、价值观念、行为模式、道德标准等，将前述内容归纳为两点，就是价值观念和行为模式。本章所讲的是狭义文化对行政系统的影响，即以价值观念和行为模式为核心的意识形态对行政系统产生的影响。与之相关的是行政文化，是指一个社会中的人们关于行政系统的价值观念，以及这种价值观念所要求的行政系统的行为模式。

（1）行政系统一般行为的期望对行政系统的影响

不同国家对行政系统的管理范围的期望不同。不同国家的民众对政府是做一个"守夜人"型的政府还是做全能型政府的期望是不同的。例如，在中国，民众对行政系统的信任和依赖几乎是一种传统思维，这种思维基本上只有在行政系统的行为长期、严重不符合民众期待时才会动摇。再如，我国历次的改朝换代几乎都发生在民众对既定行政系统的期望值极低的时期，而绝大多数时候，民众都对行政系统抱有不同程度的期望。而西方国家的民众对行政系统的期望在不同时期也不相同。一直到资本主义初期，西方国家的民众还只是希望行政系统只做"守夜人"即可，因为公共事务简单，行政系统的管理功能也比较单一，治安好、收税少就是好政府。进入近代以来，随着社会的发展，公共事务日益复杂，民众希望行政系统管理的事务越来越多。在民众期待较低的文化环境中，行政系统的压力也会很小；而在民众期待较高的文化环境中，行政系统的压力则要大得多，但如果处理得当，行政系统在民众当中的权威也会更高。不同国家对行政系统的输入和输出的期望不同。在以依附型行政文化为主的国家，社会只对行政系统的输出存在较强的期望，对行政系统的政策、措施等或拥护、热情，或反对、冷漠；而对行政系统的输入功能则表现得不关心，即参政意识较低，这反映出民众的服从观念较强。而在以参与型行政文化为主的国家，社会对行政系统的输入抱有较强期望，即参政意识较强，对行政系统输出的期望也很强烈。在行政系统的输出和民众的输入没有保持必要的一致时，民众就会对行政系统的政策保持冷漠和抵制，甚至引发民众对行政系统的不信任。

民众参与行政输入方式的差异取决于民众对行政系统的认同程度。如果民众对行政系统尤其是中央政府非常认同，那么民众对行政系统的信息输入就会以法治、温和的方式进行；行政系统的政策输出通常也会反映民众输入的支持和要求。反之，如果民众对行政系统尤其是中央政府缺乏认同和信任，那么民众对行政系统的信息输入方式就很容易违背法治要求，以激烈、冲突的方式进行；行政系统的政策输出也很少反映出民众的要求，甚至会以各种方式应付民众，民众对行政系统则更加不信任。

(2) 行政系统首脑权力的观念对行政系统的影响

不同的行政文化对于首脑权力来源的认识是不同的，有的认为其来自世袭，有的认为来自个人魅力，有的认为来自法律。由此形成了三种权威：传统型权威、个人魅力型权威和法理型权威。对行政系统首脑权力来源的不同认识，引发的是民众对首脑的不同态度以及对自身与首脑关系的不同认知，继而对首脑所持有的理性程度也不同。

(3) 行政系统运行方式的观念对行政系统的影响

这种观念决定了一个国家的行政系统究竟是依靠人治，还是依靠法治。如果依靠人治，就要保证当政者始终是"好人"，但历史证明，这点根本无法保证。因为没有制度的限制，好人也会变成坏人。因此，要"把权力关进制度的笼子里"，让权力始终受到制约和监督，只有这样，才能让掌握权力的人始终只能做"好人"，让"好人"始终做好事，让坏人始终没有机会做坏事，不敢做坏事。

(4) 行政系统内部人际关系的观念对行政系统的影响

行政系统内部人际关系的观念不同对个人和社会的影响是不同的。如果一个社会重视特殊人际关系，就容易在家庭、亲族等小范围的人际交往中培养出小团体，行政决策也会过多地考虑有着特殊关系的小团体的利益。如此一来，有才干而无关系的人则难有出头之日，从而使公平行政无法实现，行政监督的功能也会受到影响。如果一个社会重视普遍人际关系，就会跳出家庭、亲族等各种特殊社会关系，这会促使人们看重业绩、品德、成就与能力，从而促进公平行政的实现。当然，哪种人际关系在社会上受重视，与经济发展水平是直接相关的。在传统农业社会中，特殊人际关系受到重视是因为人们的交往范围狭小，人们的需求主要依靠小团体获得满足。而在现代工业社会，普遍人际关系受到重视是因为人们的交往范围扩大，人们的需求无法从小团体中获得满足，而在各种不同的社会关系中能够得到满足。由于满足人们需求的供给方发生了变化，所以社会对人际关系的观念也发生了变化。这一点在我国发展水平不同的城市就能得到体现。我国一线城市人口多，竞争压力大，但是机会也多，环境也更加公平。在一线城市看中普遍人际关系，即便工作和生活都很辛苦，每年还是会有很多人愿意到一线城市寻找工作机会并希望能够站稳脚跟。相对而言，在一些小城镇，人们的生活压力不大，工资不高，竞争也不激烈，但是很多高校毕业生依然不愿意到小城镇工作和生活，因为"小"，所以特殊人际关系更加重要。

(5) 行政道德的观念对行政系统的影响

"行政道德是指行政系统成员在行政管理过程中所遵循的调整个人之间、个人与行政系统及社会之间的关系的行为规范。"行政道德具有显著的政治性，其存在是为了维护政权的稳固和社会的安定；行政道德对行政系统成员实现个人利益的行为进行约束，关乎公务人员的廉洁；行政道德对行政系统成员的社会地位也有影响，在专制政体中，官本位观念深重，行政系统成员往往视自己为人上人，而在民主政体中，决定一个人社会地位的是学识、技能和财富，官本位逐渐失去市场。

8. 阶层要素

阶层要素包括社会分层状况、各阶层间的地位和关系等。根据资源性质的不同，可以对社会进行不同类别的分层，分层依据分别是经济性资源、政治性资源和社会性资源。经济性资源主要是指财富与收入，政治性资源主要是指权力与特权，社会性资源主要是指声望或威望。基尼系数作为衡量一国收入分配差异程度的指标经常被使用，基尼系数的数值在 0~1，越接近 0，表明收入分配越平均；越接近 1，表明收入分配越不平均，0.4 被称为预警线。根据国家统计局的报告，在 2011 年到 2016 年的五年中，中国的基尼系数始终高于 0.4，说明中国的收入差距较大。在美国，5% 的家庭掌握了社会 60% 的财富，而在中国（不含港澳台地区），1% 的家庭却握有 41.4% 的财富，中国的贫富差距超过美国。这种社会分层显然是不理想的，毕竟社会从来是"不患寡而患不均"，收入分配的"不均"必然会带来一系列社会问题，拉美国家的发展已经证实了这一点。为了避免陷入"有增长而无发展"的困境，中国政府应当强化社会职能，完善社会保障，早日实现共同富裕。

第三节　行政环境和行政管理的互动关系

本章主要分析的是外部行政环境，本节的行政环境和行政管理的关系仅指外部行政环境与行政管理的关系。行政环境和行政管理之间是一种辩证关系。行政管理由行政环境决定和制约，行政环境是开展行政管理的条件，而行政管理对行政环境也会产生反作用，行政管理活动的开展必定会对行政环境产生影响。因此，行政管理与行政环境相互影响，相互依赖。行政管理适应行政环境的需要而产生，又对行政环境进行选择与塑造。此外，行政环境对行政管理的影响又分宏观与微观两个层面。

一、行政管理对外部环境的依赖性

（一）行政管理是适应外部环境的需要而产生的

行政管理并非古已有之，也不会永远存在。作为上层建筑的行政管理的产生、发展和消亡均由经济基础决定。而行政的客体是国家事务、社会事务和机关内部事务。前两类事务的特点十分鲜明，即要么是个人无力管，要么是个人不愿管，但是必须有人管，那就只能由行政系统来管理。而行政系统的机关内部事务只能由行政系统自己管理，外部机构和个人也无从措手。

（二）外部环境的需要决定了行政管理的产生

因为行政管理是适应外部环境的需要而产生的，所以不同的外部环境造就了不同的行政系统。由于不同国家和地区的民众对行政系统的期望不同，因此行政系统的目标、行为方式也会因为民众的期待而存在差别，指导行政系统行为的价值观也会受到其所处环境的影响，行政系统的规模与结构的设置也会因为管辖事务的多寡等因素而有所不同。

例如，自由资本主义时期和垄断资本主义时期的民众对政府的要求就明显不同，前一个时期要求政府只做"守夜人"，而后一个时期，则期待政府管理的事务越来越多，尤其是 1929—1933 年席卷整个资本主义世界的经济危机让人们看到了放任市场发展的弊端，而罗斯福"新政"成为政府干预经济、完善社会保障的成功实践。

（三）行政管理所需要的物质要素和非物质要素都需要外部环境输入

行政系统不是孤立存在的，其开展行政管理所需要的全部资源都需要外部环境来提供，因为行政系统本身并不从事物质生产活动，所以其所需的物质要素不能实现自给自足。每年公务人员的社会招考就是外部环境向行政系统输入人力资源的典型。由于现有公务人员的调动、退休、离职等造成了职位空缺，当内部人员无法填补空缺时，就需要外部人员补充进来。

行政管理要对国家事务、社会事务进行管理，而这些事务的根源都在行政系统外部，所以要妥善处理这些事务，就要对其有充分的了解，保证真实、完善的信息输入行政系统成为行政管理成功的基础。

二、行政管理对外部环境的选择与塑造

（一）要保证行政管理的正常进行，行政系统必然要从外部环境中吸收物质、能量和信息，但是又不会对外部环境的输入完全接受，而是只接受能接受的部分

例如，公务员考试除了笔试外，还包括面试环节，有的职位还要组织开展专业科目考试。此外，还有一个非常重要的环节，即对拟聘人员进行政审。所有环节的设置都是为了选出最适合岗位需要的人进入行政系统。每年公务员报考都非常火爆，这表明希望进入行政系统的人员规模庞大，但最终行政系统只会录用符合数量和质量要求的人员。

（二）行政系统可以通过行政管理来选择外部环境，也会改善和控制外部环境

外部环境并不总是对行政管理有利，因此需要选择，更需要改善和控制，行政系统选择、改善和控制外部环境都是为了行政管理的顺利展开。2020年，在党的领导下，我国政府对新冠肺炎疫情的防控就是在改善和控制外部环境。疫情的蔓延使武汉的公共卫生系统面临严峻考验，为了避免出现更多的"武汉"，只能对武汉采取封城措施，在除夕之前封城，也是为了尽力缩小病毒的扩散范围。在全国都严阵以待的情况下，我国疫情得以控制，民众生活逐渐恢复正常，行政环境逐步改善。

前述行政环境还可以分为宏观环境和微观环境两个层面。宏观环境是指对整个行政系统具有广泛影响的环境，如政治环境、经济环境、自然环境等；微观环境是指只对个别行政系统产生影响的特定环境，例如，学校是影响教育部门的微观环境，地质资源是影响地质部门的微观环境。但需要注意的是，宏观环境和微观环境不是绝对的，而是相对的，是根据具体情况而变化的。

第四节　中国现阶段的行政环境

一、以和平与发展为主题的国际环境

和平与发展是当今时代的两大主题。所谓和平，是指国际政治环境的相对平和。和平已成为现代国际环境的基本趋势和主要特点。所谓发展，是指国际经济、科技的发展和整个社会的进步。具体表现在以下几个方面。

第一，知识经济时代的到来。经济合作与发展组织（OECD）认为：知识经济是与农

业经济和工业经济相对应的一种新型的富有生命力的经济。知识经济是指建立在知识和信息的生产、分配和使用之上的经济。知识经济强调知识和信息在经济发展中的作用，强调人力资源的开发、高新技术产业是知识经济的主导或支柱等。因此，知识经济时代的竞争主要是人才的竞争和技术的竞争。

第二，经济全球化。经济全球化是指生产要素在全球范围内运动的状态，以及世界各国民族经济相互依赖和联合的历程。应当说经济全球化是一种有着多方面和多层次内容的复杂的社会经济现象。它既是人类社会生产力发展的必然结果和客观要求，又与资本主义生产关系向全球扩张有着密切的联系。

第三，科学技术的空前发展。大数据技术、空间技术、生物技术、海洋技术等的发展，既为各国的行政管理提供了科学基础和技术手段，又改变着人们的管理观念。

总之，科学技术的飞速发展、经济的全球化、国际政治和经济融合的趋势日益明显，这种国际社会环境使我国的行政管理面临更为复杂的外部条件，也对其提出了更高的要求，我国的行政管理是机遇与挑战并存。所以，善于利用国际环境，是当前我国政府在处理对外关系中制定科学的决策、在改造国际环境中发挥积极作用的一个重要的依据。

另外，国际自然环境给行政管理提出了艰巨的任务。当前，全球生态环境的恶化已对人类的生存构成了威胁。臭氧层的破坏、大气的污染、土壤流失、资源枯竭、生物绝种等许多国际性灾害，正威胁着人类的生存，这必须由各国政府共同采取措施，共同努力，才能减少灾害，实现行政管理的目标。

二、社会主义初级阶段我国的基本国情

我国仍处于社会主义初级阶段。社会主义初级阶段包含两层意思：依生产关系的性质，我国已经是社会主义性质的社会；依生产力发展水平，我国的社会主义还处于初级阶段，生产力不发达、不成熟、不完善。确认社会主义初级阶段，是对中国国情认识的一个飞跃，具有重大意义。它为我国把发展生产力作为考虑一切问题的出发点和检验工作的最重要的标准，为制定追求富强这一价值目标提供了可靠的依据，有助于我们采取灵活多样的手段进行社会主义现代化建设，克服"左"的行政管理模式，形成与现代化建设相适应的价值观念、舆论力量和社会心理。我国在当前社会主义初级阶段的政治、经济、思想文化等方面表现出如下基本特征。

（一）政治

我国的根本政治制度是社会主义民主制度，政权的性质是工人阶级领导的、以工农联盟为基础的人民民主专政。我国的政治发展经过多年的改革正逐步走向完善、稳定、民族团结。具体地说，党政不分的现象开始改变；在国家和社会生活的主要方面已基本有法可依；高度集权的模式开始解体；全社会的高度政治化现象开始逐步改变；政治过程的连续性明显提高；国家开始从封闭走向全方位的开放；高度集中的管理体制逐步被打破，中央与地方、上级与下级的权力关系日趋合理；立法体制逐步完善，法律、法规和规章遍及社会生活的各个领域，无法可依的时代基本成为历史；政策的连续性、稳定性不断增强；民族团结不断巩固，民族关系日益融洽。但也存在不利的因素，如人民日益增长的美好生活需要与不平衡、不充分的发展之间的矛盾难以在短期内解决；因不平衡的利益需求而导致

的地区之间、集团之间、人与人之间的矛盾与摩擦仍然存在,这无疑构成了当前我国政治环境的消极因素。

(二) 经济

目前我国已初步具备了社会主义经济制度赖以存在的物质技术基础。从 2010 年起,我国已成为位列美国之后的世界第二大经济体。特别是通过经济体制改革,我国实行了以社会主义公有制经济为主体、多种经济成分并存的所有制结构;实行了以按劳分配为主体、多种分配方式并存的分配制度;确立了社会主义市场经济体制,划清了政府与市场在资源配置上的不同功能和相互关系,经济管理体制改革取得突破性进展;确立了分税制的财政体制;国民经济市场化、社会化范围不断扩大;城乡人民生活水平不断提高,各项社会事业全面发展,综合国力不断增强。但社会生产力水平仍然很低,国民经济结构不合理,地区和部门之间发展不平衡,人口结构、产业结构、消费结构、技术结构等内部及相互之间的比例不合理,东部和中西部地区经济发展差距不断拉大,产权关系不明晰、政企不分和政社不分的现象仍然存在,国有企业改革尚需进一步完善,现代企业制度建设步伐还需加快,等等。解决好这些矛盾和问题,是我国政府今后一个时期紧迫而又重要的任务。

(三) 思想文化

文化多元化是我国社会主义初级阶段的一大特点。当代中国的文化环境由三种基本要素构成:一是传统文化的遗存。传统文化是指历史延续中所形成的社会文化体系,它是相对于现代文化而言的。传统文化对人的行为和社会发展有很深的影响。我国历史悠久,具有极其复杂的传统文化体系,其核心是儒家文化。二是西方文化的渗入,这里的西方文化主要指第二次世界大战后西方主要资本主义国家占主导地位的资产阶级哲学、文化思想和学说,诸如科学主义、人本主义、自由主义等。三是以马克思列宁主义、毛泽东思想、邓小平理论、"三个代表"重要思想、科学发展观、习近平新时代中国特色社会主义思想为指导的社会主义的新文化。这种文化环境对中国行政管理体制的建立与变革、人事行政制度的发展与完善、政策的制定与执行都有着决定性的影响。

三、中国现阶段社会环境对行政管理的要求

(一) 从中国实际出发,坚持对外开放,吸取国外行政管理的先进经验,实施有中国特色的行政管理

现代行政管理理论方法在国外已研究近百年,取得了很大的研究成果。我们要借鉴其先进的思想精华,来促进行政管理的现代化。但是任何先进的理论方法都必须结合具体实际才能发挥其威力、加强其活力、收到理想的效果。研究中国现阶段的社会环境,正是为了有的放矢地运用国外有益的行政管理研究成果,根据我国的国情加以改造,为我所用,实施自己的行政管理。既不能闭关自守,拒绝借鉴国外行政管理研究成果中具有普遍适用性的成分,那样只能停滞落后;也不能全盘照搬,不结合中国实际,盲目照抄照搬,非但改变不了行政管理的落后状况,而且将阻碍现代化建设的发展。

（二）要根据各地区、各方面的不同情况和条件实施行政管理

中国的基本国情是人口多底子薄，发展不平衡。我国幅员辽阔，各地区还有不同的具体的情况。经济发达地区和经济不发达地区的情况就有不少差异。各个地区内部也有区域之间发展的不平衡。对发展不平衡的各个地区，政府要采取切合实际的决策、措施、方法和步骤进行管理，不能"一刀切"。一个地区越落后，在现代化进程中越需要发挥政府的组织和引导作用，经济越需要改革策应，如西部开发特殊政策等。特殊政策并不等于照顾、捐款，特殊应真正体现在因地制宜上，特殊应等于促进。如果不顾区情，盲目要求同步、同速建设现代化，就会欲速则不达；如果一味对少数民族地区和边远贫困地区救济，没有恰当的启动内部动力的对策，只"输血"必然使那些地区"造血"功能衰退，危险更大。

（三）要充分认识我国现代化建设的艰巨性和长期性，从国力出发，量力而行，循序渐进，积极奋斗

我们既要看清初级阶段经济文化比较落后这个基本事实，同时又要看到我国经济建设已经取得的成就和经验以及国际国内的有利条件。根据行政环境的要求和提供的条件来确定行政目标，有步骤、分阶段地实现现代化。我们是发展中国家，需要有一定的经济增长速度，但超越实际可能性的行政目标，必将误国误民。当然，对我国初级阶段的行政环境采取悲观保守态度也是错误的。通过积极努力，我们社会主义事业的成就会越来越大，行政环境会越来越得以改善，这是实践已证明了的。对短视行为必须警惕，坚决制止。短视行为所造成的不良后果归根到底都会给国家和人民带来严重损失。社会主义初级阶段应采取低度消耗资源和适度消费的模式，要制止浪费、摆阔以及超前消费等。

（四）以马克思主义为指导，努力建设社会主义精神文明，要两个文明建设同时抓，使它们互相结合，互相促进

社会主义初级阶段，国家的中心任务是搞经济建设。但是一个精神文明素质不高的民族是不可能实现现代化的。建设社会主义市场经济新秩序，需要新的管理体制和相应的法律法规，更需要社会公德、职业道德、文明礼貌的普及和提高，也需要大力提倡对祖国、对社会的奉献精神。应积极汲取我国历史文化和外国文化中的一切优秀成果，坚决反对那种全盘否定中国传统文化的民族虚无主义和全盘西化的崇洋媚外思想。特别是各级政府部门和国家公务员要为政清廉，在改革开放的新形势下，更要切实加强和改进思想政治工作。应高度重视教育的长期重要战略地位，把发展教育事业和科学技术事业放到首位。各级政府部门、各行业只有提高对教育的认识，才可能制订出教育发展和改革的计划，才可能想方设法解决教育经费不足等问题，才可能创造出尊重知识、尊重人才的社会环境；确保教育事业的发展，抓好精神文明建设，使经济建设转到依靠科技进步和提高劳动者素质的轨道上来，我国振兴经济才真正有希望。发展教育，提高人口文化素质，依靠智力优势，提高劳动生产率，既有利于人口数量的控制，也是解决我国严重的人口问题，使我国变成人力资源大国的一条好出路。

东北四年

2018年9月28日,习近平总书记在沈阳主持召开深入推进东北振兴座谈会并发表重要讲话。这是一篇为东北振兴发展领航掌舵、把脉定向的重要讲话。

重温总书记四年前的重要讲话和这次考察辽宁的讲话,我们深刻认识到,它是推进东北振兴工作的根本遵循和行动指南,管全局、管根本、管长远。维护"五大安全"、补齐"四个短板"、做好"六项重点工作"等重要要求,是指导东北、辽宁具体工作和发展进程的行动纲领。实现东北振兴,必须要有更扎实的举措、更过硬的作风,才能一步一个脚印,把总书记擘画的振兴发展蓝图变为现实。

四年来,辽宁沿着习近平总书记指引的方向,步伐矫健、成效显著。

不断增强国家重大战略的支撑能力,提升维护"五大安全"的能力。畅通国家北粮南运通道,粮食主产省地位巩固加强,去年粮食总产单产均创历史新高,保障国家粮食安全;辽西北地区治沙、辽东地区"绿肺""水塔"建设成效明显,辽河口国家公园加快创建,守护绿水青山,筑牢生态屏障;能源保障能力提升,重大工程接连不断,国家能源安全通道作用进一步彰显;充分发挥辽宁在新材料、精细化工、高端装备制造、工业基础软件等领域的产业底蕴和科技优势,时不我待推进科技自立自强,只争朝夕突破"卡脖子"问题,一批"大国重器"在辽宁问世;充分发挥沈阳、大连的"跳高队"作用,立足辽宁、服务国家战略的"一圈一带两区"区域协调发展格局全面推进。

保持发展定力,全面塑造振兴新优势,为未来发展奠定坚实基础。习近平总书记要求,以培育壮大新动能为重点,激发创新驱动内生动力。辽宁朝着具有全国影响力的区域科技创新中心加速迈进,创新生态、创新平台、创新人才"三位一体"推进,加快建设数字辽宁、智造强省。不断提高头部企业本地配套率、科技创新成果本地产业化率、科技型企业增长率,"大树底下有小树,小树底下有灌木,灌木底下有新苗"的创新生态加速形成。做好结构调整"三篇大文章":改造升级"老字号",用人工智能等新一代信息技术为装备制造等产业赋能增效,参与改造企业生产效率平均提升21.2%;深度开发"原字号","炼"有余而"化"不足的状况正在改变;培育壮大"新字号",一批专精特新"小巨人"企业快速成长。

持续改善营商环境,不断深化改革,一个充满活力和创造力的大环境逐步形成。习近平总书记要求,以优化营商环境为基础,全面深化改革。辽宁以政治生态的持续净化、法治环境的持续改善来促进和保障营商环境的根本好转,全力打造办事方便、法治良好、成本竞争力强、生态宜居的营商环境。以"一网通办"推进政务服务流程再造,以"一网统管"推进社会治理创新,以"一网协同"推进数据资源开放共享。充分用好改革开放"关键一招",国企改革勇涉深水区,深度融入共建"一带一路",畅通海陆大通道,打造对外开放新前沿,辽宁自贸试验区13项经验在全国复制推广。

坚定不移走以生态优先、绿色发展为导向的高质量发展新路子。2021年全省空气质量优良天数创有记录以来最好水平,河流水质自有环境监测数据记录以来首次达到良好水平。绿色成为辽宁高质量发展的鲜明底色,为群众安居乐业提供了良好的自然环境。习近平总书记要求，更加关注补齐民生领域短板，让人民群众共享东北振兴成果。这一要求正转化为群众实实在在的获得感、幸福感、安全感。一大批惠民举措落地生根，一件件民生实事得到落实。

净化政治生态取得明显成效，干部展现出新气象、新担当、新作为。辽宁把政治生态建设作为基础性、经常性工作，坚决正风肃纪反腐，持续保持高压震慑，干部群众纷纷拍手叫好。辽宁省委主要负责同志不久前在"中国这十年·辽宁"主题新闻发布会上说："我们坚信，良好的政治生态必将引领带动形成天蓝地绿水清的自然生态，富有人文气息、时代感鲜活的社会生态，百舸争流、充满活力的创新创业生态，辽宁必将以更加纯洁健康的肌体重振雄风、再创辉煌。"

生动火热的实践，蓬勃振兴的实绩，让广大干部坚定了振兴发展的信心，充满了昂扬向上的力量。我们越来越清楚地看到，越来越深切地体会到，以总书记重要讲话为遵循，坚定不移贯彻落实好中央部署，辽宁一定能够在新时代东北振兴中展现更大担当和作为，一定能实现全面振兴、全方位振兴的宏伟目标。

资料来源：刘成友．两篇讲话，东北四年[EB/OL]．（2022-09-28）．In. people.com.cn/nz/2022/0928/c378315-40143795.html.

思考题：
1. 结合案例，分析行政管理为什么要适应行政环境变化。
2. 通过案例简述行政管理与行政环境的关系。

1. 行政环境的含义和特征是什么？
2. 如何理解行政环境与行政管理的关系？
3. 我国现阶段行政环境的主要特点是什么？

第三章

行政职能

【学习目标】
* 掌握行政职能的含义和行政职能体系。
* 确定和掌握行政职能的历史演变和我国行政职能转变的内容。

《孟子》有云:"政通人和,百废俱兴。"行政职能也叫政府职能。它反映了国家行政管理活动的实质与方向,是政府活动内容的全面概括。政府在国家事务、社会事务中扮演什么角色?政府应该管什么、怎么管、如何发挥作用?这些都是行政职能要回答的问题。不同国家以及同一国家在不同历史时期的行政职能各不相同,随着行政环境的变化,行政职能也在不断地调整和变革。

第一节 行政职能概述

一、行政职能的概念

行政职能是行政管理主体行使国家行政权力,依法对国家事务、社会公共事务和机关内部事务进行管理所发挥的基本职责、功能和作用,行政职能所确立的是政府"管什么"或"提供什么服务"的问题。

行政职能是国家基本职能的一部分,是与国家的立法职能和司法职能相对称的职能,是国家职能的具体执行和体现。国家职能一般分为立法职能、司法职能和行政职能。行政职能以国家的立法职能为依据,以司法职能为后盾,行政职能受立法职能和司法职能的监督。行政职能的行使又具有相对独立性,在法律所赋予的职权范围内,行政管理主体可根据不同的管理对象、不同的管理任务自主管理、创造性地开展职能活动,而且行政职能的发挥程度又制约和影响着国家其他职能的实现程度。

行政职能本身又是一个由众多职能构成的有机体系。行政管理的对象包括国家事务、社会公共事务和机关内部事务，行政管理活动涉及社会公共生活的各个领域、各个方面，因此，行政职能是多种多样的。同时又因为行政管理对象、行政管理事项的具体性、复杂性与多变性，行政职能亦有千差万别。由于行政管理本身的系统性、行政管理对象的有机联系性，行政的众多职能之间构成了一个相互联系的、完整的行政职能体系。行政管理的政治职能、经济职能、文化职能、社会服务职能等基本职能密切联系，共同作用于社会生活的各个领域；行政管理的决策职能、组织职能、协调职能、控制职能等紧密相连，贯穿行政管理的全过程；行政管理的中央政府职能、各级地方政府职能有机衔接，形成了分工协作、政令有序的职能网络。

二、行政职能的特点

（一）执行性

行政机关是国家权力机关的执行机关。行政机关要执行表现国家意志的宪法和法律，执行全国人民代表大会的决定和决议。因此，就行政与立法的关系来看，行政职能是一种执行职能。

（二）强制性

行政机关是国家机关的一部分，行政机关以国家司法机关为后盾，代表国家行使行政权力，依法管理社会公共事务，要求全社会共同遵守有关的法律、法规和规章。因此，就行政与司法的关系来看，行政职能具有强制性。

（三）同质性

不管任何性质的国家，也不管这一国家发展到哪一阶段，其政府管理一般都具有诸多共同的职能，即政治职能、经济职能、文化职能、社会服务职能以及贯穿行政管理运行全过程的决策、组织、协调、控制等职能。

（四）动态性

不同性质的国家，同一性质不同类型的国家，同一国家在不同的历史发展阶段，其政府管理职能也具有差异性、动态性。不同性质的国家，政府管理职能的目的不同；同一性质不同类型的国家，政府实现职能的方式不同；同一国家在不同的历史时期，行政职能随行政环境的变化不断调整，行政职能的内容、主次、作用、方式等均呈现出动态性。

（五）多样性

在当今社会，行政管理的范围涉及社会生活的各个方面，社会有多少领域，政府管理或公共服务就有多少方面，因此，行政管理的职能是多种多样的，而且诸多职能本身是一个有机联系的职能体系。

三、行政职能的作用

行政职能是界定政府"管什么"或"提供什么服务"的问题，国家为实现基本任务，必须赋予政府一定的管理职能。没有行政职能的具体实施，国家的职能、任务、使命都将难以实现。能否准确地把握各个历史时期的行政职能，关系着国家在特定时期的兴衰成败。因此，行政职能在行政管理中具有十分重要的作用。具体体现在以下四个方面。

（一）行政职能是行政组织建立的依据

行政组织是实现行政职能的载体。科学地认识和确定行政职能，对于科学合理设置行政机构和进行行政机构改革具有重要意义。行政职能是行政机构设置和行政机构改革的依据。行政机构设置的规模、层次、数量等是依行政职能的大小来决定的，行政职能发生了变化，行政机构也要相应地调整。以往我国行政机构改革之所以出现"精简—膨胀—再精简—再膨胀"的恶性循环，其根本原因在于行政职能转变没有到位。

（二）行政职能是确定行政权力大小以及行政领导者职责、职位和职务的条件

行政领导是实现行政职能的组织者。行政职能的强弱、大小直接影响着行政领导者的权力范围与大小，直接影响着行政领导者承担的责任的大小与轻重。从行政职能出发，有助于科学地确定行政权力以及行政领导者的职责、职位和职务。

（三）行政职能是科学组织行政管理过程的重要依据之一

现代行政管理要求法治化、程序化，行政管理过程的各个环节的确立不是由人的主观意志决定的，而是必须依据行政管理职能。行政管理的运行职能决定了行政管理的每一个环节，行政管理运行职能的内在的先后顺序和相互制约构成了行政管理运行的客观过程。按行政职能的动态运行关系组织行政管理，就能实现行政管理的程序化。

（四）科学认识和确定行政职能对实现行政管理科学化具有重要的指导意义

行政管理科学化要求行政管理法治化、民主化和高效化。科学行政管理的目的在于提高行政效率。而评价一个行政单位工作效率的高低，主要看它实现行政职能的程度。各级行政机关只有明确自身的行政职能，一切围绕着如何实现自身职能而展开工作，才能实现行政组织的行政目标，保证行政的高效率。

第二节 行政职能体系

行政职能体系是由众多职能构成的职能有机整体，即它是一个纵横交错的完整体系。这个完整的整体可划分为政府的基本职能、层级职能和运行职能。

一、政府的基本职能

政府的基本职能是根据政府在国家社会生活中的整体作用范围和活动领域来划分的。政府的基本职能可概括分为政治职能、经济职能、文化职能、社会职能、生态职能五个方面。

（一）政治职能

政治职能是指政府维护国家统治的职能。它主要包括专政职能、民主和法制建设职能。

1. 专政职能

专政职能是指政府为维护阶级统治，动用国家机器，防范和打击一切异己力量。它包

括了保卫职能和镇压职能两方面。保卫职能指政府保卫国家主权和人民生命财产安全的职能，主要是加强军队和国防建设，以保卫国家主权的独立，保护国土的完整，保护国家利益不受侵犯。镇压职能指对国内极少数敌对分子实行专政的职能。在社会主义国家主要是坚持人民民主专政，坚决镇压叛国和其他反革命活动，制裁危害社会治安、破坏社会主义经济建设和其他犯罪活动，惩办和改造犯罪分子等。

2. 民主和法制建设职能

任何国家都有民主职能，剥削阶级国家的民主体现在统治阶级内部和其同盟者之间。在无产阶级专政的国家，民主建设是保证公民充分享有参政议政的权利，即有权以不同方式积极参加对国家大政方针、重大决策和法律的讨论，参与对国家事务、社会公共事务的管理。同时提高政府活动的公开性、公平性、公正性，确保国家行政机关及其工作人员对人民负责，受人民监督。法制建设职能在我国就是要建立和完善社会主义市场经济体制所需要的行政法规和规章；强化行政执法职能，健全执法监督机制，提高行政执法水平；完善行政司法职能，加大行政复议工作力度，维护民众合法权益。

（二）经济职能

行政管理的经济职能是指政府以各种方式推动社会生产力进步，保护经济基础的巩固和发展。是政府根据一定时期的社会经济发展需要，对经济生活进行管理的全部活动，目的在于发展社会生产力，维护特定经济基础，促进经济繁荣。现阶段我国政府的经济职能具体包括以下两类。

1. 社会经济管理职能

政府的社会经济管理职能主要是对经济进行宏观管理，具体内容主要包括对经济发展进行统筹规划，掌握政策，进行信息引导，推动经济良好发展；保持社会总需求与总供给的相对平稳，确保经济稳定；制定国家中长期经济发展规划，实现中央和地方的经济发展目标。

2. 企业国有资产监督管理职能

企业国有资产是指国家履行出资人职责的企业，这类企业包括关系国民经济命脉和国家安全的大型国有及国有控股、国有参股企业，重要基础设施和重要自然资源等领域的国有及国有控股、国有参股企业。企业国有资产监督管理职能是推动国有经济布局和结构的战略性调整，发展和壮大国有经济，实现国有资产保值增值。

（三）文化职能

文化职能是国家行政管理的重要职能之一。在不同时代、不同类型的国家，政府文化职能的内容和实现文化职能的方式是不同的。我国现阶段政府的文化职能就是领导和组织精神文明建设，即进行思想政治教育、发展科学文化事业，加强体育、卫生等公共事业管理，为市场经济的发展提供强大的精神动力和智力支持。文化教育职能的具体内容是：制定教育、教学文化事业的发展战略和规划，并负责具体实施；颁布教育、科学文化事业发展的政策、法令和规定；指导、监督、协调各地区各部门有效地贯彻教育、科学文化事业的发展规划；有领导、有秩序地逐步开展教育、科学文化体制的改革；采取切实措施加强全民的思想道德建设。

（四）社会职能

政府履行社会职能的目的就是保障社会稳定、维持社会正常秩序。社会职能是政治职能和经济、文化职能实现的前提。政府的社会服务职能包括公共设施建设和管理、人口管理、社会福利保障、社会救济、社会保险、环境保护等职能。

公共设施建设与管理职能，即政府通过相关职能部门加强道路交通、城乡建设、邮电通信、港口、机场等公共设施的建设和管理。人口管理职能，即政府控制人口规模、加强人口管理的职能，如我国的计划生育政策、人口的户籍管理政策、人口流动管理政策等。社会福利保障职能，即政府制定福利政策，如实行物价补贴、交通补贴、取暖补贴、发放助学金等；开展社会福利生产，创办包括社会福利院、儿童福利院在内的各种社会福利事业；管理和维护各种福利设施等。社会救济职能，即政府对发生各种自然灾害的严重地区的人民给予救济，对社会上的孤寡老幼、军烈属、残疾人、生活困难户等给予救济，对结构性失业、待业或因其他原因无就业能力者发放最低生活保障金等，设立救济的目的是帮助他们摆脱贫穷困难，使他们的基本生活条件得到保障。社会保险职能，即政府对离退休人员给予养老保险，对国家机关工作人员给予医疗保险，对军烈属、革命残废军人、复员退伍军人给予特殊保险等。政府筹建社会保险基金，发展保险事业，建立社会保障体系，是社会主义市场经济体制建设的重要组成部分，社会保险是市场经济的减震器和安全网。环境保护职能，是近几年来给政府提出的一项突出的、特殊的社会服务职能。加强环境保护，治理污染是我国的一项基本国策。我国面临着环境污染蔓延和生态环境恶化的严峻形势，政府环境保护的职能日益繁重。根据经济建设、城乡建设、环境建设同步规划、同步实施、同步发展的原则，政府应积极治理污染，搞好环保工作，确保生态平衡，为子孙后代留下一个优美的环境。

（五）生态职能

生态职能是指为了防治环境污染和防止生态破坏，促进自然资源的合理开发利用，维持自然生态平衡，实现社会可持续发展方面的职责和作用。具体包括负责建立健全生态环境基本制度；负责重大生态环境问题的统筹协调和监督管理；监督管理国家减排目标的落实；指导推动循环经济和生态环保产业发展；负责环境污染防治的监督管理、生态环境监测；指导协调和监督生态保护修复；组织指导和协调生态环境宣传教育等。

二、政府的层级职能

依据行政职能主体的不同，或者说根据政府所辖行政区域的纵向层级，行政职能可分为中央政府职能和地方各级政府职能。

（一）中央政府职能

我国的中央政府是国务院。国务院是我国最高国家权力机关的执行机关，是最高国家行政机关。国务院对全国人民代表大会及其常务委员会负责并报告工作。根据我国《宪法》（2018年修正）第八十九条的规定，国务院行使的职权如下：

（1）根据宪法和法律，规定行政措施，制定行政法规，发布决定和命令；

（2）向全国人民代表大会或者全国人民代表大会常务委员会提出议案；

（3）规定各部和各委员会的任务和职责，统一领导各部和各委员会的工作，并且领导不属于各部和各委员会的全国性的行政工作；

（4）统一领导全国地方各级国家行政机关的工作，规定中央和省、自治区、直辖市的国家行政机关的职权的具体划分；

（5）编制和执行国民经济和社会发展计划和国家预算；

（6）领导和管理经济工作和城乡建设、生态文明建设；

（7）领导和管理教育、科学、文化、卫生、体育和计划生育工作；

（8）领导和管理民政、公安、司法行政等工作；

（9）管理对外事务，同外国缔结条约和协定；

（10）领导和管理国防建设事业；

（11）领导和管理民族事务，保障少数民族的平等权利和民族自治地方的自治权利；

（12）保护华侨的正当的权利和利益，保护归侨和侨眷的合法的权利和利益；

（13）改变或者撤销各部、各委员会发布的不适当的命令、指示和规章；

（14）改变或者撤销地方各级国家行政机关的不适当的决定和命令；

（15）批准省、自治区、直辖市的区域划分，批准自治州、县、自治县、市的建置和区域划分；

（16）依照法律规定决定省、自治区、直辖市的范围内部分地区进入紧急状态；

（17）审定行政机构的编制，依照法律规定任免、培训、考核和奖惩行政人员；

（18）全国人民代表大会和全国人民代表大会常务委员会授予的其他职权。

国务院的职能也可以从两个层次来分析。一是国家行政机关内部事务的管理；二是对社会公共事务的管理。前者如第（3）项对国务院各部委职责分工的规定，第（4）项对地方国家行政机关的领导，第（13）项对各部委工作的监督，第（17）项对行政组织及国家公务员的管理等。其余的基本上可以认为是对社会公共事务的管理，内容非常广泛，包括政治的、经济的、社会生活的、文化教育的、民族问题的、对外交往的等。

（二）地方各级政府职能

我国的各级地方人民政府指的是省级以下政府，具体包括省级人民政府、市级人民政府、县级人民政府和乡镇级人民政府。

根据《宪法》（2018年修正）第一百零四条和《地方各级人民代表大会和地方各级人民政府组织法》第五十九条的规定，县级以上的地方各级人民政府行使的职权如下：

（1）执行本级人民代表大会及其常务委员会的决议，以及上级国家行政机关的决定和命令，规定行政措施，发布决定和命令；

（2）领导所属各工作部门和下级人民政府的工作；

（3）改变或者撤销所属各工作部门的不适当的命令、指示和下级人民政府的不适当的决定、命令；

（4）依照法律的规定任免、培训、考核和奖惩国家行政机关工作人员；

（5）执行国民经济和社会发展计划、预算，管理本行政区域内的经济、教育、科学、文化、卫生、体育事业、环境和资源保护、城乡建设事业和财政、民政、公安、民族事务、司法行政、监察、计划生育等行政工作；

（6）保护社会主义的全民所有的财产和劳动群众集体所有的财产，保护公民私人所有的合法财产，维护社会秩序，保障公民的人身权利、民主权利和其他权利；

（7）保护各种经济组织的合法权益；

（8）保障少数民族的权利和尊重少数民族的风俗习惯，帮助本行政区域内各少数民族聚居的地方依照宪法和法律实行区域自治，帮助各少数民族发展政治、经济和文化的建设事业；

（9）保障宪法和法律赋予妇女的男女平等、同工同酬和婚姻自由等各项权利；

（10）办理上级国家行政机关交办的其他事项。

上述政府的层级职能表明，中央政府以及省、市、县、乡政府由于行政层级不同，其职能范围、侧重点甚至职能运行的方式都有所不同。即便是同一行政层级，比如省、民族自治地区、直辖市的人民政府，其行政职能也是有区别的。

三、政府的运行职能

按行政管理的过程来划分的行政职能称为行政管理运行职能。行政管理是一个过程，在这个过程中的每一个阶段，政府都以一定的方式执行其职能。关于政府运行职能所包括的内容，国内外学者有不同的观点和划分方法。法国学者法约尔（Henri Fayol）将行政运行职能划分为计划、组织、指挥、协调、控制五项职能；美国的行政学家古立克（Luther H. Gulick）则提出了著名的POSDCRB七职能说，即计划、组织、人事、指挥、协调、报告和预算。我国学者根据我国的行政管理实际，将行政运行职能划分为决策、组织、协调、控制四项职能。本书采用这一分类。

（一）决策职能

行政决策职能是行政管理运行的首要职能。决策职能是指政府为实现一定的行政目的，拟定和选择行动方案，设计具体的步骤、方法、途径等。因此，行政决策职能可简化为确定行政目标、制订行政计划的职能。行政计划就是为实现行政目标而制定的行政实施方案。计划可以按不同标准分为多种类型。如按时间划分，可分为长期计划、中期计划、短期计划；按层次划分，可分为宏观计划、中观计划和微观计划；按明确程度划分，可分为指导性计划、指令性计划；按功能划分，可分为总体计划、补充计划、备用计划等。决策职能发挥的好坏，从根本上决定着行政管理的整体职能。决策是否科学，计划是否恰当，直接影响着行政管理的基本方向和行政效率。因此，现代行政决策要求由单脑决策走向多脑决策，由内脑决策走向外脑决策，由经验决策走向科学决策，由单目标的决策走向多目标的决策，由程序化决策走向创新性决策。

（二）组织职能

组织职能是指行政主体为了实现既定的行政计划和目标，通过建立组织机构，确定职位、职责和职权，协调各方关系，将行政组织内部的各个要素联结成一个有机整体，使人、财、物得到合理、有效地利用。行政组织职能的内容包括：建立合理的组织体制，即根据行政目标设置职能机构，进行科学的职、权、责配备等；分解行政目标，确定实施的具体步骤和方案，并落实到具体的机构和人员；建立指挥系统，科学处理集权与分权的关系，既保证指挥统一、政出一门，又保证能调动各方的积极性。

（三）协调职能

协调职能是公共管理的主要职能之一。协调职能就是通过信息沟通理顺行政组织与行政环境之间、行政组织之间、行政组织与个人之间、个人与个人之间的各种关系，以消除和减少内耗，整合和提高整体行政力量。在现代行政管理中，协调已被各级政府广泛重视。一般来说，政府管理层次越高，其协调的主要任务越是侧重于谋求行政系统与外部环境之间的和谐有序；政府管理层次越低，其协调的主要任务越是侧重于谋求具体操作者之间的和谐与互助。

（四）控制职能

控制职能是指上级部门或行政领导者按照计划标准对具体执行机构和人员进行检查、督促和纠偏，确保实现行政计划和目标的活动。控制职能贯穿于行政管理过程的每一个环节。事实证明，许多行政目标和计划未能得以执行和实现，主要原因是行政失控。因此，运用合理的控制手段进行纠偏，是保证行政目标实现的有效措施。有效发挥控制职能应做到：第一，控制的各个环节和步骤应有机衔接。控制的主要环节包括：确立控制标准、获取偏差信息、采取措施进行调解、实行有效的监督等方面。第二，掌握控制的方法和技巧。国外学者提出了控制的"十要诀"：要高瞻远瞩，多做预测和评估；要能反映出行动的性质和要求；要迅速觉察差异的发生，有效预防；要把握重点；要有适当的标准；要有适度的弹性；要合乎经济原则；要能表现出组织的效能；要采取容易了解的控制方法和技术；要能采取有效的改正措施和行动。

政府的基本职能与运行职能一起，在纵向和横向上构成了政府职能体系，它们相互联系、相互交叉、相互作用，形成了一个互相渗透、有机统一的整体。我们应该从系的观点来看政府职能体系，充分发挥各职能环节及有关职能部门的作用，以便更有效地实施政府管理活动。

四、政府职能的实现

政府职能是关于政府该做什么、不该做什么的问题，政府职能的实现是关于政府用什么样的形式履行职能的问题。政府的职能是确定的，但是政府履行职能的方式方法却可以是不同的。政府履职的形式就是政府职能形式，它不仅关系到政府职能的实现，更能直接体现政府的行政能力。

（一）传统的政府职能实现形式

所谓传统的政府职能实现形式，是指古往今来各国政府普遍使用的履职形式。传统的政府职能形式主要包括行政手段、经济手段、法律手段、教育手段。

1. 行政手段

行政手段是指政府运用行政权力，采取行政命令或行政规定等措施实现自己职能的管理方式。行政手段的主要特点是具有权威性、强制性、无偿性、直接性。由于发布行政命令、规定的主体是国家公权力,所以具有不可置疑的权威。行政主体与行政相对人之间不存在物质利益关系,行政命令、规定的内容都是具体、明确、直接的,而且一经发出,下级及管辖范围内的有关部门必须无条件严格执行,否则会受到行政处罚。

2. 经济手段

经济手段是指政府遵循经济规律,运用价格、税收、信贷、利息、工资、奖金等经济杠杆,调整不同经济利益的关系,借以实现自己的职能的管理方式。经济手段的主要特点是具有有偿性、间接性、多样性和灵活性。有偿性和间接性是经济手段的根本特征,政府运用经济手段就是利用被管理者的趋利本能,通过建立某种利益机制,引导被管理者改变自己的行为,从而达到履行管理职能的目的。由于管理对象是千差万别的,现实中的经济杠杆也是多种多样的,所以为实现不同的管理目的使用的经济方式方法也不相同。

3. 法律手段

法律手段既指政府制定和颁布行政管理法规和规章,规范和调整各种行政关系与社会关系,达到履职目的的管理方式,也指行政机关通过行政执法行为,对社会成员的活动进行监督和控制的管理方式。法律手段的主要特点是具有权威性、严肃性、普遍性、稳定性。行政法规的位阶高于行政命令和行政规定,而且适用性也会更高,所以具有更高的权威性、严肃性和普遍性。相关法律明确规定,行政机关不得擅自改变已经生效的行政许可,所以具有稳定性。

4. 教育手段

教育手段是指政府通过对人们进行有目的的、系统的宣传教育、心理诱导和行为激励,引导被管理者的行为转向行政目标的管理方式。教育手段的主要特点是具有潜在性、长期性、内在稳定性和主动性。思想教育是一个长期的潜移默化的过程,不会立竿见影见成效,需要对被管理对象进行多种形式的、反复细致的宣传、引导,才能逐步见到效果。但是宣传教育的成效一旦显现,往往因为教育的内容已经内化为被管理者的行为自觉,所以会形成一种稳定的行为内生动力。

(二)创新的政府职能实现形式

20世纪80年代,西方国家兴起了一场后来被称为新公共管理运动的政府持续改革运动。政府职能方式的创新是新公共管理运动最显著的贡献之一,后来学者将这些创新的政府职能形式或方式归纳为两类,即政府职能市场化和政府职能社会化。

1. 政府职能市场化

政府职能市场化就是利用市场机制履行政府职能。市场机制的核心就是通过市场竞争配置资源。一般的市场机制包括供求机制、价格机制、竞争机制和风险机制等。

政府职能市场化的具体形式主要有政府购买服务、建立公私伙伴关系(public-private partnership,PPP)、使用者付费(user charges)和补贴制度等。

第一,政府购买服务是指政府按照市场竞争的方式和程序,将一部分公共服务事项以及政府履职所需服务事项,交由具备规定资质条件的独立市场主体承担,政府根据购买合同约定，对承接主体的履约活动进行监督和管理，验收合格后向其支付费用。政府购买服务的适用领域很广，目前是政府使用得最为广泛的履职形式之一。

第二，建立公私伙伴关系是指公共部门与私人部门之间建立多样化的合作伙伴关系，这是主要在公共基础设施建设领域运用的一种特殊形式的购买服务，如建立垃圾处理厂、自来水厂等。具体形式是政府通过特许经营权、合理定价、财政补贴等事先公开的收益约定合同，引入社会资本参与公益性事业投资和运营，以利益共享和风险共担为特征，发挥双方优势，提高公共物品或公共服务供给的质量和效率。

第三，使用者付费是指最终消费者直接付费购买公共物品或公共服务，如高速公路、桥梁等公共交通的使用收费，还有供水、供热等公用设施的使用付费等。

第四，补贴制度，即政府用财政资金对特定地提供公共物品或公共服务的市场主体进行利益补偿的制度。补贴通常有两种方式，即补助和凭单。补助是一种政府给予生产者的补贴，补助的形式可能是提供一定的资金，也可能是提供税收优惠、低息贷款或贷款担保。凭单是政府部门给予有资格消费某种服务的个体发放的优惠券，有资格接受凭单的个体在政府指定的公共服务生产组织中"消费"他们手中的凭单，然后政府用现金兑换各组织接收的凭单。

2. 政府职能社会化

政府职能社会化包括两个方面的内容：一是政府调整职能范围，将一部分公共服务供给职能交由社会组织履行；二是政府调整职能履行方式，由有资质的社会主体共同参与履行公共物品和公共服务供给的职能。政府职能社会化的过程是政府与社会各类主体互动的过程，政府职能的社会化程度取决于各类社会主体自组织成熟程度，归根结底取决于社会发展成熟程度。所以，政府职能社会化是一个渐进的过程，并呈现出阶段性发展的特征。

政府职能社会化的具体方式有多种，委托、替代、撤资等都是行之有效的方式。

第一，委托就是指政府通过合同或协议等形式让社会组织行使某些公共职能，包括提供某些公共物品和公共服务，以降低政府履职成本，提高履职效率。通常使用的委托方式包括授权合作性委托、合作项目式委托、公开招标，以及其他委托方式。

第二，替代是指社会组织通过独立自主、积极主动地开展活动，起到事实上替代政府一部分职能的效果。替代形式不需要政府特定的授权，政府只需给予一些政策上的认可与支持就可以了。替代不同于委托，它更倾向于借助社会公众代表的广泛性和参与的主动性，是一种自下而上的主动式替代。

第三，撤资就是政府放弃对某一企业或某一资产的所有权，交由真正的市场主体经营。撤资总体上是一次性工作，它主要采取出售、转让、清算等具体形式。出售就是将国有企业出售给私人买主。国有企业可以不完全的出售，但是政府必须放弃对企业的控制，否则出售只能被视为集资行为。转让就是将企业无偿转让给雇员、使用者或消费者、公众、原所有者，也可以转让给符合资格的特定群体。当国家将其股份转让给一个新创立的实体，并且不因此索取回报时，此时合资也属于转让。清算就是关闭经营不善的企业，清算其资产。如果国有企业作为一个继续经营的实体难以找到买主，或者扭亏增盈无望，可以卖掉其资产，这也是民营化的形式之一。

第三节　行政职能转变

一、行政职能转变的必然性

行政职能转变是指国家行政机关在一定时期内，根据国家和社会发展的需要，对其职能的范围、内容和方式做出调整和变革。

（一）行政职能转变是适应行政环境发展变化的必然要求

任何行政管理都是在一定的行政环境下展开的，行政管理与行政环境是互动的关系，行政环境是行政管理活动进行的前提和基础，一定的行政管理又改变着行政环境。因此，当行政环境发生变化时，行政管理职能必须随之进行调整和改变。同时，行政管理的对象是国家事务，社会公共事务和机关内部事务，随着社会经济、政治、文化的发展，国家事务、社会公共事务和机关内部事务，从内容到范围都将发生巨大变化；行政管理对象的改变，也要求变革行政职能。

（二）行政职能转变是行政管理科学化和技术手段现代化的必然结果

随着社会科学的发展和技术的不断进步，行政管理的手段发生了相应的变化。现代管理普遍采用系统论、信息论、控制论等科学技术方法，运用心理学、现代数学的成果进行定性和定量的研究分析。特别是电子计算机和各类办公自动化系统的产生和发展，如办公自动化、电子政务、无纸化办公等已成为现代行政管理发展的必然趋势。这一切必然改变着政府的管理方式和管理职能。

（三）行政职能转变是顺应世界发展潮流的必然选择

从世界各国政府职能发展的历史实践来看，世界各国的行政职能都是在不断发展变化着的。这种发展变化的总趋势表现在三个方面：一是行政职能的涵盖面逐渐扩大。人类建立国家政权初期，由于经济、政治及社会发展水平有限，政府行政职能比较简单。进入近代，由于经济、政治及社会不断发展，各国政府职能增加了广泛的内容；进入现代，由于人口激增、工业发展、资源减少、环境恶化、交往频繁，各国政府职能更加广泛和复杂化。今后，随着人类社会自身、人类同自然界关系的发展，各国政府还将面临新的问题和任务，从而使各国政府行政职能的涵盖面进一步扩大。二是行政管理的宏观职能日益强化。现代政府的管理方式日益从直接的微观管理转向间接的宏观管理，政府在行使职能时不再是对所有管理对象进行直接的、具体的指导和命令，而是采取间接的、宏观调控的方式。三是在行政职能体系中，政府社会服务职能的地位日益上升。即使政府履行政治职能、经济职能和文化职能，也由传统的管制转向了服务，服务是政府职能发展的总趋势。

总之，只有转变行政职能才能适应社会的发展，才能适应行政环境的变化，才能实现行政管理的科学化，提高行政效能。

二、西方国家政府职能转变的沿革

（一）前资本主义时期的行政职能（15世纪初—18世纪）

前资本主义时期也被称为资本主义原始积累时期，是指从15世纪初的西欧封建社会晚期到 18 世纪末资产阶级革命完成以前。这段时期，因为受到重商主义的影响，政府奉行干预主义政策，干预经济活动的手段包括行政手段和立法手段，以及政治手段和外交手段，还包括暴力和军事手段。重商主义政策将国家干预主义推向了顶峰。此时，西方国家的政治统治职能和社会管理职能的特点是，前者极端强化，后者相对微弱。

（二）自由资本主义时期的行政职能（18 世纪末—20 世纪 30 年代）

这一时期，西方国家先后完成了资产阶级革命，进入了自由资本主义时期。因为普遍推崇自由放任的经济政策，相信市场这只"看不见的手"可以自动实现资源最佳配置的目标，所以当时的西方认为政府只需要做好一个"守夜人"，不需要干预经济活动。英国古典政治经济学家亚当·斯密（Adam Smith）在《国富论》中将政府职能限定为三项，简言之，政府只需要保障国家安全、维护社会安全和提供公共服务。

（三）垄断资本主义时期的行政职能（20 世纪 30—70 年代）

这一时期，资本主义国家的经济结构发生变化，市场的自我调节能力减弱，资本主义的固有矛盾越来越尖锐。1929—1933 年资本主义世界爆发的经济危机打破了市场万能的神话。因此，英国著名经济学家凯恩斯提出政府不应该只做消极的"守夜人"，还应该是社会秩序和经济生活的积极干预者，尤其是要熟练和有效地利用财政职能影响经济发展。罗斯福"新政"用实践为凯恩斯的观点提供了有力支撑，开创了国家对社会经济进行强力干预的先河。这一时期，资本主义国家的政治统治职能得以强化，经济和社会职能得以扩大和加强。

（四）当代资本主义的行政职能（20 世纪 70 年代至今）

自 20 世纪 70 年代以来，资本主义国家的行政职能的变化可分为两个阶段：一是政府对经济减少干预时期；二是政府对经济实施适度干预时期。因为 20 世纪 70 年代的石油危机引发了经济滞胀和高失业率并存的情况，而凯恩斯主义又无法解决，所以新自由主义主张政府应该减少对经济的干预。受此影响，20 世纪 80 年代的英国进行了公共事业私有化运动，但是该运动只是减少了财政赤字，而没有提升公共服务的质量。20 世纪 90 年代，一些新自由主义者转向了新凯恩斯主义，主张政府对经济实施有限干预。

第四节　改革开放以来中国政府职能转变

中华人民共和国成立以后，为了适应单一所有制下的计划经济体制的需要，我国建立的是高度集权的全能型政府。改革开放以来，我国政府经历了一个从全能型政府向有限型政府、从管治型政府向服务型政府转变的过程。

一、中国政府职能转变的沿革

有关政府职能转变的阶段划分，学界并没有形成一致的观点。本书认为改革开放 40 多年来，我国政府职能转变的改革是行政管理体制改革的重要组成部分，归根结底是国家改革开放的组成部分，所以政府职能转变阶段的划分，终究还是应以国家改革开放的阶段为基本依据。

(一)政府职能转变的提出和初期阶段

这个阶段自 1978 年党的十一届三中全会召开,到 1992 年党的十四大召开之前,是改革的第一个阶段。我国的政府职能转变是从"实行政企职责分开、简政放权"开始的。

1978 年党的十一届三中全会做出了把"全党工作的重点转移到社会主义现代化建设上来"的战略决策,决定对过分集中的经济管理体制进行改革,积极推动经营管理权下放。1982 年,党的十二大确立了"计划经济为主、市场调节为辅"的原则。1984 年,党的十二届三中全会通过了《中共中央关于经济体制改革的决定》,决定中设专章研究"实行政企职责分开,正确发挥政府机构管理经济的职能"问题。决定提出要"按照政企职责分开、简政放权的原则进行改革",同时决定还根据多年来的实践经验,直接列举了"制订经济和社会发展的战略、计划、方针和政策;制订资源开发、技术改造和智力开发的方案"等八项政府机构管理经济的主要职能,明确做出了"今后各级政府部门原则上不再直接经营管理企业"的决定。1987 年,党的十三大是政府职能转变的一个里程碑。大会不仅第一次提出了"政府职能转变"这个改革命题,还提出了政府职能方式改革的问题,大会提出国家应运用经济手段、法律手段和必要的行政手段,调节市场供求关系,创造适宜的经济和社会环境,以此引导企业正确地进行经营决策。在中央和地方的关系上,要在保证全国政令统一的前提下,逐步划清中央和地方的职责,做到地方的事情地方管,中央的责任是提出大政方针和进行监督。在政府同企事业单位的关系上,要按照自主经营、自主管理的原则,将经营管理权下放到企事业单位,政府机构改革必须抓住转变职能这个关键。1988 年,第七届全国人民代表大会第一次会议的政府工作报告提出机构改革主要着眼于转变职能,按照加强宏观管理和减少直接控制的原则,转变职能,划清职责范围,配置机构。至此政府职能转变的改革内容完全清晰了。

这个阶段是改革的初期阶段,国家从改革党政不分、政企不分的计划经济体制弊端出发,逐步明确了政府职能转变的要义,不仅开始了政府职能重心的转变,还提出了政府的职能方式、职能关系等方面转变的主要内容,搭建了政府职能转变的整体框架。

(二)政府职能不断明确和实现阶段

这个阶段自 1992 年党的十四大召开,到 2002 年党的十六大召开之前,是初步建立社会主义市场经济体制的阶段。这个阶段为适应社会主义市场经济体制,行政体制改革中不断探索明确政府的职能定位,以及不断通过改革举措接近职能定位。

1992 年党的十四大召开,大会明确提出"我国经济体制改革的目标是建立社会主义市场经济体制",这就把政府职能转变的意义提到了一个新的高度。党的十四大报告指出:"我们要建立的社会主义市场经济体制,就是要使市场在社会主义国家宏观调控下对资源配置起基础性作用。""加快政府职能的转变,这是上层建筑适应经济基础和促进经济发展的大问题。不在这方面取得实质性进展,改革难以深化、社会主义市场经济体制难以建立。转变的根本途径是政企分开。"1993 年,党的十四届三中全会通过的《中共中央关于建立社会主义市场经济体制若干问题的决定》中,第一次对政府的经济职能做了比较系统全面的表述,即政府管理经济的职能,主要是制定和执行宏观调控政策,搞好基础设施建设,创造良好的经济发展环境。1997 年,党的十五大进一步明确了政府职能转变的内涵,即要把政府职能转变到宏观调控、社会管理、公共服务方面来。所以要按照社会主义市场经济的要求，转变政府职能，实现政企分开，把企业生产经营管理的权力切实交给企业。为了实现政府职能转变的改革目标，这期间召开的第八届全国人民代表大会、第九届全国人民代表大会通过的机构改革方案，全部围绕实现政府职能转变进行，尤其是1998年的机构改革，更是撤销了工业、商业、物资管理部门，政府不再直接管理企业，政府部门与所属企业一律解除隶属关系，同时，建立向国有重点大型企业派遣特派员制度，以保证国有资产的保值增值。另外，新设置劳动与社会保障部等部门，以加强政府的公共服务职能。

在建立社会主义市场经济体制的阶段，政府职能转变以深化政企分开的改革为抓手，从明确政府的经济职能内涵开始，进而逐步提出了政府的社会职能、公共服务的职能的内涵。

（三）政府职能转变全面系统展开阶段

这个阶段自2002年党的十六大召开，到2012年党的十八大召开之前，是完善社会主义市场经济体制的阶段。这个阶段最突出的特点就是继提出政企分开后，又提出政资分开、政事分开、政府与市场中介组织分开，即开始全面、系统推进政府职能转变。

进入21世纪，在党的十六大通过的《全面建设小康社会，开创中国特色社会主义事业新局面》的政治报告中，重申"坚持社会主义市场经济的改革方向，使市场在国家宏观调控下对资源配置起基础性作用"。在提出"健全现代市场体系，加强和完善宏观调控"经济工作任务时，第一次将政府职能概括为"经济调节、市场监管、社会管理、公共服务"十六个字，同时提出"减少和规范行政审批"，这是明确了实现政府职能转变的突破口和抓手。2008年，党的十七届二中全会审议通过了《关于深化行政管理体制改革的意见》，意见在系统提出了行政改革的指导思想、基本原则和总体目标后，强调"深化行政管理体制改革要以政府职能转变为核心。加快推进政企分开、政资分开、政事分开、政府与市场中介组织分开，把不该由政府管理的事项转移出去，把该由政府管理的事项切实管好"。关于履行职能，意见要求"改善经济调节，更多地运用经济手段、法律手段并辅之以必要的行政手段调节经济活动"。关于职能关系，意见要求进一步下放权力，理顺关系，尤其要按照精简统一效能的原则和决策权、执行权、监督权既相互制约又相互协调的要求，紧紧围绕职能转变和理顺职责关系，进一步优化政府组织结构，"规范机构设置，探索实行职能有机统一的大部门体制，完善行政运行机制"。为推动政府职能转变，国有重点大型企业的改革、事业单位的改革和各类社会组织的改革持续深入，而且依法行政的改革也取得了显著成果。

进入21世纪，中国已经因为正式加入世界贸易组织而成为世界经济网中的一员，这样的外部环境对我国政府职能转变是巨大的推动。所以，这个阶段在总结改革以来地方经验的基础上，完全明确了政府职能转变的目标和路径，政府职能转变进入"快车道"。政府职能转变不仅在所有的职能领域全面展开，而且在各级政府中也全面系统展开。

（四）实现治理体系和能力现代化阶段

这个阶段是2012年党的十八大召开以来，我国全面深化改革，明确提出推进国家治理体系和治理能力现代化改革目标的阶段。这个阶段的特点是，明确了政府职能转变的目标，从国家治理体系和治理能力现代化的层面推进政府职能转变，而且提出了"有为政府"的概念，要求通过政府职能转变，实现有效市场和有为政府的更好结合。

党的十八大报告提出了"五位一体"的发展格局，提出行政体制改革是要"建设职能科学、结构优化、廉洁高效、人民满意的服务型政府"。为此要"推动政府职能向创造良好发展环境、提供优质公共服务、维护社会公平正义转变"。党的十八大报告没有列举政府职能的内涵,而是指明了政府职能转变的方向,是在政府职能认识上的重大突破。党的十八大报告同时指出了政府职能转变的有效路径,即"推进政企分开、政资分开、政事分开、政社分开""深化行政审批制度改革,继续简政放权"。2013年,党的十八届三中全会通过了《中共中央关于全面深化改革若干重大问题的决定》,决定提出的全面深化改革的总目标是完善和发展中国特色社会主义制度,推进国家治理体系和治理能力现代化。同时第一次提出"经济体制改革是全面深化改革的重点,核心问题是处理好政府和市场的关系,使市场在资源配置中起决定性作用和更好发挥政府作用"。新确定的改革总目标对政府职能转变提出了更高的要求,而对市场地位的新认识,则对政府职能转变提出了新的内涵要求。2017年,党的十九大宣布中国特色社会主义进入了新时代。这个时期,要求"转变政府职能,深化简政放权,创新监管方式,增强政府公信力和执行力,建设人民满意的服务型政府。赋予省级及以下政府更多自主权"。改革要与"人民为中心"的发展思想相结合,要求政府职能转变的成果都是人民群众可以切身感受到的。2020年,党的十九届五中全会通过了《中共中央关于制定国民经济和社会发展第十四个五年规划和二〇三五年远景目标的建议》,建议从"全面深化改革,构建高水平社会主义市场经济体制"的目标要求出发,对加快转变政府职能,提出了"更好发挥政府作用,推动有效市场和有为政府更好结合""激发各类市场主体活力,完善宏观经济治理,建立现代财税金融体制,建设高标准市场体系"的明确要求。作为政府转变职能的实践,国务院对政府的"放管服"改革提出了具体的要求,在国家信息化建设取得重大进展的基础上,政府职能方式方面创新出众多便民、利民、为民、惠民的新形式,各地营商环境不断优化,群众对政府服务的满意度不断提高。

进入新时代,政府职能转变也被赋予了新的、实现国家治理体系和治理能力的现代化的重大意义。新时期的环境要求政府职能转变表现出鲜明的创新特色,在职能内涵进一步扩展和明确的基础上,政府的职能方式得到全面创新。

二、中国政府职能转变的主要内容

改革开放以来,政府职能转变主要包括政府职能重心的转变、政府职能方式的转变,以及政府职能关系的转变。

(一)政府职能重心的转变

政府职能是国家职能的重要组成部分,所以,当党和国家工作重心转变、调整时,政府职能重心也必定会转变,甚至可以说,党和国家工作重心转变在很大程度上就是通过政府职能转变而得以实现的。1978年,党的十一届三中全会以宣布党和国家的工作重心转到经济建设方面拉开了改革大幕,尤其是1984年,中央做出经济体制改革的决定之后,政府的职能重心加速从政治转向经济。这方面采取的重大举措就是1985年,中国政府宣布裁减军队员额100万,减少了国防经费支出。同时加快国内改革、对外开放开发沿海城市和地区的步伐。到20世纪90年代初,改革开放仅10多年,中国就基本解决了温饱问题,新中国实行了30多年的粮食计划供应制度不知不觉中就废除了。1992年,党的十四大确定了建设社会主义市场经济体制的改革目标以后，政府职能的领域日益明确，职能行使方式也日益多样。在社会主义市场经济体制建立和完善过程中，随着多种所有制经济的发展，民生问题也从主要解决吃饭问题，逐步转变为需要解决教育、医疗、住房、保障等更多领域更具体、更现实的众多问题。政府的职能也从政治、经济、社会等基本领域，细分到政治、经济、文化、社会等更多领域。进入21世纪，2003年的一场全国性的重大"非典"疫情，又为我们敲响了可持续发展的警钟。党的十六届三中全会明确提出要将"坚持以人为本，树立全面、协调、可持续的发展观"，即科学发展观，作为深化经济体制改革的原则。"可持续发展"原则的提出，实际就是将生态环境也列入了政府职能。自科学发展观提出以来，政府职能重心转变的核心是"以人民为中心"。政府职能重心转变取得的改革成果证明了这一点，进入21世纪以来，我国不仅全部取消了农业税，实行了九年义务教育，基本实现了全民医保、社保，努力解决公租房、廉租房等，而且加大了基础设施的投入，建成了世界最长的高铁线路、八纵八横的高速公路，还有世界最大的水电站，世界最大、最高的桥梁，以及不断壮大清洁能源产业，并且结合新农村建设，实现了公路、电、自来水、电视、广播的"村村通"，还建立了遍及城乡的公共文化服务体系。

（二）政府职能方式的转变

计划经济时期，中国政府主要是以下达指令性计划、运用行政命令的方式行使职能。改革开放初期，随着商品经济的发展，过去单一行政命令的方式就越来越不适应经济社会的发展了。这时遵循经济规律，灵活运用价格、工资等经济杠杆，调节和影响社会经济活动成为政府重要的职能方式。同时商品和市场的活动，也迫切要求运用法律的方式行使职能。法律方式主要是制定和完善经济领域的法律，并严格实施，以此规范社会各种经济主体行为的管理方式。进入20世纪90年代以后，随着社会主义市场经济体制的建立和逐步完善，政府除了运用传统的价格、工资、竞争等经济方式行使职能以外，更多地运用使用者付费、补贴财政、税收、信贷等市场的方式。另外，也在一些教育、医疗、公共文化服务等领域允许非公经济主体参与供给，试行政府职能社会化。进入21世纪，尤其是党的十八大以后，政府职能市场化、社会化全面普及，形式越来越多，所涉及的领域也越来越广。政府购买服务、建立公私伙伴关系、全面预算绩效管理、第三方评估等职能形式已经完全制度化，甚至法治化了。改革开放40多年来，政府职能方式不仅创新出多种形式，而且各级政府运用不同职能方式行使职能的能力也明显增强。此外还有一个重要的趋势，就是现在政府的各种职能方式都与信息手段结合，不仅提高了职能方式的科学性，以及职能行使的效率，还大大提升了群众办事的便利程度，从而使人民群众对政府的满意度不断提高。

（三）政府职能关系的转变

政府职能关系包括政府的横向关系和纵向关系。由于中国政府职能转变的起点是计划经济体制下高度集权的全能政府，所以政府职能关系的转变既涉及政府主体之间的职责权限如何划分，以及权责匹配的问题，也涉及政府与其他社会和市场主体之间的权责划分问题。具体可以分为政府部门之间的职能关系、政府与企业的关系、政府与事业单位及其他社会组织的关系等。总之，就是历年的改革文件中都强调的"政企分开、政资分开、政事分开、政社分开"的问题。在解决所有这些问题中，政府是主导者，因为政府是计划经济体制中全部职权的所有者,所以,握有政府职能关系转变的主动权、主导权。改革开放40多年的政府职能关系转变过程,可以从两个方面看:一方面,是政府围绕建立和完善社会主义市场经济体制,不断调整、优化自身的机构设置和责权配置的过程;另一方面,是政府为建立中国特色的行政管理体系,为实现国家治理体系和治理能力现代化,不断调整与市场主体、社会主体关系的过程。

关于政府内部的职能关系。政府内部的职能关系又可以分为政府不同部门之间的横向关系,以及不同层级政府之间的纵向关系。政府纵向关系,主要涉及中央政府与地方政府的关系。本章主要研究政府的横向职能关系、部门之间的关系。机构是职能的载体,所以,政府的横向职能关系实际上主要是政府机构设置调整的问题。改革开放以来,我国以每五年一届的全国人民代表大会换届为契机进行政府机构改革,20世纪80年代的两次机构改革,主要以"撤并机构、裁减人员"及提高行政效率为主要原则。1988年的机构改革,虽然提出了"政府转变职能"的命题,也围绕"政企分开"的改革原则,合并裁减了一些专业管理部门和内设机构,但由于计划经济体制这个大环境没有改变,因此职能转变的力度也是有限的。90年代为适应建立社会主义市场经济体制的要求,调整政府与市场的关系,政府机构改革的力度不断增强,政府组织结构不断优化。比如1998年,在大刀阔斧撤销可以由市场配置资源领域的经济管理机构的同时,还新设置了信息产业部、劳动和社会保障部等四个宏观管理和社会管理部委。进入21世纪,机构改革的重点不再是政府组成部门数量的增减,而是与政府的"经济调节、市场监管、社会管理、公共服务、环境保护"职能定位相匹配。所以整合原有政府部门,增强政府宏观调控和市场监管职能,以及探索大部门制成为亮点。比如改组成立国家发展和改革委员会、人力资源和社会保障部、国家卫生健康委员会、住房和城乡建设部等。新设国务院国有资产监督管理委员会、生态环境部、退役军人事务部、应急管理部等。整合多个部门组建交通运输部、文化和旅游部、自然资源部等。党的十九大以后,为推进国家治理体系和治理能力现代化,完全突破政府职能转变的范围,在党和国家治理体系现代化的框架下,对党政军群等国家机构的职能进行了全面的整合和优化,同时还赋予了地方政府改革更大的自主权。

关于政府与企业的关系,这是涉及政府与市场关系的改革。"政企分开"是在20世纪80年代改革初期就提出的改革切入点,当时主要是向企业下放经营自主权,以及中央政府向地方政府下放权力。到90年代初,各级政府的行业管理机构已经将企业的部分经营权和一定范围内的分配权、收益权下放给企业。90年代进入建立社会主义市场经济体制改革阶段后,"政企分开"增加了建立现代企业制度的内容。进入21世纪,在政府撤销了所有可以由市场配置资源的经济生产管理部门以后,组建了国有资产管理委员会专门管理国有资产。党的十九大宣布改革进入新时代以后,中央又进一步明确提出,"政企分开"是要求政府从对企业"管资产"向"管资本"转变。这是我国国有企业向现代企业制度、完全市场化主体转变的内在要求。让企业逐步回归市场主体的地位。

关于政府和事业单位及其他社会主体的关系,这是涉及政府与社会其他主体关系的改革。20世纪80年代随着经济体制改革在全国的实行,1985—1988年,中央先后制定了科学、教育、文化、卫生等领域体制改革的决定,改革的主要内容就是下放权力,繁荣科学、教育、文化、卫生。主要形式就是将科学、教育、文化、卫生领域事业单位的所有权与经营权适当分开,让事业单位的专业技术人员有一定从事专业技术工作的自主权。同时,允许体制外新成立一些社会组织，如允许成立民办学校、医院、文艺团体等社会组织，以缓解公共服务机构严重不足的难题。改革开放还唤起了社会自组织的热情，宋庆龄基金会、自然科学基金会、中国政治学会、中国行政管理学会等社会组织都是在这个阶段成立的。1986年颁布的《中华人民共和国民法通则》，明确规定了事业单位和社会团体的法人地位。进入20世纪90年代以后，各类社会组织和民办科学、教育、文化、卫生机构发展得很快，事业单位和各类社会组织在承接历次政府机构改革任务中发挥了重要作用，即90年代大量撤并的政府机构及其人员，往往转入事业单位或社会组织。所以21世纪以后，才会在政府改革中专门提出"政事分开、政社分开"的要求。20世纪90年代后期，国务院和各级民政部门先后专门成立了事业单位登记管理局（设在各级编办）和民间组织管理局（设在各级民政部门），1988年制定颁布了"事业单位管理条例""社会团体登记管理条例""民办非企业单位登记暂行办法""基金会管理条例"（2004年）等法规，明确政府主管部门与这些社会主体的职责关系。2012年，党的十八大以来，通过实行事业单位分类改革，事业单位的公益性更加明确，新颁布的《中华人民共和国民法典》对包括事业单位、社会团体、基金会、社会服务机构等在内的各类非营利法人权利义务也做了明确规定，使我国向社会治理体系现代化又前进了一大步。

三、中国政府职能转变的趋势

政府职能转变应该是一场没有终点的远征。因为政府职能作为上层建筑的组成，必须与经济基础相适应，而社会经济基础又是一个永远向前发展的过程，不同之处仅仅在于发展的速度可能有快有慢。从过去40多年的改革历程看，也从党和国家既定的发展目标看，我国政府职能转变的趋势为坚持以提高治理能力为目标；坚持以"放管服"为可靠"抓手"；坚持以依法行政为基本遵循；坚持以数字化提升治理效能。

（一）坚持以提高治理能力为目标

"推进国家治理体系和治理能力现代化"是《中共中央关于全面深化改革若干重大问题的决定》中提出的全面深化改革的总目标，政府职能转变是全面深化改革的内容之一，当然也要遵循这个总目标。《中共中央关于制定国民经济和社会发展第十四个五年规划和二〇三五年远景目标的建议》指出，"十四五"时期我国开启了全面建设社会主义现代化国家新征程。"十四五"时期经济社会发展必须遵循的原则之一，是坚持深化改革开放。加强国家治理体系和治理能力现代化建设，破除制约高质量发展、高品质生活的体制机制障碍，强化有利于提高资源配置效率、有利于调动全社会积极性的重大改革开放举措，持续增强发展动力和活力。政府职能转变要遵循这个原则，统筹推进经济建设、政治建设、文化建设、社会建设、生态文明建设的总体布局，让政府职能体系不断优化。

（二）坚持以"放管服"为可靠"抓手"

"放管服"就是简政放权、放管结合、优化服务。"放管服"改革与党的十一届三中全会以来市场取向改革的大思路一脉相承，是"放开搞活"历史经验的延续和发展，是完善社会主义市场经济体制丰富实践的重要内容。党和国家对如何正确处理政府和市场关系的认识也不断深化。经过40多年的改革，社会主义市场经济体制逐步建立，政府和市场关系发生了很大变化。2013年国务院提出把简政放权、放管结合作为"当头炮"和"先手棋",2015年又将优化服务纳入其中,形成了"放管服"三管齐下、全面推进的格局,改革综合效应不断显现。"十三五"期间紧紧围绕处理好政府和市场关系,始终抓住"放管服"改革这个"牛鼻子",着力减少政府的微观管理、直接干预,放手让企业和群众创业创新,激发市场活力和社会创造力。"放管服"改革旨在推动政府职能深刻转变,使市场在资源配置中起决定性作用和更好发挥政府作用,这是一场重塑政府和市场关系、刀刃向内的政府自身革命,也是近年来实现经济稳中向好的关键一招。这些成功的经验,是政府继续坚持以"放管服"为可靠"抓手"的最充分理由。

(三)坚持以依法行政为基本遵循

依法行政是指行政机关必须根据法律法规的规定设立,并依法取得和行使其行政权力,对其行政行为的后果承担相应的责任的原则。依法治国是我国的基本方略,依法行政是依法治国的重要内容。党的十一届三中全会以来,我国社会主义民主与法制建设取得了显著成绩。党的十五大确立了依法治国、建设社会主义法治国家的基本方略,1999年第九届全国人民代表大会第二次会议将其载入宪法。作为依法治国的重要组成部分,依法行政也取得了明显进展。1999年,国务院发布了《国务院关于全面推进依法行政的决定》,党的十六大把发展社会主义民主政治,建设社会主义政治文明,作为全面建设小康社会的重要目标之一,并明确提出"加强对执法活动的监督,推进依法行政"。2004年,国务院专门印发《全面推进依法行政实施纲要》,2014年在《中共中央关于全面推进依法治国若干重大问题的决定》中,更是设专章研究"深入推进依法行政,加快建设法治政府"问题。决定提出建设法治政府的目标:各级政府必须坚持在党的领导下、在法治轨道上开展工作,创新执法体制,完善执法程序,推进综合执法,严格执法责任,建立权责统一、权威高效的依法行政体制,加快建设职能科学、权责法定、执法严明、公开公正、廉洁高效、守法诚信的法治政府。尽管多年的法治建设已经取得了很显著的成效,但是与建设法治政府的目标还有一段距离,在继续进行政府职能转变的改革中,还必须全面推进依法行政。

(四)坚持以数字化提升治理效能

数字化(digitalization)是将信息用数字表达出来,将问题和现象转化成可分析、可量化的数字形式的过程。数字化在近年发展起来后,在运用新的技术手段融合优化信息化系统、提高管理和运行水准、提高公司新的技术能力等方面表现出极大的优势。正是为了顺应这个趋势,党的十九大提出,打造数字政府、培育数字经济、构建数字社会。《中共中央关于制定国民经济和社会发展第十四个五年规划和二〇三五年远景目标的建议》也专门提出:加快数字化发展。加强数字社会、数字政府建设,提升公共服务、社会治理等数字化、智能化水平。扩大基础公共信息数据有序开放,建设国家数据统一共享开放平台。党的十八大以后,政府提出了"互联网+政务服务",加快转变和优化政府职能,加快打造服务型、智慧型、效能型政府,让信息多跑路、群众少跑腿。基层政府围绕实现高效能、高质量的目标,不断压缩办理环节、精简办事材料、缩短办理时限,实现企业群众办事"一表通""最多跑一次",极大地提升了群众的获得感、幸福感和满意度。"十四五"期间,政府还需要加快基础设施建设,利用大数据改善国家治理的现代化,促进政府管理和社会治理的创新。

新一轮"放管服"改革"箭在弦上"！广西持续发力打造一流营商环境

为贯彻落实党中央、国务院关于深化"放管服"改革优化营商环境的决策部署，近日我区印发《2022年广西优化营商环境行动方案》，坚持不懈地推进新一轮营商环境改革，打造办事效率高、开放程度高、法治保障高、宜商宜业宜成的一流营商环境，力争更多指标进入全国前列。

着力打造公平竞争的市场环境。破除地方保护和区域壁垒，强化反垄断，健全公平竞争审查机制，清除政府采购、招标投标等领域对外地企业设置的隐性门槛和壁垒。推进招标投标全流程电子化改革，实现进入公共资源交易中心交易的工程建设项目电子化招标投标率达到70%以上。全面完善电子采购平台功能，实现资金支付再提速，强化招标投标监管。健全市场主体准入和退出机制，维护公平竞争秩序。

着力打造便捷高效的政务环境。精简优化审批服务，在更大范围实施政务服务"免证办""零材料"。深化"互联网+政务服务"，实现依申请政务服务事项的全程网上可办率达到60%以上；全区40%政务服务事项实现电子证照关联。扩大"跨省通办"范围，2022年新增"跨省通办"事项100项；持续优化政务效能，2022年自治区本级依申请政务服务事项即办件占比提升到45%。

着力打造自主便利的投资环境。推动全区企业投资项目承诺制规定立法，压缩全流程审批时限，工程建设项目从立项到竣工验收全流程平均审批时限压缩至35个工作日内并持续优化。

着力打造开放包容的涉外环境。高质量实施《区域全面经济伙伴关系协定》（RCEP）投资负面清单，提高制造业领域实际利用外资占比，充分发挥"桂企出海+"综合服务平台和广西"走出去"风险保障平台的作用，稳妥有序推进各项工作，不断提升"走出去"综合服务水平和跨境贸易便利化水平。

资料来源：赵超,张越.新一轮"放管服"改革"箭在弦上"！广西持续发力打造一流营商环境[ER/OL].（2022-06-27）.https://v.gxnews.com.cn/a/20806000.2022-06-27.

思考题：
1. "放管服"改革的主要内容有哪些？
2. 结合案例，简析推进"放管服"改革的意义。

复习思考题

1. 政府职能的含义。
2. 政府职能体系的基本内容。
3. 政府职能市场化的含义与方式。
4. 政府职能转变的主要理论。
5. 我国政府职能转变的主要内容。

第四章

行政组织

【学习目标】
* 掌握行政组织的含义、结构和编制管理。
* 了解和掌握行政机关的概念、类型。
* 了解行政组织理论。

经纬相交，织作布帛——《吕氏春秋·先己》，这是中国古籍中关于组织的解释。现代社会科学意义上的组织是指一个群体，这个群体会为了实现一定的目的而进行有秩序的活动。行政组织也不例外。作为行政管理的载体，行政组织是行使国家权力和推行公务必不可少的工具。因此，设计科学、构架合理的行政组织对于提升行政效能而言至关重要。

第一节 行政组织概述

一、行政组织的含义与基本要素

（一）行政组织的含义

行政组织有广义和狭义之分。广义的行政组织是指为了完成行政性任务而担负执行性管理职能的组织，包括各类企业、事业单位中担负行政管理职能的机构，国家行政机关，国家立法和司法机关中负责行政管理事务的机构。狭义的行政组织则是指为推行政务而依法组建的国家行政机关体系。本章所讲的行政组织是狭义的行政组织。我国的行政组织包括从中央到地方的各级人民政府及其所属部门和单位。

（二）行政组织的基本要素

行政组织是一个由多种要素构成的完整、有机整体，其基本要素包括以下几点。

1. 组织目标

组织目标是组织建立和存在的前提和基础,是组织活动的出发点和落脚点。因此,行政组织的建立必然有其明确的目标,而且其目标是一个由从上到下、从宏观到微观的各个子目标、分目标构成的目标体系。需要注意的是,各个子目标、分目标之间要相互协同才能构成一个和谐统一的目标体系,尤其不能出现相互冲突的子目标或者分目标。组织目标的多少和重要程度决定了行政组织的机构数量和地位,也决定了行政组织活动的方向、范围及内容。

2. 机构设置

作为行政组织的实体,机构是行政组织履行职能、实现目标的载体。行政组织建设的中心内容就是设置科学合理、精干高效的行政机构。而行政组织科学化的基本标志是合理的层次划分、部门配置、岗位设置。当代政府职能的扩张意味着政府活动范围的扩展,这就决定了行政组织从简单走向复杂,甚至机构臃肿,极大地限制了行政组织的活动效率。

3. 人员构成

人是行政组织的主体,有一定素质的行政人员构成了行政组织及其机构,行政人员是行政活动的决策者与执行者,也是组织形象的代表。行政组织要履行行政职能,开展管理活动,实现行政管理目标终究还是要靠人来完成,所以行政组织的必备要素之一就是合理的人员构成。行政组织内部工作人员的素质或者状况将对行政组织效能产生直接影响。因此,需要行政组织根据本组织的事务性质和行政管理对象的特质,有目的地选择符合岗位要求的人员进入组织。例如,中国每年的国家公务员考试就是为了选拔合适的人到合适的工作岗位,为行政组织履行行政职能补充人力资源的例行事务。国家公务员的选拔不仅设置笔试、面试,而且设置了政审环节,所有环节的设置都是为了挑选出最适合岗位要求的人才进入政府,以便实现为人民服务的宗旨。

4. 权责体系

作为履行职能的前提条件,没有权力就无法履行职能,但权力是一把双刃剑,不受制约、不用承担责任的权力必然会造成权力滥用的后果,所以有权就要有责,权责对等是行政管理的基本原理。权责体系规定了上下级之间领导和服从的关系,也规定了平级之间的协作配合关系,由此才能打造出良好的工作秩序和稳定的工作关系。但是要把权力约束好、使用好,只靠掌权者的自觉是无法实现的,所以要"把权力关进制度的笼子里",用制度约束权力,用制度管理权力,用制度使用权力,将权力和责任通过制度予以明确,以此保证权责体系的权威性和严肃性。此外,掌权者在行使权力前能够清楚地意识到滥用权力将要承担的后果,责任的具体化能够让掌权者对权力的使用更加慎重。

5. 法规制度

法规制度是行政组织依法行政的根本保障,同时,法规制度的完善程度也是行政组织健全与否的衡量标准之一。因此,健全的行政组织,一方面,要有健全的法规制度为其依法行政奠定基础;另一方面,组织成员的行为要遵守共同的制度性规定,从而保证行政组织的活动协调、统一、有效。

6. 物质资源

一个行政组织的正常运转除了需要有人力资源外，还需要有物质资源，包括办公场所、办公设备、行政经费等。行政组织不同于其他组织，其在物质资源方面的保障程度对国家和社会的影响是直接的。通常而言，对行政组织的物质资源投入数量过少，可能会造成行政组织无法正常开展日常工作，甚至可能引发行政组织为了缓解自身经费紧张而制造项目乱收费的情况；反之，对行政组织的物质资源投入数量过多，又会影响国家对社会公共服务方面的投入，还会助长行政组织追求奢华的不良风气。因此，对行政组织的物质资源的投入要适中。

7. 文化要素

相对于前述要素而言，行政组织的文化要素是一个更加深层的要素，包括组织的价值观念、心理倾向等。文化要素能够体现行政组织成员对该组织的认同感和责任感，对组织成员的行为会产生潜移默化的影响。如果一个组织内部的整体氛围是努力工作、专心钻研业务，那么这个组织的工作效率、工作效能以及组织成员的工作态度都会很优秀，至少不会差；相反，如果一个组织内部的整体氛围是躲避工作、喜爱钻营，那么这个组织的工作效率、工作效能以及组织成员的工作态度将无法想象，至少不是表面看起来那样光鲜，而且还会稀释掉愿意努力工作、认真钻研业务的成员的努力，并且让这类成员疲于应付各类无用的事务。显然，这不是国家和民众希望看到的行政组织。因此，在行政组织内部培育健康向上、积极进取的文化要素，对一个行政组织而言，既务虚，又务实。

二、行政组织的特点

行政组织掌握行政权力，履行行政职能，与其他类型的组织相比具有显著特征。

（一）政治性和社会性

为推行政务而组建的行政组织是统治阶级维护阶级利益的工具，所以政治性是其本质属性。但是行政组织承担的行政职能中包括社会职能，即管理公共事务，提供公共服务，所以行政组织又不可避免地具有社会性。

（二）法制性和权威性

行政组织的法制性是指行政组织的设立、撤销、变更、职能范围、机构设置、人员编制等都必须遵守法律规定，行政组织及其工作人员的行为也必须在法定权限内，依照法定程序进行。另外，我国大约80%的法律都由行政组织负责组织实施，可谓任务繁重。行政组织代表国家行使行政权力，它以国家法律和权力为后盾，对各类社会组织和个人具有普遍约束力和权威性，因此，行政组织具有权威性。

（三）系统性和动态性

行政组织的系统性是指，一方面，行政组织以其不同的职能任务和组织结构在国家体系中成为一个相对独立的有机体，但是又与国家立法和司法机关相互关联和相互作用；另一方面，行政组织本身由纵向上的不同层级、横向上的不同部门以及诸多人员组成，各层级、各部门、各岗位的工作人员承担不同的任务，各司其职，但是又相互配合，协作完成行政组织的目标。而行政组织又要适应外部行政环境的变化不断进行改革和调整，所以行政组织又具有动态性特征。行政组织以自身的不断完善与外部行政环境保持动态的适应性。

三、行政组织的类型

行政组织体系庞大、结构复杂、类型多样、职能齐全，按照不同标准，从不同角度可以分为不同类型。

（一）按照行政层级分类

按照行政层级权限的不同，可将行政组织分为中央行政机关和地方行政机关。

中央行政机关即中央政府，是国家最高行政机关，其基本职责是组织和管理整个国家的政治、经济、文化、军事、外交等方面的行政事务，如我国的国务院。地方行政机关即基本职责和管理权力只在一定行政区域范围内行使的行政机关。地方行政机关内部是分层级的，即地方行政机关还可以进一步分为两级、三级，甚至更多。地方行政机关内不论分为几级，都还是地方行政机关。国家的结构形式不同，中央机关与地方机关的行政关系就不同，它们之间的关系可以是分权关系，也可以是授权关系。但是，无论是怎样的国家结构，地方行政机关都只能在本辖区内行使行政职权，并且都会受到上级机关的限制。地方行政机关如我国的省、市、县、乡政府等。

（二）按照工作性质分类

按照行政组织的工作性质不同，可以将行政组织分为领导机关、职能机关、辅助机关、咨询机关等几种类型。

（1）领导机关又称首脑机关或中枢机关，是中央政府和地方各级政府统辖全局的指挥、决策和监督中心。领导机关是决定行政效能的关键，其职责是负责制定行政组织的目标、规划和政策，对辖区内的重大行政问题进行集中领导与协调，并督导决策的实施，如我国的中央人民政府和各级人民政府。

（2）职能机关是指在领导机关的领导下，负责组织和管理某一方面行政事务的机关。大部分行政机关属于职能机关。它对上受领导机关的指挥和监督，执行领导机关的各种具体指示、方针和政策；对下行使政府的行政管理职能，负责领导或指导业务上相同的下属行政部门的工作，如我国国务院所属外交部、财政部、商务部等各部及地方政府所属各厅、局等。

（3）辅助机关是直接协助行政首长及各职能机关工作，在行政组织内部承担辅助性业务工作的机关。辅助机关的主要职责是为领导机关和职能机关收集信息、协调沟通各方面的关系、管理日常事务、提供后勤服务等。辅助机关有两类典型的存在形式：一类是为行政首长服务的办公和协调机关，如我国各级政府的办公厅（室）等，这类机关是政府内部的综合办事机构。它们没有特定的专业性，不能离开行政首长而独立存在，其活动直接听从行政首长的指挥和要求，对各职能部门没有直接指挥和监督的权力，但在授权条件下可以代表行政首长。由于辅助机关是紧靠行政首长且完全受命于首长的一个组织环节，事实上参与政务、协助决策、沟通关系、协调活动、汇集信息、处理纠纷，因此，它的状态直接影响领导机关功能的发挥，历来被认为是一种重要的行政机关。另一类是为职能机关服务的机关，它们为职能机关工作提供辅助性工作或管理服务工作，如各级政府的机关事务管理局等。

（4）咨询机关也称智囊机关或参谋机关，是指为领导机关或行政首长出谋划策，提供各种对策建议和政策方案的政策研究机关。咨询机关一般由专家学者和富有实践经验的资深政府官员组成，其基本职责是围绕领导机关或行政首长下达的课题开展研究，并针对有关问题出主意、想办法、提建议，供行政首长决策时参考、采纳。在西方，它常被称为"智囊团"或"思想库"。咨询机关既不是执行机构，也不是辅助机关，具有较强的专业性和相对独立性，其基本职能是研究咨询、参与决策、协调政策、培训人才和提供信息。

（三）按照隶属关系分类

按照行政机关之间的隶属关系不同，可以将行政组织分为直属机关、派出机关等类型。

（1）直属机关是指根据需要而设置的主办各项专门业务、为领导机关直接管辖的单独机构。它不是领导机关的组成部门，法律地位也略低于职能机关，主要负责人不列入政府组成人员。例如，在我国，通常把一些不便划归各部、各委员会管理的专门事务交付给专设的直属机构管理，由其担负业务指导、监督和协调职能。直属机关一般称（总）局、署，为（正）副部级单位，如国务院直属的国家统计局、国家税务总局、国家广播电视总局、国家医疗保障局、海关总署等。

（2）派出机关是指行政机关根据工作需要在辖区范围内依法设立的分支机关或代表机关。派出机关在国家行政序列中不构成一级政府组织，其权力是委派机关的延伸，因而以委派机关授权的性质、程度和范围为转移。派出机关主要是在管理区域广阔的条件下，为便于领导机关统一指挥、统一领导和加强监督而设置的，基本职责是代表委派机关，协调、监督下级单位落实各项上级管理政策，授权处理各种事宜，比如我国的行政公署、街道办事处。我国的派出机关还包括国家行政机关有关工作部门派出的代表机关，如财政、公安等机关派驻各地的机关专员、派出所，以及外交部派驻国外的大使馆、领事馆，派驻中国香港、中国澳门的特派员公署等。

第二节　行政组织结构和体制

一、行政组织结构

行政组织结构是指"构成行政组织各要素的配合和排列组合方式"，包括行政组织各成员、单位、部门和层级之间的分工协作与联系、沟通方式。在行政组织的结构中，纵向和横向的结构最为重要，它们确定了行政组织的基本框架。管理幅度构成了行政组织的横向结构，管理层次构成了行政组织的纵向结构，管理幅度和管理层次是影响行政组织结构形态的两个决定性因素。

（一）行政组织的纵向结构

行政组织的纵向结构也称行政组织结构的层级化，它是指行政组织纵向分作若干层级的直线制，上下层级之间存在领导与被领导、命令与服从的一种垂直关系的排列组合方式。行政组织的纵向结构既包括不同层级政府之间的上下级关系，也包括每级政府各组成部门之间的上下级关系。

我国行政组织的纵向结构有两种：一种是整个行政组织体系的纵向分化，是指各级政府的上下层级结构，如从中央到地方分为国务院—省（自治区、直辖市、特别行政区）—市（自治州）—县（市）—乡（镇、民族乡）五个层级；另一种是指各级行政组织内部的纵向结构，即每一级行政组织内部的上下层级结构，如国务院为部（委、办）—司（局）—处三级，国务院直属机构为局—处（司）两级或局—司—处三级，省政府为厅（委、局、办）—处两级，少数在处以下还有科一级，省以下政府工作部门设两级或一级。

纵向结构的优点是：①层级越高，管辖的范围越广，但是组织的数量越少；层级越低，管辖的地域范围越窄，但组织的数量越多。例如，我国的国务院是最高一级的行政组织，只有一个，而最低级的地方行政机关乡镇，现在有20000多个。这种下多上少的行政结构，被称为"金字塔"结构。②行政指挥和命令按照垂直方向自上而下地传达和贯彻。它具有事权集中、权责明确、指挥统一、便于控制等优点。

纵向结构的缺点是：①组织内没有专业化的管理分工；②高层行政首长管理的事务过多；③责重事繁，容易顾此失彼。

（二）行政组织的横向结构

行政组织的横向结构也称行政组织的部门分工，它是指同级行政组织的部门分工，或一级行政组织内部各组成部门之间的平衡分工，它反映的是同级行政组织相互合作与协调的关系模式。

由于行政组织管理内容的复杂多样性，必须在纵向机构的基础上，按业务性质的不同进行进一步科学合理的横向分工，以适应各级政府不同职能的需要。行政组织的横向结构可分为一般权限部门和专门权限部门。一般权限部门是一级政府的首脑机关，负责统一领导指挥所辖行政区域内各行政机关的工作，其职权具有全局性和综合的性特点；专门权限部门是一级政府所属各职能部门，旨在执行一般权限部门的指示和决定，只负责某一方面的行政任务，其职权具有局部性和专业性的特点。

横向结构的优点是：①专业分工、业务明确，有助于提高行政效率。各组成部门统分结合，既相对独立，又相互配合，使整个行政管理流程既灵活又有序。②可使行政首长摆脱日常具体业务，集中精力筹划全局的决策和领导。

横向结构的缺点是：如果分职不当、分工过细，容易造成机构臃肿、部门林立、管理失控，反倒会增加协调难度，降低行政效率。

划分行政组织中的横向机构可以从不同角度进行，主要的划分方法有以下几种。

（1）按管理职能和工作任务划分。这种方法是目前应用最广泛的部门划分法，是把相同或相似性质的职能或工作归类形成一个组织单位或部门，由该单位或部门全权负责此类任务。例如，我国国务院根据职能划分的部门有财政部、文化旅游部、人力资源和社会保障部、教育部、科学技术部、国家安全部、应急管理部、民政部、司法部、外交部等。它的优点是：能较好地体现专业化分工的组织原则，做到事权统一，职责明确，有利于行政组织内部的协调统一。缺点在于：如果权责过分集中，容易导致集权，滋长本位主义，也容易造成部门之间的利益冲突。

（2）按行政管理的环节和程序划分。现代公共行政由一系列完整而系统的环节组成，

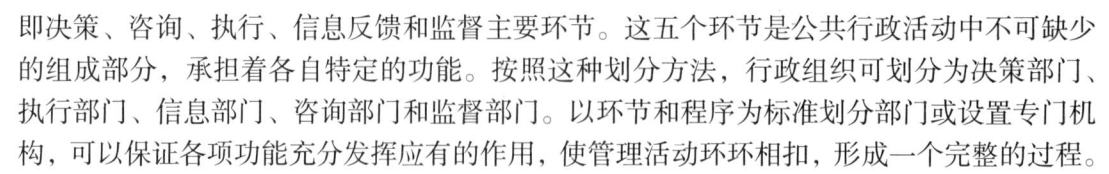

即决策、咨询、执行、信息反馈和监督主要环节。这五个环节是公共行政活动中不可缺少的组成部分，承担着各自特定的功能。按照这种划分方法，行政组织可划分为决策部门、执行部门、信息部门、咨询部门和监督部门。以环节和程序为标准划分部门或设置专门机构，可以保证各项功能充分发挥应有的作用，使管理活动环环相扣，形成一个完整的过程。

（3）按行政区域划分。这种划分方法是以行政区域为标准划分行政部门，主要适用于行政组织管理的区域比较分散，区域间政治经济文化的发展不平衡，由于自然、历史、社会原因不能由中枢机关直接统一指挥的情形。例如我国，全国划分为若干省、自治区、直辖市和特别行政区等；一个省可划分为若干市、县；一个县可划分为若干个乡、镇等。这样划分的优点在于：能调动各行政区域的行政部门的积极性、主动性和创造性，因地制宜、区别对待，从而提高决策质量；加强同一区域行政组织职能部门间的协调，有利于行政效率的提高。缺点是：增加管理层次，必然增加财政负担；各区域组织容易变成权力集中的行政实体，自主权力过大，容易产生地方主义和区域部门权力膨胀、条块分割等弊端。

（4）以服务对象为标准来划分。这种划分方法是依据服务对象特点设置专门机构的部门划分，如政府部门设置的退役军人事务部、国有资产监督管理委员会、市场监督管理局等。这种划分方法使办事机构权责明确，便于直接了解服务对象的需求，有针对性地提供服务，能有效地提高服务水平和工作效率。缺点是：这种划分部门的方法与其他划分部门的方法之间会出现交叉重叠现象，当服务对象需要解决的问题涉及多个部门时，如果协调不当就会出现互相推诿"踢皮球"的现象。而且，在某些情况下，服务对象群体变动较大，会在一定程度上造成事务处理的困难。在这个基础上建立起的部门，其工作必然是时紧时松，其存在的必要性时大时小，经常处于不稳定的状态之中。

二、管理幅度与管理层次

管理幅度与管理层次是行政组织结构的两个基本范畴。幅度构成组织的横向结构，层次构成组织的纵向结构，纵横结合构成组织的整体结构。因此，行政组织的管理幅度与管理层次是影响组织结构形态的两个决定性因素。

（一）管理幅度

行政组织的管理幅度是指一级行政机关或一名上级领导者直接领导和指挥的下级单位或工作人员的数量。管理幅度的宽窄并没有一个确定的标准，工作性质、工作环境、授权程度、管理者的才能、被管理者的素质等都会对管理幅度产生影响，但是管理幅度依然需要一个限度，管理幅度过大或者过小都会影响管理效能。

一般而言，影响管理幅度的因素通常包括以下四种：①管理层次，在组织环境不变的情况下，二者成反比关系。②事务的难易程度与规范程度。如果管理的事务属于简单、稳定、例行性的事务，制度健全而且执行有效，权责明确，则管理幅度可以宽一些；反之，则应收窄。③行政组织成员的素质。这需要考虑管理者和被管理者双方的素质，如果双方素质高、能力强，则管理幅度可以宽一些；反之，则应收窄。④管理手段的先进性和信息传递速度。如果办公条件优越，管理手段先进，信息传递速度快，则管理幅度可以宽一些；反之，则应收窄。机械化程度较高的工厂里的流水线往往采用较宽的管理幅度，一条生产线的负责人可以管理几十名员工甚至更多员工。因为流水线上的作业通常工作任务非常简单，而且只专注于一道工序，这就决定了每条生产线不需要更多管理者，一人足矣，即便是几条生产线由一名管理者负责也不足为奇。

（二）管理层次

行政组织的管理层次也被称为管理层级，是指行政"组织的纵向等级结构和层级数目"。与管理幅度一样，管理层次的设置也需要适当，管理层次过多或者过少都会影响行政效率。管理层次过多，工作人数、设备、费用、手续等都会增加；而管理层次过少，上层管理者在事务增加、精力有限的情况下就会疲于应付。行政组织中的管理层次设置以三层或者四层居多，大部分国家的政府通用的是三级建制，如部、局、处，中国从中央政府到地方政府则有国务院、省、县、乡四级管理层次。这里的县是指省直管县。而在市管县的地方，在省和县之间还有一级市政府设置，这就形成了国务院、省、市、县、乡五级管理层次。

（三）管理幅度和管理层次的关系

管理幅度和管理层次关系密切，管理幅度在很大程度上决定了组织的管理层次和管理人员的数目。在一个特定组织内，在任务和人员不变的情况下，管理幅度和管理层次成反比关系。拓宽管理幅度，管理层次减少；收窄管理幅度，管理层次增加。

三、行政组织体制

行政组织体制是指将行政组织结构中各层次、各部门之间的行政关系制度化所形成的组织形式，主要包括以下形式。

（一）首长制和委员会制

根据作出行政决策和承担行政责任的人数为依据进行划分，行政组织体制可分为首长制和委员会制。

1. 首长制

首长制也称独任制，是指一个组织的最高行政决策权和责任均由一人承担的行政组织体制。美国的总统制是典型的首长制，总统一人独自掌握行政实权，国务院是其部属，国务会议只是起到咨询作用。例如，美国总统亚伯拉罕·林肯有一次召集7位部长开会，他的一项建议虽然遭到了7人反对，但他依然力排众议。

（1）优点

首长制有事权集中、责任明确、行动迅速、指挥统一、易于保密等优点，所以首长制之下的行政活动扯皮少、活力足、效率高。

（2）缺点

行政首长的权力过大，缺少监督和制约，所以首长制可能会导致独断专行局面的出现。另外，行政首长个人的能力、智力和精力的有限性，也会使行政决策和行政效能受到影响。

2. 委员会制

委员会制也称合议制，是指一个组织的最高行政决策权和责任由委员会集体承担的行政组织体制。瑞士的联邦政府就是典型的委员会制，所有行政事务都由联邦行政委员会的7名委员集体讨论决定，瑞士联邦委员会总统（亦称"主席"）只是名义上的国家元首，并没有权力决定大政方针。

（1）优点

委员会制聚集了拥有不同经验和专长的人员，所以能收集到更全面的信息与资料，不同的想法得以表达，集思广益，能够降低个人偏见的影响，所以对决策更加有利；由于决策者和执行者的观点都有机会表达，所以执行决策时的心理条件更佳；避免了权力的过分集中。

（2）缺点

事权不专一，责任不明确；决策迟缓；委员间地位平等，权责相同，容易导致相互排挤，同时，委员可能会为了维护和谐的关系而避免发表反对意见，所以决策质量可能欠佳；责任的分担可能导致冒险决策。

3. 首长制和委员会制的区别与联系

首长制和委员会制的最大区别在于，首长制是多数人服从行政首长，多数人的意见可以不被行政首长采用。委员会制则是少数服从多数，行政首长也必须服从多数人的意见。

首长制和委员会制各有利弊，尽管当代行政组织更偏向于首长制，但两种体制其实各有用武之地。通常认为，首长制适合于执行和指挥事务；委员会制适合于立法和决策事务。在当代行政组织中，两种体制正在相互融合。首长制的行政首长在处理问题时往往依靠专门委员会的协助；委员会制也朝着责任主体明确化方面发展。

根据宪法规定，中国"国务院实行总理负责制。各部、各委员会实行部长、主任负责制"。"地方各级人民政府实行省长、市长、县长、区长、乡长、镇长负责制"。此设置有三个特点：一是遇到重大问题集体讨论、首长定夺；二是日常行政事务由首长决定；三是行政责任由行政首长单独承担。这种体制的设置既明确了责任的承担主体，即行政首长，又让领导集体中的其他成员在重大问题中有发言权，便于在重大决策中集思广益，并且还保证了日常行政事务处理的效率性。

（二）层级制和职能制

以行政组织内部各单位的职权性质和范围为依据进行划分，行政组织体制可分为层级制和职能制。

1. 层级制

层级制是指行政组织在纵向上分为若干层级，每一个层级所管辖的业务性质相同，对上级负责，管辖范围随层级下降而缩小的行政组织体制。例如，中国从中央到地方的各级政府的设置就是层级制。

层级制的优点是：权力集中，指挥统一，上下协调；层级制的缺点是：各级行政首长管辖事务过多，责任过重，可能无法完全胜任。

2. 职能制

职能制是指将行政组织平行分为若干部门，不同部门的业务性质不同、管辖范围大致相同的行政组织体制。例如，中国国务院下属的各部、委，省政府下属的各厅、局等，同级别部门的地位相等，但工作内容不同。

职能制的优点是：术业专攻，各司其职，协助行政首长集中精力抓主要问题，提高行政效率；职能制的缺点是：容易造成部门分割，协调不畅。

3. 层级制和职能制的联系

二者各有优缺点，相互结合，便能取长补短。在规模较大的组织中，往往是层级制和职能制相互兼容。例如，中国从中央到地方各级政府的设置就是层级制，而每一级政府都平行设有很多职能部门则是职能制。

（三）集权制和分权制

以行政组织上级和下级的权限分配为依据进行划分，行政组织体制可分为集权制和分权制。

1. 集权制

集权制是指行政权力集中于上级，下级没有或者很少有自主权，重大决策皆由上级决定，下级必须按照上级的指示施政。

集权制的优点是：权力集中，政令统一，便于统筹兼顾，所以实现下级均衡发展较为容易；避免下级独立性太强不听指挥；便于集中力量办大事；集权制的缺点是：容易忽视因地制宜，造成下级因为权力过小而丧失主动性和积极性。

2. 分权制

分权制是指中央组织或者总机构将管理权充分赋予地方组织或分支机构，地方组织或分支机构不须听命于中央组织或者总机构，中央组织或者总机构也不干涉地方组织或者分支机构的行政组织体制。

分权制的优点是：分权制的灵活性和适应性使得这种体制能够实现管理上的因地制宜，也能够激发下级的工作热情，培养民主精神，实现分工协作；分权制的缺点是：过度分权会损害行政的统一，彼此独立的各部门可能会各自为政，架空上级，从而导致组织的整体目标和功能无法实现。

3. 集权制和分权制的区别与联系

中央集权和地方分权是集权制和分权制在中央和地方关系上的表现。中央集权的体制下，国家政治权力和行政权力主要集中在中央机关，这种体制下，中央政府通过与其有逐级指挥监督关系的地方行政组织去处理地方行政事务。地方行政组织根据中央统一的方针和命令指示来处理事务，这种体制会将下级行政组织制定和推行自身政策的可能性降到最低。地方分权体制下则把统治权和行政权委派给地方政府，地方政府按照本地居民及其代表的意志行使权力，地方政府对本地方负行政责任，而不是对中央政府负行政责任。中央政府对地方的干涉较少，地方政府广泛行使自治权，地方居民也能实现广泛参政。中央集权体制下，中央对地方的领导是直接而强有力的领导，包括财政权和人事权在内；地方分权体制下，中央对地方的领导是间接领导，通过立法或者司法的方式实现。

实践中，任何行政组织都是集权制和分权制要素的集合，纯粹的中央集权制和地方分权制并不合适。在当代，英国、美国、瑞士、加拿大等国采取的是地方分权制；亚洲、南美洲、非洲、中东地区的发展中国家主要采用中央集权制；法国、意大利、荷兰、比利时等欧洲大陆国家的体制则介于二者之间。

4. 大部门制

大部门制即大部制，是指将职能相同或相近的部门整合为一个大部门，实行相同、相近的职能由一个部门管理的组织体制。大部门制的实质是以政府职能转变为中心的行政权力重组，是政府运行体系和运行机制的重新确立。大部门制兴起是市场经济与社会发展的要求，是民主政治发展的结果，也是行政管理体制改革、建设服务型政府与促进社会和谐的必然选择。

大部门制重构了政府部门的职能管理边界，从而有利于实现政府职能的规模效应。大部门制将政府部门中分散设置的专业机构通过合并、调整等方式进行职能整合，组建了综合性的、涵盖相近职能的大部门。所以，大部门制并不否定政府部门的专业分工，也有部门的职能差异，只是对行政组织的横向分工边界进行了新的扩展。同时，实施大部门制，政府组成部门减少，并非由于政府职能减少，而是由于职能实现了整合所以实施大部门制可以降低行政成本，同时解决机构重叠、职责交叉、政出多门的问题。

大部门制更加符合建立决策、执行、监督三权相互平衡制约的行政管理体制的要求。大部门制拓宽了部门管辖的范围，使政府部门侧重于宏观管理，避免和减少了对微观经济的干预活动。科学的行政管理体制应该是，决策权力和决策部门决定利益的分配，执行权力和执行部门高效率完成利益分配，监督权力和监督部门控制利益分配的公正和合法的体制。大部门制集大责任制、大职能制、大服务制于一体，将更有利于建立和完善这样的科学管理体制。

当然，大部门制也会增加组织之间协调的复杂性，以及组织内部因职能增加、组织规模增大，而出现的内设部门增加、内部管理成本提高的问题。也就是说，实行大部门制以理顺关系、优化结构，达到提高行政效率的目的，不可能一蹴而就地实现。大部门制还需要在探索和改革中逐步完善。

第三节 行政组织编制

一、行政组织编制的含义

行政组织编制有广义和狭义之分。狭义的行政组织编制是指一个行政组织或行政单位的人员定额及各种人员的比例结构。广义的行政组织编制是指行政组织的职能范围，包括权责关系、机构设置、规格级别、人员结构、数额以及职位配置等。本节所采用的是广义上的概念。

二、行政组织编制管理的含义及内容

（一）行政组织编制管理的含义

行政组织编制管理是指按法律规定的制度和程序，对机构设置、人员配备、人员定额和结构比例所进行的管理。编制管理是建立精干高效的行政组织体系的重要前提，是防止官僚主义、密切政府与群众关系的重要手段。行政组织的编制管理对于搞好行政组织建设，更好地发挥行政组织的效能具有重要的意义。

（二）行政组织编制管理的内容

行政组织编制管理的内容包括职能管理、机构管理和人员编制管理三个方面。职能是组织机构得以设立的依据和基础，而机构是职能的载体，职能通过机构及其活动得以实现。没有一定的机构及其活动，组织目标和职能就不可能实现。同时，机构又是人员编制的基础。没有机构，人员编制也无从谈起。人员编制是行政组织为了实现组织目标、履行法定职能，经过被授权的机关批准而确定的单位内部人员数额、结构、领导职数、员工数额等。它是行政组织编制管理中最大量、最经常的工作。组织目标最终能否实现、职能及机构管理是否科学合理将会直接影响并反映到人员的编制中。

1. 职能管理及其内容

职能管理是指配置、协调各级机关及其各部门职能的一种行政行为，它是根据国家在一定时期内的方针政策以及社会经济文化等发展的需要，对各组织机构的职能进行配置与相互协调的活动过程。

职能管理的主要内容包括：一是在拟订机构改革或行政管理体制改革方案时，提出转变政府职能、调整政府职能体系的总体意见。二是在各部门实行"三定"时，合理配置各部门的职能，帮助各部门搞好职能配置的研究，制订具体方案。三是协调各部门之间的职责分工。这是职能管理的一项经常性的业务工作。四是协调同级政府部门与下级政府相关部门之间的职责分工，以及政府部门与企业、事业单位、群众团体、其他国家机关之间的职责分工。

2. 机构管理及其内容

所谓机构管理，主要是指对机构设置与调整的管理，具体包括对机构的总量、性质、级别、名称、规模等诸多方面的管理。

机构管理的内容具体包括：一是根据各级政府的职能总量及类别，确定各级政府机构的总量规模。二是划分机构的属性。即根据机构所承担的职能性质的不同将机构分类，以便准确地确定机构的属性、合理地界定职能，为核定人员编制奠定基础。三是对机构级别的管理。主要是由法规和规范性的文件规定机构的行政地位，明确其层级节制的关系。四是对机构名称的管理。即根据组织机构所处的地位、级别、所属关系、工作内容和性质规定机构的名称。五是对机构规模的管理。主要包括对各部门内设机构数量的控制，以及对工作人员数量的限定。机构的规模应与机构所承担工作的性质、难易程度和数量相适应。

3. 人员编制管理及其内容

人员编制是行政组织为了实现组织目标、履行法定职能，经过授权机关批准而确定的单位内部人员数额、结构、领导职数、员工数额等。

人员编制的内容包括：一是制定各级政府编制比例和编制标准。编制比例是指编制员额与核定编制所依据的事物数量之间的比例关系。各级政府所辖的面积、人口数量、经济发展水平都是核定编制的依据。编制标准是指按编制比例确定的各级政府机构和人员的总数规定，它是对各级政府和属于行政编制范围的各类组织的编制的具体规范。编制标准还应包括一定年限内合理的增减幅度，以适应政府职能不断变化的需要。二是核定各部门人员的编制总额。即为完成组织目标，核定履行本层级、本单位职能所必需的人数，它受社

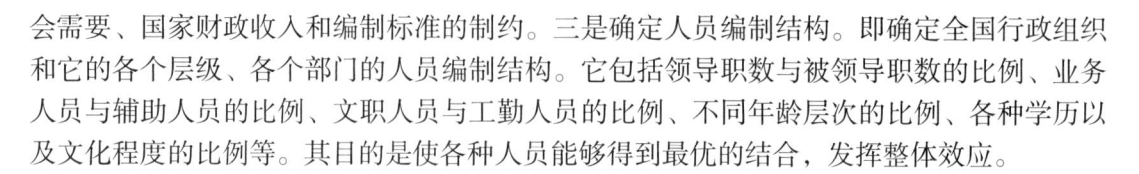

会需要、国家财政收入和编制标准的制约。三是确定人员编制结构。即确定全国行政组织和它的各个层级、各个部门的人员编制结构。它包括领导职数与被领导职数的比例、业务人员与辅助人员的比例、文职人员与工勤人员的比例、不同年龄层次的比例、各种学历以及文化程度的比例等。其目的是使各种人员能够得到最优的结合,发挥整体效应。

三、行政组织编制管理的原则

行政组织编制管理直接涉及政府部门设置和人员配备,政策性强,影响深远。为了切实搞好编制管理,应遵循以下基本原则。

(一)精简原则

精简原则的实质在于合理确定管理幅度和管理层次,包括精简机构、减少层次和精减人员、实行合理定编定员。应严格根据行政管理职能、管辖范围等情况来决定机构和层次的设置、合理确定机构人员数额,并严格按数配备适合的工作人员。凡职能重叠和可有可无的机构与层次,应予以撤销或合并。同时,也要求采用科学方法,通过必要的程序,合理确定机构人员数额,并严格按数额配备合适的工作人员。另外,也要根据不同地区的发展状况,因地制宜,区别对待。

(二)统一原则

统一原则包括三个方面的内容:首先,要统一领导。严格按照国家的统一规定、统一制度、统一程序进行。其次,要统一职能目标。明确划分各行政机构的职责权限,防止机构重叠、政出多门。最后,要统一机构设置。既要做到每个行政机构各自形成有机的整体,又要做到任何行政机构都是全国政府机构的一部分。

(三)立法原则

编制立法是指有关行政组织内部机构设置及其职责权限、结构比例和人员定额的法律规范的总和。行政组织编制立法的目的,就是要做到设编必须有法定条件、扩编必须有法定程序、超编必须有法律制裁,用法律的形式把机构设置及其职责权限、结构比例和人员定额固定下来,使编制管理有法可依。

从我国的情况看,国务院先后出台了《国务院行政机构设置和编制管理条例》和《事业单位登记管理暂行条例》。但目前国家还没有正式颁布机构编制法,以明确机构编制管理的对象、范围、编制管理的原则、方法以及编制管理的权限划分和主管部门,树立机构编制工作的威信。

四、我国的编制管理机构

(一)中央机构编制委员会

中央机构编制委员会是中华人民共和国国务院领导下的负责全国行政管理体制和机构改革以及机构编制管理工作的常设议事协调机构。

该机构的主要职能是:研究制定行政管理体制和机构改革的总体方案,审核国务院各部门及省级机构改革方案;管理国务院各部门的职能配置、机构设置和人员编制,协调国务院各部门之间、各部门与地方政府之间的职责分工；审定省、自治区、直辖市人民政府工作部门设置、人员编制和省以下地方各级机关人员编制总额；制定事业单位管理体制和机构改革方案，审批国务院直属事业单位的机构编制方案，指导并协调地方事业单位的机构编制管理工作；制定机构编制管理的政策和法规等。

（二）中央机构编制委员会办公室

中央机构编制委员会办公室是中央机构编制委员会的常设正部级办事机构，在中央机构编制委员会领导下负责全国行政管理体制和机构改革以及机构编制的日常管理工作。

该机构的主要职能是：研究拟订机构编制管理的法规和政策；研究拟订行政管理体制和机构改革的总体方案，审核国务院各部门和省级机构改革方案，指导、协调地方各级行政管理机制和机构改革以及机构编制管理工作；协调国务院各部门之间以及各部门与地方政府之间的职责分工；审核国务院各部门以及垂直管理部门、派驻地方机构的内设机构、人员编制，审核省级政府工作部门设置、人员编制和省以下地方各级机关人员编制总额；研究拟订全国事业单位管理体制和机构改革方案，审核国务院直属事业单位的机构编制方案，审批国务院各部门所属事业单位的机构编制；监督检查各级政府行政管理体制和机构改革以及机构编制的执行情况等。

权责清单助力机构改革"后半篇文章"

2021年新年伊始，河南省新乡市连续印发《关于赋予新乡高新技术产业开发区管委会、新乡经济技术开发区管委会部分市级经济管理权限的通知》《关于确立并扩展乡（镇、街道）经济和社会管理权限的通知》，依托市县乡三级权责清单目录，分别赋予新乡高新区1025项职权、经开区1100项职权，对乡（镇、街道）精准赋权，扎实推进开发区体制机制改革和乡镇（街道）机构改革取得新成效，机构改革"后半篇文章"写出新年新篇章。

试点担当"研新招"，编制权责清单通用目录。2020年5月，新乡市被确定为全省试点，研究编制权责清单通用目录。新乡市委编办充分发挥试点担当，编制市县乡三级权责清单通用目录，圆满完成试点任务。第一，市县先行融合清单。市委编办从20000余条的县级权责清单事项中比对整合形成县级通用目录，再与市级事项目录进行比对整合形成基础目录，明确单位责任科室，进一步明晰职权界限，印发《中共新乡市委机构编制委员会关于公布新乡市市县两级权责清单通用目录的通知》，在职权类别、事项名称、实施依据等方面实现市县两级统一。第二，乡镇统一扩容清单。在原有乡镇权责清单基础上，按照市县两级权责清单通用目录统一标准口径，重新梳理法律法规，明确由乡镇人民政府或街道办事处行使的审批服务执法事项65项，将权责清单通用目录扩容为市县乡三级通用目录。第三，平台优化调整清单。权责清单通用目录编制完成后，为适应通用目录调整要求，市委编办对权责清单管理系统功能进行了优化升级，切实做到权责清单即时调整、线上调整、全程留痕。

精准赋权"推新菜"，进一步激发基层活力。为做好乡镇（街道）机构改革"后半篇文章"，新乡市在给乡镇（街道）精准赋权上下功夫、寻突破，依托权责清单推出新"菜单"，扩大基层管理权限，进一步激发基层活力、助力乡村振兴。梳理职权，部门"端新菜"。新乡市所辖 12 个县（市）、区以权责清单通用目录确定的县级职权为基础，提出可以实施委托给乡镇（街道）行使和乡镇（街道）强烈意愿能够承接的审批服务执法事项 558 项，形成"推荐菜单"，涵盖城镇管理、乡村规划、农业生产、民生保障等多项领域，进一步扩大乡镇赋权范围。实事求是，乡镇"点好菜"。"推荐菜单"形成后，各县（市、区）组织所辖乡镇（街道）按照本地实际需求和实际承接能力对事项进行认领，相关部门要有针对性地加强指导，培训规范法律文书、程序等，确保赋权事项放得下、接得住、管得好、有监督。

资料来源：河南省新乡市委编办. 河南省新乡市依托权责清单助力机构改革"后半篇文章"写出新年新篇章.http://www.scopsr.gov.cn/shgg/jjxz/202102/t20210203_378725.html.2021-02-03.

思考题：

1. 中国的编制管理在政府机构改革中扮演什么角色？
2. 编制权责清单有什么意义？

1. 什么是行政组织？它有什么特点？
2. 行政组织有哪些类型？
3. 如何理解行政组织中纵向和横向结构？
4. 编制管理的含义是什么？
5. 结合我国政府机构改革历程，谈谈对我国行政组织体制的认识。

第五章 行政人事系统

【学习目标】
* 了解人事行政特点,熟悉人事行政程序。
* 学会使用职位分类、考试录用、绩效考核、职务晋升的方法和技巧。
* 掌握人事行政的技能,人力资源管理与开发的现代技术。

2019年1月16日,《求是》杂志发表的习近平总书记的署名文章《努力造就一支忠诚干净担当的高素质干部队伍》中讲到,我国历朝历代都重视官吏选拔和管理,中国历史上凡是有作为的政治家都懂得"为政之要,惟在得人""育材造士,为国之本"的道理,在吏治方面留下了很多思想和做法,其中不乏真知灼见。比如,《墨子》中说"国有贤良之士众,则国家之治厚;贤良之士寡,则国家之治薄";韩非子说"宰相必起于州部,猛将必发于卒伍";孟子说"故天将降大任于是人也,必先苦其心志,劳其筋骨,饿其体肤,空乏其身";诸葛亮说"为人择官者乱,为官择人者治";司马光提出"凡用人之道,采之欲博,辨之欲精,使之欲适,任之欲专";龚自珍写道"我劝天公重抖擞,不拘一格降人才",等等。

人事行政是行政管理体系中最为重要的组成部分,是一切行政管理的核心。其根本职能是以政府组织为背景,各级人事主管部门以及业务部门按照一定体制和权责划分的要求,依据人事管理目标,运用人事管理的专门方法和技术,对人才及政府组织内的工作人员进行综合管理,以实现人事相宜、人尽其才、事尽其功的效果。

第一节 行政人事管理与人力资源管理

一、人事行政的含义

人事、人事管理、人事行政是三个既有联系又有区别的概念。人事行政源于人事管理,人事管理源于人事。

（一）人事的含义

"人事"一词，在中国是一个被广泛使用的古老词汇，在日常生活中有多种不同的含义。有时它指人世间各种各样的事情；有时它指托人说情或送礼，如《后汉书》中所说的"时权富子弟，多以人事得举"。而在现代，人事是指人与其所做"事"之间的关系。因为在现代社会中，人在从事生产、生活活动时，人与人之间、人与事之间、人与群体之间必然会发生相互关系，进而逐渐形成特定的人事关系（即职位、岗位或工作）。因此，现代的"人事"包含两层意思，即人与事之间的关系以及共事人之间的关系。人要做事，事要人做。

（二）人事管理的含义

人事管理一般是指行政机关的人事管理。是指"组织运用一定的手段和方法，有效地把人的因素与物的因素合理地组合在一起，从而发挥他们各自的作用，实现组织管理目标"。简言之，人事管理就是把人和物有效结合以实现管理目标的管理活动。

"人事管理"一词最早流行于英、美等国企业界。企业的人事管理是研究企业中人与人之间的关系如何取得和谐，人与事之间的关系如何达到协调，以及事与事之间的关系如何获得一致，以便充分发挥每个人的潜能，使企业得到发展。换言之，企业中的人事管理，是运用科学的原则与方法，来管理企业内员工的人力活动，也就是说，通过建立健全的制度，使之有规可遵，有矩可循，从而大大提高工作效率，创造出更多的社会财富。所以人事管理要求的不仅是人与事的恰当配合，事与事的密切联系，使事得其人，人尽其才，才尽其用，更是人与人之间的关系和谐，只有增进人与人相互间的精诚合作，才能真正使工作效率得到极大提高。

欧美国家进入资本主义社会，尤其是产业革命以后，伴随着大量工商业的出现，企业的劳工管理成为突出问题，由此产生了劳动管理。起初，劳动管理主要涉及的是工人的工资和劳动条件，后来劳动管理的对象和范围逐渐扩大，并形成了一整套管理制度和管理方法，"人事管理"一词也逐渐流行起来。后来，随着企业人事管理被引入英美等国的政府机构中，人事管理就有了广义和狭义之分。其核心都是对组织中的人与事之间、事与事之间、人与人之间的关系进行管理，只不过实施人事管理的组织的性质会有所不同。

（三）人事行政的含义

企业人事管理取得成功，对政府机关的管理产生了深刻的影响，尤其是政府机关在公务员的管理方面广泛吸收和借鉴了企业人事管理的最新成果，并逐渐形成了政府机关特有的人事管理制度。这就是我们通常所说的人事行政，也有人称之为公共人事行政（public personnel administration），实际上就是指行政机关中对公务员的人事管理。因此人们往往也把人事行政或公共人事行政称为文官制或公务员制度。其实就研究范围而言，人事行政应更宽泛一些。因为公务员制度基本上是对公务员管理的各项法律、法规的研究，这无疑属于静态方面的研究。至于人事行政则不仅要研究有关公务员管理的各项法律、法规，而且还要作动态的研究，即研究科学的管理方法对公务员内在潜能的激发和利用。基于以上内容，本文认为人事行政是指国家人事行政机关依法对行政管理活动中的行政人员和行政事务之间的关系以及行政人员相互之间的关系所实施的一整套管理活动或管理行为，具体包括对国家行政人员的录用、考核、培训、交流、奖惩、纪律、工资、福利、退休等方面的规划和管理。

二、人事行政的地位、作用

人事行政在国家行政管理活动中居于核心地位。国家行政管理的内容很多，但无论哪种管理活动，都需要人去完成，因此能否选好人、用好人，是各项行政管理活动成功与否的关键。它决定着全部"国家机器"运转的速度和功能。

古今中外，一切掌握了国家政权的统治阶级，无不把"人事行政"视为立国之基、治国之本、富国之道，高度重视挑选、培养和使用优秀人才。

（一）科学的人事行政是保证国家公务人员优化、精简、高效、廉洁的基本条件

人是行政的根本，事则是行政职能的具体形式。所有的行政管理工作都要通过人来完成。

历史的经验告诉我们，任何一个民族、任何一个阶级，要想得天下、保天下、兴天下，除了要有正确的理论和实践外，无不是靠重用人才来实现的。

建国五十余年的经验证明，哪一个时期、哪一个地方人事行政搞得好，那个时期、那个地方，就会取得瞩目的成就。否则，就会停滞不前，甚至会出现政局不稳、社会动荡的局面。因此，行政管理成功的关键在于科学合理地选人、用人。

（二）科学的人事行政是推动经济和社会发展的必要条件

振兴经济，是政府管理的主要职能。政府这一职能的实现，一要靠人力；二要靠财力。两者相比，人力起主导作用。当代经济学者把人的智慧和才能看作一种最为宝贵的资源来加以开发利用。目前我国正在进行的社会主义现代化建设，要解决的问题很多，但最重要的还是解决人的问题。正如邓小平所说，"事情成败的关键就是能不能发现人才，能不能用人才"。因此，搞好人事行政管理，是振兴我国经济，推动社会主义发展的重要组织保证。

当前，中国正处在社会主义现代化建设的关键时期，要构建和谐社会并把国民经济和社会发展提高到一个新的水平，在很大程度上取决于政府对人力资源和人才资源进行合理的配置。因此，在进行经济体制改革的同时，必须相应地进行人事制度改革，在《中华人民共和国公务员法》的框架内提高人事行政工作的管理水平和运行质量，实现人事行政工作的可持续发展。

（三）科学的人事行政是提高效率，实现政府管理职能的基本要求

效率是政府一切行政行为追求的目标。因此，现代国家的政府都十分注重对行政效率的研究，着力寻找提高行政效率的方法和途径，而其中最重要、最关键的莫过于选好人、用好人。一方面，好的人事行政能够吸引优秀人才进入政府部门工作，这对政府自身而言是好事，对社会而言同样是好事，因为这意味着由优秀的人才来管理社会、服务社会；另一方面，好的人事行政具有示范作用和桥梁作用，能将社会管理提升至更高的水平。习近平总书记在全国组织工作会议上的讲话强调："要树立强烈的人才意识，寻觅人才求贤若渴，发现人才如获至宝，举荐人才不拘一格，使用人才各尽其能。"因为国家公务员是政府职能的实施者，政府的全部社会作用都是通过全体公务员体现出来的。这就需要有一套

良好的人事管理制度，为政府管理配备优秀的行政人员，并调动其积极性和创造性。

（四）科学的人事行政是稳定政权、树立政府形象的重要途径

人事制度历来是国家政治制度的主要组成部分，人事行政居于国家政权建设的核心部位，任何一个统治阶级，要想巩固自己的政权，除了依靠国家机器通过专政的手段来维护本阶级的利益以外，还必须依靠有效的行政管理来维护政权的稳定，而一切行政管理都是由人来完成的，"为政在人""人存政举人亡政息"的古训讲得就是这一道理。当今世界国与国之间的竞争是综合国力的竞争，归根结底是人才的竞争。目前，我国正面临着世界新技术革命的机遇和挑战，能否充分利用这一时机，缩小我国与发达国家的差距，关键就在于能否充分地开发利用一切可以为我所用的人才，这正是国家人事行政管理工作的主要任务。在全社会都重视教育、尊重知识、尊重人才的环境下，在国家公务员制度的法律保障下，人才辈出、群星灿烂的局面将会逐步形成，从而对我国的现代化建设产生巨大的推动作用。

三、人事行政的原则

人事行政的原则是对人事管理特点和规律的概括与总结，是指导人事行政工作的方针，是根据人事行政活动的基本性质和目的所确定的人事管理的行为标准。

作为国家行政管理的一项重要活动，人事行政必然具有政治性，但又同时具有科学性，如此才能让人事行政的各项活动、各个环节都符合人事行政活动的规律，才能对人才实施科学的选、育、用、留。因此，必须遵循相应的原则。有的原则是中外通用的，有的是中国特有的，主要的原则如下。

（一）任人唯贤，德才兼备

德才兼备，方堪重任。古人讲："德薄而位尊，知小而谋大，力小而任重，鲜不及矣。"选人用人重德才，是古今中外治国理政的通则，区别只是德才的内涵不同而已。尽管不同时期、不同国家、不同阶级，对德、才、贤的判断标准有一定差异，但是在选人用人时，德和才始终需要综合考虑，不能偏废。德离开了才就偏离了凭借；而才离开德就偏离了发挥作用的正确方向。

"德"是指行政人员的政治素质和职业道德。中央组织部原部长在2019年1月的全国组织部长会议上强调，"坚持新时期好干部标准，把政治素质考察摆在干部工作重中之重，大力培养选拔忠诚干净担当的高素质干部"。突出政治标准选拔干部主要从五个方面进行把握。"一看政治忠诚，是否牢固树立'四个意识'。""二看政治定力，是否坚定'四个自信'。""三看政治担当，是否坚持原则、敢于斗争。""四看政治能力，是否善于从政治上观察和处理问题。""五看政治自律，是否严格遵守党的政治纪律和政治规矩。"可见在政治素质方面，我党选拔干部的政治标准是十分清晰的。在职业道德方面，"克己奉公、忠于职守，全心全意为人民服务"则是公务人员应有的职业觉悟。

"才"是指行政人员的知识水平和业务能力。通过每年的国家公务员招考公告就可以看出，所有的职位都需要具备一定的专业背景和学历水平，有些职位还需要有基层工作经验，这些要求都不是平白出现的，都是为了做好相应的工作而提出的，因此，能够通过公开招考进入公务人员队伍的人至少是符合职位要求的，但是并不意味着可以一劳永逸。为

了做好本职工作，进入工作岗位以后还是要不间断地学习，只有这样才能让自己始终具备为人民服务的本领。

（二）考试考核、功绩晋升

考试考核是指国家录用行政机关工作人员时，要经过有关部门组织的公开考试，平等竞争，择优录用。功绩晋升是指国家行政人员的录用、提升、奖励等，均以他们的实际能力和在工作中的实际成绩作为基本标准。这条原则与任人唯贤、德才兼备原则是紧密相连的，是现代人事行政激励工作人员勤奋又有创造性地开展工作的重要方式，由此也能与传统人事行政的血缘、出身、资历至上相区分。

（三）扬长避短、适才适用

扬长避短、适才适用是指发挥人的长处，规避人的短处，从而把合适的人放在合适的岗位上，以做到人尽其才、才尽其用。要做到扬长避短、适才适用，需要具备以下条件。

知人。领导者要发挥好知人的艺术，在明确人才内涵的基础上，要用全面的、历史的、发展的眼光看人，从"德、识、才、学、体"以及性格爱好等方面全方位观察、了解下属。要把真正的人才适时地选拔出来委以重任，要掌握人才的标准。要对人才的优点和缺点、成绩和错误、长处和短处进行全面考察。以偏概全或是绝对化地看人，对人才一切肯定或一切否定都是不足取的。

识事。这要求在用人之前，就要对不同岗位的工作做到了如指掌，熟悉工作的类别、性质、特点及需要的条件等，在此基础上去择人，才能知道选择什么样的人是合适的。

善任。善任是指要坚持因事择人的原则，根据人和事各自的特点与需求，把合适的人放在合适的岗位上，发挥人的长处，规避人的短处，让在其位者能够做好工作，也让工作成就其人。

（四）智能互补、结构合理

智能互补、结构合理原则是指人事行政要根据各种组织的工作需要和职务的要求，对具有不同的年龄、性格、能力、品德、知识、专业、爱好的人员进行科学搭配，形成一个智能互补、结构合理的群体。

大多数中国人都对《西游记》十分熟悉，《西游记》中的师徒四人就是一个智能互补的组合。作为师父的唐僧前往西天取经的意志十分坚定，而且心怀慈悲，但善恶不分，无法分清妖与人。孙悟空是三位徒弟中最为精干的一位，而且十分忠诚，火眼金睛，能辨明妖与人，但是性情急躁，容易被刺激。猪八戒形象最为慵懒，但胜在懂进退，懂得软语相劝，可是取经意志不坚定，遇到困难时经常想要放弃取经，回高老庄过小日子。沙僧是三位徒弟中存在感最低的一位，少言寡语，但吃苦耐劳，从不抱怨，虽不善思考，但执行力不差。其实，这个团队里还有一个角色不该被忘记，就是白龙马。尽管平常是唐僧的坐骑，默默无语，只是代替了唐僧这个凡人的脚力，但也曾在关键时刻发挥作用。就是这样一个在武功、智能、性格等方面都十分互补的团队，一路降妖除魔，最后取得真经。

（五）划分类别、分类管理

划分类别、分类管理是中外管理公务人员队伍的通行做法，我国与西方国家不同的是，西方国家对公务人员的分类首先体现在严格区分政务官和事务官，不同国家对事务官也采用了不同的分类方式，而我国则没有两官分途的区别。根据《中华人民共和国公务员法》的规定，我国将公务员职位按照性质、特点以及管理需要分成综合管理类、专业技术类和行政执法类等类别。如果职位具有特殊性，需要单独管理，还可以增设其他职位类别。

分类管理有助于对不同岗位实施不同的管理、考核方式，以便有效地选拔人才、考核绩效，进而提供有效、优质的公共管理和公共服务。

（六）用人与治事一致

用人是为了治事，所以在是否用人、如何用人方面，应当给用人单位最大的自主权，以免造成用人权和治事权不一致导致的人事脱节。

（七）公开、平等、竞争、择优

用人以公，方得贤才。历史上的盛世治世，都同注重立公道、举贤良相关。公正用人是我们党立党为公、执政为民在组织路线上的体现，应该成为我们选人用人的根本要求。要择优录用社会人才进入公务人员队伍，首先就要保证招考信息能够为人知晓，公开是必然要执行的原则之一。公开的内容包括有关人事行政的法律、法规以及政策，除了按照规定需要保密的以外，全部公开；人事行政执行的录用、考核、升降、奖惩等全部公开。在这方面，我国做得就很好，像公务员法、公务员回避方面的规定等都能够通过公开渠道获取，从发布招考公告开始，公务员招考程序的每一个关键环节都会通过相关渠道公示，以便社会监督。平等是指担任国家公职的权利和机会是人人平等的，不因性别、民族等因素而影响其参加平等竞争的权利，确保其在平等条件下被择优录用。竞争则与公开和平等密不可分，因为信息的公开，所以只要符合相关规定，人人都有权利和机会参与竞争，而且是规则面前人人平等的竞争。真正的竞争需要以公开和平等为前提。竞争的目的是择优，通过竞争选拔优秀人才进入公务人员队伍，从而克服任人唯亲等不正之风，真正为政府选拔优秀人才。

（八）依法管理、事权一致

依法管理是指人事行政要通过制定一系列健全的法律、法规，对国家行政工作人员进行管理，使其纳入规范化、法制化的运作轨道。它要求把人事行政的目的、要求、内容、步骤和方法等通过立法进行规范，用法律保证人事行政的有效实施。事权一致也只有在法律保障的前提下才能实现，避免在实践中出现事权分离或不一致的情况。

（九）持续更新、合理流动

持续更新、合理流动原则是指为保证行政组织适应行政管理的需要，保持行政人员队伍富有生机和活力，行政人员队伍要进行不断的新老交替工作。人员的持续更新与合理流动的必要性体现在以下方面。

（1）随着经济社会的发展，公务人员的队伍要持续更新才能适应行政环境的需要。

（2）公务人员的年龄结构和专业结构因公务人员的年龄和专业职能的变化需要持续调整。

（3）因为知识的更新和管理范围的变化，公务人员用非所学、用非所长的问题也需要通过持续更新与合理流动来解决。

（4）宗派主义、地方主义等不利于经济社会健康发展的不良现象也可以通过合理流动来避免。

此外，人员流动对公务人员个人而言也十分有利，通过人员流动，能够开阔眼界，丰富阅历，增长见识，提升能力；通过人员流动实现适才适用，使合适的人始终做合适的事，不合适的人也可以通过流动发现适合他的岗位，从而做到人尽其才、才尽其用。

从我国国家领导人的履历来看，他们的工作经历都非常丰富，往往不限于某一领域和某一地域，尤其是国家领导人，往往都有在不同地方履职的丰富经历。

此外，通过一些落马高官的履职经历也可以看出公务人员合理流动的必要性。例如，天津市公安局原局长武长顺从1970年5月参加工作开始，到2014年7月被宣布调查，40多年里，其所有任职都没有离开天津市公安局。从"术业有专攻"的角度讲，这样的履职经历可谓足够专业，但从另一角度看，这样单一的履职经历可能也为其从事违法犯罪活动提供了便利。根据这样的案例，人事行政工作者应该思考的是，如何在保证公务人员学有所长、用有所长的情况下，实现人员的合理流动，避免某人长期在某一岗位或者某一系统工作而出现监督难点。

（十）党管干部原则

西方文官制度强调官员管理独立于党派之外，"不受政党干预"，由专门机构进行管理，是一个相对独立的、封闭的管理系统。我国公务员制度是党的干部制度的组成部分，党管干部是我们制度的重要特征，公务员制度的各项具体制度是按照党的干部路线、方针、政策来制定的，党对政府重要领导人选有推荐权。

坚持党管干部原则的具体内容包括以下几点。

（1）中共中央统一制定干部工作的路线、方针、政策，并通过一定程序将其转化为人事行政的法律制度。

（2）中共各级党委按照干部管理权限直接管理一定层次的领导干部，原则上是下管一级，并且向公共部门尤其是国家机关推荐重要干部。

（3）中共各级党委对干部法律、法规和政策的执行情况负有监督和控制之责。

（4）中央和地方各级党委组织部是干部管理机构。

四、人事行政的运行机制

（一）管理机制

管理机制是指人事行政机构依照法律规范以科学的方式使人事制度得以运行的机制，它是管理机构、法律规范和运行方式的统一。管理机制是人事制度的首要运行机制。

作为人事制度的组织基础，管理机构是人事制度运行的动力系统。只有管理机构健全，并且能够切实发挥作用，才能保证人事行政各项法律、法规、规章得到贯彻执行。因此，科学地设置人事管理机构是人事行政发挥作用的组织基础。

依法行政是人事行政的基本要求，人事行政的各个环节都应该以法律、法规、规章为规范，这是人事行政的制度依据。缺少制度依据的人事行政就变成了"人治"，容易出现以言代法、权大于法等现象，因此，用完善的制度约束权力，"把权力关进制度的笼子里"是避免"人治"的最安全、最有效、最具有可持续性的方式。

管理机构通过科学的方式进行依法管理是该机制的核心内容。这需要对人事行政人员进行法制教育，同时对人事行政人员进行培训，使其掌握科学合理的现代人事行政技术与方法。

（二）更新机制

人事更新机制是一种在人事系统中推进新陈代谢、吐故纳新活动的机制，其基本目的是保持人事系统自身的稳定性和生命力。人事更新包括制度更新、人员更新、人员补充和能力更新。

"从社会生态学的观点来看，人事系统应具有自我组织、自我稳定、自我发展的功能。"新陈代谢、吐故纳新是自然界的普遍规律，同时也适用于对社会的管理，运用这一规则来指导社会管理，就是坚持更新变革的机制。社会要发展，就需要不断变革和更新。

人员更新通过公务人员与社会的交流实现，民主选举制、考试录用制、调任交流制等是人事系统的"入口"，辞职制、辞退制、退休制、开除制、罢免制等构成人事系统的"出口"。其中，民主选举制和考试录用制在竞争基础上实现了择优，是优秀人才进入公务人员队伍的主要渠道；调任交流制体现的是党政机关和其他公共部门之间干部的互通性；聘任制目前在中国只适用于专业技术性职位和辅助性职位；辞职制和辞退制表明公务人员和用人单位之间具有双向选择机制，对公务人员队伍的结构优化有重要作用；退休制对于保证公务人员队伍的梯次化和年轻化具有深刻意义；开除和罢免制度则对净化公务人员队伍、加强公共部门的廉政建设意义重大。

素质更新主要通过培训、交流、考试等方式完成。通过考试进入公务人员队伍之后，在科技发展和社会进步的时代背景下，如果公务人员不进行素质更新就可能无法胜任工作。通过培训和考试可以增加公务人员的知识含量，改善其知识结构和技能结构；交流可以拓宽视野，增加公务人员的行政经验。

（三）激励机制

人事激励机制是政府组织运用自己所掌握的各种资源，积极干预和影响国家行政工作人员的过程，使每个人在致力于达成个人期望的同时实现组织的目标。人事激励机制就是政府组织内部承担激励任务的组织结构。

人事激励机制的基本工作内容就是给政府工作人员以一定的报偿，分为外附报偿和内滋报偿两个方面。

行为科学证明，需求引发动机，动机引发行为。因此，依据一定的标准对个体或者集体的行为及其结果进行公正评价，并且根据结果对行为者进行适当的奖励（物质或者精神奖励），也就是满足其需求，就能进一步激发其正确的动机，从而引发行动，由此形成良性循环，这就是激励机制。在人事行政的众多工作中，可能激励这项工作是难度最大的。人的需求千差万别，即便具有一定的共性，但是不同的人对同一种需求渴望被满足的程度也会有所不同，并且在不同时期，一个人最渴望被满足的需求也不尽相同，所以对人事行政工作者而言，在所有工作中激励机制的设定或许是难度最大的一项工作。完备的激励机制的形成需要坚持功绩制原则（即以能力和绩效为评价标准），以考核工作实绩为核心要素，以考评结果为依据奖勤罚懒。对人事行政工作者而言，难题在于如何评价工作实绩。毕竟，公务人员提供的是公共管理和公共服务，这种类型的工作实绩很难像企业那样将工作实绩进行量化。因此，如何科学评价公务人员的工作实绩是人事行政工作者和研究者始终需要探索的问题。另外，在公务人员所做工作和其工作实绩的关联性的确定方面也需要进行探索，即如何确定工作实绩与相应工作的关联性，有的关联性是容易分辨的，有的则不是很容易分辨，而且可能牵涉甚广。

（四）监控机制

监控其实是监测与控制的统称。监测是对运行系统进行信息收集和反馈；控制则是根据信息对系统运行进行必要的调整。因此，监控是指为使人事行政系统实现活动目标，必须对其活动进行监测，必要时对系统的运行进行修正，防止其偏离目标。

传统监控只注重事后监控和自上而下的监控，但是现代人事行政则注重事前、事中和事后监控的平衡以及双向监控的平衡。事前监控包括明确规定公务人员的纪律、行为规范、应尽义务和相关责任，说明监控者或者监控机构的职责权限，对公务人员进行道德、法治等方面的教育，以尽力做到防患于未然。事中监控是伴随公共管理活动的开展而同时跟进的一种监控，以便及时发现公务人员的违法行为或者不合理行为并及时纠正。事后监控则是在公共管理活动结束或者进行到一定阶段时，对既定的事实后果进行监测，总结经验教训，以最大限度地弥补已经造成的损失。因此，从性质上讲，事前监控是防范性质的，事中监控是即时性质的，事后监控则是复查性质的。另外，传统监控只注重上级对下级的单向监控，而没有或者弱化下级对上级的监控。而现代监控则强调双向监控的平衡。前述监控其实都是内部监控或者叫内部监督，事实上，还有外部监督，在此不做展开讲解。

五、人力资源管理概述

（一）人力资源管理的含义

人力资源管理是指运用现代化的科学方法，对与一定物力相结合的人力进行合理的培训、组织和调配，使人力、物力经常保持最佳比例，同时对人的思想、心理和行为进行恰当的诱导、控制和协调，充分发挥人的主观能动性，使人尽其才，事得其人，人事相宜，以实现组织目标。现代人力资源管理就是一个人力资源的获取、整合、保持激励、控制调整及开发的过程。

（二）现代人力资源管理的基本内容与基本要求

1. 工作分析

一个组织要想进行有效的人力资源管理，首先必须明确有多少工作，每一个工作岗位的特点、任务、职责以及与之相应的各种要求。工作分析就是为了解决这些基本问题而进行的工作。所谓工作分析，就是采用一定的技术和方法，完整地确认工作整体，全面收集、分析、整理有关工作信息，并按工作性质的难易程度和工作所需人员资格条件进行分类与评定等一系列的基础性人力资源管理活动。

2. 人力资源规划

人力资源规划是指使企业稳定地拥有一定质量和必要数量的人力，以实现包括个人利益在内的组织目标而拟订的一套措施，从而求得人员需求量和人员拥有量之间在企业未来发展过程中的相互匹配。凡事预则立，不预则废。人力资源规划对成功的人力资源管理的重要性不言而喻。

3. 人员招聘与录用

在进行了人力资源规划以后，下一步工作就是如何根据规划进行招聘与录用到合适的人员，以补充组织内的职务空缺。人员招聘与录用是人力资源管理最重要的过程。这是因为，组织的生存与发展取决于他们在社会竞争中的优势地位，而构成组织竞争优势的要素中，人才的质量是最重要的，人才是组织发展的"第一要素"。组织能否吸引到满足需要的人才，能不能建立一支高素质的人力资源队伍，直接关系到组织的生存和发展。

4. 培训与开发

培训与开发是许多经济学家所强调的除正规教育以外的一种重要的人力资本投资形式。是由人力资源部门主要规划、组织，并采取一定步骤，通过数学、实验等各种方法，向员工传授完成本职工作所必需的知识、技能、品德、态度等内容，以改善成员行为，提高工作绩效，实现组织目标的活动。

5. 绩效考评

绩效考评是人为资源管理的重要组成部分。绩效考评包括广义和狭义之分。广义的绩效考证是指对工作人员的素质如心理素质、组织素质、智力素质、政治素质、身体素质等进行全面的评估，作为人员任用、调配、培训的依据。

六、人力资源管理与传统人事管理的区别

为了适应社会的发展和变革，在人事行政管理制度、体制、方法、技术等方面进行改革，就要引入现代人力资源管理的理论和方法，就要掌握传统的人事管理工作与现代人力资源管理的区别。人力资源管理是指对人力资源进行有效开发、合理配置、充分利用和科学管理等活动的总和。人力资源管理与人事管理两个概念并没有截然分开的界线，在实践中两者之间常常替换使用，在管理体制、功能、原理和方法等方面，两者有许多共通之处，很多人把两者当作一回事，我们也没有必要强求使用某一个名称而不准使用另一个名称，但如果从学科的高度去理解，两者之间却存在着很多不同之处。从发展趋势来看，人事管理必将过渡到人力资源管理，后者是人事管理发展的新阶段。

第二节 国家公务员制度

一、中国公务员制度的形成

新中国人事行政体制，是在新民主主义革命时期人事工作的基础上逐步建立和发展起来的。中国共产党在长期革命斗争和工作实践中，提出"任人唯贤""德才兼备"的干部

标准，规定了"党管干部"的原则。这些做法在选拔、培养、使用干部，建设国家工作人员队伍等方面都发挥了积极作用。

中华人民共和国成立后，人事行政的发展经历了以下三个阶段。

第一阶段，1949—1965年。是新中国人事行政制度的形成和发展时期。在这个阶段，依据宪法规定的原则，结合社会主义革命建设的具体情况，从中央到地方，各级各部门都建立了相应的人事管理机构，并且在总结新民主主义革命时期人事行政的经验和学习苏联经验的基础上，逐步建立了包括干部选拔录用、调配使用、学习培训、升降奖惩、工资福利、退职退休等一套比较完整的人事制度和一些相应的人事行政法规。

第二阶段，1966—1976年。这段时期属于"非常"时期，由于"文革"十年动乱，中国人事行政遭到严重破坏。从1968年年底开始，中央及地方各级人事部门陆续被撤销，新中国成立以来的人事行政成绩和各项人事行政制度被全盘否定，正常的人事行政被打乱，整个人事行政及其制度处于混乱状态。

第三阶段，1976年至今。是新中国人事行政制度的成熟时期。这段时期，特别是1978年党的十一届三中全会以后，随着党和国家工作重心的转移，人事行政进入了一个改革发展的新时期，各级人事行政机构相继恢复，并逐步得到充实和加强。

1993年10月至2005年，中国开始实施《国家公务员暂行条例》，全面推行国家公务员制度。我国人事部陆续出台了十几个配套的规定和实施细则；并按"整体推进、重点突破、上下结合、稳步实施"的思路，结合机构改革，积极稳妥地在全国范围内试行，使《国家公务员暂行条例》逐步完善并被普遍接受。自2006年1月1日起，中国正式施行《中华人民共和国公务员法》（以下简称《公务员法》），这是中国人事行政在改革发展过程中的一个里程碑，标志着中国的公务员制度全面走向法制化轨道。

《公务员法》共有18章107条。与《国家公务员暂行条例》比较，在公务员管理的制度和机制层面，《公务员法》都有所发展、创新和完善，具体表现在以下几个方面。

（1）调整了公务员的范围，实现了党政机关干部的统一管理。参照国际上的一些通行做法，《公务员法》明确规定："公务员是指依法履行公职、纳入国家行政编制，由国家财政负担工资福利的工作人员。"这样的界定不仅有利于保持各类机关干部的整体一致性，有利于统一管理和党政机关之间干部的交流，而且为今后深入进行党政机构改革预留了空间，较好地实现了公务员管理体制与现行干部管理体制的衔接。

（2）建立了公务员分类制度，拓展了公务员的职业发展渠道。《公务员法》将公务员划分为综合管理、专业技术、行政执法三类，构建了公务员分类管理的体系框架。同时，《公务员法》明确了职务与职级的对应原则，目的是构建公务员"职务晋升"与"职级晋升"的"双梯制"。在职务晋升外，将级别晋升作为公务员另外一条职业发展阶梯和重要平台，这就进一步完善了公务员激励保障机制，有助于弱化"官本位"，有利于促进中国政府改革从管制型到服务型的职能转变，更好地塑造公务员的"公共精神"。

（3）设立了领导职务"任期制"，健全了职务退出的正常机制。长期以来，在干部任用问题上存在着"不到年龄不退出领导岗位，不犯错误不下台"的传统观念，《公务员法》明确规定"领导成员职务实行任期制"，把领导职务变为工作职务，打破了原来党政机关领导只能上不能下的管理格局，这对长期以来形成的领导职务"终身制"在法律的形态上予以了否认，对"铁交椅"进行根本性的治理，也就从制度上突破了领导干部退出机制的瓶颈。

二、国家公务员的权利和义务

（一）公务员的权利

公务员的权利是"国家通过法律规定，对公务员可以做出某种行为的许可与保障"。与公务员义务之间是一种有机统一的关系。

1. 公务员的身份权利

公务员的身份权利包括身份职务保障权，非因法定事由和法定程序不受辞退。降职或免职的处理；辞职权。

2. 任职的权利

任职的权利包括执行公务权的职务权；工作条件要求权；接受职业培训的权利。

3. 政治权利

宪法和法律规定的公民政治权利以及国家规定的公务员的其他政治权利。

4. 经济权利

经济权利包括获得工作报酬的权利；享受各种保险待遇的权利；向国家申请救济补助的权利等。

5. 其他法律规定的权利

如公平晋升权、公正考核权、休假权及女性生育权等。

6. 申诉控告权

申诉控告权是公务员合法权利受到非法侵害时的一种权利救济手段。包括复议，申诉、控告和诉讼权等。

（二）公务员的义务

公务员的义务是"国家通过法律或法规规定的，对公务员必须做出一定行为或不得做出一定行为的约束和强制。公务员的义务对应于公务员身份，当公务员以公民身份行为时还必须履行公民的义务，以党员身份行为时也必须履行党员的义务"。

《公务员法》第十四条规定公务员应当履行的义务包括：遵守宪法法律和法规。坚持四项基本原则，坚持改革开放的路线方针。依照国家法律、法规和政策执行公务。密切联系群众，倾听群众意见，接受群众监督，努力为人民服务。维护国家的安全、荣誉和利益。忠于职守，勤奋工作，尽职尽责；服从命令。保守国家秘密和工作秘密。公正廉洁，克己奉公。宪法和法律规定的其他义务。

未来的国际竞争，主要是科学技术的竞争和人才的竞争。谁能拥有具有高度竞争力的人才，谁就能掌握未来国际竞争的主动权。习近平总书记指出国家发展的关键之一是人才，提出"要树立强烈的人才意识，寻觅人才求贤若渴，发现人才如获至宝，举荐人才不拘一格，使用人才各尽其能"，人才管理被习近平提到战略的高度给予重视。

三、国家公务员管理机构

（一）公务员局

"为更好落实党管干部原则，加强党对公务员队伍的集中统一领导，更好统筹干部管理，建立健全统一规范高效的公务员管理体制，将国家公务员局并入中央组织部。中央组织部对外保留国家公务员局牌子。调整后，中央组织部在公务员管理方面的主要职责是，统一管理公务员录用调配、考核奖惩、培训和工资福利等事务，研究拟订公务员管理政策和法律法规草案并组织实施，指导全国公务员队伍建设和绩效管理，负责国家公务员管理国际交流合作等。"根据2018年3月中共中央印发的《深化党和国家机构改革方案》，当年，国家公务员局并入了中组部，承担对公务员的录用调配等工作实施统一管理等职责。国家公务员局并入中组部之后，虽然仍是公务员主管部门，但是不再隶属于行政系统。这一点从2018年10月发布的《中央机关及其直属机构2019年度考试录用公务员公告》和2020年10月发布的《中央机关及其直属机构2021年度考试录用公务员公告》的发文单位都能看出，发文和落款单位只有国家公务员局。而在国家公务员局并入中组部以前，则是三个部门综合发文，即中共中央组织部、人力资源和社会保障部、国家公务员局。

（二）监察机关

根据2018年的《国务院机构改革方案》，"监察部并入新组建的国家监察委员会。国家预防腐败局并入国家监察委员会。不再保留监察部、国家预防腐败局。"

（1）监察委员会的职责与设立："各级监察委员会是行使国家监察职能的专责机关，依照本法对所有行使公权力的公职人员（以下简称'公职人员'）进行监察，调查职务违法和职务犯罪，开展廉政建设和反腐败工作，维护宪法和法律的尊严。"

"中华人民共和国国家监察委员会是最高监察机关。省、自治区、直辖市、自治州、县、自治县、市、市辖区设立监察委员会。"

"各级监察委员会可以向本级中国共产党机关、国家机关、法律法规授权或者委托管理公共事务的组织和单位以及所管辖的行政区域、国有企业等派驻或者派出监察机构、监察专员。监察机构、监察专员对派驻或者派出它的监察委员会负责。"

（2）监察对象范围："监察机关对下列公职人员和有关人员进行监察：（一）中国共产党机关、人民代表大会及其常务委员会机关、人民政府、监察委员会、人民法院、人民检察院、中国人民政治协商会议各级委员会机关、民主党派机关和工商业联合会机关的公务员，以及参照《中华人民共和国公务员法》管理的人员；（二）法律、法规授权或者受国家机关依法委托管理公共事务的组织中从事公务的人员；（三）国有企业管理人员；（四）公办的教育、科研、文化、医疗卫生、体育等单位中从事管理的人员；（五）基层群众性自治组织中从事管理的人员；（六）其他依法履行公职的人员。"

从监察法的监察范围来看，所有履行公职的人员都被包含在了监察范围之内，与行政监察法的行政监察对象主要包括行政机关及其工作人员相比，监察法的监察范围已经有了相当大的范围扩展。本条规定的主要目的也是将所有行使公权力的公职人员都包含在监察范围之内，并用法律形式予以固定。这也是中国共产党以零容忍态度惩治腐败的政治立场的体现。

四、职位分类与品位分类

分类管理是人事行政的基本原则之一，各国的公务人员分类主要有两种做法，分别是职位分类和品位分类。

（一）职位分类

所谓职位分类，是指运用科学的方法，把众多复杂的行政机关的工作岗位，根据其性质差异、责任轻重、繁简难易及所需资格条件等，划分为若干规范的种类，对每一职位给予准确的定义和说明，制成职位说明书，以此作为对公务员进行管理依据的一整套做法。特点如下。

1. 以事为中心

先根据职位的工作性质、内容按照行业或者性质横向分为为数不多的职组，每个职组再细分为不同的职系，再根据每个职位工作的难易简繁、责任轻重、担任职务所需的教育程度、业务、技术水平等情况纵向划分为若干等级，因此，所有职位就被归入相应职系的相应等级中。这种分类制度注重工作人员的专业知识和技能，官等与职能重合。

2. 人随职走

公务人员所在职位的等级就是其本人的等级，职位变动，等级也随之变动。待遇以工作的多少来确定。工资差别与职位的工作难度、责任大小、任务简繁和资格深浅成正比，因此，同工同酬。

3. 职位分类复杂而详细

职类、职系、职等、职位划分较多，利于培养专才。职位分类有复杂的程序和方法，技术性要求比较高。职类是指将几个工作性质相近的职系归并为一个类别。职系是指工作性质相同而责任轻重和难易程度不同的职位系列。一般说来，一种专门职业就是一个职系。职级：指同一职系内工作难易程度、责任大小和所需资格条件相近的职位群体。职等是指工作性质不同但工作繁简难易程度、责任大小以及所需资格条件相近的职级群体。职位：指组织中具有一定职权和责任、需要一定资格条件的人员担任的工作岗位。

（二）品位分类

品位分类是一种以人为对象的分类制度，是按照官员的个人条件，如学历、资历、职务等划分等级的分类制度。"品"是指官阶，"品位"是指按照官位和职务的大小而排列的等级。品位分类是由古代官吏按其身份划分等级的制度演变过来的，封建社会的品位是特权和身份的标志，因此品位分类在等级观念比较浓厚的国家较为盛行。英国是实行品位分类的典型国家，1968年以前英国的政府机构人员按照受教育的水平、工作能力和年资分为6个等级，即行政级、行政执行级、科学及专业技术级、办事级、文书级和勤杂级，其他像法国、德国也可归于此类。特点如下。

（1）分类管理体系以"人"为中心，强调人的品德、学历、资历、经验和能力；尤其着眼于人的"品"即"官阶"，它代表地位、等级和资历等，主要考虑人的三大外在因素：

学历—受教育程度、资历—经验、职位—任职情况。

（2）官位和等级职位可以分离，官等随人走，官等成为任职者固有的身份资格；在品位分类中的公务人员，既有官阶，又有职位。官阶标志的是品位等级，代表的是地位的高低、资格的深浅、报酬的多寡。职位标志的则是权力等级，代表着责任的轻重、任务的简繁。因为官与职分离，所以可以有官无职或有职无官，也可以官大职小或者官小职大。因为品随人走，所以职位改变，但品位不变。工资以品位等级确定，所以存在同工不同酬、同酬不同工的现象。

（3）只对公务人员进行大致分类，分类较少、较粗，也比较简单，不需要复杂的程序和方法，技术性要求比较低，有利于培养通才。

（三）职位分类和品位分类的优势、劣势与趋向

1. 职位分类的优势和劣势

优势：第一，因事设岗，按岗选人，有利于获得职位的最佳人选；第二，对在岗人员的考试、考核和晋升有客观的标准；第三，有利于建立公平合理的薪酬制度；第四，使预算管理变得精确而简明。

劣势：过于强调"事"的中心地位，忽视了人的主观能动性；操作起来工程浩大，程序复杂，成本较高；过于刻板，缺乏弹性；人员受到专业的局限性较大，发展通道狭窄。

2. 品位分类的优势和劣势

优势：第一，强调工作人员的个人条件，如学历、资历等，有利于吸收高学历的、经验丰富的人员进入政府部门。第二，适用于中高级领导职务的分类。领导工作往往需要多方面的知识，很难将其划归一定的职位，采用品位分类有利于领导选用。第三，有利于某些临时性工作的开展，有些临时性的指派工作，通过确定某一官等的人负责，能取得更好的效果。

劣势：人在事先的特征使其容易出现因人设岗、职责不清、机构庞大的问题；分类的规范性欠缺，不利于实施科学化管理；过于强调人的学历、背景，使得学历低但能力强的人发展受限；以官阶定薪酬，导致同工不同酬，不利于对工作人员的激励。

趋向：这两种公务人员分类制度各有特点，各有利弊。近年来，也出现了两种分类之间的相互渗透、相互趋向，主要表现为：一是采用职位分类的国家，对职位分类的结构进行了逐步简化，对职系数目和职级、职等层次进行了缩减；二是采用品位分类的国家，对职位的系统调查、评价和分类开始重视起来。从20世纪六七十年代开始，英国和美国都对各自的公务员制度进行了改革。英国按照专业和工作对文官职务进行了调整，美国则设置了"高级行政职务"，对其实行"级随人走"的工资制度。

第三节 国家公务员日常管理

一、公务员的录用

公务员录用是指国家有关机关根据用人计划，按照法定程序和方法，通过公开竞争考试录用担任一级主任科员以下及其他相当职级层次的公务员，并与之建立公务员权利义务关系的行为。公务员录用采取公开考试、严格考察、平等竞争、择优录取的办法。

《公务员法》除了规定录用为公务员需要符合的条件外，在第二十六条还规定了不得录用为公务员的情形：因犯罪受过刑事处罚的；被开除中国共产党党籍的；被开除公职的；被依法列为失信联合惩戒对象的；有法律规定不得录用为公务员的其他情形的。

资本主义国家录用公务员的考试机构有二元制和一元制的区分。所谓一元制，是指负责公务员考试的机构自成系统，独立行使职权，不受内阁和各部的控制，处于超然地位。如美国的人事管理总署、日本的人事院都属于这一类型的机构。法国是实行一元制的典型。

中国录用公务员的考试机构与上述资本主义国家有所不同。中国中央国家行政机关国家公务员的录用考试，由国务院人事部门负责组织。地方各级国家行政机关国家公务员的录用考试，由省级人民政府人事部门负责组织。除此之外，在举行公务员录用考试时，还建立了非常设的国家公务员考试委员会，对公务员录用考试工作进行监督，以保证考试的公正性。至于录用考试的具体组织工作则由国家公务员考试中心来承担，主要负责组织命题、建立题库、安排考场组织评卷等。中国公务员录用考试机构这样来组成，是为了保证考试的公正性和权威性。

二、考核、奖励与惩戒

（一）考核

考核是指国家行政机关根据法定的管理权限，按照公务员考核内容、标准、程序和方法，对所属公务员执行公务、履行职责的情况进行全面考察与评价，并以此作为升降、奖惩、调整、培训等的依据。

考核的目的是全面客观评价每个公务员的德才表现和工作实绩，为人事奖惩、培训、职务调整等提供依据。通过考核可以激励公务人员努力提高自身素质，扎扎实实开展本职工作。

在实践中形成了以下三种基本考核方法。

1. 领导考核和群众考核相结合

领导考核和群众考核相结合的方法是行政首长负责制和党的群众路线工作方法在公务员考核工作中的具体运用和体现，特别是领导干部的考核更应该通过不同形式让群众直接参与，自觉接受群众监督，提升考核工作的透明度。

2. 平时考核和定期考核相结合

平时考核和定期考核相结合的方法体现了考核的连续性和阶段性。平时考核随时进行，是年度考核的基础，重点考核公务员完成日常工作任务、阶段工作目标情况和出勤情况。定期考核是按照一定时间期限和规定的内容与程序进行考核，分为届中考核、届末考核和年度考核。年度考核适用于公务员中的非领导成员，届中或届末考核适用于领导成员。平时考核只作记录不定等次，年度考核结果分为优秀、称职、基本称职、不称职四个等次。考核结果应以书面形式通知本人，本人若对考核结果有异议，可按照有关规定申请复核。

3. 定性考核和定量考核相结合

定性考核和定量考核相结合的方法体现了考核的模糊性和确定性相平衡的特点。定性考核根据《公务员法》第三十三条规定："对公务员的考核，按照管理权限，全面考核公务员的德、能、勤、绩、廉，重点考核工作实绩。"而定量考核则是对以上五个要素用分数做出数量化的抽象评价。现实考核中使用的主观评定和量化打分就是定性考核和定量考核相结合的表现形式。

（二）奖励

奖励是指有关机关按照有关法律、法规，对工作表现突出、有显著成绩和贡献或者有其他突出事迹的公务员或者公务员集体给予精神奖励和物质奖励，以精神奖励为主的人事行政行为。

从奖励的定义可以看出，公务员奖励针对的是两种情形：一是工作成绩突出，强调对公务员在履职过程中的敬业行为进行奖励；二是有其他突出事迹，强调对公务员在本职工作以外有突出事迹且产生良好社会影响的行为进行奖励。奖励是运用激励手段，促进公务员奋发进取、积极向上。奖励分为嘉奖、记三等功、记二等功、记一等功、授予荣誉称号。获奖者由授奖机关颁发证书或证章，同时发给适当的奖品、奖金或提高工资等级。

（三）惩戒

惩戒是指有关机关依法对有违纪行为、尚未构成犯罪的，或者虽构成犯罪但依法不追究刑事责任的，给予行政处分。《公务员法》第六十一条规定："公务员因违纪违法应当承担纪律责任的，依照本法给予处分或者由监察机关依法给予政务处分；违纪违法行为情节轻微，经批评教育后改正的，可以免予处分。对同一违纪违法行为，监察机关已经做出政务处分决定的，公务员所在机关不再给予处分。"行政处分分为警告、记过、记大过、降级、撤职、开除六种。

三、职务任免与职务升降

公务员职务任免其实是公务员任命及免除，包括任职和免职两个方面。《公务员法》第四十条规定："公务员领导职务实行选任制、委任制和聘任制。公务员职级实行委任制和聘任制。"选任制是指按照相关规定,通过民主选举的方式确定任用对象的任用方式。"选任制公务员在选举结果生效时即任当选职务；任期届满不再连任或者任期内辞职、被罢免、被撤职的，其所任职务即终止。"委任制是指任免机关在任免权限内，直接委派特定工作人员担任一定职务的任用方式。

聘任制："机关根据工作需要，经省级以上公务员主管部门批准，可以对专业性较强的职位和辅助性职位实行聘任制。前款所列职位涉及国家秘密的，不实行聘任制。""聘任制公务员与所在机关之间因履行聘任合同发生争议的，可以自争议发生之日起六十日内申请仲裁。""当事人对仲裁裁决不服的，可以自接到仲裁裁决书之日起十五日内向人民法院提起诉讼。"

1. 公务员职务升降

公务员职务升降是指公务员机关根据工作需要和公务员本人的工作表现、德才情况，在其法定权限范围内，按照法定程序提高或者降低公务员职务的人事行政行为。职务升降主要有两种情况：一是根据工作需要并结合公务员本人情况对其担任职务进行有升有降的调整；二是根据公务员履行岗位职责情况，对有突出工作能力的予以职务晋升，对不称职的予以降职使用。

2. 免职

政府组成人员的免职和非政府组成人员的免职有所不同。政府组成人员任职届满时，职务自然消亡。任期中，同级人民代表大会举行会议期间或者闭会期间，法定情况出现时，可以提出罢免案。

四、培训、交流与回避

（一）培训

培训是党政机关根据公务员工作职责的要求和提高公务员素质的需要，通过各种形式，有计划、有组织地对公务员进行的以政治理论、政策法规、业务知识、文化素养和工作技能为主要内容的教育和训练，以开发公共人力资源的人事行政行为。目前中国公务员培训制度包括入门培训、职务培训、任职培训、专门业务培训。

（1）入门培训也称初任培训。这是对国家行政机关新录用的公务员所进行的一种培训。通过这种培训，使培训对象掌握一般的工作程序和办事规则，以及最基本的专业知识和技能，为其正式开展工作做好准备。

（2）职务培训也是更新知识培训。这是对全体在职公务员有计划进行的一种定期培训。通过这种培训，使培训对象及时了解并掌握与本职工作相关的最先进的科学知识和工作技能，以保证国家公务员具有较高的专业素质。

（3）任职培训也称晋升培训或资格培训。这是对拟晋升领导职务的公务员所进行的一种培训。通过这种培训，使培训对象掌握拟任领导职务所要求的理论政策水平和协调、决策、指挥的能力。培训合格者才能正式任职。

（4）专门业务培训。这是对专业性质比较特殊的公务员所进行的一种培训。通过这种培训，使培训对象精通本职工作所需要的专门业务知识和特殊技能，成为胜任本职工作的行家。

在当今世界正在进入知识经济时代之际，使公务员具备渊博的知识，为公务员提供可靠的精神财富保障，几乎是所有国家共同努力的方向。因此，培训已经成为公务员制度中最重要的环节之一。

（二）交流

交流是指国家公务员按照有关规定，通过一定程序从一个部门转换到另一个部门或从一个职位转换到另一个职位任职的制度。中国公务员交流制度包括调任、转任和挂职三个方面。

1. 调任

调任是指国家行政机关以外的国家公职人员调入国家行政机关担任领导职务或助理调研员以上非领导职务以及国家公务员调出国家行政机关任职的制度。调入国家行政机关任职者，必须经过严格考核，具备拟任职务所要求的政治思想水平、工作能力以及相应的资格条件。

2. 转任

转任是指公务员因工作需要或者其他正当理由在公务员系统内部转换职位的交流方

式。转任可以在本部门、本单位进行,也可以跨地区、跨部门进行。

3. 挂职

挂职是指根据工作需要,机关可以采取挂职方式选派公务员承担重大工程、重大项目、重点任务或者其他专项工作。公务员在挂职期间,不改变与原机关的人事关系。

(三) 回避

回避是指为防止公务员利用职权为亲情徇私舞弊而对其任职和执行公务有所限制的职务管理行为。包括任职回避、地区回避和公务回避三种。

1. 任职回避

任职回避是指凡有亲属关系的公务员,不得在同一单位任职或在同一系统担任具有上下级关系、监督关系的职务。公务员凡有夫妻、直系血亲关系、姻亲关系的,不得担任双方直接隶属于同一行政首长的职务,或有直接上下级领导关系的职务,也不得在其中一方担任领导职位的单位从事人事、财务、监察部门的工作。

2. 地域回避

"因地域或者工作性质特殊,需要变通执行任职回避的,由省级以上公务员主管部门规定。"

公务员地域回避是指公务员担任县、乡党委、政府正职领导成员的,应当实行地域回避,一般不得在本人成长地担任市(地、盟)党委、政府正职领导成员;公务员担任县级纪检机关、组织部门、人民法院、人民检察院、公安部门正职领导成员的,应当实行地域回避,一般不得在本人成长地担任市(地、盟)纪检机关、组织部门、人民法院、人民检察院、公安部门正职领导成员。

领导干部的地域回避是指领导干部不得在本人成长地担任县(市)党委和政府以及纪委监委、组织部门、法院、检察院、公安部门主要领导成员,一般不得在本人成长地担任市(地、盟)党委和政府以及纪委监委、组织部门、法院、检察院、公安部门主要领导成员。

其实前述两种地域回避规定的内容基本一致,只是适用对象不同,前者的适用对象是公务员,后者的适用范围仅限于县级以上地方各级党委、人大常委会、政府、政协、纪委监委、法院、检察院及其工作部门领导成员或者机关内设机构担任领导职务的人员。

3. 公务回避

公务回避是指公务员在履行职务时的回避,即为避嫌而不负责处理某项公务。应当回避的情形包括:涉及本人利害关系的;涉及与本人有本法第七十四条第一款所列亲属关系人员的利害关系的;其他可能影响公正执行公务的。

五、公务员辞职、辞退、退休

(一) 辞职

《公务员法》第八十五条规定:"公务员辞去公职,应当向任免机关提出书面申请。任免机关应当自接到申请之日起三十日内予以审批,其中对领导成员辞去公职的申请,应当自接到申请之日起九十日内予以审批。"此外,担任领导职务的公务员,因个人或者其他原因,可以自愿提出辞去领导职务。领导成员因工作严重失误、失职造成重大损失或者恶劣社会影响的，或者对重大事故负有领导责任的，应当引咎辞去领导职务。领导成员应当引咎辞职或者因其他原因不再适合担任现任领导职务，本人不提出辞职的，应当责令其辞去领导职务。

（二）辞退

公务员辞退是指其所在单位按照法定的理由和程序，对不适宜在本单位工作的公务员解除其与本单位的工作关系。中国公务员有下列情形之一的，应予以辞退。

（1）在年度考核中，连续两年被确定为不称职的。

（2）不胜任现职工作，又不接受其他安排的。

（3）因单位调整、撤销、合并或者缩减编制员额需要调整工作，本人拒绝合理安排的。

（4）旷工或者无正当理由逾期不归连续超过十五天，或者一年内累计超过三十天的。

（5）不履行国家公务员义务，不遵守国家公务员纪律，经多次教育仍无转变，又不宜给予开除处分的。辞退公务员，按照管理权限决定。辞退决定应当以书面形式通知被辞退的公务员。被辞退的公务员，可以领取辞退费或者根据国家有关规定享受失业保险。公务员辞职或者被辞退，离职前应当办理公务交接手续，必要时按照规定接受审计。

（三）退休

退休是指公务员因达到规定年龄或者工作时间达到一定年限或者因丧失工作能力而退出公职系统的行为。公务员退休的方式分为两大类：一是按公务员本人主观愿望的不同，退休分为自愿退休和强制退休。二是按公务员身体状况来划分，可分为正常退休和特殊退休。中国规定公务员男年满60周岁，女年满55周岁或丧失工作能力的，应当退休。男年满55周岁，女年满50周岁，且工作年限满20年的，可提前退休。工作年限30年的，也可提前退休。公务员退休后，享受国家规定的退休金和其他待遇，国家为其生活和健康提供必要的服务和帮助，鼓励发挥个人专长，参与社会发展。

六、职位聘任

《公务员法》第一百条规定："机关根据工作需要，经省级以上公务员主管部门批准，可以对专业性较强的职位和辅助性职位实行聘任制。"但涉及国家机密的职位，不列入聘任范围。"聘任合同期限为一年至五年。聘任合同可以约定试用期，试用期为一个月至十二个月。聘任制公务员实行协议工资制，具体办法由中央公务员主管部门规定。"机关聘任公务员，应当按照平等自愿、协商一致的原则，签订书面的聘任合同，确定机关与所聘公务员双方的权利、义务。聘任合同经双方协商一致可以变更或者解除。

江苏启动创建安全发展示范城市　　完成情况挂钩领导干部绩效

2020年7月，江苏省委办公厅、省政府办公厅公布了《省级安全发展示范城市创建实施方案》，以"城市安全、美好生活"为主题的创建活动将全面展开，每年评选命名一次，创建任务完成情况将与领导班子和领导干部绩效考核挂钩。

此次创建，对象为江苏省各设区市、县级城市（包括县、县级市、县改区）和具有城市综合功能的国家级开发区，旨在完善城市安全发展体系，全面提升城市安全发展水平，全力压降较大事故，遏制重特大事故，提高城市安全治理体系和治理能力现代化建设水平。

实施方案明确了"三步走"目标。2020年，江苏各设区市原则上不少于1个申报参评城市，推动城市安全风险管控和隐患排查整治取得显著成效，坚决遏制重特大事故，生产安全事故起数和死亡人数实现大幅下降；到2025年，建成一批与高水平全面建成小康社会相适应的国家级、省级安全发展示范城市，全省1/3创建对象建成省级安全发展示范城市；到2035年，逐步形成系统性、现代化的城市安全保障体系，全省城市安全发展体系更加完善，安全文明程度显著提升，共建共治共享的城市安全社会治理格局总体形成，建成一批安全发展型城市群。

实施方案从加强城市安全源头治理、城市安全防控机制、落实监管责任等方面明确了创建"任务清单"。评选命名每年一次，但并非永久命名，还需持续接受省级动态管理。江苏省安委会将在3年后进行复评，如已获命名城市发生涉及城市安全重特大事故、事件的，或出现其他严重问题、不具备示范引领作用的，将及时撤销其命名并摘牌。

资料来源：中国江苏网.安全发展示范城市创建启动 完成情况将与领导干部绩效考核挂钩.snews.jschina.com.cn/jsyw/202007/t20200704.2583346.shtml，2020-07-04.

思考题：

1. 将创建安全发展示范城市完成情况与领导干部绩效考核挂钩，属于公务员考核的哪种类型？反映了公务员管理的哪些原则和要求？

2. 你认为这一做法能否实现完善城市安全发展体系、提升城市安全发展水平的目标？为什么？

1. 简述人事行政的含义。
2. 简述人事行政的基本原则。
3. 简述我国公务员制度的发展历程。
4. 比较分析职位分类和品位分析。
5. 简述公务员日常管理内容。

第六章

公 共 财 政

【学习目标】
* 掌握公共财政的含义和公共预算的体系。
* 确定和掌握政府决算和公共财政收支的执行与政府决算的相关内容。

苏辙于《栾城集·上皇帝书》中说:"财者,为国之命而万事之本。国之所以存亡,事之所以成败,常必由之。"公共财政是行政管理学里一个极为特殊和重要的领域。因为财政是经济学的范畴,但又充斥着"政治"因素,也是行政管理学的重要范畴。形成财政这种特殊地位的原因很简单,即任何行政组织的管理活动都离不开资金的支持,行政管理的核心内容都与经济资源的配置有关。公共财政能力决定政府行政管理能力,建立与完善公共财政体制是当前公共部门,尤其是政府改革的重要内容。本章将在分析公共财政概述的基础上,着重研究公共预算、公共财政支出、公共财政收入和公共财政体制等几个重要主题。

第一节 概 述

一、公共财政的相关概念

所谓公共财政,是指国家(或政府)为市场提供公共产品和服务的分配活动或经济行为,它是与市场经济相适应的一种财政模式或类型。

公共财政是指国家(政府)集中一部分社会资源,用于为市场提供公共物品和服务,满足社会公共需要的分配活动或经济行为。是与市场经济体制相适应的一种财政管理体制。它主要着眼于满足社会公共需要,弥补"市场失效"缺陷。公共财政的历史使命,在于它支持、促进着市场经济体制的形成和发展。有市场经济体制,必有公共财政,二者相互制约,相互促进,交替推动,共同前进。只有真正推行公共财政,才能建立与完善社会主义市场经济体制。公共财政是适应市场经济发展客观要求的一种比较普遍的财政模式。公共财政的真正要义并不在于新古典主流经济学所表明的"市场失效"这一经济逻辑起因，而在于其预算法治和民主财政的"政治实质"内涵。应该说，法治性、民主性在我国公共财政理论中早已得到重视，但实际在对"公共财政"和"公共利益"的公共性理解上存在不足。

公共财政是为市场提供"公共"服务并弥补市场失效的国家财政，或者说是市场经济下的政府财政，它属于公共经济，这是其核心内容。公共财政实质是市场经济财政。市场经济体制下的政府财政原理与计划经济体制下的国家财政是不同的。建立社会主义市场经济体制，就是要使市场机制在国家宏观调控下对资源配置起基础性作用。在市场经济体制下，社会资源和生产要素的重新组合一般都是通过市场机制来解决的，政府只在"市场失灵"的领域才介入。因此，市场机制客观上决定了政府及财政的职能范围。在这种全新的经济体制下，财政就其实质来说，实际上是一种"公共财政"。我们把在市场机制对资源配置起基础性作用基础上实行国家调节，即弥补市场缺陷的政府财政称为"市场财政"，也就是一般西方市场经济国家所说的"公共财政"。公共财政就是国家满足社会公共需要而进行的社会集中性分配。可以说，公共财政就是建立在市场经济基础之上或者说是建立在市场经济体制之下的国家（或政府）财政，即"市场财政"。"市场财政"一词与"公共财政"一词的不同意义在于："公共财政"侧重财政的职能和功能即财政的"公共性"，而"市场财政"则侧重财政的经济基础和体制背景即财政的"经济实质"。因此，公共财政理论和公共财政学，实际上就是市场财政学。

公共财政在国民经济中占有重要地位，它对依法促进公平分配、调控宏观经济、合理配置市场资源、做好国有资产管理，起着不可代替的作用。正确认识推行公共财政的意义，明确其特征，找出当前推行公共财政存在的问题和对策，有着十分重大的现实意义。

二、公共财政的特征

（一）弥补市场缺陷的理念：公共财政是一种弥补缺陷的财政

公共财政是市场经济体制下的国家财政，它是一种弥补市场缺陷的财政模式。市场经济是市场在资源配置上起基础性作用的经济组织形式。在市场经济条件下，资源配置有两种系统：市场和政府。市场是一种有效率的运行机制，在完全竞争的条件下，让"经济人"（理性的企业和个人）自由竞争，通过市场竞争机制的作用，能使资源的使用发挥最大的效率，实现国民福利最大化。但市场的资源配置功能不是万能的，市场机制本身由于存在垄断、信息不充分、外部效应与公共产品等原因所造成的市场失灵领域和市场机制造成收入分配不公以及经济波动等市场缺陷，必须由政府来干预。在市场经济体制下，虽然市场机制运转不灵及其缺陷为政府介入或干预市场提供了必要性和合理性的依据，但是，政府的作用只能限于解决市场解决不了的事情，只能起弥补市场缺陷的作用，同时保护和影响市场。这是市场经济中市场与政府分工的基本原则。"政府要做的，就是财政要干的。"因此，作为建立在市场经济运行机制基础上并符合市场经济要求的公共财政模式，它是一种弥补缺陷的财政，政府在构建公共财政框架时，首先必须满足"市场在资源配置中起基础性作用"这一基本条件，否则就会出现"越位"和"缺位"。

（二）为市场提供公共产品的理念：公共财政是一种服务财政

在社会经济生活中，人类社会需要可以分为两类：一类是私人的个别需要；另一类是社会的公共需要。相应地，用于满足各种各样社会需要的商品和服务，也可以分为私人产品和公共产品两大类。由市场供给用来满足私人个别需要的商品和服务，称为私人产品；由政府公共部门供给用来满足社会公共需要的商品和服务，称为公共产品。

区分公共产品与私人产品有两个基本标准：一是排他性和非排他性；二是竞争性和非竞争性。私人产品具有排他性和竞争性；公共产品具有非排他性和非竞争性。在市场经济体制下，作为社会集中代表的国家，其活动和存在的根据就在于履行社会管理职责，满足社会公共需要。因此，公共财政不应介入私人产品，它是一种为市场提供公共产品和公共服务的国家财政。

（三）依照公意民主决策的理念：公共财政是一种民主财政

公共财政的宗旨是满足社会公共需要，是按社会公意公益来进行的一种社会集中性分配。在市场经济条件下，私人产品是满足每个人的特殊需要的，人们通过在市场上购买商品或服务来表达他们的意愿即所谓的"货币投票"来抉择；公共产品是满足社会全体成员的一种集合性需要，每个人对公共产品的需要有不同的偏好，同时对承担提供公共产品成本存在漠不关心或"搭便车"的心理，所以，政府提供公共产品不通过公民的买卖来作出决定，而必须通过一定的政治程序即所谓的"政治投票"作出决策。公共选择主要体现为通过代表民意的权力机关审批政府预算和决算。

（四）依法规范理财的理念：公共财政是一种法制财政

公共财政的实质是市场经济财政，而市场经济是法制经济，公共财政作为一种与市场经济相适应的财政模式，其收支必然是建立在法制基础之上的，一切公共财政收支活动必须纳入法制规范的范围。表现为公共财政收入方面，无论是开征税收、设立规费项目，还是发行国债，都必须根据法律规定按照一定的法律程序办事，由财政税务部门依法组织征收的收入必须全部纳入政府预算。表现为公共财政支出方面，各项公共财政支出都要严格按照国家预算法及其他财政法规规定的程序和方法进行科学安排，预算审批要公开透明，依法进行。

（五）接受公众监督的理念：公共财政是一种受制财政

在市场经济体制下，政府实际上是一个国家或社会的代理机构，承担着一种公共受托的责任。本质上公众委托政府来提供私人无法通过市场配置而实现的有效供给。纳税人向作为公共权力主体的政府交纳了一定的税收以后，政府就成了实实在在的大管家，作为主人的纳税人要求政府勤俭持家、节约有效地用好税收是理所当然的事。政府在收取纳税人的税收后，除部分作为自身的维持经费外，主要职责在于向社会提供安全、秩序、公民基本权利和经济发展的基本社会条件，如国防、治安、教育、环境卫生、市政建设等。在筹集资金和使用资金的全过程，作为公众利益的代表，政府必须接受公众的监督，这是由纳税人与收税人的基本关系所决定的。换句话说，政府及其为政者本身就是由纳税人供养并为公众服务的，其行为应接受社会公众监督。规范为政者行为，加强其为人民治理好国家和社会的责任，用好公众所交纳的税收，服务人民，造福人民，无疑是公共财政的内在要求。

关于公共财政的基本特征，财政理论界有多种看法。一种看法是：市场经济要求的是公共财政，只有公共财政才能适应、服务并有利于市场经济的存在和发展，这是数百年来市场经济在西方的发展历程所鲜明昭示的。公共财政是为市场提供公共服务的国家财政，公共财政是弥补市场失效的国家财政，公共财政是由公众对之规范、决定和制约的国家财政。另一种看法是：完全意义上的公共财政至少应当包括以下四点本质规定：①以增进绝大多数社会成员的公共利益为宗旨；②以提供公共产品、公共服务，满足社会公共需要为目标；③最大限度地实行民主决策；④充分接受民主监督。

三、公共财政的职能作用

（1）资源配置职能。是指将一部分社会资源集中起来，形成财政收入，然后通过财政支出活动，由政府提供公共物品或服务，引导社会资金流向，弥补市场缺陷，从而优化全社会的资源配置。在社会主义市场经济中，市场这只"无形的手"在资源配置中发挥基础性作用，政府这只"有形的手"主要在市场"失灵"的领域发挥作用。作为政府履行职能的重要手段之一，财政不仅是一部分社会资源的直接分配者，也是全社会资源配置的调节者。这一特殊地位，决定了财政的资源配置职能既包括对用于满足社会公共需要资源的直接分配，又包括对全社会资源的间接调节。

（2）收入分配职能。是指政府财政收支活动对各个社会成员收入在社会财富中所占份额施加影响，以公平分配收入。在政府对收入分配不加干预的情况下，一般会根据个人财产多少和对生产所做贡献大小等因素，将社会财富在社会各成员之间进行初次分配。这种市场化分配有利于提高效率，但容易造成社会成员间收入差距过大，从而需要政府对市场初次分配结果实施再分配调节，促进形成合理有序的收入分配格局，维护社会公平与正义。财政的收入分配职能主要通过税收调节、转移性支出（如社会保障支出、救济支出、补贴）等手段来实现。

（3）调控经济职能。是指通过实施特定的财政政策，促进较高的就业水平、物价稳定和经济增长等目标的实现。政府根据宏观经济运行的不同状况，相机抉择采取相应的财政政策措施。当总需求小于总供给时，采用扩张性财政政策，增加财政支出和减少政府税收，扩大总需求，防止经济衰退；当总需求大于总供给时，采用紧缩性财政政策，减少财政支出和增加政府税收，抑制总需求，防止通货膨胀；在总供给和总需求基本平衡，但结构性矛盾比较突出时，实行趋于中性的财政政策。

（4）监督管理职能。在财政的资源配置、收入分配和调控经济各项职能中，都隐含了监督管理职能。在市场经济条件下，由于利益主体的多元化、经济决策的分散性、市场竞争的自发性和排他性，都需要财政的监督和管理，以规范财经秩序、促进社会主义市场经济健康发展。我国是以公有制为基础的社会主义国家，必须保证政令统一，维护国家和人民的根本利益，这就更需要强化财政的监督管理职能。

四、公共财政的收支政策

现代国家公共财政收入的主要形式有以下几种。

（1）税收收入。税收收入是现代国家最重要的公共收入形式，是世界各国公共收入的主要来源，一般约占各国经常性公共收入的 90% 以上。

（2）债务收入。债务收入包括国内发行的公债，国库券，经济建设债券，向国外政府、各级组织和商业银行的借款等。

（3）国有资产收益。国有资产收益是政府凭借其资产所有权取得的股息、红利、租金、资金占有费、土地批租收入、国有资产转让及处置收入等。

（4）政府费收入。指政府各部门收取的各种费用和基金性收入，包括行政执法过程中收取的各种规费和公共财产使用费。它们是地方政府的主要收入。我国现阶段政府费收入主要有 5 类：①规费收入；②共产使用费；③特别课征；④各种摊牌性费用；⑤特别许可金。

（5）其他收入形式。指上述几种收入之外的政府各项杂项收入，常见的有：①罚没收入；②对政府的捐赠；③通货膨胀税。

公共财政支出形式，按与市场关系分类主要有：购买性支出和转移性支出。

（1）购买性支出又称消耗性支出，这类公共支出形成的货币流，直接对市场提出购买要求，形成相应的购买商品或劳务的活动。购买性支出：政府→市场。

（2）转移性支出是指政府将钱款单方面转移给受领者的支出活动。转移性支出主要由社会保障支出和财政补贴支出等组成。转移性支出形成的货币流，并不直接对市场提出购买要求，即不直接形成购买产品或劳务的活动。转移性支出：政府→私人和企业→市场。

第二节 公 共 预 算

一、公共预算的含义

公共预算是指经过法定程序审核批准的、具有法律效力的政府年度财政收支计划。公共预算的编制主体只能是作为政权组织和社会经济管理者的政府，而且它必须由政府提交国家权力机关批准后方能生效与执行，所以公共预算也是国家的重要立法文件。公共预算具体规定预算年度内国家财政收支指标及其平衡状况，预算由预算收入和预算支出构成。

公共预算本质上是分配稀有资源的活动，是政府调节社会经济生活的主要财政手段与财政机制。预算活动是国家活动的主要动脉，影响着政治权力与经济资源的分配。

二、公共预算的作用

在行政管理中，公共预算发挥着为政府筹资、理财和配置财务资源的重要作用，这些作用主要包括以下几点。

（一）筹措预算资源

公共预算是政府筹措财政资源的计划书，政府税收、公债等筹措资金方案，一般都会列入预算计划书中。

（二）从事资源配置

为实现现阶段施政目标，公共预算将财政资源在不同领域、行业、部门之间进行"合理、公正"的横向配置。同时，以财政转移支付形式提供不同层级政府间资金转移的纵向配置，以均衡全国地区间基本财力。

（三）管理和监督预算资源的使用

公共预算的原始功能就是对公共支出的控制，而控制的目的是保证支出的合法性、确实性以及与政府决策相吻合。同时，对预算支出的管理和监督又是全过程的，即预算制度要求公共支出必须按照预算执行，不得虚假列支、擅自改变用途、挪作他用，预算支出情况要开展绩效评价。

（四）保证经济稳定发展

公共预算是政府调节经济的手段和工具，政府可以通过财政政策、货币政策、转移支付等工具性手段促进经济增长、控制通货膨胀、提高就业率，保证经济稳定发展。

三、编制公共预算的原则

编制公共预算的原则是指国家选择预算形式和体系应遵循的指导思想，也就是国家制订政府财政收支计划的方针。编制公共预算的基本原则包括合法性、完整性、统一性、准确性、年度性、公开性等，这些原则是大多数国家都遵循的。

1. 合法性原则

公共预算编制与调整必须遵守既有的法律法规的规定，预算编制完成后需经过权力机关审查和批准才能成为具有法律效力的文件。

2. 完整性原则

公共预算必须包含政府的全部财政收支，完整地反映政府的全部预算活动。

3. 统一性原则

各级政府应编制统一的预算，按照统一科目、统一口径、统一程序加以测算和全额编制。

4. 准确性原则

每一收支项目的数字指标必须运用科学的方法，依据充分，资料确定，不得假定、估算，更不能任意编造。

5. 年度性原则

任何一个国家预算的编制和实现，都要有时间上的界定，即所谓预算年度。预算年度与自然年度不同，是指预算收支起讫的有效期限，通常为一年。

6. 公开性原则

公共预算反映政府的活动范围、方向和政策，与全体公民的切身利益息息相关，必须向社会公开，接受民众监督。

四、公共预算的模式

公共预算有多种分类方式，不同的分类方式可以形成不同的预算模式。

（一）总预算、部门预算和单位预算

按预算收支管理范围分类，公共预算可分为总预算、部门预算和单位预算。

（1）总预算是各级政府的基本财政收支计划，它由各级政府的本级预算和汇总的下级政府总预算组成。

（2）部门预算是由政府各个部门及其所属各单位预算组成，部门预算的总和构成政府本级预算。

（3）单位预算是各级政府的直属机关及其所属行政事业单位的年度经费收支预算。在我国单位预算是部门预算的基本组成部分。

（二）单式预算和复式预算

按预算编制形式分类，公共预算可分为单式预算和复式预算。

（1）单式预算是传统的预算编制形式，是将预算年度内政府所有财政收支编入一个统一的总预算内，不再区分各类预算收支的经济性质。它能从总体上反映政府的年度财政收支状况，便于展现公共财政收支的全貌，也便于立法机关的审查批准和社会公众监督，但不便于经济分析和有选择地进行宏观经济调控。

（2）复式预算是在单式预算的基础上发展演变而成的，是将预算年度内的全部收支，按照收入来源和支出性质的不同，分别编成两个或两个以上的预算形式。

目前，我国实行的是复式预算，包括一般公共预算、政府性基金预算、国有资本经营预算、社会保险基金预算四本预算。

（三）基数预算和零基预算

按预算编制方法分类，公共预算可分为基数预算和零基预算。

（1）基数预算也称为增量预算，是指以以前预算年度（一年实际数或几年平均数）的财政收支为基数，综合考虑本预算年度内可能发生的财政收支变化，确定一个增减比例，用以测算有关收支指标并编制预算的方法，通常称为"基数＋增长"预算编制方法。基数预算简便易行，注重延续性，但缺乏对实际收支需要的科学测算，会将以往不合理支出保留。

（2）零基预算是指对所有的财政收支，完全不考虑以前的水平，重新以零为起点，从实际需要出发而编制的预算。零基预算强调一切从计划的起点开始，不受以前各期预算执行情况的干扰，尽可能找出更好的方法，使未来年度的预算一开始就建立在一个科学、合理的基础之上，避免浪费。但这种预算形式编制难度较大，它对工作人员的素质要求高，需要耗费大量的人力、物力和财力。

目前，我国正在实行零基预算。

（四）绩效预算和项目预算

按投入项目能否直接反映其经济效果分类，公共预算可分为绩效预算和项目预算。

（1）绩效预算是以项目的绩效为目的，根据成本—效益分析确定支出项目是否必要及其金额大小的预算形式。具体说，就是有关部门先制订所要从事的事业计划和工程计划，再依据政府职责和施政计划选定执行实施方案，确定实施方案所需的支出费用所编制的预算。绩效预算是一种比较科学的预算方法。

（2）项目预算是指只反映项目的用途和支出金额，而不考虑其支出经济效果的预算。

（五）政府性基金预算

政府性基金是指按规定收取、转入或通过当年财政安排，由财政管理并具有指定用途的政府性基金以及原属预算外的地方财政税费附加收入和支出。从预算级次划分上看，基金划分为中央基金预算收入、地方基金预算收入和中央与地方共享基金收入。地方财政部门按国家规定收取的各项税费附加，也视同地方政府的基金收入，预算级次为地方预算收入。2010年，财政部颁布《政府性基金预算管理暂行办法》，明确将政府性基金收支纳入预算管理，要求各级政府每年编制政府性基金预算，并报同级人大审批。同时，地方财政部门应于预算年度开始后的10日内，将汇总的地方政府性基金预算报财政部，由财政部汇总后编制全国政府性基金预算草案，经国务院审定后报全国人大审批。

基金预算内容包括年度基金收入预算与基金支出预算，以前年度基金结余也应在基金预算中反映。从具体的内容上看，根据2008年的政府收支科目，按收入来源划分，基金预算的收入包括非税收收入和转移性收入两大块。其中非税收收入中的政府性基金收入包括三峡工程建设基金收入、农电网换代净收入，能源建设基金收入等共51项收入；转移性收入包括政府性基金转移收入、上年结余收入和调入收入三款。基金预算的支出科目主要是按照支出用途划分，包括教育、文化体育与传媒、社会保障和就业、城乡社区事务、农林水事务、交通运输、工业商业金融等事务，转移性支出共9类27款。

基金预算和一般预算的最大不同之处就在于收入通常都是来源于特定领域，支出通常也是用于特定用途，而且基本上都是专款专用。因而，虽然原则上要求基金实行收支两条线管理，实际上，基金收入的征收部门和使用部门通常是一致的，这给基金预算管理带来很大的困难。基金收入通常由各征收部门根据上年度征收任务完成情况和本年度征收任务及征收标准调整变化情况等确定，一般采用的是基数加增长的方法测算。基金的支出预算也是由各征收部门和使用部门在每年第四季度根据财政部门的部署，汇总编报下年度的分项基金预算。分项基金预算经财政部门按规定程序批准后执行。基金支出预算根据基金收入情况，按规定的用途、支出范围和支出标准编列。对于基本建设项目，要按基本建设投资管理的有关规定编报基本建设支出预算。

（六）国有资本经营预算

国有资本经营预算是国家以所有者身份依法取得国有资本收益，并对所得收益进行分配而发生的各项收支预算，是政府预算的重要组成部分。1994年，财政部、国家国有资产管理局与中国人民银行颁布了《国有资产收益收缴管理办法》，将国有企业应上缴利润纳入了国有资产收益范围，并要求各类国有企业及时全部上缴国有资产收益。但是，这一法规实际并未得到实施，国有资产收益上缴并未实现。1994年，《预算法》的实施条例也明确提出，各级政府要编制国有资产经营预算。2003年3月，我国成立国有资产监督管理委员会，国有资产管理体制进入一个新的阶段，国有资本经营收益应该如何管理和支配的问题也开始凸现。

2007年9月，国务院出台了《关于试行国有资本经营预算的意见》(以下简称《意见》)，要求从2008年预算年度开始编制国有资本经营预算，这标志着我国将开始编制国有资经营预算。《意见》规定，试行国有资本经营预算应坚持以下三条原则。

（1）统筹兼顾，适度集中。

（2）相对独立，相互衔接。

（3）分级编制，逐步实施。

根据《意见》的规定，国有资本经营预算的收入主要包括：国有独资企业按规定上交国家的利润；国有控股、参股企业国有股权（股份）获得的股利、股息；企业国有产权（含国有股份）转让收入；国有独资企业清算收入（扣除清算费用），以及国有控股、参股企业国有股权（股份）分享的公司清算收入（扣除清算费用）；其他收入。国有资本经营预算的支出主要包括：资本性支出；费用性支出；其他支出。《意见》还规定，国有资本经营预算单独编制，预算支出按照当年预算收入规模安排，不列赤字，并且明确了财政部门和国资部门的职责权限：各级财政部门为国有资本经营预算的主管部门；各级国有资产监管机构以及其他具国有企业监管职能的部门和单位，为国有资本经营预算单位。在试行期间，各级财政部门、国资监管、发展改革等部门编制国有资本经营预算草案，报经本级人民政府批准后下达各预算单位。各预算单位具体下达所监管（或所属）企业的预算，抄送同级财政部门备案。

2009年5月，我国实施《中华人民共和国企业国有资产法》。该法要求："国家建立健全国有资本经营预算制度，对取得的国有资本收入及支出实行预算管理。"同时要求，国有资本经营预算按年度单独编制，纳入本级政府预算，报本级人大审批。2010年，中央国有资本经营预算首次提交全国人大审议。2012年，财政部首次汇总编制地方国有资本经营预算并上报全国人大。

（七）社会保险基金预算

2010年，国务院决定试行社会保险基金预算。它是根据国家社会保险和预算管理法律法规建立起来的，反映各项社会保险基金收支的年度计划。社会保险基金预算按照统筹地区编制执行，其预算编制需遵循以下原则。

（1）严格按照有关法律法规规定的收支内容、标准和范围，实行专款专用。

（2）坚持收支平衡，适当有结余。

按险种分别编制预算，包括企业职工基本养老保险基金、失业保险基金、城镇职工基本医疗保险基金、工伤保险基金、生育保险基金等。

社会保险基金预算每年单独编报，经本级政府审核后报同级人大审批。2013年，财政部首次向全国人大报送社会保险基金预算。

社会保险基金预算与部门预算、基金预算、国有资本经营预算既相互独立，又有机衔接。一方面，社会保险基金预算不能用来平衡以部门预算为主的一般公共财政预算；另一方面，国有资本经营预算和一般公共财政预算可以用来补助社会保险基金预算。

五、我国预算的编制、审批程序

部门预算改革以来，我国预算编制、审批程序主要遵循被称为"两上两下"的预算程序。其具体过程如下。

"一上"：支出部门在收到财政部门的年度预算编制通知后，对本部门下一年度预算收支进行测算，然后报送财政部门。

"一下"：财政部门收到各支出部门的预算申请后，由职能处室对各部门预算进行审核，然后将审核意见反馈给各部门。在下达反馈意见的同时，财政部门根据往年预算情况和对未来年度预算收入的预测，给各部门下达支出预算控制数，要求各部门在控制数内修改本部门预算。

"二上"：各支出部门在财政部门下达的控制数内重新编制本部门预算，报送财政部门。财政部门再次审核各部门预算后，汇总编制本级政府预算，报政府常务会议讨论通过后，报同级党委讨论。通过后，财政部门将政府预算草案报同级人大常委会的财经委初审。最后，同级人大常委会初审后形成的政府预算在人代会召开时提交大会审议通过。

"二下"：同级人大的人代会审议通过预算后，当年政府预算由财政部门批复给各支出部门，开始预算执行。

（一）人员支出：据实核算

一个部门的人员支出取决于两个要素：一是公务人员的工资福利标准；二是单位的编制人数和实有人数。我国行政事业单位的人员支出主要包括基本工资、津贴及奖金、福利费、社会保险缴费、离退休费、助学金、医疗费、住房补助支出和其他人员经费等。这些支出项目都有明确的人事政策标准。在人员编制控制上，各部门的编制数是由编制委员会办公室核定的。因此，部门并没有权力决定人员支出的总额，因而也谈不上需要权衡比较的"预算"，而只是根据现行的人事政策标准和编制情况（或实有人数）据实核算本部门的人员支出。因此，人员经费预算具有"公式预算"的特征。

（二）公用支出：定额管理

公用支出包括办公费、专用材料及一般设备购置费、水电费、邮电及通信费、取暖费、交通费、差旅费、维修及租赁费、物业管理费、会议费、专项业务费和其他费用。定员定额是编制基本支出的基本方法。定员指根据行政事业单位的工作性质和业务量确定机构人员的编制数，定额指各部门履行职能和开展业务工作所需的公用经费的人均额度标准。因此，它们的预算实际上是一种公式预算，即根据核定的人员数和固定的标准按特定的公式计算，即

$$公用经费 = 定员 \times 定额$$

公共部门的职能千差万别，如何确定每个部门的公用定额标准呢？目前，政府确定定额标准的主要依据如下。

（1）部门的职能和工作量。财政部门根据其职能将各部门分成若干档次，不同档次适用不同标准。例如人大、政府等重要部门通常属于一类一档，综合职能部门以及公、检、法部门的经费标准通常也会较高。

（2）财力。财力是制定定额标准必须要考虑的。在实践中，受财力限制，常常不能完全按部门实际需要核定定额标准。

（3）往年支出标准。这些通常作为确定定额的重要依据及确定公用定额的基数来使用。

（4）其他地区标准。在定额管理中，定额标准的核算过程有一个难点问题：如何将部

门的公用经费预算和部门的实物资产直接挂钩。日常办公经费中的大部分是和部门的实物资产相关的，如水电费、取暖费、修缮费、物业管理费直接和部门所拥有的办公楼的结构和面积等相关，车辆使用费直接和车辆的燃料费、保险费、养路费、停车费等相关。为了科学合理地核定定额标准，实物资产的费用定额标准是一项关键的内容，很多地方开展了行政单位实物费用定额改革。

公用经费和人员经费都是基本支出，都具有公式预算的特点。人员经费除受工资调整影响外，通常具有较强的稳定性。虽然公用经费的可变性比人员经费要高，但是由于部门支出总额限制，定额标准通常也不会频繁变动，年度间只做微调，实际上仍是基数加增长的渐进预算模式，而不是绝对地根据每年工作量重新测算。总的说来，由于基本支出具有比较固定化和公式化的特点，各部门在编制基本支出预算时，并不需要做太多的支出测算，而且在定员和定额两个变量的确定上，支出部门与财政部门讨价还价的空间也很小。因此，定员定额管理方法极大地加强了财政部门对部门基本支出的控制，规范基本支出的安排和使用。

（三）项目支出

项目支出是部门预算的重要组成部分，是指部门为完成特定的工作任务或事业发展目标，在基本支出预算之外的年度支出计划。中央部门的项目按照部门预算编报要求分为国务院已研究确定项目、经常性专项业务费项目、跨年度支出项目和其他项目四类。按《中央本级项目支出预算管理办法》（财预〔2007〕38号），项目支出预算管理包括如下基本原则：综合预算的原则；科学论证、合理排序的原则；追踪问效的原则；等等。同时，各级政府都对项目支出实行了滚动的项目库管理。

项目的申报、审核和批复是部门预算编制的重要环节，也是预算管理的一个重要组成部分。下面以中央部门预算中的项目预算为例进行说明。

为了规范项目支出的申报，财政部制定了统一的项目申报文本，对项目申报过程做了明确规定，并特别要求：国家发展和改革委员会等有预算分配权的部门通过财政拨款安排的基本建设项目和科学技术项目，要按照有关规定进行申报；新增项目中预算数额较大或者专业技术复杂的项目，应当填报项目的可行性报告、项目评审报告；延续项目中项目计划及项目预算发生较大变化的，应当重新填写项目可行性报告和项目评审报告。

中央部门对申报的项目审核后，将符合条件的项目纳入中央部门项目库。根据年度部门预算编制的要求，中央部门对其项目库中的项目，按照轻重缓急统一排序后才能向财政部申报。财政部对中央部门申报的项目进行审核后，对符合条件的项目，排序纳入财政部项目库。排序时，对前三类支出项目中的延续项目予以优先安排，其他项目按照项目的轻重缓急择优遴选后进行排序。

按照财政部的有关规定，项目库要实行统一规划，分级管理。统一规划是指由财政部统一制定中央部门项目库管理的规章制度、项目申报文本，统一设计计算机软件。分级管理是指中央各部门和财政部分别按照规定对各自设立的项目库实行管理。此外，项目库要实行滚动管理，在当年部门预算批复后、下一年度部门预算编制开始前，中央部门要按照部门预算编制规程规定的要求，先对上年度预算批复的项目进行清理，即从上年度预算已批复项目中，确定下年度预算需继续安排的延续项目。对延续项目，严格按照立项时核定的分年度预算逐年编报。编报延续项目预算时，项目的名称、编码、项目的使用方向不得变动，如发生变动，视同其他项目类的新增项目，按照规定程序重新申报。中央部门年度预算项目清理后的延续项目，在报经财政部批准后，滚动转入以后年度项目库，并与下年新增项目一并申请项目支出预算。

第三节　公共预算的执行

预算批准后，财政部门批复给各支出部门，预算执行开始。预算执行是各个部门根据批复的预算筹集财政收入，进行财政支出，开展各项活动，履行其职能的过程。预算执行通常涉及预算收入执行、预算支出执行和预算变更。预算执行中的主要挑战是控制与灵活性的权衡。

一、控制与执行的权衡

严格执行预算是现代公共预算的基本要求，所以，政府在预算执行中设置了各种各样的控制机制，确保预算严格执行。然而，由于预算环境是复杂多变的，在制定预算时，很难事先预测到未来发生的可能影响预算执行的所有事件，所以，在预算执行中，预算变更是不可避免的。因此，在预算执行的过程中，赋予政府及其部门一定的灵活性和机动性是必要的，各国在严格预算执行的同时也都允许对批准的预算进行变更。

然而，如果赋予政府及其部门变更预算的自主权过大，就会降低预算对政府活动应有的约束力，降低预算的权威性和严肃性，最终使得预算不能成为一个确保政府履行其责任的工具。所以，在预算执行中，控制和灵活性一直存在着冲突。预算执行的悖论在于：政府及其部门一般倾向于认为它们应该有更多的灵活性来执行预算，而立法机构和财政部门则倾向于认为如果不对预算执行进行严格控制，其就不能很好地履行宪法和法律赋予的监督、管理财政的权力。

关于预算调整的主流观点是：应设置适当的约束以确保无论发生怎样的调整都不会威胁到公众的接受能力或预算的会计责任。"实践中根据各国的经验，一个基本的底线是：无论如何，灵活性和机动性的赋予不能以损害财政问责为代价。"从这一原则出发，许多预算体制比较成熟的国家一般都坚持以下两大原则。

（1）尽量减少预算变更的需要和程度。这主要是因为，预算变更改变了立法机构体现在批准的预算中的政策意图。目前，大部分国家都对预算变更采取严格的限定。而且，在通常情况下，都采用这样的预算变更顺序：先进行预算调剂，调剂不成，再进行预算调整，最后才考虑进行预算追加。

（2）在制度上明确规定，哪些预算变更必须事先报立法机构审查批准，哪些则不用。对于前者，一般都建立了相应的审查批准程序，非经立法机构同意，不得进行任何预算变更。

二、财政管理周期

预算执行包括一系列循环的周期，也称为财政管理周期。这一周期包括了预算执行过程中的主要财政管理活动。这些活动的相对重要性会随着国家和预算环境的不同而不同，但是，一个完整的财政管理周期都应该包括这些主要内容。这个财政管理周期对实行资金授权和支出控制具有重要影响。

财政管理周期可以从以下三方面来理解。

（1）政府授权周期。这一周期表明月/季度账户的信息需在年内得到复核，并被作为重新复核预算授权的基础。当然，在复核过程中也许会出现补充的预算授权请求或由议会批准的预算增减。

（2）与现金管理相联系的控制过程。例如，国库部门或许会基于流动性约束而在一定时期内对承付款项加以限制。如果该时期被延长，那就会使得预算授权被削减。此外，在不正常运行的支出管理中，财政部门还可能采取拒付应付账款。不过，一般情况下，财政很少使用这种支出控制办法。

（3）现金和债务管理之间的配合。在这一阶段，对政府现有和预测的流动性资金需求的监督和控制将与政府债务管理紧密地结合起来。一个整合的现金管理和债务管理是良好的财政管理的基石。

有效的财政管理需要建立国库单一账户体系。目前，我国已初步建立起以国库单一账户为基础、资金缴拨以国库集中收付为主要形式的现代国库管理制度。在这一制度下，每级政府只能设一个账户，所有的财政资金都必须直接缴纳进这个账户，所有的支出都必须从这个账户拨出。在实际支付发生之前，所有的资金都不能离开国库单一账户。这不仅有助于确保资金的安全性，而且为进行有效的现金管理、债务管理、政府采购等奠定了基础。在建立国库单一账户的基础上，我国开始实行财政直接支付，即由财政部门直接将财政资金拨付到那些为政府部门提供商品和服务的供给商，而不由各个部门直接处理资金拨付的业务。政府采购中许多大型的采购目前都采取这种资金拨付模式。同时，还有财政授权支付，即在财政部门授权的条件下由各个部门根据财政部门批复的用款额度自行拨付资金。

三、预算执行中需要关注的关键性问题

我国在建立现代预算制度的过程中，除了不断完善预算编制和加强人大的预算审批外，提升预算执行管理也是预算改革的重心之一。在预算执行阶段，需要关注以下几个问题。

（一）人大批准预算前的预算执行问题

根据《预算法》，我国的预算年度始于每个自然年度的1月1日。但是由于每年的人代会滞后于这个时点，此时的政府预算尚未经过人大审批。2014年修订的《预算法》规定，各级预算草案在本级人民代表大会批准前，可以安排下列支出。

（1）上一年度结转的支出。

（2）参照上一年同期的预算支出数额安排必须支付的本年度部门基本支出、项目支出，以及对下级政府的转移性支出。

（3）法律规定必须履行支付义务的支出，以及用于自然灾害等突发事件处理的支出。

上述规定之外的支出，都必须在人大批准后才能执行。

预算执行进度慢一直是中国政府财政预算管理被诟病的问题。其中主要的原因之一是预算下达晚，财政部门的预算批复和部门对下属单位的预算批复不及时。为了解决这个问题，2014年修订后的《预算法》规定，各级预算经本级人民代表大会批准后，本级政府财政部门应当在20日内向本级各部门批复预算。而且，各部门也应当在接到本级政府财

政部门批复的本部门预算后15日内向所属各单位批复预算。此外，由于政府间转移支付的执行进度也比较慢，《预算法》还规定了县级以上地方各级预算安排对下级政府的一般性转移支付和专项转移支付，应当分别在本级人民代表大会批准预算后的30日和60日内正式下达。

对于那些的确未能及时支付的资金，以往的做法是直接结转至下一预算年度。这样的做法十分不利于改善预算执行，因为资金还是由相应的部门来使用，导致部门花钱的动力不足。为了解决这个问题，《预算法》规定，各级政府上一年预算的结转资金，应当在下一年用于结转项目的支出；连续两年未用完的结转资金，应当作为结余资金管理，由财政部门来统筹安排。而且，各级一般公共预算的结余资金，应当补充预算稳定调节基金。同时，为了减少单位的结余资金，在财政支出绩效评价中，预算执行进度作为衡量项目绩效和部门预算管理绩效的重要指标。这些措施在一定程度上解决了预算执行进度慢、结余资金过多的问题。

（二）预算执行中预算的调整问题

预算执行中是否可以调整，如何进行调整，也是一个非常重要的议题。预算中的频繁变更是长期困扰我国财政预算管理的问题是因为政府预算必须由人大批准授权才能执行，严格来讲，预算中的任何变更都应该经由人大审批。但是，由于原《预算法》只将有影响财政收支平衡的预算变更界定为预算调整，所以大部分的预算变更都没有经过人大的审批。现行的《预算法》对预算调整的内容做了新的规定，具体包括：

（1）需要增加或者减少预算总支出的。
（2）需要调入预算稳定调节基金的。
（3）需要调减预算安排的重点支出数额的。
（4）需要增加举借债务数额的。

此外，2015年新的《预算法》实施后，预算调整的程序也得到了细化，增加了人大财经委或预算工委对预算调整草案的初审环节，而且要求必须在人大常委会召开前的30日启动预算调整草案的初审。这一规定大大强化了人大在预算调整中的审批权力。

（三）预算执行中的超收和短收问题

长期以来，由于经济运行良好，财政超收是常态，而且规模相当大。超收收入的使用通常由政府自主决定，不经过人大审批。根据新的《预算法》的要求，各级一般公共预算年度执行中有超收收入的，只能用于冲减赤字或者补充预算稳定调节基金。如果省、自治区、直辖市一般公共预算年度执行中出现短收，通过调入预算稳定调节基金、减少支出等方式仍不能实现收支平衡的，省、自治区、直辖市政府报本级人民代表大会或者其常务委员会批准，可以增列赤字，报国务院财政部门备案，并应当在下一年度预算中予以弥补。

第四节 政府决算

政府决算是指经法定程序批准的年度政府预算执行结果的会计报告，是各级政府年度预算的收入和支出的最终结果，也是下一年预算编制的重要依据。政府决算由各级政府有关部门编制，再报同级人大常委会审批。审批政府决算就是对政府预算执行的最后情况进行一次总体的事后审查。

一、政府决算的主要内容

一个财政年度结束后，政府决算的编制就开始了。政府决算由财政总决算和部门决算组成。总决算反映的是一级政府在上一个财政年度内的预算收支执行的结果，由财政部门负责编制。各级政府层层上报决算，最终汇总为全国的财政总决算。部门决算反映的是一个行政事业单位（含其下属二级预算单位）在上一财政年度的预算收支执行的结果。部门决算是一级政府财政总决算的重要组成部分。

严格来说，政府决算报告应该包括政府预算的四大部分，即一般公共预算、政府性基金预算、国有资本经营预算和社会保险基金预算。但是，由于目前社会保险基金预算编制还在完善中，各级政府的决算报告尚未涵盖此部分内容。

一般来讲，财政总决算主要包括两部分内容，即决算报表和决算说明书。决算报表全面反映预算收支的执行结果，具体包括预算数字（含"预算调整数"）、会计数字和基本数字。决算说明书是在各决算报表的基础上，对上一财年的预算执行结果进行的文字总结。

部门决算的格式与部门预算的编制比较相似。除了列出单位基本情况（例如职能、机构和人员组成等）、收支总表和明细表之外，对于如政府采购、"三公经费"、非税收入等重要事项也会单独列表。部门决算同样也要撰写决算说明书。

二、政府决算的编制程序和方法

我国决算的编制程序是从执行预算的基层单位开始的，在做好年终清理和结算的基础上，自下而上编制，层层审核和汇总。

为了保证决算工作的顺利进行，统一决算口径，每年年底前，财政部会发布政府决算编审通知，规定决算编制的具体要求，指导各级政府的决算编制参与者，包括财政部门和行政事业、企业、基本建设单位，对预算收支、会计科目、财产物资等情况进行全面核对、清查和结算。

不同于预算编制需要根据特定的方法对收支进行预测，政府决算的主要工作是对年度的收支数字进行汇总统计，确保真实完整地反映预算执行的结果。因而年终清算是最重要的一环，具体工作包括：①核对年终预算收支数字；②清理本年应收应支款项；③结清预算拨借款；④清理往来账项；⑤清理财产物资；⑥进行决算收支的对账。

政府决算表格一般包括正表、基本数字表和附表三大类。

1. 正表

正表即决算收支表和资金活动情况表，是主要用来反映预算收支的实际执行结果和年终预算资金活动结果的会计报表，根据总预算或单位预算会计账簿编制。

2. 基本数字表

基本数字表是指用于反映各项行政事业单位的机构、人员、开支标准等定员定额执行情况和事业成果的财务统计报表，由各单位预算机关根据财务统计和业务统计资料整理编制。

3. 附表

附表部分是决算表和决算说明书的必要补充资料。包括决算各表的明细资料和一些与预算收支有关的财务收支情况。

中央总决算由财政部根据中央主管部门汇总的所属行政、事业单位决算,企业财务决算,基本建设财务决算,以及国库年报、税收年报等汇编而成;地方总决算的汇编从乡镇开始,自下而上逐级汇编。地方各级财政部门汇编的总决算一般包括预算数、决算数和基本数字三项内容。同时,财政部门还要编写总决算说明书,一般包括以下内容。

(1) 预算收入情况,主要分析各项收入预算执行情况及其超收短收的原因。

(2) 预算支出情况,主要分析定员定额的执行情况和各项主要支出的结余或超支的主要原因。

(3) 预算结余情况,分析全年总预算收支结余的情况、原因以及决算收支平衡情况和存在的问题。

(4) 预算变动情况,主要说明预算的追加追减、上划下划、预算科目之间的经费留用以及动用预备费和上年结余安排支出等预算调整情况。

(5) 总结一年来贯彻执行各项财政方针政策和规章制度的情况以及存在的问题,总结在组织收入、掌握支出、管好用好资金、提高经济效益方面的主要经验以及今后加强预算管理监督等方面的意见。

(6) 其他变动因素,例如调整工资和物价,经济体制、管理体制的改革,以及制度办法的变动等对预算收支的影响。

(7) 编制决算工作的主要经验和问题。

部门决算的编制程序是:基层单位完成决算编制后,连同单位决算说明书经单位负责人审阅盖章后正式报送主管部门,变成汇总的部门决算。然后由主管部门报送财政部门作为财政部门编制本级财政总决算的依据。基层单位决算报表按数字内容可分为预算数字、会计数字和基本数字三类。

1. 预算数字

预算数字是用来考核预算执行和事业计划完成情况的依据,根据年终清理核对无误后的年度预算数填列。

2. 会计数字

会计数字也叫决算数字,反映全年预算执行结果的决算数,各级单位在年终结账后根据决算表格的内容要求分别将有关科目的年终数或全年累计数字填入决算表格的有关栏内。

3. 基本数字

基本数字是反映行政事业单位的机构数、人员数以及完成事业计划的成果数字,用来考核事业规模和预算资金的使用效果。

除此之外,支出部门还必须编写部门决算说明书,说明各项事业发展的成果和费用开支水平,定员定额的分析比较情况,重要支出项目的结余、结转及绩效情况,预算管理、财务管理等方面采取的主要措施、取得的经验和存在的问题,以及今后提高管理水平的改进意见等。

三、政府决算的申请与批准

《预算法》规定，各级财政部门编制政府决算草案后报送各级人民代表大会常务委员会进行审查和批准。具体的审批过程如下。

（一）部门决算草案审核、汇总及报送

各部门对所属各单位的决算草案审核并汇总编制本部门的决算草案，在规定的期限内报本级政府财政部门审核。

（二）各级政府决算草案的审核、编制

各级政府财政部门开始对本级各部门决算草案进行审核，如果发现有不符合法律、行政法规规定的，要及时予以纠正。审核无误后，编制本级政府决算草案。

（三）政府决算草案的审定

政府决算草案需要经由本级政府审计部门审计后，报本级政府审定。这是2014年新的《预算法》增加的规定。这条新的规定强化了政府内部的审计监督。

（四）政府决算草案的审查和批准

本级政府审定后，提请本级人民代表大会常务委员会审查和批准。《预算法》规定，各级政府决算草案应在人民代表大会常务委员会举行会议审查和批准的一个月前，提交财政经济委员会或专门委员会/专门机构，由财政经济委员会或专门委员会/专门机构结合审计工作报告进行初步审查。根据《中华人民共和国各级人民代表大会常务委早会监督法》（以下简称《监督法》），国务院在每年6月，将上一年度的中央决算草案提请全国人民代表大会常务委员会审查和批准。县级以上地方各级人民政府在每年6至9月，将上一年度的本级决算草案提请本级人民代表大会常务委员会审查和批准。《监督法》还规定，各级政府在编制决算草案时，要按照本级人民代表大会批准的预算所列科目编制，按预算数、调整数或者变更数以及实际执行数分别列出，并做出说明。

《预算法》对人大的决算审查重点做了进一步细化：①预算收入情况；②支出政策实施情况和重点支出、重大投资项目资金的使用及绩效情况；③结转资金的使用情况；④资金结余情况；⑤本级预算调整及执行情况；⑥财政转移支付安排执行情况；⑦经批准举借债务的规模、结构、使用、偿还等情况；⑧本级预算周转金规模和使用情况；⑨本级预备费使用情况；⑩超收收入安排情况，预算稳定调节基金的规模和使用情况；⑪本级人民代表大会批准的预算决议落实情况；⑫其他与决算有关的重要情况。

此外，各级人大常委会每年审查和批准决算的同时，还要听取和审议本级人民政府提出的审计机关关于上一年度预算执行和其他财政收支的审计工作报告。我国目前采用的是行政审计模式，人大对政府决算的审查，主要是以审计工作报告为基础开展的。当然，在审查期间，各级人民代表大会及其常务委员会有权力针对决算中的重大事项或者特定问题组织调查，有关的政府、部门、单位和个人有义务如实反映情况并提供必要的资料。在人民代表大会或其常务委员会举行会议期间，人大代表或者常务委员会组成人员可以依照法

律规定程序就决算中的有关问题提出询问或者质询，受询问或者受质询的有关的政府或者财政部门必须及时给予答复。

（五）政府决算的批复及备案

各级政府决算经批准后，财政部门应当在20日内向本级各部门批复决算，并且报上一级政府备案。而且，各部门也应当在接到本级政府财政部门批复的本部门决算后15日内向所属单位批复决算。如果国务院和县级以上地方各级政府认为下一级政府报送备案的决算与现行的法律、法规相抵触或者有其他不适当之处，需要撤销批准该项决算的决议的，应当提请本级人民代表大会常务委员会审议决定；经审议决定撤销的，该下级人民代表大会常务委员会责成本级政府依照本法规定重新编制决算草案，提请本级人民代表。

大会常务委员会审查和批准。常务委员会审计工作报告的审议意见交由本级人民政府研究处理。人民政府应当将研究处理情况向人民代表大会常务委员会提出书面报告。人民代表大会常务委员会认为必要时，可以对审计工作报告做出决议；本级政府应当在决议规定的期限内，将执行决议的情况向人民代表大会常务委员会报告。同时，政府对审议意见研究处理情况或者执行决议情况的报告，应向本级人民代表大会代表通报并向社会公布。

第五节　公共财政收入和支出

一、公共财政收入

（一）公共财政收入的概念

公共财政收入是指公共机构为满足财政支出的需要而筹集的一切资金的总和。在商品货币经济条件下，公共收入是以货币来度量的，从这个角度说，公共收入又是一定量的货币收入，即国家占有的以货币表现的一定量的社会产品的价值，主要是剩余产品价值。

（二）公共财政收入的分类

对公共财政收入的分类，各国财政学者有各种不同的主张。根据我国实际情况，结合公共收入的理论与实践，公共财政收入的分类主要有下列几种。

（1）按公共财政收入的来源分类，有两种分类方法：一种分类方法是以公共收入来源的经济成分为标准，将其分为国有经济收入、集体经济收入、股份制经济收入、外商投资经济收入等。另一种分类分法是按公共财政收入来源的产业为标准，分为第一、第二、第三产业的收入。

（2）按公共财政收入的管理权限分类，公共财政收入可分为中央收入和地方收入。中央收入是指按照预算法和财政管理体制的规定，由中央政府集中筹集和支配的收入；同样，地方收入则是指按照预算法和财政管理体制的规定，由地方政府集中筹集和支配的收入。

（3）按公共财政收入的形式分类，可分为税收、公债、国有资产收益和其他收入。

（4）按公共财政收入的稳定程度分类，可分为经常收入和临时收入。经常收入是指每个财政年度都连续不断、稳定地取得的收入，如国家税收、规费、公有财产及公有企业收入等；临时收入则是指非定期、不规律取得的收入，具有不稳定性，如公债收入、赔偿金及罚没收入等。

二、国家税收

税收是国家或政府为实现其职能需要，凭借政治权力，按照法定标准，向经济组织和个人无偿征收实物或货币，以取得公共收入的一种特定分配方式。它是各国政府取得公共收入的最基本形式。

1. 国家税收的特征

税收相比于其他财政收入，具有强制性、无偿性和固定性的基本特征。

（1）强制性。税收的强制性是指税收是凭借国家的政治权力，以国家法令的形式强制进行的，是一种强制的课征。任何单位和个人都必须遵守税法，依法纳税，否则就要受到法律的制裁。

（2）无偿性。税收的无偿性是指国家课税后，税款即为国家所有，既不需要偿还，也不需要对纳税人付出任何代价。税收的无偿性是以强制性为条件的。

（3）固定性。税收的固定性是指通过法律形式事先规定课税对象及统一的比例或数额，按预定标准征收，未经严格的立法程序，任何单位和个人都不得随意变更或修改。作为主体收入，税收的这种固定性有利于保证国家财政收入的稳定，也有利于维护纳税人的合法权益。

上述三个特征是统一的整体，三者缺一不可。其中，税收的强制性决定着税收的无偿性，税收的强制性、无偿性又决定和要求着税收的固定性。

2. 国家税收的分类

税收的分类方法有许多种，不同的分类方法在税制研究上具有不同的作用。我国的税收分类方法主要有以下几种。

（1）以税收负担是否容易转嫁为标准，税收可以分为直接税和间接税两大类。所谓直接税，是指税负不易转嫁，由纳税人直接负担的税收，如各种所得税、土地使用税、社会保险税、房产税、遗产及赠与税等。所谓间接税，是指纳税人容易将税负全部或部分转嫁给他人负担的税收，如以商品流转额或非商品营业额为课税对象的消费税、营业税、增值税、销售税、关税等。

（2）以税收的征税对象为标准，税收可以分为商品税、所得税、财产税、行为税和资源税。

（3）以税收的管理权限为标准，税收可以分为中央税、地方税及中央地方共享税。这样划分，并不意味着中央与地方具有相等的征收权力，而是由国家在政治和经济上实行分级管理体制所决定的。属于中央政府管理并支配其收入的税种称为中央税。属地方政府管理，收入由地方政府支配的税种称为地方税。属中央与地方政府共同享有按一定比例分别管理和支配的税种称为中央地方共享税。

（4）以税收的计税依据为标准，税收可以分为从价税和从量税。所谓从价税，是指以课税对象的价格或金额为标准，按一定税率计征的税收，如我国现行的增值税、营业税、关税等。所谓从量税，是指依据课税对象的重量、数量、容积、面积等，采用固定税额计征的税收，如现行的资源税、车船税等。一般来说，从价税的应纳税额会随商品价格的变化而变化；而从量税则只会随着课征商品数量的变化而变化，计算简便，其税负高低与价格无关，税负水平是固定的，是不尽合理的。

（5）以税收与价格的关系为标准，税收可以分为价内税和价外税。凡税金构成价格组成部分的，称为价内税；凡税金作为价格之外附加的，称为价外税。与之相适应，价内税的计税依据为含税价格，价外税的计税依据为不含税价格。我们认为，价外税比价内税更容易转嫁。我国的增值税，在零售以前各环节采取价外税，在零售环节采取价内税。西方国家的消费税大都采用价外税方式。

三、公共财政支出

（一）公共财政支出的概念

公共财政支出是指政府为履行其职能而支出的一切费用的总和，也就是政府行为的成本。它不仅是政府实现其职能的主要手段，而且是国民经济发展的重要资金来源，以及实现社会公平的重要途径。

（二）公共财政支出的分类

依据不同的标准，公共财政支出有不同的分类。

（1）按公共财政支出的经济性质分类，可以将公共财政支出分为购买性支出和转移性支出两大类。购买性支出是政府用于购买为执行政府职能所需的商品与劳务的支出，包括购买政府进行日常政务活动所需的商品与劳务的支出和购买政府进行投资所需的商品与劳务的支出。在实践中，主要表现为政府各部门的行政管理费、投资拨款等。转移性支出是公共部门无偿地将一部分资金的所有权转移给他人所形成的支出，如财政用于安排的养老金、财政补贴、失业救济金、贫困补助金和债务利息等方面的支出。转移性支出的经济含义，就是政府从某些私人主体获得资源，然后转给另一些私人主体。这是资源在社会成员之间的重新分配活动，公共部门在这里只是作为资源流动的中介机构或中转站。

（2）按公共财政支出的受益范围分类，可分为一般利益支出和特殊利益支出。一般利益支出是指全体社会成员均能享受其所提供的利益的支出，如用于国防、司法、警察、外交等方面的支出。特殊利益支出是指只对社会中某些特定居民或企业给予特殊利益的支出，主要包括用于教育、企业补助、社会保障、医疗卫生、居民补助等方面的支出。

（3）按公共财政支出的目的分类，可分为预防性支出和创造性支出。预防性支出是指政府用于维持社会秩序和保卫国家安全避免遭受国内外敌对力量的破坏和侵犯，而保障人民生命财产安全与生活稳定的支出。此项支出主要包括国防、警察、监狱、行政部门和国家权力机关等方面的支出。创造性支出是指政府用于促进经济稳定、协调发展和改善人民生活等方面的支出，主要包括经济、文教、卫生、环保与社会福利等方面的支出。

（4）按国家职能分类，可分为公共工程支出、科教文卫支出、行政管理支出、国防支出、社会保障支出、财政补贴支出和财政投资支出。

（三）公共财政支出的原则

公共财政支出的原则是指政府在安排和组织财政支出的过程中应当遵循的基本准则。随着公共财政支出规模的不断扩大，它对社会经济的影响也越来越显著，从现代经济学理论的观点来看，公共财政支出原则可以归纳为经济效益原则、公平原则以及稳定与发展原则。

1. 经济效益原则

经济效益原则是指通过公共财政支出使资源得到最优化配置,使整个社会效益最大化,从而使社会总效益超过社会总成本。为衡量某项支出是否符合经济效益原则,通常需要对其进行成本-效益分析,预测每一方案所消耗的经济资源与其所产生的社会效益的对比关系,以此作为政府决策的依据。

2. 公平原则

公平原则是指公共部门所提供的支出应能恰当地分别符合各阶层居民的需要,从而使支出产生的利益在各阶层居民中间的分配达到公平状态。

3. 稳定与发展原则

稳定与发展原则是指公共财政支出应调节社会供需关系,达到经济稳定及均衡发展的目的。但现实表明,对每一项公共财政支出来说,以上三个原则通常很难同时满足,致使政府决策者往往处于两难境地,这需要决策者统筹考虑全局,寻找到一个最佳的支出方案。

美国财政政策变更

20世纪60年代,肯尼迪总统采用凯恩斯主义经济学的观点,使财政政策成为美国对付衰退和通货膨胀的主要武器之一。肯尼迪总统提出削减税收来帮助经济走出低谷。这些措施实施以后,美国经济开始迅速增长。但是,减税再加上1965—1966年在越战中财政扩张的影响,又使得产出增长过快,超过了潜在水平,于是通货膨胀开始升温。为了对付不断上升的通货膨胀,并抵消越战所增开支的影响,1968年国会批准开征了一项临时性收入附加税。不过,在许多经济学家看来,这项税收增加的政策力度太小、也太迟了一些。

20世纪80年代美国是另一个典型例子。1981年国会通过了里根总统提出的一揽子财政政策计划,包括大幅度降低税收,大力扩张军费开支而同时并不削减民用项目。这些措施将美国经济从1981—1982年的严重衰退中拯救出来,并进入1983—1985年的高速扩张。

克林顿总统一上台,就面临着一个两难困境:一方面高赤字依然顽固地存在着;另一方面经济不景气且失业率高得难以接受。总统必须决定财政政策应从何处着手,是应该先处理赤字,通过增加税收、降低支出来增加公共储蓄,进而靠储蓄水平提高来带动国民投资的增长呢?还是应该关注财政紧缩会减少并排挤投资,而税收增加和减少又会降低产出?最后,总统还是决定优先考虑削减财政赤字。1993年预算法案决定,在其后5年中落实减少赤字1500亿美元的财政举措。

资料来源:全民聊财经. 20世纪60年代,凯恩斯主义经济学通货膨胀和货币主义的高潮. http://baijiahao.baidu.com/s?id=1710331259370208802&wfr=spider&for=pc,2021-09-13.

思考题:
1. 肯尼迪总统的财政政策特点是什么?
2. 林肯总统遇到的财政困境是什么?

1. 什么是公共财政?
2. 公共财政的基本职能是什么?
3. 公共预算的作用有哪些?
4. 我国目前采用的公共预算模式有哪些?

第七章

行政领导

【学习目标】
* 了解行政领导的基本概念。
* 知道中国行政领导制度。
* 了解现代行政领导者素质的内容。

从古代的帝王将相到现在的国家领导人,中国领导者在儒家、道家等传统思想的基础上,与时俱进,形成了一套属于自己的领导方式。比如戚继光在领导过程中的家国情怀和对"士"的推崇,就带有非常浓厚的中国传统特色。类似的中国特色的领导表达还有:《论语》中的"道之以政,齐之以刑,民免而无耻。道之以德,齐之以礼,有耻且格",强调德治和礼治;"躬自厚而薄责于人,则远怨矣",说的是要多责备自己,而要对别人多谅解多宽容。老子在《道德经》中说"绝圣弃智",圣人之道,去智去巧。司马光在《资治通鉴》中说"才者,德之资也;德者,才之帅也"。《韩非子·二柄》中说"明主之所导制其臣者,二柄而已矣。二柄者,刑德也"。中共中央颁布的《党政领导干部选拔任用工作条例》规定,全面考察领导职务拟任人选的德、能、勤、绩、廉,注重考察工作实绩。本章将讲述中国政府中领导的特点和应遵循的原则。

第一节 行政领导理论概述

一、领导的含义、构成要素与特点

(一)领导的含义

把握领导的概念要从领导的本义入手。在汉语中,"领导"是从"领"和"导"的本义中引申来的。元结《宿回溪翁宅》:"老翁八十犹能行,将领儿孙行拾稼。"其中"领"的含义为率领、引导,如领唱、领路等。"领"还包含了管理和统领的含义,如领土、领海、领空等。《汉书·魏相传》:"总领众职。""导"的含义为引导。《孟子·离娄下》:"有故而去,则使人导之出疆。"如领导、前导等。因此,领导的本义包含了指引和率领的含义。领导一词源于西方,不同学者给出了不同的解释。克劳利(Crowley,1928)认为:"领导者就是带领组织以一种特定的方式和程序向目标前进的人。"哈罗德·孔茨(Harold Koontz)等人认为:"领导是引导人们心甘情愿并满怀热情地为实现群体的目标而努力的艺术或过程。"巴斯认为:"组织内部两个或两个以上的人之间的相互作用,这种相互作用通常会涉及建立、重建一种架构,以及组织成员的意见和期望。"上述学者主要从管理学角度对何为"领导"进行了界定,尽管表述不同,但本质上都包括以下内容:一是领导是为了实现一定目标或者完成使命;二是实现目标或者完成使命需要一个集体的共同努力与合作;三是领导就是让集体共同为一个目标或者使命而努力的一种活动,也可以称之为艺术或者力量。不同的定义可以反映出领导研究的不同角度,也有助于理解领导者和被领导者的关系及领导过程。

综上所述,笔者认为,从过程角度定义领导活动,能更深刻领会和把握领导活动的基本内涵,因此,可以将领导定义为:领导是指在一定的环境中,为实现既定组织目标,领导者对被领导者实施指挥和统御的行为过程。

可见,领导活动必然在特定的环境条件下进行。因此,环境条件限定了领导活动能够施展的范围、采取的方式、方法、手段等,同样也决定了领导活动最终的结果。需要明确的是,领导作为一种活动,它不是直接的社会劳动,而是间接的协调性劳动。另外,我们在日常口语中所说的领导往往是指领导者个体,是一个名词,而不是指领导活动或者领导过程。

(二)领导的构成要素

领导作为特定的社会活动过程,通过领导者、被领导者、领导环境之间的相互作用、相互影响而实现,是领导者和被领导者在特定领导环境下发生相互关系的过程。这个领导过程是由领导者、被领导者和所处环境这三个因素所组成的复合函数。用公式表示如下:

$$领导 = f(领导者、被领导者、领导环境)$$

1. 领导者

领导者是指履行一定领导职责的个人或群体。领导者作为领导活动的主体在领导活动中发挥主导作用。领导者既是组织、群体、集团的成员,又是当权者、决策者和指挥者。领导者本身的背景、知识、经验、能力、个性和价值观念等都会影响到组织目标的确定、领导方式的选择,是决定领导成效的重要因素。成为一名优秀的领导者必须具备优良的素质和较高的能力,能够按照领导活动的客观规律开展相应的工作。在现代社会共同协作的环境中,领导更多地以领导群体的方式开展活动。优秀的领导群体必须是充分协作、分工合理、结构合理的领导团队,它包括能力互补、性格互补、年龄结构合理的成员,从而形成灵活沟通、步调一致、应变能力强的整体,以确保领导活动的顺利开展。

2. 被领导者

被领导者是指领导者所管辖和统领的个人或组织。领导者与被领导者是权威与服从关系。被领导者的背景、专业知识、经验、技能、个性等同样对领导活动产生影响。被领导者既决定领导方式和方法的选择,又影响领导活动的效率。因此,被领导者也是领导的构成要素之一。

在领导活动中，被领导者不是被动的而是能动的要素，是领导活动的基础。被领导者既接受领导者的领导，又参与领导活动，监督领导者工作。被领导者对组织或团体的关心程度、对完成本职工作的自觉性和主动性、被领导者的素养和能力等，从根本上决定着领导绩效。领导者必须了解、相信并依靠被领导者，得到他们的爱戴和拥护，才能带领他们前进。从发展的角度看，随着环境因素的变化，职权分散化和权力分享成为领导发展的重要趋势，被领导者越来越倾向于承担新的领导任务和责任，导致领导者和被领导者之间存在着动态转换关系。

3. 领导环境

领导环境是指领导活动所面对的特定情境条件，是领导者率领被领导者活动的舞台，是领导活动不可或缺的基本要素。领导环境可以直接地表现为组织内部的环境条件，包括组织的规模与性质、工作任务的性质和目标、形势的压力与时间的紧迫性、上级领导的期望与行为以及组织文化与政策等方面；此外，组织外部的环境，包括政治、经济、技术、法律和文化等方面的影响也形成了对组织领导活动的制约和影响。

领导过程是领导活动三要素互相联系、互相作用的过程，领导活动可以被看作是领导者、被领导者和环境三者之间互动的必然结果，从而产生了领导活动的基本规律，也形成了适合于不同环境下的领导行为和领导方式，产生了不同的领导成效。

综上所述，要想让组织的行动朝着实现组织的目标而努力，就要保证领导者和被领导者开展的活动是适应环境的，这又以领导者和被领导者对环境形成正确的认知为前提；只有正确地认识环境，才有可能适应环境，并在此基础之上去利用环境、改造环境。从知人善任的角度讲，领导者还需要对工作任务和被领导者形成正确认知，只有正确地知人和识事，才有可能做到知人善任，领导者才能够最大限度地保证领导活动符合环境要求和被领导者特性，从而最大限度地实现组织目标。例如，始于2020年年初的新冠肺炎疫情直到2020年年末也没有结束，在疫情防控常态化的形势下，工作和生活都要继续，并且尽量不受疫情影响。在这方面，中国表现优异。中国不仅用3个月时间控制住了国内疫情，而且还在控制疫情的同时，尽力复工复产。经过不懈努力，在国外民众的生产和生活仍受疫情影响的同时，基本实现了生产、生活的正常化。尽管仍有地方出现零星感染和确诊病例，但各级政府行动非常迅速，几乎都能够在极短时间内找到感染源头，让感染者得到妥善治疗，无症状感染者和密切接触者也都会得到妥善安排。这与中国政府对新冠肺炎疫情这一当下最突出的环境因素的正确认知和高度敏感，以及坚持不懈地严防死守分不开。领导者决策正确，被领导者行动迅速，民众高度配合，才有了来之不易的局面。

（三）领导的特点

领导活动作为人类社会中的常见现象，表现在社会活动的多个层面，通过各种类别的活动形式表现出来。上至国家和地区的宏观领导活动，下至企业、单位、社团的微观领导活动，再到组织内部纵向划分高中低各个层面的领导活动，以及现实社会中的各种方式的领导活动等，都有着共同的特点。

1. 领导的系统性

领导者、被领导者、领导环境共同构成领导系统。在这个系统中，领导者是处于组织、决策、指挥、协调和控制地位的个人或集体,他们处于主导的重要地位,往往决定着组织的命运;被领导者则是按照领导的决策与意图,为实现领导目标,从事具体实践活动的个人或集体;环境是指独立于领导者之外的客观存在,是对领导活动产生影响的各种因素的总和。领导者与被领导者构成了领导活动的主体,他们是实现组织预定目标的基本力量,二者是权威和服从的关系。同时,领导者必须正确认识环境,适应环境,利用和改造环境,才能排除环境的干扰,实现自己预定的目标。

2. 领导活动的动态性

领导是一个动态的行为过程,领导活动过程中领导三要素构成了两对基本矛盾:领导者与被领导者之间的矛盾和领导主体与领导客体之间的矛盾。两对矛盾处于不断作用之中,从而推动领导目标的实现。领导这一社会活动过程,是领导者、被领导者、领导环境之间相互作用、相互影响的过程。因此,领导表现为领导者与被领导者、领导环境之间的函数关系,具有动态性的特征。

3. 领导的权威性

从领导过程和领导结果来看,权威性是领导活动的又一重要特性。领导活动的权威性既来自合法性的确认,又来自领导者人格等凝聚性要素的同化力。合法性确定了领导在其展开的过程中必须建立在相应的地位等级、权利容量这一基础之上。另外,并不是所有依法取得权力的领导者都理所当然对被领导者具有足够的权威,领导活动的成功与否最终还要取决于人们对权威的接受。

4. 领导活动的预见性

从领导活动的有效性来看,领导决策的正确与否是关键。为保证领导决策的正确性,在复杂多变的现代社会,领导者的任务是引领,而不仅是控制和管理。因此他应当具有远见卓识,能够准确判断未来可能发生的变化、确定组织未来可能的发展方向,并根据这种预测及时做出战略决策与战略规划,预先对内部做出调整,以适应外部环境的变化。如果没有这种远见卓识,必然会导致决策的盲目与混乱,最终使组织陷于困难甚至灭亡的境地。

5. 领导的综合性

领导的综合性主要表现为两个方面:第一,领导内容的综合性。领导活动涉及决策、控制、组织、协调、用人、沟通等诸多方面复杂的过程,涉及的领域极为广泛。第二,领导者素质的综合性。由于领导内容的复杂综合性,决定了领导者必须具有全面综合的素质。

6. 领导的服务性

社会主义领导的本质是领导活动必须为人民群众服务,为人民群众的利益服务。在新的历史条件下,领导者与被领导者的关系发生了根本性的变化,从简单的决策与执行、命令与服从的关系,转为决策和保障的关系。能否为被领导者提供有效的服务,是领导者和被领导者关系能否得到维系的前提和基础。

二、领导与管理的区别及联系

领导作为一种人类社会活动,也是普遍的管理行为。领导与管理现象自古即有,不过"管理"一词出现的时间要远早于"领导"。在很长的一段时间内,"领导"与"管理"是合二为一使用的。关于领导和管理始终存在不同的观点和认识。可以肯定的是二者是相互关联的概念,有着不同的内涵和功能。

领导补充了管理,但不能替代管理。

——约翰·科特

(一)领导与管理的区别

尽管领导与管理有着千丝万缕的联系,但我们还是可以将领导与管理做一定的区分。管理学的创始人亨利·法约尔(Henri Fayol)在谈到管理与领导的区别时说,领导就是寻求在企业所拥有的资源中获得尽可能大的利益,引导企业达到它的目标,保证技术职能、商业职能、财务职能、安全职能、会计职能和管理职能的顺利完成。在法约尔看来,无论在层次上还是在意境上,领导都高于管理。将领导和管理的区别加以整理,见表 7-1。

表 7-1　领导和管理的区别

项　目	领　导	管　理
指引方向	创造愿景和战略 目光保持在水平线上	计划和预算 目光关注底线
团结员工	营造共享的文化和价值 帮助他人成长 减少界限	组织员工 指导和控制 设置界限
建立关系	关注个人:激发和鼓励追随者 基于个人的力量 像教练、维修工或服务员一样行事	关注实物:生产/销售产品或服务 基于职权 像老板一样行事
个人素质	情感上接近(心理) 思维开放(思维) 善于倾听(交流) 多样(勇气) 对个体深入了解(诚信)	情感上疏远 专业思维 健谈 趋同 对组织深入了解
组织产出	多变,甚至剧变	保持稳定

表 7-1 是国外研究者从指引方向、团结员工、建立关系、个人素质和组织产出五个方面对领导和管理的区别进行的对比,比较容易理解。在指引方向方面,"领导"要创造愿景,对这一点我们应该有比较深刻的体会。例如,中国梦、亚太梦、人类命运共同体,既是一种理念,也是一种愿景。为了实现中国梦,每一个中国人都要努力奋斗;为了实现亚太梦,中国和亚太地区的国家要共同努力,合作互利;为了构筑人类命运共同体,需要世界各国的合作,需要世界各国都形成共存共荣共赢的意识。中国为了践行人类命运共同体理念,在 2020 年的世界卫生大会上承诺:"中国新冠疫苗研发完成并投入使用后,将作为全球公共产品,为实现疫苗在发展中国家的可及性和可担负性做出中国贡献。"这是中国为了实现人类命运共同体这一愿景而做出的中国贡献,是一种具体行动。要让该具体行动成为现实,就要保证新冠疫苗的研发速度和质量,这又涉及具体的管理工作。

(二)领导与管理的联系

在实践中,领导与管理之间的联系是紧密而广泛的,以至于很多人把领导与管理混用。领导是管理的一部分,而不是全部。领导与管理的联系主要表现在以下两个方面。

1. 领导是从管理中分化出来的

马克思指出:"一切较大的直接社会劳动或共同劳动,都或多或少地需要指挥,以协调个人的活动,并执行生产总体的运动与不同于这一总体的独立器官的运动所产生的各种一般职能。一个单独的提琴手是自己指挥自己,一个乐队就需要一个乐队指挥。"这一论述说明,当社会劳动达到一定规模,就会产生对这种劳动进行"指挥"和"协调"的客观要求,并且必然分化出"领导"这样一个专门的社会职能。1841年10月5日,在美国东部纽约州与马萨诸塞州的伍斯特之间,两辆西方火车公司的客车迎面相撞。这一撞击事件引起革命性的变革,在州议会的干预下,西方火车公司被迫进行了领导体制改革,实行了企业所有权、领导权与管理权的分离。这一变革标志着领导活动与管理活动相对脱离的新时代的开端。

2. 领导活动和管理活动具有较强的相容性与复合性

在现实生活中,管理者在从事管理工作的同时,也承担了领导工作,如中层管理者,对上,他是作为某一级管理者的角色出现的,主要承担着执行上级领导决策的任务;对下,则充当着领导者的角色,对部门的发展承担着决策者的角色。因此,很难将领导活动与管理活动从一个管理者的行为中严格地区分出来。另外领导与管理是一种相辅相成的关系,领导活动的目标只有在有效的管理之下才能实现,而管理能够出效益也只有在正确的领导决策前提下才能达成。

尽管领导经常和决策联系在一起,管理经常和执行联系在一起,二者存在明显区别,但是在实践中,二者的界限未必那么泾渭分明。管理者也需要做决策,管理过程中的问题不可能事事请示领导,中层管理者和基层管理者,尤其是基层管理者同样需要做决策,只不过做的是执行性的决策,不涉及原则和方向性问题。

三、领导和管理工作的专业化

通俗地说,领导和管理工作专业化就是指有专人来做领导和管理工作。在西方,领导和管理专业化经历了两次转型。第一次是"硬专家"转行做领导和管理工作。这一转变是随着生产劳动专业化的出现和发展而出现的,在这一背景下,领导、管理工作从缺乏专业知识的老板手里转移到了拥有专业知识和高超生产技术的"硬专家"手里。由"硬专家"从事领导和管理工作可以避免出现外行指导内行情况的发生,在业务领域的决策和实践能够做到专业和精准。第二次是"软专家"的产生。20世纪中期,财产所有权和经营权分离让领导、管理工作专业化、知识化,由此推动了生产力和社会生活各方面的发展。随着生产社会化程度的提高、企业规模的增长,领导和管理作为相对独立的专业活动的需求也越来越迫切,因为业务上的"内行"极有可能是领导和管理上的"外行",所以具备领导、管理知识的"软专家"逐渐成为各级领导者和管理者。"软专家"群体的出现让领导、管理工作专业化成为现实。"软专家"的出现说明了领导和管理工作的重要性,相对于业务上需要的技术而言,领导和管理工作水平是一个组织软实力的体现。可以说,当技术这种硬实力不相上下时,那么软实力就显得举足轻重了。

综上可知,在一个领导集体中,既需要"硬专家",以免决策出现专业性错误,又需要"软专家",以保证领导和管理工作高效开展,为组织减少内耗,提升运转效率和效能,体现领导和管理的价值。事实上,要做好领导和管理工作,单纯的"软专家"或者"硬专家"都可能无法胜任,"软""硬"兼备几乎是优秀的领导者或者管理者的必备技能,尤其是管理者,会更多地与业务工作接触,专业知识和技能是必不可少的,但是因为从事管理工作,所以对人的了解也不能亚于对业务的了解。因此,在选拔领导干部时,不仅需要考察其业务技能,还要考察其领导和管理能力及其潜力,否则可能会白白耽误一个业务精英的成长。反之,在一个备选干部的"软"实力非常突出的情况下,要看其拟任职位对业务能力的要求程度。如果拟任职位对业务能力要求很高,那么仅有过硬的"软"实力就不行,还得有过硬的"硬"实力;如果拟任职位对业务能力要求不是很高,而"软"实力突出的备选者具备一定的"硬"实力且能应对工作,那么可以考虑试用,毕竟领导者和管理者尤其是领导者的大部分工作不是亲自完成业务工作,而是激励下属高质量、高效率地完成业务工作。

四、行政领导的含义、特点、地位、作用

(一)行政领导的含义

行政领导是领导活动的一种,关于何为行政领导,我国学者给出了不同的界定。

我国台湾地区行政学家张金鉴认为,行政领导是机关各级主管适应下属的需要和心意,运用各种方法和措施,激励下属积极参与事务,以共同努力、有效完成机关使命和任务。

张国庆等认为,"行政领导是指国家行政机关中主管职能的承担者,依法行使国家权力,组织和管理行政事务的行政活动的总称。"

许文惠等认为,"行政领导是指国家行政机关及其领导者依法行使国家权力,通过决策、组织、协调、控制等方式,引导和影响所辖成员,共同完成行政目标的活动。"

王沪宁等认为,"行政领导是通过指挥和说服组织内的个体和群体,在一定条件下实现组织某种目标的活动过程,而致力于这种活动过程的人,就是领导者。"

尽管前述界定表述不同,但是都包括几个共同要素:一是行政领导活动是针对人的活动;二是行政领导的目的是实现一定的组织目标;三是行政领导者要实现的目标需要通过激励下属积极工作才能实现。

综上所述,本章的定义如下:行政领导是指在行政组织中,经选举或者任命而拥有法定权力的领导者(集体)依法行使行政权力,为实现行政管理目标所进行的决策、组织、控制等活动的总称。

(二)行政领导的特点

行政领导活动是国家行政机关的行政领导者运用行政权力进行的一系列活动。行政领导与一般的领导相比,具有鲜明的特征。

1. 政治性

从社会属性来看,行政领导具有明显的政治性。行政活动的执行与展开都是围绕国家

事务和社会公共事务展开的，国家的存在是整个活动的基础，由于国家是阶级矛盾的产物，而国家的意志与统治阶级的意志在本质上是一致的，因此国家的阶级性决定了行政领导的阶级性。行政领导活动以体现国家意志、执行统治阶级命令为主要目的，因此具有鲜明的政治性，这一点与普通的管理有着本质的区别。

2. 执行性

从与权力机关的关系来看，行政领导具有执行性。各级行政领导以执行立法机关的决策为主要活动目的。行政领导依据宪法和法律的规定，开展行政管理活动，行政机关在整个国家体系中处于行政执行的地位，也即通常所说的执行性活动。因此，执行性是行政领导的主要特征之一。

3. 权威性

由于行政组织是依据宪法和法律的规定进行管理的，法律赋予行政领导一定的权威。因此，行政领导在合法地履行自身职权时拥有强大的国家强制力作后盾，这种领导行为是具有强制性与权威性的，行政组织中参与该活动的成员必须服从和执行领导的命令。

4. 综合性

随着社会经济和科学技术的不断发展，现代行政领导面临着日益复杂和广泛的行政事务，其活动内容体现为政治领导、经济领导、文化领导和技术领导等综合性的特点。

（三）行政领导的地位、作用

随着社会经济和科学技术的不断发展，当代国家建设和管理越来越要求行政工作的高质量和高效率，因此行政领导所起的作用也越来越突出。

1. 行政领导是行政管理协调统一的保证

在行政领导过程中，为了使行政活动协调和统一，保证行政目标的顺利实现，就需要使所有组织成员的意志服从于行政领导的意志。随着行政职能的扩展，行政机构日益庞大，行政领导设计的领域越来越广，行政日常事务日趋复杂，行政人员不断增加，统一意志和统一指挥的行政领导的必要性和重要性就显得尤为突出。

2. 行政领导是行政管理过程的战略核心

"出主意"和"用干部"是行政领导的两项根本职责。行政管理其实主要涉及三个问题，即做什么、怎么做、谁来做。如果一定要在三个问题中确定一个最重要的问题，笔者认为是"谁来做"的问题。在当代，不管是哪个领域的竞争，基本上都是人才之间的竞争，所以只要用对了人，"做什么"和"怎么做"的问题就不是问题。通常情况下，"做什么"是比较容易确定的问题，变数较大的是"怎么做"这个问题。不同的人会采用不同的方法，采用不同的路径做同样的事，结果也不尽相同。即便在应该"做什么"不甚清晰的情况下，只要用对了人，也能尽快明确应该做什么。因此，决定最终结果的其实是"谁来做"这个问题，用对了人，基本上就等于用对了方法，结果可能事半功倍。

3. 行政领导是行政管理成败的关键

由于行政领导具有"统领""引导"的整体管理功能，因而成为行政行为的指南和准则。正是这样的决定作用，决定了担负行政决策责任的行政领导的状况是关系整个行政管理活动成败的关键。正如我们熟悉的南辕北辙的故事，如果方向错了，越是努力，越是高效率，结果就会越糟。

第二节　行政领导者的职位、职权和责任

一、行政领导者的职位

（一）行政领导者职位的含义

行政领导者是指经选举或任命，拥有法定权威，依法行使行政权力，在行政领导活动中承担相应责任，处于领导和决策地位的人员。

行政领导者的职位是指国家权力机关或者国家人事行政部门根据法律、法规的规定，按照规范化程序选择或者任命行政领导者担任的职务并赋予其应尽责任的统一体。

任何行政领导者都得有一定的职位、职权、职责。三者互相联系，互相制约，不可偏废，有职就要有权，有权就要尽责。"有职无权""有权不尽责"等领导活动中的弊端，必须加以纠正。

（二）行政领导者职位的特点

1. 以"事"为中心确定职位

工作性质、工作内容、工作范围等因素共同确定了职位。这就要求行政领导者必须以和自身职位相对应的"事"为核心开展活动。因此，行政领导者要始终明确自己的本职工作与核心任务，以本职工作与核心任务为中心开展工作。《中华人民共和国国务院组织法》规定："国务院由总理、副总理、国务委员、各部部长、各委员会主任、审计长、秘书长组成。"前述职位都是根据工作需要而设置的。

2. 职位本身具有相对稳定性

行政领导者职位具有法定性。按法律规定的职位，既不能随意增置，也不能随意废除。而且，某一职位上的行政领导人担任职务与责任的时间长短、主要与否对职位本身不构成影响。行政领导者去职时，他曾担任的行政职位仍然存在，与行政领导者任职时间之长短、责任之主次无关。

3. 职位设置具有数量规定性

行政领导者职位数量的确定应当遵循最低数量原则。为此需要做到避免因人设职，以免职位重复设置；需要清晰划分职权，避免权限不清出现交叉管理。《中华人民共和国国务院组织法》规定："各部设部长一人，副部长二至四人。各委员会设主任一人，副主任二至四人，委员五至十人。"但是没有规定副总理和国务委员的人数。从实际情况看，本届政府设有 4 位副总理，5 位国务委员。从历届国务院副总理和国务委员人数来看，1998 年 3 月以前，国务院副总理和国务委员人数都很多，从 1998 年 3 月开始，副总理人数固定在 4 位，国务委员人数固定在 5 位，直到本届政府依然如此。

职位设置具有一定标准，包括职位的职级、名称、任职条件、工作性质、工作内容、责任要求等。行政领导者的职位可以专任，可以兼任，可以常设，可以临时设立。以国务委员为例，《中华人民共和国国务院组织法》规定："国务委员受总理委托，负责某些方面

的工作或者专项任务，并且可以代表国务院进行外事活动。"可见国务委员这一职位有其明确的工作内容。

二、行政领导者的职权

（一）含义

行政领导者的职权是指由法律赋予的与职位相当的行政权力。按其来源分为两类，一类是固有职权，即法律规定的与职位相当的行政权力；另一类是授予职权，根据特殊需要由上级授予处理具体行政事务的权力。

（二）职权与职位的关系

1. 职权与职位相关联

职位衍生出职权，职位的性质决定了职权的性质。行政领导者的职位在工作任务、工作指标、工作绩效方面都有相应要求，也有与之匹配的职权，但是职权和职位与个人无关。

2. 职权与职位相适应

职权的大小要与职位的高低、责任的轻重相适应。任意扩大职权就是权力滥用；而随意失职失权，则是渎职。

3. 职权具有法定性

第一，职权依法定程序被授予，只可以依法定程序收回或转移，任何人不得以任何形式私下转让。第二，职权与个人因素无关，无论谁掌握它，权力都是一样。第三，行政领导者所拥有的职权及其行使都受到严格的限制。一是国家各级行政领导者职权的大小，都受到所处的行政管理层次、领导者职位的高低和所担负的职责轻重的限制；二是行政领导者职权的行使，要受到职务范围、职责目标、行政区域的限制；三是行政领导者组织、领导行政活动，要受到国家权力机关、上级行政领导机关和国家法律、行政法规的监督、检查和制约，同时还要受到人民群众和社会舆论的监督和约束。

4. 职权的有限性

行政领导者都是在规定领域和地域范围内行使职权的，这与职位所在领域和地域有着直接关系。行政领导者的职权范围一般包括人事权、物权、财权和组织权。

三、行政领导者的责任

（一）含义

行政领导者的责任是指行政领导者在行政领导职位上履行职权的过程中必须承担的法定义务。行政领导者应承担的责任由多方面构成，主要包括政治责任、行政责任、法律责任和道德责任四个方面。

（二）责任分类

1. 政治责任

政治责任也称为领导责任，是指行政领导者因违反特定政治义务或者未能做好分内事而导致的政治上的否定性后果，以及因此所应遭受的谴责与制裁。这种政治上的否定性后果代表着政治权力资格的丧失，意味着其不再是行政权力的行使者。一般而言，行政组织政治责任的主体是政府组成人员，都是各个部门的主管人员、领导人员。如果政治责任的主体决策失误或者领导无方，即便没有违法，不受到法律追究，也要承担政治责任，受到人大及其常委会的质询、调查，从而导致其辞职或者被罢免等政治后果。例如，2003年任北京市市长仅3个月的孟学农因"非典"危机引咎辞职。2008年，任职刚一年的孟学农又因重大溃坝事故而辞去山西省省长一职。2004年2月，北京市密云县发生特大伤亡事故，作为安全工作第一责任人，时任密云县长张文因对事故发生负有重要领导责任而引咎辞职。

2. 行政责任

行政责任又称为岗位责任或者管理责任，是行政领导者担任某一职务所应承担的义务以及对成败的个人担当，是没有履行或者不当行使其领导权力形成的责任。构成行政责任的，应当受到行政处分。

3. 法律责任

法律责任是指行政领导者因担任某一职务、运用某种权力而应对法律所做出的承诺。这种承诺，一方面是行政领导对法律予以规范的回应；另一方面则是对工作中可能出现的负面社会影响的一种反馈。

4. 道德责任

道德责任是指行政领导者在行使职权的过程中，因为违反社会公德、公务员职业道德而需要承担的责任。行政领导者应是组织中行为的楷模，其平时的一举一动、一言一行都会受到社会大众和组织成员的密切关注，领导者良好的职业道德和个人形象对于社会以及组织良好风气的形成起着举足轻重的作用。在日常工作中领导者应讲究自尊自爱，廉洁守法，起到积极的表率作用。

四、行政领导权威

领导是影响力的展现，领导者的权威取决于其影响力。行政领导权威是指"建立在法律、正当程序或领导者人格魅力基础之上的可以对领导对象的心理和行为产生指引效果的影响力"。对于权威的理解，一般局限于领导者自身的职位上，认为职位是其权威的来源。在实际生活中，职位所带来的权力并不能给所有人带来权威。当下属自愿接受上级命令并将其视为合法要求时，这才是权威的体现。另外很多组织中的"领袖式"人物并没有实际的职位权力，但他们却能号召并领导他人，这也是其个人权威的体现。可见，职位权力和个人权力共同构成的影响力才是权威的基础。

行政领导权威不但受职位权力和个人权力的影响，而且受到领导者与被领导者关系的影响。领导者的吸引力越大、凝聚力和号召力越强，被领导者对其认同感也就越强，工作便越努力，也就说明了领导者的影响力越强。在现代行政领导活动中，权力的合法性与强制力仅仅是领导权威的要素之一，在权威的作用过程中，领导者能力的大小、素质的高低起到决定性作用。人们接受他人的领导不一定是基于对他人权力的恐惧，而是对其权威的肯定与认同，行政领导者能否将自身的强制力转化为一种令他人自愿服从的权威，将是整个行政领导活动成败的关键。

第三节　行政领导制度和领导方法

一、行政领导制度

行政领导活动只有在行政领导制度的保证下，才可能有序、有效地展开。我国行政领导制度主要包括两个层次：一是基本行政领导制度；二是日常的具体行政领导制度。

（一）基本行政领导制度

我国基本行政领导制度是建立在民主集中制基础上的以集体领导和个人负责制为主要特征的混合式的行政领导制度。

1. 民主集中制

（1）民主集中制的含义

民主集中制是宪法规定的人民民主专政国家政权的组织原则和国家的根本领导制度。它是在民主基础上的集中，在集中指导下的民主。民主集中制的根本内容是，实行个人服从组织，少数服从多数，下级组织服从上级组织，地方服从中央的原则。民主集中制贯穿于各级领导的全部实践活动中，是社会主义根本制度的直接体现。

（2）民主集中制的重要性

民主集中制贯穿于各级行政领导的全部实践活动中，是社会主义根本制度的直接体现，决定和影响其他行政领导制度，其他行政领导制度都是该制度的具体化，由该制度决定和衍生而来。如果离开了民主集中制，其他具体行政领导制度也难以实现和发挥作用。

《中华人民共和国宪法》第三条规定：中华人民共和国的国家机构实行民主集中制的原则。具体表现为：①全国人民代表大会和地方各级人民代表大会都由民主选举产生，对人民负责，受人民监督。②国家行政机关、审判机关、检察机关都由人民代表大会产生，对它负责，受它监督。③中央和地方的国家机构职权的划分，遵循在中央的统一领导下，充分发挥地方的主动性、积极性原则。

2. 集体领导与个人负责制相结合的制度

（1）集体领导

集体领导是集体决策、共同负责的制度，是指在面临重大问题时，由领导集体全部成员讨论做出决策和决定，一经决定，必须共同遵守。在集体领导制度之下，对重大问题进行表决时，应坚持少数服从多数原则，不能由个人或者少数人决定，可以保留不同意见，但对于多数人的意见和集体决定必须服从。在集体领导中，行政首长必须正确行使最终决定权和否定权，应当在集体意见基础上进行决定或者否定，不能以个人意志为准。

（2）个人分工负责制

个人分工负责制就是在行政领导集体内，各成员有明确的职责分工，各司其职，各尽其责，这是保证集体领导目标实现的一个重要措施。行政领导集体决策后，需要贯彻落实，就必须有人主抓，权力和责任明确，才能使决议得到贯彻落实。但分工不能分家，各成员之间必须紧密配合。行政领导者要做好分管工作，必须敢于坚持自己的正确意见，但要以尊重其他领导为前提，沟通时讲求说话艺术与方法，非紧急情况下，不越权处理他人管辖的事情。

集体领导是个人分工负责的前提，个人分工负责是集体领导的基础，两者是不可偏废和分割的辩证统一关系。集体领导的决策是个人分工负责的执行目标，个人分工负责是集体领导意志实现的途径，个人分工负责如果离开集体领导，就会犯自由主义和无政府主义，集体领导不能由专人分工负责主抓落实，就会变成集体的清谈奢论。

3. 行政首长负责制

行政首长负责制是民主集中制和集体领导与个人分工负责制相结合的一种制度形式。行政首长负责制的基本特点是：最高行政决策权、指挥权由行政首长一人执掌，行政首长对所管辖的公共事务实行统一领导、全权负责。它是指重大事务在集体讨论的基础上由行政首长定夺，具体的日常行政事务由行政首长决定，行政首长独立承担行政责任的一种行政领导体制。行政首长负责制以"法定的最高决策权归于一人"为根本标准，凡是政府组织法定的最高行政决策权力和责任赋予一人承担的，都称为行政首长负责制。

我国《宪法》规定，国务院实行总理负责制；各部、委员会实行部长、主任负责制；地方各级人民政府实行省长、市长、县长、区长、乡长、镇长负责制。

（二）日常的具体行政领导制度

日常的具体行政领导制度是根本的行政领导制度在实际执行中的具体化，从行政领导者和行政活动参与者的角度分析日常的具体行政领导制度，主要涉及三个层面的关系，即领导与群众的关系、上下级行政领导者之间的关系、行政领导班子内部的工作协调关系。

1. 行政领导者和行政活动参与者的关系制度

因为行政领导者是掌握权力的决策方，所以在与行政活动参与者的联系方面应表现主动，通过各种方式、方法、途径了解民众需求，广泛征求民众意见，尽力获得最大程度的社会支持，激励民众积极参与行政活动。加强与民众联系的制度有很多，主要有以下几种。

（1）群众接待日制度。主要是行政领导者，在规定时间内面对面听取群众的意见。这一制度在行政工作中应用较为普遍，采取这种方法，行政领导者可以零距离听取群众的呼声，避免个人主观主义的关门造车，以及属下不负责任造成的闭目塞听。

（2）来信来访制度。这是一种不定期的日常接待和受理群众来信、来访的工作制度，是行政领导者了解民情、民意的重要渠道。要发挥前述作用，需要信访部门工作人员及时归纳、整理群众来信来访，并及时送达有关部门，供行政领导者作为决策参考；对于群众反映的重大问题，信访部门还要督促有关部门及时查处。

（3）咨询会制度。行政领导者在某项具体工作或全面工作决策前，会向专家智囊团（思想库、外脑）进行决策前的咨询，也就是向有关专家进行科学的调研和论证，以期获得决策的科学性。咨询制度从古至今逐渐发展为现代决策系统中的一个重要组成部分，被咨询者可以是个人，如古代的食客、谋士、军师、谏臣等，可以是临时组织起来的群体，也可以是常设的智囊机构和智囊团。现代决策系统极为重视智囊团的作用，因为这一体系能够提供充分的信息服务，具有进行科学预测、制订可供选择的可行性方案等重要功能。

（4）直接对话制度。可以就某一未决方案，也可以是行政领导实施过程中发生的矛盾纠纷，采取座谈、谈心、答疑等多种方式进行面对面的交流沟通，磋商解决问题的办法。零距离对接有助于行政领导者直接了解当事人的心态，深入了解问题症结，把脉寻医，找准解决问题的合适办法。

（5）民主评议制度。这种制度是指定期召开会议，向群众通报本部门、本单位工作情况，接受群众评议，以此强化行政领导者的"公仆"意识，展示对人民负责的态度和接受人民监督的制度。

2. 上下级行政领导者之间的联系制度

行政领导上级和下级形成一种纵向关系。上者是更高一层级的领导，对下发出指令或禁令，上一级的指令要科学可行，非原则问题允许下一级领导结合本地实际情况增强针对性和区域性；下者在贯彻执行中要结合本地实际情况开拓创新，提升地方特色，能够做到令行禁止。只有上下相互配合，共同支持，才能形成有机协调的优化行政体系。主要有通报征询制度、报告指示制度和检查反馈制度等。

（1）通报征询制度。定期或者不定期地召开各种会议，将上级的决策、部署、意图等传达给下级领导者，并主动征求下级意见，这样有利于调动下级领导者工作的主动性和积极性。

（2）报告指示制度。这种制度要求下级领导者在遇到涉及全局性的领导决策或步骤时，或者遇到在自身权限范围内难以做出正确判断的问题时，应主动向上级报告。上级领导者做出明确指示后，下级要严格贯彻执行。

（3）检查反馈制度。检查工作其实是上级领导者的一项经常性工作，有利于及时发现问题，从而确保工作计划保质保量地完成。一方面，要求上级行政领导者对下级行政领导者执行上级决定或者工作任务的情况开展经常性检查；另一方面，要求下级行政领导者将执行情况及时反馈给上级行政领导者，为上级行政领导者修正决策或者制定新的决策提供可靠信息。

3. 协调行政领导班子内部关系的制度

行政领导集体内部关系的协调状况，直接关系整个行政管理活动及管理目标的实现，因此，加强内部协调就十分必要。有关协调行政领导集体内部关系的制度包括办公会议制度、集体学习制度、民主生活会制度等多种形式。

（1）办公会议制度。定期或者不定期地召开相关的部务会议、厅务会议等，以便及时向行政领导班子成员通报有关情况，共商重要问题。

（2）集体学习制度。通过各种学习形式，组织行政领导班子成员学习政治理论、管理知识等，可以提高行政领导班子成员的政治思想素养和文化素养，进而提升管理水平。

（3）民主生活会制度。组织行政领导班子成员定期过民主生活，开展批评与自我批评，以此消除误会、解决矛盾、增进团结。

二、行政领导的方法、方式和艺术

（一）行政领导的方法

1. 含义

行政领导的方法是指行政领导者在行政管理活动中，为履行领导职能、实现领导目标而采取的各种措施和手段的总和。

2. 根本的行政领导方法

领导方法多种多样，不同层次、不同类型的方法都有其具体的适用范围，一般来说，科学的领导方法主要有三种：实事求是的方法、群众路线的方法、矛盾分析的方法。

（1）实事求是的方法。这是我们通常所说的"实践是检验真理的唯一标准"。实事求是是我国具有根本性的行政领导方法。坚持和运用实事求是的方法，需要做到：一切从实际出发；发挥主观能动性；坚持实践检验和发展真理；坚持解放思想、实事求是的统一。

（2）群众路线的方法。这是我们通常所说的"从群众中来，到群众中去"。人民群众是历史的创造者，也是千百年来社会活动的主体，只有认真总结人民群众的实践经验，集中全体人民的智慧，依据现有的条件和能力制订正确的方针政策，才能更好地实现领导活动的目标。在行政活动中人民群众才是整个活动的主体，领导者对于自己不能解决的问题应多咨询下属和其他组织成员的意见，集思广益，调动每个成员的积极性、主动性和创造力，带领全体人员完成组织任务。运用群众路线的方法有利于协调领导者与被领导者之间的关系，虚心听取他人的意见可以减少领导者的官僚主义作风，增强自我责任感与为人民服务的意识，保证组织健康、有序地发展。

（3）矛盾分析的方法。矛盾无时不在、无处不有。领导工作的任务就是要解决现实生活中出现的一系列矛盾。要求学会抓主要矛盾，要抓试点，具体问题具体分析，全面看问题的同时会抓关键，为矛盾转化创造条件。

（二）行政领导的方式

1. 含义

行政领导的方式是行政领导者从事领导工作的风格和行为。领导方式多种多样，几乎每一个领导者都有其独特的一套领导方式。行政领导方式的分类有很多种。

2. 分类

从不同角度可以对行政领导方式做出不同的分类，本节主要介绍两种分类。

（1）按照领导者工作的关注点为标准，可以将行政领导方式分为重人式、重事式、人事并重式。

① 重人式领导方式。特点是以人为中心开展领导活动，行政领导者关心的是如何建立和发展人际间的和谐关系，以建立一个宽松和谐的工作环境。这种领导方式重视对下属的关心、尊重和鼓励，能够给人创造有利的工作环境，使领导者与被领导者之间的关系融洽和谐。

② 重事式领导方式。特点是以事为中心开展领导活动，行政领导者关心的是行政组织目标和任务的完成情况与工作效率的提高，侧重于纪律、监督等，不重视下属的需求，这种方式有利于提高工作质量和效率，但是没有足够重视组织内的人际关系。

③ 人事并重式领导方式。特点是既关心人又关心工作，两者不可偏废。行政领导者要注重改善工作条件和环境，充分发挥人的主观能动性，使部属有饱满的工作热情和主动负责的精神。是应当提倡的领导方式。

以上三种领导方式的划分并非绝对，运用过程也不是单一化选择。行政领导者应根据自身素质、能力、环境、被领导者等因素，确定一种主要的领导方式，再辅以其他领导方式。

（2）按照领导者引导被领导者共同完成既定目标的方式为标准，可以将行政领导方式分为强制式、说服式、激励式和示范式。

① 强制式。在组织行为中，强制性是经常出现的现象，这是由现代行政组织的特性决定的。一个行政组织要协调一致，高效率地完成组织目标，就必须要建立组织成员必须执行的指示或命令。这种有权威的、非执行不可的指示或命令性的领导方式，就是强制式。而行政指令具有显著的强制色彩，这种强制又直接以惩罚为外在特征。因为强制容易引起下属的反感，所以行政领导者要慎用。

② 说服式。领导者在工作中采用启发、劝告、诱导、商量、建议等方式，使被领导者接受并贯彻自己的意图。说明式领导方式的优点在于：通过说服可以使被领导者从思想上认清工作的意义、目标，达到目标的途径和方法，以及业务纪律的要求等。通过说服，领导者可以直接清楚地了解被领导者的想法和要求。

③ 激励式。这种领导方式最能够直接提高领导效能，行政领导者用物质激励或者精神激励的方式激发下属的工作积极性。激励的具体方式可以是普遍激励，也可以是特殊激励。普遍激励的激励对象是组织中的全体成员，方式可以是改善工作条件或者是提高工作报酬。特殊激励的激励对象是工作积极、态度端正、成效显著、贡献较大的组织成员，对这些成员的激励，除了对其有激励作用以外，还能产生榜样效应。

④ 示范式。领导者是一个组织的代表，其行为方式、言行举止会受到很多人的关注，在工作中，领导者本人要身先士卒、身体力行，对组织成员而言，无疑能够起到最好的示范效果，因为领导者的精神面貌、行为方式、工作方式、价值观等都能对组织成员产生潜移默化的作用。

（三）行政领导的艺术

1. 含义

行政领导的艺术是指行政领导者在履行领导职责的各种活动中表现出来的、具有创造性的技能和技巧，是行政领导者智慧、才能、经验、风格和气质等因素的综合反映，是领导者根据不同环境、结合个人特点对行政领导方法的具体运用。

2. 行政领导事务类型上的领导艺术

（1）授权艺术

授权是领导者赋予下属一定的权力与责任，给下属提供更多的自主权的行为。合理的授权可以调动下属的责任心和上进心，在其适合的岗位上发挥积极的作用。领导者对下级进行授权，必须根据下属的能力和所要面对的任务进行人员选择，在赋予下属权力的同时也要提醒他需要肩负的责任。在授权后更要对被授权者进行一定的监督控制，防止滥用权力情况的发生。

需要注意的是，要保证授权的有效性，就要明确三个问题，即授权内容、授权对象、授权方式。授权一定是为了处理一定的事务，所以就什么事务进行授权，即授权内容相对容易确定。授权方式有弹性授权、制约授权、充分授权、不充分授权等。采用什么授权方式要看是什么性质的事务，再者就是看授权给谁。因此，授权对象其实是保证授权有效性的最关键因素。根据授权对象的素质决定可以将什么事务授权给对方处理，以什么方式授权给对方等。与授权相配套的是需要建立反馈制度，以便对授权后权力的行使情况进行监督，以及时了解授权效果，避免权力被不当使用。同时做好应变准备，以解决和纠正下级在行使被授予的权力过程中遇到的困难和出现的问题。

（2）用人艺术

用人是指行政领导安排被领导者的工作。行政领导在用人时要了解下属的具体情况，做到知其长短、用养结合、合理激励、奖励有度。具体需要做到人尽其才，这就需要行政领导者能够"知人善任"。要求行政领导者在了解下属的同时，还要熟悉工作任务，明确地知道应该用什么人做什么事。作为行政领导者，主要任务不是亲自完成一些具体业务工作，而是能够激励下属充满热情和责任感地完成具体工作，这就需要行政领导者善于激励下属，可以是行政领导者本人进行行为激励，通过自身表率作用激励下属。另外，还需要懂得运用目标激励、奖惩激励、关怀激励等多种激励方式激励下属。激励的方式和频率应当适当，否则，随着时间的推移，激励的作用就会递减。

（3）处事艺术

行政领导者在干好自身领导工作、专心本业、忠于职守的同时，还要树立正确的权力观，谦虚谨慎，实事求是，清正廉洁，光明正大，因人制宜，宽容处事等，纵观世界全局，事情零星而杂乱，实际却只有两个因素，一是人，二是事，人要做事，事要人做，做好人的工作，就等于把事情办好。在领导者的位置上所遇到的处事对象是人。人的性格、思想认识、思维方式、精神境界、个人追求各有不同，能力也有强弱，不能用同一方式去处理，要视各人不同的情况而采取不同的方法去对待，而这些恰恰都是行政领导者处事的要则。

（4）运时艺术

运时艺术既包括领导者对自己本职工作事务处理的时间安排，也包括他对本组织内各类事务处理的时限的了解和运筹。总的来说，对提高领导效率大有帮助的运时艺术主要有以下几个方面。

① 科学运筹时间。这是提高领导效能的最重要的途径。领导者想要完成组织行政目标，并试图获得最佳的效果，就必须科学运筹时间。在领导工作中科学地运筹时间，是一项重要的领导艺术。对于领导效能来说，赢得了时间的主动，就等于赢得了胜利。

② 合理安排工作程序。就是领导者合理安排时间消耗比例，把要完成的工作，依据工作的轻重缓急、规模大小进行分类，按照时间先后次序安排好，然后按预定计划逐步完成。合理安排工作程序的基本要求：第一，明确工作先后的次序，先主后次。第二，建立严格的时限要求，提出具体工作的明确时限要求，严格规范时限计划，并按预先规定的时限检查或总结完成情况。第三，最重要的是安排处理好整体工作与局部工作的日常工作计划。

③ 提高时间利用率。处理工作事务，要专心致志，利用各种有利因素，延长内在时间，努力提高每一单位时间的利用率，要善于挤时间，充分利用现代化的科技手段，把握高效率的黄金时间段，从而提高效率。

第四节　行政领导者的素质结构

一、行政领导者的素质

（一）含义

行政领导者素质是行政领导者进行领导活动所应具备的内在基本条件，是先天本质与后天修养，生理条件与心理因素在德、才、学、识、体方面的综合体现。如何建立办事高效、运转协调、行为规范的公共行政管理体系，归根结底取决于专业化的国家公务员队伍，特别是行政领导者的素质。行政领导者素质的重要性在于其直接影响着领导水平的高低。

（二）特点

1. 综合性

领导者素质由多种要素相互关联共同组成了一个有机整体，它们在领导活动中相互配合来发挥作用。领导的诸多职能要求领导者要具有一定的综合素质来面对各种局面。行政领导者要达到"革命化、年轻化、知识化、专业化"的要求，就必须在政治、思想、道德、知识、技术等方面都有过人的能力，这无疑体现出领导素质综合性的特征。2020年年初的新冠肺炎疫情暴发以后并没有快速结束，因此，各项工作都只能在疫情防控常态化之下进行，这就需要各级、各部门的行政领导者在坚决贯彻疫情防控措施的情况下，运用综合素质尽一切努力保证民众的工作和生活正常进行。

2. 层次性

层次性是指对不同层次领导者的素质的要求有高有低。在现代行政组织系统中，领导者一般可以分为高、中、低三层。高层一般负责制定大政方针政策，要求有很高的决策力和创造力。中层负责组织的管理与协调，要求有一定的人际交往能力和组织能力。而作为基层的管理者执行上级的命令便是其工作的重点，因此丰富的专业知识是其最需具备的素质。

二、行政领导者个人的素质结构

（一）政治素质

政治素质是指行政领导者对政治，尤其是对自己所承担的政治义务和享有的政治权利的理解、把握、反应及付诸行动等情况的总和。它主要包括政治意识、政治信仰、政治态度。政治素质在行政领导者的诸多素质当中是第一位的。不同的历史时期和不同的阶级对行政领导者的政治素质的具体要求也不尽相同。

（二）知识素质

知识素质是指行政领导者的感知、经验、学识和理论的综合。行政领导者的知识一方面要通过实践获得，另一方面要通过书本等媒介获得。知识素质对行政领导者政治素质和能力素质的提高起着基础性作用。现代行政领导者不仅要是业务方面的"硬专家",还得是管理方面的"软专家",二者不可偏废。

(三)能力素质

能力素质是指行政领导者从事领导活动、实现行政目标的组织才能,是行政领导者知识、智慧和经验的综合外在表现。创新能力是行政领导者能力素质的核心,制约着行政领导职能的发挥。

1. 创新能力

因为现代行政领导者面临的事务往往具有新发性、未来性特征,而且即便是不具备前述特征的事务,相应的处理往往也需要十分谨慎,况且在实现中华民族伟大复兴的道路上,无数的新旧问题会交织在一起,没有创新能力恐怕很难处理得当,所以现代行政事务对行政领导者的创新能力的要求十分突出。具体而言,创新能力主要包括五种能力。①洞察能力:这是一种敏锐、快速、准确抓住问题关键的能力。②预见能力:这是预测事态发展的能力。③决断能力:这是快速选择、形成解决方案的意志力。④推动能力:这是激励下属实现创新意图的能力,通常表现为领导者的号召力、影响力、凝聚力等。⑤应变能力:这是在非常规情况出现时的随机处置能力。

2. 利益整合能力

利益是人们为了生存、享受和发展所需要的资源和条件。在行政管理中涉及国家民族、民营组织和公民的多元化利益配置,分配什么,向谁分配,利益的价值取向和政策的制定,无不关系社会的和谐稳定和经济的发展。因此,行政领导者必须能够进行利益分析,准确推测公众的意图,考察不同人群的需要,进行科学、公平、合理的利益分配与整合,才能保证社会的长治久安。

3. 综合能力

综合能力主要是指信息获取及处理能力。信息是关于事物运动状态的表述,它反映了事物的特征。远古时代用手势、喊叫、形体动作等来交流信息。之后,甲骨文记载并交流信息,纸和印刷术的发明使信息传播变得更加广泛。近代以摄影、电报、广播、电影和电视等声图艺术传播信息。发展到现代,以微电子技术为基础,计算机技术和现代通信技术为载体,形成一个信息爆炸时代。行政领导者必须能够适应知识爆炸和知识迅速更新换代的信息时代,能够在基于网络自主、探索和协作式学习中培养信息获取、分析处理及应用能力。

(四)身体素质

身体素质是指行政领导者的身体健康状况。为了应对日益繁重、复杂的行政事务,强健的体魄、旺盛的精力是行政领导者的必备素质。我们常说"身体是革命的本钱",没有健康的身体就没有了正常生活和工作的基础,所以作为领导者,除了认真工作外,还要注意锻炼身体,强健体魄,为组织成员做好表率。

(五)心理素质

心理素质是指行政领导者先天与后天共同作用而形成的心理倾向和健康水平,是人发展和从事活动的心理条件和心理准备，包括人的心理活动过程和心理活动结果，在素质体系中处于基础地位。行政领导者心理素质的好坏，决定了事业成功与否，心理疾病更甚于身体残疾的危害。行政领导者除日常行政工作外，经常面对复杂的矛盾、突发事故和风险决策，能否沉着冷静、处变不惊、化险为夷，取决于行政领导者的心理素质。

三、行政领导班子结构

一个行政领导班子将不同的行政领导者聚集在一起形成一个整体，若想让这个整体发挥积极有效的作用，在进行领导班子成员的调配时就要考虑以下因素。

（一）年龄结构

年龄结构是指行政领导班子成员的年龄组合状态，要形成一个老、中、青三代相结合，以中年为主的合理梯队。老、中、青领导者各自的特点不同，老年领导者有威望、有经验，可以凝聚和团结一大批工作人员来共同完成任务。中年人是领导班子的核心，可以肩负起主要的领导工作。青年人是继往开来的主要力量，充满干劲但可能缺乏经验。三者的合理结合可以使领导班子充满活力却不失稳重并富有经验，从而有利于领导班子的梯队建设，建立一套合理的接班人培养机制，保证领导活动的连续性与稳定性。

（二）知识结构

知识结构是指领导班子的知识构成状况。领导班子的最佳知识结构，是由具有不同知识特长和不同专长的领导者组成的合理的知识结构。从某种程度上讲，就专业背景而言，现代领导者基本都是"专才"，这是由现代社会分工专业化和科学知识专业化发展决定的。但是行政领导者面临的事务往往不是某一个领域的事务，而是多个领域的事务，所以仅靠某一个领导者的专业知识和文化水平已经难以应对，而由不同的"专才"型领导者组成的领导者集体可以成为"通才"，即可以通过合理搭配形成一个整体上是"通才"的领导班子，如此便能应对既"专"又"博"的行政事务。

（三）智能结构

智能结构是指拥有不同类型智能的领导者的组合状况。合理的领导群体结构中，不仅要有实践经验丰富、善于科学决策和统揽全局的"帅才"，有实践能力较强、善于组织领导和埋头苦干的"将才"，还要有具有较强洞察力和前瞻性、善于运筹帷幄的"谋才"。把具备各种能力的成员合理组成一个有机整体，就可以有效地解决"能人相轻""能人内耗"或"高知低能""高能少知"等问题。

（四）气质结构

气质结构是指领导班子成员在不同气质类型方面的组合。气质是通常所讲的脾气、个性。气质可以分成四类，即胆汁质、多血质、黏液质和抑郁质。不同气质类型的人在行为表现方面各有不同，有的沉稳，有的冲动；有的执行力强，有的行动迟缓；有的坚决果断，有的犹豫不决；等等。在一个领导班子中，人人都很沉稳，可能导致领导班子缺乏活力；而人人都很有活力，甚至冲动，则容易产生内部矛盾。因此，在气质方面进行合理搭配，能够形成一个气质完善的整体，既沉稳，又有活力；既有决断力，又有执行力。

四、行政领导班子结构的优化原则

（一）整体互补

从年龄、知识、智能、气质的角度考虑领导班子成员的搭配，形成一个个体间互补、整体上完善的领导班子，需要领导班子的核心成员善于取长补短，善于协调各方；分析领导班子核心成员的优势和劣势，以此为基础考虑形成一个完善的整体还需要补充具备哪种素质的领导者进入领导班子。

（二）用人所长原则

所谓用人所长，是指注重发挥行政领导者的专长。一方面，对人才不能苛求其完美，不搞求全责备；另一方面，用人所长的同时也要能容人所短。结构优化就是要通过行政领导群体成员的长项组合与互补，从而达到行政领导群体结构最优的目的。

（三）自优原则

自优原则即自我完善原则，这是优化行政领导群体结构的内在动力。每一个行政领导成员，都要有一种强烈的忧患意识和历史责任感，着眼于战略目标和领导群体结构的整体优化，切实加强自身建设，不断完善自我，特别要强化三种现代行政意识，即主动进取、提高效率和创新发展。

习近平总书记赴安徽考察调研

据新华社消息，习近平总书记2020年8月18日赴安徽考察调研。当天下午，他先后来到阜阳市阜南县王家坝闸、红亮箱包有限公司、蒙洼蓄洪区曹集镇利民村西田坡庄台，察看淮河水情，走进田间地头，了解当地防汛救灾和灾后恢复生产等情况，看望慰问受灾群众。

安徽考察首站，习近平总书记来到了被称为"千里淮河第一闸"的阜阳市阜南县王家坝闸。7月20日8时31分，王家坝闸水位29.75米，超过保证水位0.45米，这意味着淮河防汛进入了危急时刻。接国家防总命令，王家坝闸13孔闸门全部开闸。"舍小家，为大家"。每一次开闸蓄洪都伴随群众被转移、良田被淹没。蓄洪区的老百姓为削减淮河干流洪峰，护佑淮河中下游城市、工矿和人民生命财产安全做出了巨大贡献。

第二站，习近平总书记来到红亮箱包有限公司。习近平总书记此次考察来到这里，主要是为了了解灾后恢复生产等情况。据车间负责人介绍，这次开闸蓄洪导致公司停工15天，损失20多万元，但员工补贴仍照常发放。目前，红亮箱包有限公司已全面恢复正常生产经营，还新增就业10人，其中带动贫困人口就业6人。

第三站，习近平总书记来到阜阳市阜南县蒙洼蓄洪区曹集镇利民村西田坡庄台，顶着炎炎烈日，走进田间地头，深入庄台农户，看望慰问受灾群众。乡亲们告诉习近平总书记："蓄洪期间，大家住在庄台，电没断、水照供、生活用品有人送。现在水退了，都在抢种补种，水退到哪里，就补种到哪里。请总书记放心！"习近平总书记高兴地说："我一直牵挂灾区的群众，看到乡亲们生产生活都有着落、有希望，我的心就踏实。"

如今，看到庄台街道整洁、村民生活井然有序，习近平总书记感慨地说，愚公移山、大禹治水，中华民族同自然灾害斗了几千年，积累了宝贵经验，我们还要继续斗下去。这个斗，要尊重自然，顺应自然规律，与自然和谐相处。全面建设社会主义现代化国家，我们要提高抗御灾害的能力，在抗御自然灾害方面要达到现代化水平。

资料来源：杜尚泽，岳小乔. 习近平赴安徽考察调研. 人民日报. http://www.peopledailypress.com，2020-08-18.

思考题：
你从习近平总书记赴安徽考察调研的事例中学到了什么？

1. 何谓行政领导？它具有哪些特征？
2. 简述行政领导在行政管理中的地位和作用。
3. 论述行政领导职位、职权和职责及其相互关系。
4. 简述基本行政领导方法。
5. 你认为要成为一名优秀的领导者必须具备哪些重要的素质？

第八章

行政决策

【学习目标】
* 理解行政决策的含义及特征,掌握行政决策的分类。
* 了解行政决策的基本模式,掌握行政决策的基本程序。
* 确定和掌握现代行政决策体制的相关内容。

中华民族几千年来形成的传统文化,博大精深且源远流长,中国传统决策文化观念恰是传统文化在决策观念中的反映。在中国古代众多的经史子籍文献中,包含着丰富的决策思想,它们是先人们实践经验和理论探讨的结晶。两千多年前的春秋战国时期,百家争鸣,在诸侯争霸的时代背景下,社会面临多元思想冲击,公共性质的决策陷入矛盾的困境,而伟大的思想家孟子,早已为我们提供了答案。从孟子的民本思想延伸出来的决策文化,既有儒家思想的共性,又有自己鲜明的特性。从殷周时期《尚书》的"民惟邦本,本固邦宁",《诗经》的"宜民宜人",先秦时期孔子的"仁政""爱民",孟子的"民贵君轻",荀子的"君舟民水",到汉唐时期贾谊的"民为政本",李世民的"国依于民",再到明清时期张居正的"知人安民",康熙的"以足民为首务",乾隆的"以养民为本"等,无不体现了以民为本的治国思想。传统的民本思想,同样深刻影响着传统的决策思想,历代有远见的思想家、政治家们无不把以民为本视作决策的根本准则。这些思想内容,已深刻嵌入中国人几千年来的决策观念和决策行为之中,为当下中国公共部门的决策提供了有力的借鉴。

第一节 行政决策概述

一、行政决策的含义与特征

(一)行政决策的含义

早在两千多年前的战国时期,《韩非子·孤愤》中就提出了"智者决策于愚人"的说法。

在中国四大名著之一的《三国演义》中也有"运筹如虎踞,决策似鹰扬""定三分隆中决策,战长江孙氏报仇"的记述。在现代管理学中,决策(decision-making)是人们就需要解决的问题所做决定的活动。决策活动广泛存在于人们的社会实践活动之中,上至国家的重大问题,下至个人生活中所面临的如就业、婚姻等种种问题,都需要做出抉择或决定。因此,决策遍布于人们生活的各个领域。

行政决策作为管理决策的一种,是指国家行政机关为履行行政职能,依法处理国家事务和社会事务而进行的出主意、做决定的活动。具体来说,行政决策包括国务院及各级人民政府制订国家经济发展计划、审批工程方案、对有关重大问题发布行政决议或行政指示、签署行政请示报告等。

(二)行政决策的特征

行政决策作为决策的一个特定形式,它除了具有一般决策的预见性、目的性、选择性、实践性等共同特性外,由于行政管理权力运行的独特性,行政决策还具有区别于一般管理决策的特征,主要表现为以下几点。

1. 行政决策主体的特定性

只有具备管理公共事务的行政权的组织和个人,才能成为行政决策的主体。我国宪法和有关法律对中央和地方各级国家行政机关的行政权都有明确的规定,各级国家行政机关只能在各自职权范围内进行决策。在国家行政机关以外,某些国家机关和社会组织,依照宪法、法律规定或授权,既拥有一定的行政权,也可以成为行政决策的主体。

2. 行政决策内容的广泛性

国家行政管理范围和内容的广泛性,决定了行政决策与其他决策相比,其内容更加广泛。行政决策的内容涉及国家的政治、经济、科学、文化、军事、外交以及社会的各个方面,比如制定经济发展规划、提高公务员的工资、调控市场物价、高考改革、环境保护、为失业人员提供最低生活保障等。可以看出,行政决策的牵涉面之广,涉及的机构之多,动用的人力、物力、财力数量之大,是其他决策所无法比拟的。因此,行政决策涉及面广、机构众多,动用的人、财、物等资源量大,而其他决策一般只涉及各自的内部事务,一般不涉及整个国家和社会范围的事务。

3. 行政决策结果的权威性

这种权威性表现在:首先,行政机关是国家权力机关的执行机关,它所反映的是国家意志和利益,这就决定了行政决策的实质是国家权力机关意志的执行,行政决策必须代表和反映统治阶级的意志与利益。其次,行政机关在进行决策时必须以国家的法律和法规为依据,行政决策主体的决策活动只有严格依法办事,才能体现国家意志,代表国家利益,决策才具有普遍的约束力。能够体现国家意志和利益的行政决策,是依据党的路线、方针政策和国家法律而制定的,在依法行政的今天,依法定程序制定的行政决策,对行政组织的内部成员以及各级行政组织管理范围内的一切管理对象都具有约束力,表现为一定的权威性。

4. 行政决策实施的强制性

国家行政机关是统治阶级管理国家的机构,它的一切活动都是代表国家、以国家的名义开展的,它以国家权力为后盾。因此,行政决策一经做出,就具有权威性和强制性,凡在行政管辖范围内的一切机关、团体、企事业单位、个人,包括行政机关内部成员,都必须无条件地执行。

5. 行政决策目标的非营利性

行政决策同其他决策,特别是同经济决策、企业决策相比较,其突出的特点之一就在于行政决策在任何时候都不是以营利为主要目的。这是因为国家行政机关的任何决策都必须以国家和社会公共事务为决策对象,其目的是贯彻执行统治阶级的法律、法规和政策,实现对国家和社会的有效管理。因此,任何国家行政机关除了国家的利益和人民的根本利益之外,不允许有自己的特殊利益,更不允许为满足本机关、本行政部门的小团体利益而做出以营利为主要目的的行政决策。尽管行政机关在制定决策时,有时也会涉及经济的增值或减少问题,但行政机关并不是以此为主要目的。

二、行政决策的分类

行政对象的复杂性、行政现象的多变性,决定了行政决策种类的多样性。行政决策从不同的角度可分为不同的种类,具体划分如下所示。

(一)根据行政决策层次的不同,行政决策可分为国家决策、地方决策和基层决策

行政管理活动是分层次进行的,层次不同,其行政决策的权力和范围也就不同。

(1)国家决策也称中央决策,是指国家最高行政机关制定的全国性的行政管理方针、政策和法规,处理全国性的以及对国家具有战略意义的问题和其他适宜中央统一处理的行政管理问题时所作出的决策。国家决策具有全局性、战略性、长期性的特点。比如关于构建和谐社会的决策、振兴东北老工业基地的决策、政府机构改革的决策等都属于国家决策。

(2)地方决策也称中层决策,在我国主要是指从省级政府到县级政府为完成上级交给的行政任务,执行国家的决策,解决本地区、本部门管辖范围的社会公共事务而进行的决策。比如2022年3月北京新冠肺炎疫情防控工作领导小组做出了严格进返京管理、对有感染者的所在县(市、区、旗)人员落实限制进返京等防疫政策的地方行政决策。

(3)基层决策也称微观决策、战术决策,在我国主要是指乡(镇)政府、城市街道办事处、县级政府中的科局级部门,在法律赋予的职权范围内,为开展行政管理活动,解决或处理基层公共事务而进行的决策。基层决策具有短期性、策略性、技术性等特点。

上述三个层次的决策是相互联系、相互制约的。国家决策具有法律的最高地位,地方决策和基层决策必须服从国家决策,而国家决策的贯彻执行又离不开地方决策和基层决策。

(二)根据行政决策涉及问题的规模和影响的不同,行政决策可分为战略性决策、策略性决策和战术性决策

(1)战略性决策也称宏观决策,是指关系全局和具有长远意义的决策,往往是以最高领导层为主体的决策。其决策内容涉及的范围广,影响深远,并具有全局性、宏观性与方向性的特点。比如中共中央、国务院印发的《知识产权强国建设纲要(2021—2035年)》等。

(2)策略性决策也称中观决策,是指解决局部性问题所做出的决策。比如为了保证战

略决策的实现，国务院各部门或地方各级人民政府所做出的具体决策，以及为实现战略决策而制定的一些补充性的规定等。

（3）战术性决策也称微观决策，是指为执行战略性决策和策略性决策，针对一些需要解决的枝节性和技术性问题所进行的决策，是战略性决策和策略性决策的配套措施。

上述三个方面的决策是统一的。其中，战略性决策决定着策略性决策和战术性决策的性质与前途，但战略性决策的实施和完成，又有赖于策略性决策和战术性决策的制定与实施。策略性决策和战术性决策必须要以战略性决策为依据，要以有利于战略性决策的实现为目的，但也应根据本地的实际情况进行有创造性的决策。

（三）根据行政决策的内容来划分，可分为政治决策、经济决策、文化决策、社会决策等

《中华人民共和国宪法》第一百零七条规定：县级以上地方各级人民政府依照法律规定的权限，管理本行政区域内的经济、教育、科学、文化、卫生、体育事业、城乡建设事业和财政、民政、公安、民族事务、司法行政、计划生育等行政工作，发布决定和命令，任免、培训、考核和奖惩行政工作人员。可见，行政决策的内容包括政治、经济、文化、社会各个方面。其中，政治决策是一个国家行政活动的基本功能，它最鲜明地反映了一个国家的阶级本质。

（四）根据行政决策所具有的条件和可靠程度来划分，可分为确定型决策、风险型决策和不确定型决策

（1）确定型决策是指信息完备，只存在一个确定的目标，面对一种环境和条件，各种不同行动方案的结果均可确定，根据目标要求从中选出满意方案，便可获得准确无误的决策结果的决策。

（2）风险型决策又称随机型决策，是指在有明确决策目标的基础上，决策者对决策的条件和因素进行估计、计算，预见其出现的概率，但不排除随机因素，决策者对决策有一定的把握，但也要冒一定风险的决策。因此，决策者在进行风险决策时，一定要充分估计到各种方案可能产生的后果，准备好必要的备选方案，留有余地。

（3）不确定型决策是指没有或者只有零散的统计资料，对未来将要发生的情况，无概率可循，无经验可依，并无法预测其结果的决策。不确定型决策对决策者来说是难度最大的一种决策。决策者在进行不确定型决策时可遵循"最大最小准则"，即在一组自然状态中，决策者选择概率值最小而期望值最大的方案，从"最小"之中求"最大"。也可以遵循"最大最大准则"，即在一组自然状态中，决策者选择概率值最大而期望值也最大的方案，从"最大"之中求"最大"。

（五）根据决策目标要求的不同，行政决策可分为最优决策和满意决策

（1）最优决策是指在理想条件下实现最佳目标的决策。

（2）满意决策是指在现实条件下求得满意目标的决策。由于行政管理范围的广泛性、决策条件的复杂性、决策目标的多样性，绝对最优决策只是一种理想，现实中很难实现。所以现实中的行政决策通常都是满意决策，即"相对最优决策"。

（六）按照决策主体的人数和决策权力分配的情况，可以把行政决策分为群体决策、集体决策和个人决策

群体决策是指由拥有决策权的一定行政单位的全体成员共同讨论的决策。群体决策的形成一般是根据少数服从多数的原则经投票或举手表决做出的，如古希腊的直接民主制。集体决策是指由若干人组成的领导集团，按照民主集中制原则进行的决策。集体决策的优点是充分发挥每一个领导成员的积极性，集思广益，使决策建立在民主的基础上。它包括资本主义国家的议会决策方式和社会主义国家的集体领导等。个人决策是指由行政首长单独掌握决策权力，决策方案的选择以首长的拍板定案为终结，其他行政官员有建议、批评、议论决策方案的权力，但没有决定权。

（七）按照决策者的思维反应模式，可把行政决策分为理性决策和非理性决策

理性决策是指在行政决策运行的各个环节，从问题的界定、决策目标的确立、方案的设计与评估到方案的抉择，每一步都是在"多脑"讨论的基础上，凭借科学手段反复论证，然后予以抉择的决策。理性决策表现了人类充分运用思维能力和各种可能手段，对选择合理方案的追求。非理性决策则是指在遇到疑难的决策问题难以做出决定时，决策者就可能依据自己的猜测、习惯反应、条件反射、本能反应等非理性的心理因素去抉择，或者盲目遵从权威的分析意见去做出决断。例如在决策者无法客观判断决策问题，或决策方案之间没有明显的优劣差异，或者决策问题需要决策者迅速反应，但没有收集信息、分析论证的机会等情况下，决策者甚至采取求神问卜或抽签等方法做出决策。

理性决策与非理性决策的划分是相对的，任何决策都不可能是完全的理性决策或完全的非理性决策。理性决策过程受非理性因素的影响，因为理性决策中的"多脑"是由一个个"单脑"构成的。个体的经验、知识背景在一定程度上使每一个决策都或多或少带有个人的色彩。只有当这种非理性因素在选择过程中起主导作用时，这个决策才是非理性决策。同样，再非理性的决策也都是大脑思维活动的结果，都建立在一定的理性分析基础上。

（八）按照使用的决策方法的先进程度，可以把行政决策分为经验决策和科学决策

（1）经验决策是指决策主体对决策对象的认识及决策目标的选定和判断，主要依据对过去事物的认识和理解而进行的决策。决策的成功与否主要取决于行政领导者的经验是否丰富、知识是否渊博、智慧是否过人等因素。

（2）随着现代社会的不断发展，政府职能也在不断地发展转变，这就使得经验决策越来越不能适应新形势的需要而被科学决策所取代。科学决策是指以科学思考、科学预测、科学计算为依据的决策。它根据目标的不同、变量的多寡、限制条件的差异等，采取适当的数学方法加以计算，或通过试验、模拟等，然后做出决定。经验决策与科学决策的划分也是相对的，即便是科学的决策，其决策方法的选择也是基于决策主体的主观经验和个人的知识背景差异或个体的喜好不同，带有一定的经验成分。

（九）按照决策的时间先后顺序，可以把决策分为原有决策和追踪决策

任何决策都只能解决一定时间内的现实问题，或者说任何决策都是在一定的行政环境

下作出的。决策做出之后或决策结果付诸实施之后，必然会碰到这样或那样的问题，需要对原有的决策进行修改，这种修正性的决策就叫作追踪决策。而被修正的决策就是原有决策。在现实的行政管理实践中，纯粹的原有决策是不存在的。

（十）根据决策目标数量的不同，可将行政决策分为单目标决策和多目标决策

单目标决策是指行政决策所要解决的问题是单一的，决策的目标是唯一的决策。但在现实的决策中，由于事物联系的普遍性、行政管理的系统性，大量的行政决策问题需要考虑的指标参数很多，仅仅靠单目标决策是不能解决问题的，因而必须确立多个决策目标，进行多目标决策。但需要注意的是，在多目标决策中，既要防止不同层次的多个目标放在同一层次进行多目标决策，又要防止有定量关系的多目标任意采用多目标决策方法。多目标决策并不是盲目决策，而需要大量的信息作为行政决策的依据。

三、行政决策的原则

行政决策的原则是指行政决策形成过程中所必须遵循的基本规则。这些决策的基本规则决定着决策的基本方式、方法，保证行政决策活动沿着正确的途径进行。

（一）信息准、全原则

信息是决策的基础和依据。行政决策过程实质上就是一个行政信息的收集、加工、变换的过程。信息准、全原则要求行政决策不仅要掌握大量的信息，而且要求这些信息必须要全面、准确、及时、经济、适用。

（二）可行原则

可行原则是指在行政决策方案确定过程中，要充分运用科学的手段和方法，针对决策方案在政治上、经济上和技术上的合理性进行综合的分析和论证。这条原则要求，一项正确的决策必须在现有的主客观条件下能够顺利得以实施。决策是否可行，也是衡量决策是否科学的标志之一。

每一项行政决策的实施，都需要一定的人力、物力、财力、技术、时间等的保证，同时，还需要与当时的法律、人们的习惯和观念相适应。因此，行政决策应该从现实条件出发，把理想和现实结合起来，立足现实制定可行性决策。

行政决策方案是否可行主要取决于两个现实标准：一是生产力标准，即这个方案能否从根本上促进社会生产力的发展，只有适应并能促进生产力发展的决策，才是根本可行的决策。二是利益标准，即这一决策必须同时满足大多数人的利益需求。这一决策必须对长期与近期利益，国家、集体与个人利益等做出适当的协调和规范，统筹兼顾，充分调动每一个利益群体的积极性。

（三）系统原则

行政决策的系统原则有两个基本要求：一是决策主体在实施决策时要有系统思维，运用系统理论与观念对决策进行系统分析。二是决策主体应把决策对象看作一个完整系统，弄清其各部分、各层次的主次关系、先后关系，实现决策目标的系统完整和系统平衡。

（四）对比择优原则

行政决策必须是在比较诸多方案的基础上择优选用。对比择优就是指把若干个方案分别进行评估，然后以一定的标准作为衡量的标志，对各个方案进行分别的比较，择其优而取之。对比择优的关键是确立统一的标准，实现对方案的综合评估。

（五）预测原则

预测是决策的前提。决策是对未来所做的一种设想，是在事情未发生之前的一种预先分析和抉择，它有明显的预测性。预测原则是指在正确的理论指导下，运用科学的技术和方法，通过对信息资料的分析处理，对事物的发展趋势做出预先的推测和估计，从而掌握这一决策可能带来的影响和问题的发展趋势。现代社会科技和经济的高速发展、社会生活各个方面的急剧变化，各种竞争日益激烈，更要求决策者在决策时从定量、定性、定时、概率等各方面做综合预测，以减少和防止决策失误。

（六）动态原则

行政管理随行政环境的变化而调整，简单地说行政管理的过程就是行政决策的制定、执行、再制定的不断循环动态过程。因此，一项决策在开始时就应该富有远见，能适应未来的发展，保持可调节的弹性。在决策实施中，要注意信息反馈，随时检查验证，及时调整决策、及时修正决策，始终用动态的思维指导行动。

（七）民主集中原则

民主集中原则是我国行政决策的一项最基本原则。它是一种在民主基础上集中和在集中指导下的民主相结合的决策原则，它要求既要充分发扬民主，调动一切决策参与者的积极性，又要有相对的集中，实行少数服从多数、个人服从组织、下级服从上级、全党服从中央的原则。

（八）连续性原则

连续性原则要求行政决策必须注意行政决策的继承性和前后决策结果的衔接性，保证行政决策的稳定、前后一致。

四、行政决策的地位和作用

行政管理的实践证明，行政决策是行政管理活动的先导，从一定意义上说，一切行政行为都是围绕着行政决策进行的，行政决策正确与否直接决定着行政管理的成败，在行政管理过程中起着决定性的作用。社会、政治、经济、科技的不断发展，迫使行政管理做出随之应变的决策。行政决策的正确与否，是关系到国家安全、人民幸福和社会稳定的大事。

（一）行政决策是行政管理的首要环节并贯穿行政管理的全过程

从行政管理的进程来看，行政管理包括计划、组织、指挥、控制等基本活动，而行政决策贯穿于这些活动的始终。这是因为行政管理活动事实上就是行政决策的制定和实施的行为，行政管理的过程就是决策→执行→再决策→再执行的循环往复过程，从这个意义上说，没有行政决策，一切行政管理活动都无法进行。

行政管理活动中遇到的各种需要采取行动的问题，都有赖于行政决策为之确定正确的方向和解决办法。决策是行动的先导，任何行政管理活动都首先依赖于决策。决策是起点，没有科学的决策，就没有科学的管理活动。行政决策贯穿行政管理的各个方面和行政管理的整个过程，任何的行政管理活动都离不开行政决策。

（二）科学的行政决策是行政管理科学化的前提

没有科学的行政决策，就不可能有科学的行政管理。这是因为，科学的行政决策是提高行政效率和效能的前提。在既定的条件下，行政机构的行政决策水平不同，其行政管理的效果也就不尽相同。在现实生活中常常会出现这样的现象：有利的客观条件可能因决策的失误而丧失殆尽，不利的客观条件可能因成功的决策而改变。因此，只有制定出符合客观规律的行政决策，才能避免和减少行政管理活动中的主观性与盲目性等现象的发生，以保证行政管理科学化的实现。

（三）行政决策的正确性是促进行政管理成功的关键

行政决策决定了行政管理行动的方向和具体措施。正确的行政决策可保证行政管理活动按照客观规律办事，避免管理工作的盲目性。反之，错误的行政决策将产生错误的管理行为，得到的是消极的后果，会给国家和社会造成巨大的损失。在科学技术飞速发展的今天，政府管理的作用日益增大，对行政决策科学性的要求也日益突出。

（四）行政决策的科学性是行政管理现代化的重要保证

行政管理的现代化通过行政管理的科学化、法制化体现出来。而行政决策的科学化又是行政管理科学化的基础，它直接影响行政管理现代化的进程。尤其在当前我国社会主义市场经济建设过程中，只有强化科学决策，才能有效发挥国家管理职能，促进社会各项事业的快速有效发展。

（五）行政决策的正确与否直接关系到国家的兴衰和民族的存亡

马克思主义认为，在一定条件下，上层建筑对社会经济基础具有决定性的作用。行政决策作为国家行政机关为履行行政职能、依法处理国家事务和社会事务而进行的出主意、做决定的活动，属于上层建筑的一部分，其正确与否对于政权的巩固和经济的发展起着直接促进或延缓甚至破坏的作用。同时，由于行政决策与其他管理决策相比较，具有决策规模大，动用人力多，消耗物资、资金巨大等特点，这就决定了其稍有不慎，就可能给国家和人民带来不可挽回的损失和不堪设想的后果。反之，正确、科学的行政决策则会带来国家的繁荣、经济的腾飞、民族的振兴。因此，党的十八届四中全会通过的《中共中央关于全面推进依法治国若干重大问题的决定》强调：要健全依法决策机制，通过建立行政机关内部重大决策合法性审查机制，推行政府法律顾问制度和建立重大决策终身责任追究制度及责任倒查机制等来确保决策科学化、民主化的实现。

第二节 行政决策程序

一、从经验决策到科学决策

行政决策有着十分悠久的历史，可以这样说，自从人类社会产生了阶级与国家，就有了以国家的名义所做出的行政决策。行政决策从经验决策向科学决策的发展经历了一个漫长的过程，在这个发展过程中，随着社会生产力水平的不断提高，行政决策的科学化程度也逐步得到提高。

（一）以经验决策为主要特征的古代行政决策

在奴隶社会和封建社会，以农业为主体的自然经济和以刀耕火种为主要生产手段，以及以独立的个体家庭为单位的经济生活方式，决定了每个家庭或生产单位生产什么和怎样生产，都无须征求别人的意见，也不需要经过太复杂的考虑，只要凭借经验办事就可以了。年纪越大、阅历越长、经验越丰富的人，他的决策权也就越大。与此相适应的是国家的行政决策也从原来的以宗教占卜为主逐步发展为以君主（领导者）的阅历、知识、智慧和统治为主。著名史学家司马迁认为当时的决策是"天下之事无大小皆决于上"（《史记·秦始皇本纪》）。也就是说，关于国家政治、经济、文化、社会发展的行政决策大权都集中于皇帝一个人身上。尽管皇帝身边常常也有一批出谋划策的智囊人物，但他们的建议和意见是否被采纳，最终还是由皇帝说了算。这种由皇帝独断专行的行政决策，必然带来很大的局限性，决策失误的现象屡屡发生。

（二）以科学决策为主要特征的现代行政决策

古代的一些开明君主为了弥补自己决策能力的不足，借助智囊人物的力量来进行决策的做法，虽然仅仅是君主专制制度的一个补充，但其中所含的民主决策的成分，却是现代科学决策的萌芽。

现代社会是一个复杂、多变、庞大的机体，政府行政决策的对象也发生了很大的变化。主要表现为：首先，行政决策的内容越来越广泛，行政领导者不仅需要就国内政治、经济、文化、社会等各种问题做出决策，还必须就一些涉及全球性的诸如威胁人类生存的环境污染问题、人口爆炸问题以及战争问题等做出决策。其次，行政决策的目标由单一目标向多元目标发展。在现代社会，要解决一个问题，实现一个行政目标，往往要考虑政治的、经济的、社会的、道德的、心理的等多重因素，并将其作为解决该目标的相关目标来进行决策。比如某城市要整治市容卫生长期以来的脏、乱、差现象，必须从城市监管力度的加强、道路的扩宽、居住环境的改善、学校的教育、市民卫生习惯的养成、外来工的管理等多个方面来统筹解决。因此，市容卫生行政决策目标的制定，必然是一个多目标的决策过程。最后，行政决策的技术性程度越来越高。由于科学技术和数学的发展，原来的一些重复性的常规决策可以通过计算机程序来进行，这不仅大大地提高了决策的效率，而且也使决策从原来的强调定性决策向创造性的定性决策与定量分析相结合的方向发展。

行政决策的这些变化，决定了单靠经验决策已经远远适应不了社会发展的需要，行政决策必须走向科学化。行政决策的科学化通过实现决策的程序化、规范化，采用先进的决策方法和手段等来不断地提高行政决策水平。

二、行政决策的基本程序

行政决策的基本程序是根据决策模式编制出的实施决策的步骤顺序，它是科学决策的一个重要组成部分。一个健全的决策程序应该是一个完整的科学系统，遵循反映决策内在活动规律的基本程序，是制定科学行政决策的必要条件之一。在现代行政决策中，决策程序的划分，有粗有细，有多有少，归纳起来可以将其分为五个阶段。

（一）发现问题

发现问题是行政决策的起点。任何决策都是为了解决一定问题而准备采取的行动和做出的决定。因此，能否准确地发现问题，抓住问题的实质，就显得十分重要了。就像医生看病一样，只有弄清病人的病情及产生的原因，才能对症下药。要发现问题，就必须深入实际，调查了解行政管理工作各个方面的情况，并进行认真的分析研究，透过现象看本质，及时发现隐藏在各种情况后面的问题。问题发现以后，需要对问题进行界定，其主要内容包括：界定问题的性质，明确问题出现的时间、地点，掌握问题的范围和程度，等等。同时，还要全面地研究所要解决问题的需要和可能。

决策问题的确认，就是要从纷繁复杂的问题群中区分出轻重缓急，抓住需及时解决的关键问题。所谓问题分析，就是要弄清问题的性质、范围、程度以及它的价值和影响等，并找出问题产生的原因，包括主观、客观原因，主要、次要原因，直接、间接原因等。决策就是为了修正偏差而做的决定或采取的行动。决策主体必须善于在纷繁复杂的矛盾中，抓住关键问题、深刻剖析问题、确切表述问题。这是一切决策的前提。

（二）确定目标

行政决策的目标是决策主体希望通过决策实施达到的一种结果。决策目标就是决策主体的预期，它可以是期望通过决策执行所解决的问题，也可以是希望要避免的消极社会影响。确定正确的决策目标具有非常重要的作用，它可以确立行政决策的方向，为备选方案的设计和筛选提供依据，也为决策执行和决策评估提供基本依据。

正确的决策目标，取决于两个主要环节：一是决策目标的设计正确；二是不同的参与者对决策目标的认同。确定科学的决策目标是进行科学决策的重要的一步，也是起决定作用的一步。确定目标，是针对所要解决的问题而制定的总体设想和希望达到的具体结果。行政决策目标的确定，不仅决定了整个决策的方向，而且为选择行动方案提供了衡量的标准，为决策实现有效的控制提供了依据。确定目标应符合下列基本要求。

一是政治性。决策目标不同于一般的管理目标，是政府所要达到的理想状态和衡量达到目的的指标。所以决策目标首先是一种特定的政治目标，它集中反映了不同决策主体对决策的认同程度。无论是中央政府还是地方政府的认同，都会极大地影响决策目标的确定。

二是针对性。决策目标的确定应有的放矢，针对所存在的问题，紧紧抓住问题的实质寻找出解决问题的突破口。没有针对性或针对性不强的目标是错误的目标，错误的目标只能导致决策的失误。

三是明确性。决策目标不能含混不清，也不能空洞无物。所确定的目标，既要有质的规定,又要有量的规定;既要规定目标的规模,又要规定实现目标的期限,同时,还要规定实现目标的约束条件。不明确的决策目标,不仅会使执行者无所适从,而且很容易导致执行的偏差现象发生,影响决策目标的实现。

四是可行性。决策目标的确立必须根据客观条件量力而行,要考虑到现实的人力、物力、财力、技术水平等方面的资源和国内外的社会环境,以及公众需求等社会状况。决策目标的可行性,取决于是否具备了实现该目标所需的政治条件、经济条件、组织条件、信息条件和技术条件等,有些一时无法具备的条件,可以积极去创造,而对于那些无法控制的外部条件应预测其发展的大致方向。

五是明确性。决策目标要明晰具体,其概念、时间、条件与数量等方面都需要有清晰的界定。此外,决策目标的明确性还表现为对决策涉及资源的把握。一般来说,决策目标的确定必然会受到各种资源的限制,这些资源又可分为可控资源和不可控资源。要保证决策目标的明确性和可行性,就必须使可控资源起主导作用,否则就会使决策目标陷入模棱两可的状态,达不到明确性的要求。

(三)拟订或设计方案

拟订或设计方案是制定决策的基础。决策目标确定以后,就必须从多方面去寻找实现目标的有效途径。分析矛盾、拟订方案的过程,就是寻找实现目标途径的过程。方案设计是在明确决策目标的基础上,经过调查研究,运用适当的技术和方法,设计或规划诸种实现目标的备选方案的行为或过程。方案设计是行政决策的中心环节,也是决策咨询系统参与最多的一个环节。行政决策的实质就在于选择,而进行选择的前提就是设计备选方案,没有足够的备选方案,最终决策的出台是无法想象的。

拟订或设计决策方案可以分两步:第一步是初步设计,也称轮廓设计。初步设计就是从不同的角度、不同的途径提出多种多样的方案设想。这一步要求行政决策的设计者充分利用创造性思维方法,充分发挥创造精神,广开思路,大胆设计。第二步是决策方案的精心设计,就是将轮廓设计中提出的较为合理的方案,进一步充实,使之具体化。这时的决策设计者必须倾听各方面的意见,集思广益,进行可靠的分析和严密的论证。

进行行政决策过程中,分析矛盾、拟订方案的基本要求如下。

1. 所拟订的方案必须具体、明确

这就要求所拟订的方案不但要说明方案的客观环境条件及其可能发生的变化,而且要说明为适应这些变化应采取的措施和办法。同时,还要说明方案在不同环境条件下所取得的效果,实施方案所付出的代价,各种约束条件以及如何尽可能地克服实施过程中可能产生或必然产生的副作用,方案实施的具体时间、阶段和各种要求。一般来说,方案拟订得越具体、越明确,就越有利于方案的评估优选,越有利于方案的实施。

2. 所拟订的方案必须多样化

决策就是对方案的选择,选择性是所有决策的共同特点。方案的多样化要求为实现目标所拟订的方案,从量上来看应尽可能多,从质上来看应具有各自的特点,差异性要大。只有这样,才能为综合评价、优选方案留下较大的回旋余地,使决策者从众多的方案中选择、比较、优选出满意方案。一般来说,方案越多,选择余地越大,选择出来的方案就越科学。

3. 所拟订的方案必须具有创造性

拟订方案固然离不开行政管理的实践，但又需要拓展思路，勇于探索，不断创造出新的方案。这是因为，在行政管理实践中，新情况、新问题是层出不穷的，用老办法、老方案未必能解决新问题。新问题需要用新的思想、新的方法、新的方案去解决。这就要求决策方案的拟订要富有新意，要具有创造性。要使拟订方案具有创造性，就需要最大限度地调动智囊人员以及一切参与拟订方案人员的积极性。通过召开调查会、"神仙会""诸葛亮会"、现场会等多种形式，采用头脑风暴法、德尔菲法等现代技术方法，引导他们毫无顾忌地思考问题，大胆地发表自己的意见和建议，人人敞开思想、畅所欲言，互相启发，以此来产生连锁反应，创造出富有新意的决策方案。

（四）综合评估优选方案

对方案进行综合评估就是评价方案的可行性，是在对备选方案进行全面评估的基础上选择最佳方案，有时筛选还表现为一种综合的活动，即以一个较好的决策方案为蓝本，吸取其他一些方案的长处，创新出一个更为满意的决策方案，因此，综合评估优选方案也可以叫作方案的可行性分析。可行性分析包括：政治可行性分析——决策方案是否遵循党的路线、方针、政策，是否符合人民的意志；法律可行性分析——决策方案是否有法律依据；经济可行性分析——方案的实施是否有经济支撑；技术可行性分析——方案实施是否有技术手段及设施；环境可行性分析——方案实施是否符合社会文化环境的要求。

综合评估优选方案是制定行政决策的关键，要求决策者在对多种备选方案进行全面的比较、分析和评价的基础上，从中优选出一个满意方案，具体要求如下。

1. 方案评价的全面性

一方面，要对每一个备选方案都进行评价；另一方面，要对每一方案的各个方面都进行评价。前者有利于在对每个方案进行评价的基础上，经过权衡利弊，比较分析，选择出一个满意的方案。后者有利于发现每个方案的优点和缺点，即使那些最后被淘汰的方案，它们的某些方面与满意方案相比较，也可能具有其优点和长处，能够为满意方案所吸收，从而使满意方案更为完善。

2. 方案评价的客观性

这要求行政决策者在对备选方案进行综合评价时，必须坚持实事求是、一切从实际出发的原则。应注意克服先入为主、主观武断和夸大事实、缺乏公正等不良倾向。因此，决策者在对每一个方案进行评价时，不应事先带有主观的偏见，对每个方案优缺点也要按照客观事物的本来面目给予恰当的评价，做到既不缩小也不夸大。只有这样，才能对方案做出公正的、客观的评价，才能真正优选出满意的方案。

3. 方案评价的对比性和可行性

这要求行政决策者在方案评价和选择时应善于对比，在对比中进行鉴别，在鉴别中得出其优劣的结论。在评价和选择方案时，对各个方案的可行性进行周密的评估和慎重的论证，显得尤为重要。可行性是满意决策不可缺少的关键因素之一。只有可行的决策，才是能够付诸实施的决策，才是成功的决策。

4. 方案抉择的集体性

随着行政管理活动的发展，需要做出行政决策的问题日趋复杂，要做出科学决策，已非决策者个人或少数人所能胜任。要实现决策的科学化，不仅要充分发挥智囊团在拟订方案中的作用，还要求在方案抉择时采取集体表决制，即在充分讨论、审查备选方案的基础上，由领导集团实行一人一票的集体表决，以防止个人说了算的现象发生。

政策方案的产生是多方主体的集体思维智慧和集思广益的过程，所以各方主体的参与具有重要作用。因此，要重视不同的主体、决策者、咨询者、利益相关团体、公众等各方参与主体的出谋划策，综合权衡各方的意见和建议，这样才能设计出较高质量的、切实可行的决策备选方案。

（五）实施决策追踪反馈

这是行政决策的重要环节。行政决策前三个程序的活动，属于主观认识活动。认识世界的目的在于改造世界，制定决策的目的在于实施决策。因此，决策实施是决策全过程的重要组成部分。一般来说，决策实施包括局部试验和全面实施两个阶段。追踪反馈，就是要根据决策的实施情况，及时地发现问题和偏差，并将信息迅速反馈回决策中心，以利于决策的修正与完善。所以，追踪反馈同样是决策中不可缺少的重要环节之一。

在决策实施过程中，经常会碰到这样几种情况：一是决策的实施与既定决策方向、途径基本相一致，决策得以顺利实施；二是由于决策时没有掌握或没有充分掌握某些重要的信息，使得既定决策方向、途径与事物发展的情况不相一致，实施碰到了困难；三是情况出现了重大变化，改变了既定决策方向，使决策难以继续实施。在第一种情况下，必须继续组织好人力、物力、财力，协调好各方面的关系，以确保决策目标的充分实现。面对第二和第三种情况，应及时地做好追踪反馈工作，以利于决策的修正与完善或重新决策。

追踪反馈对决策的影响一般有三种情况：一是局部性调整决策；二是对决策进行重大修正；三是从根本上改变决策。因此，追踪反馈的结果，事实上是对原有决策的扬弃。决策中的追踪反馈有以下几个特征。

第一，回溯分析。追踪反馈不是从重新收集信息开始，而是要回溯到原决策起点，自原决策的产生及其客观环境，逐步逆向推导分析，找到出现偏离目标的环节，确定问题的症结所在。

第二，非零起点。在实施追踪反馈时，决策所面临的状态已经发生变化，不再是原决策的起点状态。因此，对决策的追踪反馈和修正完善，必须以已经变化的主客观条件为起点。

第三，双重优化。在追踪反馈、修正进程的过程中，不仅是在原来供选择的几种方案中选优，还应在所提供的新的备选方案中进一步选优。

第四，心理效应。由于经过追踪反馈，重新修正完善的决策是对原决策的改变，处理不好，容易造成决策实施者的心理效应，产生动荡。因此，应注意做好解释、宣传工作，采取各种有效措施，帮助人们尽快理解和认识经修正后的决策，使新的决策得到顺利实施。

三、行政决策的基本模式

不同的决策模式，反映了行政决策的不同特点。了解这些模式，有助于我们更好地认识行政决策的实施过程，以便于科学决策。

（一）精英/大众模式

精英/大众模式是由米尔斯（C. Wright Mills）在《权力精英》一书中提出来的。他的基本观点是：行政决策的制定过程是少数精英的活动过程。这些精英是社会统治集团的代表，他们占据社会支配地位，与处于被支配、被统治地位的大众构成对立的双方。一切行政决策的制定，都是这些精英们颁布并强制大众实施的。这种模式反映了行政决策过程与阶级统治、阶级关系的政治联系。

（二）集团模式

集团模式是由阿瑟·F.本特利（Arthur F. Bentley）在《政府程序》一书中提出来的。这个模式认为，政府是一种"中立"的执行部门，其行政决策活动受到工业集团、军事集团、院外活动集团等各种的利益集团的强大压力和影响。行政决策的形成过程，与其说是一种程序化、科学化的理性过程，倒不如说是各种政治力量、利益集团的相互作用、相互协调的过程。在这种情况下，集团利益往往高于或等同于公共利益或国家利益。这种模式着重分析了各种政治力量、利益集团对行政决策的影响。

（三）系统模式

系统模式的提出是以戴维·伊斯顿（David Easton）所著的《政治系统》为代表。这个模式试图用信息论的观点描述行政决策的制定过程，它把政府内部的行政决策系统看成是一种结构复杂的"黑箱"，需要从输入、输出的动态过程加以考查。对输入的考查包括社会需求、可利用的资源、遇到的支持和反对等；对输出的考查包括公众和其他行政决策参与者的有关的利益和服务等。整个行政决策的运行过程是在社会、经济变量等环境因素的影响下以反馈的形式周期性地进行的。

（四）制度学派的模式

制度学派的模式分早期制度学派和新制度学派两种。早期制度学派侧重于从政府内部结构来探讨行政决策过程。它把注意焦点放在政府的组织图上，描述各机构的安排和法定职责，从制度上探讨立法机关、行政机关和司法机关在行政决策中的作用，并且特别对宪法、行政法和各种法律规定感兴趣。新制度学派模式是在早期制度学派的模式受到冲击后发展起来的理论，该模式主要关心的是政治制度问题，同时也注意研究行政决策所涉及的各种社会关系。

（五）决策程序模式

决策程序模式最早由赫伯特·西蒙（Herbert Alexander Simon）提出，西蒙在其代表作《行政行为：行政组织中决策程序的研究》一书中将行政组织视为决策程序。他提出两种决策前提：一种是价值前提，即指有关价值判断的问题，诸如行政组织所要达到的目标、行政效率的标准、公正和正义的准则以及个人和组织的价值观念等。另一种是事实前提，即指客观上存在的事物和现象。行政决策就是以各种不同的价值因素（主观因素）和事实因素（客观因素）为前提的。决策程序则是根据不同的决策前提进行抉择的过程。西蒙认为，根据价值判断制定决策，这主要是各级行政组织中最高行政领导的责任。他们根据自己的价值观念确立各自组织所要达到的目标。目标确立以后,行政组织的主要任务就是如何正确客观地选择达到目标的手段以及按分工负责原则确定不同层次不同角度行政人员的决策权限。

(六)趋向和窗口模式

趋向和窗口模式把行政决策看成是集中趋向相互作用、融合发展的过程。其主要观点表现在约翰·W. 金登(John W. Kingdon)的《议程、备择方案和公共政策》一书中。金登认为存在着三种独自流动并构成行政决策过程的趋向。第一种是问题趋向,它是由社会上各种因素或事件所引起的,促使公众和行政决策者集中注意某些特殊的社会问题并加以解决。第二种是政治趋向,它是各种社会政治力量相互作用的结果。第三种是政策趋向,它是参与行政决策的个人相互作用的结果。金登认为,当三种趋向汇合时,行政决策过程就完成了。他将之称为"打开窗口"。该模式依据确定问题、确定政府议程、确定行政决策议程的发展阶段较为全面系统地描述了行政决策的全过程。

(七)有效决策模式

著名管理学家德鲁克(Peter F. Drucker)在其代表作——1966年出版的《有效的管理者》一书中提出了有效决策模式。德鲁克的有效决策模式的中心论点是:行政管理者应该是有效的管理者,而有效的管理者应该进行有效的决策。德鲁克认为,有效的管理者并非对任何问题都做出决策,他们通常只对具有重大意义的问题进行决策。有效的管理者并不重视"解决问题"。决策者应该着眼于最高层次的观念性的认识,即正确决策的目标和内容,然后确定决策所采取的原则。德鲁克指出,有效的决策方法具有五方面的要求:第一,要明确了解问题的实质是否属于常态,以找出能够建立一种规则或原则的决策;第二,要找出解决问题所必须要满足的条件,即边界条件;第三,先弄清什么是能够充分满足问题解决的正确方案,然后考虑为使方案得以接受所需的必要妥协和让步;第四,要有保证决策得以实施的具体措施;第五,在执行决策的过程中,注意信息反馈,以检查决策的正确性和有效性。

(八)权力决策模式

权力决策模式由公共政策学的创立者拉斯韦尔(Harold Lasswell)在其代表作《决策过程》和《权力与个性》中提出来的。拉斯韦尔通过对决策与权力、决策与个性的研究,将精神分析方法和行为主义方法全面引入到政治学和行政学领域。拉斯韦尔认为,决策者一般都有追求权力的欲望,并且善于选择追求权力的机会。权力即为参与政策制定,它作为一种价值,在全部决策程序中始终起着重要的作用。拉斯韦尔的权力决策论既研究了权力的主体,即决策者和掌权者,也研究了权力的运用过程,即决策制定过程。这两方面的研究都具有开拓性,对当代西方行政决策理论以及政治学研究产生了深远的影响。

(九)普通决策模式

美国行政学家安德森(J. E. Anderson)于1979年出版的《公共决策》一书,对行政决策问题进行了系统的分析,并提出这一决策模式。根据他的分析,行政决策过程也就是公共政策的制定过程,而行政决策者的主要任务是制定以行政法规为核心的公共政策。安德森认为，行政决策的主要内容是关于制定法令、发布行政命令、颁布行政法规以及对法律做出解释的决定。他把行政决策者的公共决策或政策制定与行政人员在执行政策过程中所作的决定区别开来。他称后者为"普通决策"，这种普通决策在日常行政事务中为数众多。

（十）渐进性创新模式

渐进性创新模式是以邓小平为代表的中国共产党人创造性地提出的。这是我国自改革开放以来，根据国际形势变化的新趋势，针对中国革命的新任务，通过将马列主义的基本原理与中国社会实际相结合而创立的。这一模式是在循序渐进中，不断总结、不断修正、不断完善形成的。渐进性创新模式有这样的几个特点：一是注意摸索、大胆创新。改革开放后，我党打破了照搬某一模式、套用某一经验的旧框框，不断解放思想，勇于创新、实践，做出了一系列与新情况相适应的行政决策。二是由浅入深、循序渐进。改革开放面临的问题很复杂，困难很多。因此，我们不可能在短期内建立一套新的管理体制。所以我们遵循邓小平的教导，方向明、胆子大、步子稳，逐步完善和规范我国的行政决策体制。从农村经济体制改革到沿海开放再到西部开发，无一不是这一决策模式的必然结果。三是由点到面，协调发展。抓典型是我党长期实践中总结出来的一条重要经验。改革开放后的渐进性创新的行政决策模式，充分地运用了这条经验，每一次重大的行政决策都要进行试点，先在点上取得经验，再由点推广到面，从而保证决策的稳定与协调。

第三节　现代行政决策体制

行政决策体制是指承担行政决策的机构和人员所形成的组织体系和相应的制度，它是行政体制的重要组成部分。现代行政决策体制是指以行政决策系统为中枢的，由信息系统、咨询系统、决策系统、执行系统和监督系统组成的协调有序和相互作用的科学决策体制，而完善现代行政决策体制则是实现决策科学化、民主化的制度保证。

一、现代行政决策体制的特点

现代行政决策体制的特点主要体现在以下几个方面。

（一）分工性

现代行政决策体制呈现出横向分工的趋势，表现为决策中"多谋"与"善断"的相对分工、决策的制定与执行的相对分工。现代行政决策体制中的咨询系统，其基本任务就是为决策系统当参谋，发挥其"多谋"的作用，以利于决策系统在"多谋"的基础上进行"善断"。事实表明，横向分工，"谋"与"断"的相分离是实现科学决策的重要保证。

（二）整体性

现代行政决策体制是一个高度分工与高度综合相结合的有机整体。从横向看，信息系统、咨询系统、决策系统、执行系统和监督系统相对独立、各司其职、各负其责，但又相互制约、相互配合。从纵向看，自上而下的高层、中层、基层决策系统层层相连、层层相通，形成一个层次分明、结构合理、功能齐全的完整的决策体系。

（三）科学性

现代行政决策的复杂性，决定了现代行政决策体制必须拥有一定的现代化技术设备和高素质、高技能的人员，必须掌握先进的科学技术和科学手段，必须严格按照科学的决策程序进行决策。所有这些，构成了现代行政决策体制科学性的特点。

二、现代行政决策体制的作用

现代行政决策体制在行政决策中所起的作用主要表现在以下几个方面。

（一）现代行政决策体制是行政决策科学化的前提

在现代社会中，行政决策所要解决的问题具有对象的广泛性、问题的复杂性和影响的深远性等特点，这就决定了光凭决策者个人的经验和水平，难以揭示决策对象的客观规律和把握其发展变化趋势，因此，无法做出科学的决策。而在现代行政决策体制中，信息系统、咨询系统、决策系统、执行系统和监督系统既相互联系、分工合作，又相互独立、互不干扰，各自为行政决策的制定与执行发挥着应有的积极作用。实践证明，现代行政决策水平的高低，并不取决于决策者自己拿所有的主意，而取决于善于发挥信息和咨询的作用，在咨询系统提供各种可行性方案后，决策者经过综合评价，选择出满意的方案，并在将决策方案交由执行系统后，不断地听取监督系统反馈回来的信息，以便修正与完善决策。在现代社会中，没有完善的现代行政决策体制，决策的科学化就只能是一句空话。

（二）现代行政决策体制是行政决策民主化的条件

现代行政决策体制是一种发扬民主、广开言路、集思广益和善于综合社会群体智能参与决策的制度。现代行政决策体制对于行政决策民主化的实现，起着十分重要的保证和支持作用。首先，现代行政决策体制是按照谋断分离的原则建立起来的。现代行政决策主体是一个由不同的知识结构组成的，可以互相补充、启迪和丰富知识的综合体。因此，它有利于充分发挥集体智慧，用众人的"群体效应"来弥补决策者个人智慧、经验和精力的不足，使行政决策奠定在民主的基础之上。其次，现代行政决策体制是建立在法制基础之上的。民主和法制从来就是不可分割的统一体，民主是法制的基础，法制是保障民主实现的手段。现代行政决策体制明确规定了各系统的职能和责任及其相互关系，规定了进行决策的基本程序，并规定了对决策方案必须实行严格的集体表决制度，从而从法律上否定了个人专断的决策方式，避免了决策者个人凭主观意志决定重大问题的现象发生，保障了决策民主化的实现。

（三）现代行政决策体制有利于行政决策高效化的实现

现代行政决策体制有助于充分利用现代科学技术方法和手段，为行政决策高效化的实现创造了积极的条件。事实表明，现代行政决策体制是运用现代科学技术方法和手段的良好组织形式。以"软技术"和"硬技术"为主要内容的现代科学技术方法和手段在现代行政决策体制中广泛运用的结果，必然是行政决策效率和效益的提高。

三、现代行政决策体制的构成

现代行政决策体制主要由信息系统、咨询系统、决策系统、执行系统和监督系统等构成。

(一)信息系统

信息系统是现代行政决策体制的神经系统,它主要由信息收集、处理、存贮、传递等机构和人员组成。信息系统的基本任务是为咨询系统、决策系统提供全面可靠的信息资料,为行政决策的制定和实施提供全面准确的信息服务。在现代社会,信息瞬间万变,知识不断更新,正确的行政决策往往取决于及时、全面和准确的信息。因此,各级政府应建立、健全包括各种情报所、信息中心、图书资料室、档案局、机要局、统计局、信访局等部门在内的信息网络,以保证信息来源广泛,信息渠道畅通。

(二)咨询系统

咨询系统也称智囊系统,是现代行政决策体制的智囊团、智力库。咨询系统由各类专职或兼职的决策研究机构及其人员组成。其基本任务是专门为决策系统提供各种咨询方案和决策方案。咨询系统以信息系统提供的大量信息为依据,通过集中和开发自然科学、社会科学等各个领域专家的智慧,运用各种现代化的科学技术方法与手段为决策系统提供科学预测,拟订各种可行性方案;论证、评估各种方案,做出取舍意见和建议等,以辅助决策系统决策。充分发挥智囊团的作用,使其作为决策者的"外脑",作为决策者智力的扩大和延伸,是现代行政决策的一个重要条件。随着社会的发展,咨询系统在现代行政决策体制中的作用也显得越来越重要。

(三)决策系统

决策系统是现代行政决策体制的核心,现代行政决策体制的其他系统都是在决策系统的领导下活动并为它服务的。决策系统由拥有决策权的机构和人员组成,其基本任务是:为信息系统指明信息收集的方向;为咨询系统提供拟订备选方案的目标;依据信息系统提供的信息及咨询系统提供的备选方案和评估、论证意见、建议,进行反复的分析、比较,权衡利弊得失,选出或综合出满意的方案;给执行系统下达实施决策的指令,并提供价值标准;为监督系统规定监督反馈的目的,并根据监督系统提供的各种反馈信息,及时地修正、完善决策。决策系统在现代行政决策体制中的核心地位,决定了该系统的人员必须要具备较高的素质。如果说,咨询系统的主要任务是"多谋",那么,决策系统最重要的任务就是"善断",真可谓成败在此一举。

(四)执行系统

执行系统由按照决策系统的指令、负责指挥实施决策方案的各职能机构及其人员组成,其基本任务是:忠实地执行、贯彻决策方案,并在充分理解决策方案实质的基础上,依据本地区、本部门的实际情况,创造性地执行决策方案。执行系统是通过计划、组织、指挥和协调等方式,使决策方案付诸实施并达到预期的结果。

(五)监督系统

监督系统也称控制系统,由对行政决策制定和实施进行全面监督的组织机构及其人员组成,其基本任务是:了解和确定决策系统做出的决策是否符合行政管理的客观规律,是否符合国家的法律和党的路线、方针、政策;了解和检查执行系统是否具备了执行决策的条件、手段和能力，执行决策的结果是否偏离或违背决策的目标，偏离或违背的原因是什么；了解和审查信息系统与咨询系统所提供的信息和备选方案是否真实、客观、可靠等。监督系统在现代行政决策体制中起着保证决策目标实现的作用。对行政决策的制定和实施实行全面的监督，能及时地发现各种偏差和失误，以便于及时采取措施加以控制和纠正，防止事态的扩大。它既能防患于未然，又能使已经发生的偏差与失误得到有效的控制和纠正，从而为行政决策的科学化和决策的顺利实施提供重要的保障。现代行政决策体制中的五个系统合理分割、各司其职、相互独立、相互联系、相互制约，共同构成一个功能齐全、完整统一的决策体制，在行政决策中发挥着越来越重要的整体效应。

宁夏出台重大行政决策规定提高决策质效

1月4日，记者从自治区政府办公厅获悉，为了健全科学、民主、依法决策机制，规范重大行政决策程序，提高决策质量和效率，明确决策责任，根据国务院《重大行政决策程序暂行条例》(以下简称《暂行条例》)制定的《宁夏回族自治区重大行政决策规定》(以下简称《规定》)已予以公布，并将于3月1日起正式实施。

根据《规定》，县级以上人民政府(以下称决策机关)重大行政决策的作出和调整程序，应当遵循《暂行条例》和本规定。县级以上人民政府部门、乡镇人民政府(街道办事处)和法律、法规授权的具有管理公共事务职能的组织重大行政决策的作出和调整程序，参照《暂行条例》和本规定执行。《规定》所称重大行政决策事项(以下简称决策事项)包括：制定有关公共服务、市场监管、社会管理、环境保护等方面的重大公共政策和措施；制定经济和社会发展等方面的重要规划；制定开发利用、保护重要自然资源和文化资源的重大公共政策和措施；决定在本行政区域实施的重大公共建设项目；决定对经济社会发展有重大影响、涉及重大公共利益或者社会公众切身利益的其他重大事项。

根据《规定》，决策事项直接涉及公民、法人、其他组织切身利益或者存在较大分歧，需要召开听证会的，依照《暂行条例》和《宁夏回族自治区行政听证程序规定》执行。涉及文化教育、医疗卫生、资源开发、生态环境保护、公用事业、公共安全等方面的决策事项，决策承办单位可以进行民意调查。对社会关注度高的决策事项，决策承办单位应当公开相关信息、进行解释说明，及时反馈公众意见、建议、采纳情况和理由。对专业性、技术性较强的决策事项，以及对决策事项涉及的人财物投入、资源消耗、环境影响等成本和经济、社会、环境效益进行分析预测，决策承办单位应当组织专家、专业机构论证其必要性、可行性、科学性等，并提供决策事项背景信息(材料)和人财物等方面的保障。

《规定》要求，重大行政决策的实施可能对社会稳定、公共安全等方面造成不利影响的，决策承办单位或者负责风险评估工作的其他单位应当组织评估决策草案的风险可控性。决策承办单位应当对决策事项进行社会稳定风险因素分析预判，认为存在社会稳定风险因素的，在公开征求社会公众意见建议前，应当采取必要的处理措施，避免引发社会矛盾和负面舆情。决策执行单位发现重大行政决策存在问题、客观情况发生重大变化，或者决策执行中发生不可抗力等严重影响决策目标实现的，应当及时会同有关单位进行调查研究，提出解决或者建议方案，向决策机关报告。公民、法人或者其他组织认为重大行政决策及其实施存在问题的，可以通过信件、电话、电子邮件等方式向决策机关或者决策执行单位提出意见建议。决策机关办公厅（室）或者决策执行单位应当会同有关单位，认真研究前款规定的相关意见建议，提出解决方案，报决策机关决定，并书面反馈意见建议提出人。（记者 周一青）

资料来源：宁夏日报.宁夏出台重大行政决策规定提高决策质效.http：//www.gov.cn/xinwen/2021-01/08/content_5577944.htm，2021-01-08.

思考题：
1. 根据行政决策的层次划分来看，该《规定》是属于哪一种类？
2. 结合案例，谈一谈你认为行政决策目标的确定有哪些具体要求？

复习思考题

1. 行政决策、行政决策体制的含义分别是什么？
2. 行政决策可以分成哪些类型？
3. 行政决策具有怎样的地位和作用？
4. 现代行政决策体制有哪些组成部分？
5. 行政决策应当遵循哪些基本的决策程序？
6. 行政决策的基本模式有哪些？
7. 行政决策的一般过程包含哪些环节？
8. 结合具体现实，简要说明行政决策的地位和作用有哪些内容？

行政执行

【学习目标】
* 了解行政执行的含义、特征与分类,掌握行政执行的基本原则与手段。
* 理解行政执行的主要环节,掌握行政沟通的机制与分类。
* 掌握行政执行的过程,以及各个过程中的重点环节。
* 理解影响行政执行的因素,掌握克服行政执行障碍的对策。

儒家"贵和"思想是儒家文化中一个非常重要的思想,也是我国传统行政文化的主要内容之一。"贵和"思想中的精髓是"和不弃争",出发点就是"和",或者说首先强调的是"和"。"和不弃争"的归宿也是"和",即最终要达到的目标也是"和"。《论语·学而》中最早出现"礼之用,和为贵,先王之道斯为美,小大由之"的说法,孔子提出"君子和而不同,小人同而不和"。这种典型的"和而不同"的思想意为君子同周围的事物要保持和谐共容的关系,并且在处理社会关系中要保持自己思维的独立性。"和而不同"也是儒家"贵和"处世观的深化。当今社会经济、政治、文化环境的日新月异,对我国地方政府的高效科学行政提出了新的要求。在地方政府执行过程中,应当充分运用"和而不同"的思想,积极推动广大群众和地方政府共同参与行政执行,从而确保执行的可行性、现实性和有效性,这不仅降低了执行成本,而且也可以有效避免执行过程中的失误。通过"和而不同"思想在行政执行中的科学运用,有助于提升行政组织的行政效能,确保行政执行过程中的科学性、合理性。

第一节 行政执行概述

行政执行是行政权力的集中体现,是国家行政机关最根本的职能,贯穿于全部行政管理活动的重要环节,各种政策、法律、法规等都是通过行政执行活动完成的,因此,行政执行是实现行政决策及管理目标最直接、最重要的行政活动。在做出科学的行政决策之后,如何有效地把行政决策付诸执行和实施,是影响制度优势有效转化为治理效能的关键因素。

一、行政执行的含义、特征与分类

（一）行政执行的含义

学术界对行政执行（administrative execution）的定义有很多，概括起来说有广义和狭义两种，其中广义的行政执行是将行政组织作为一个整体，认为行政管理就是执行国家权力机关意志的活动，即行政管理就是一系列的行政执行，如"行政执行是国家行政机关或公共组织的全部执行活动和行政活动过程的统称"。狭义的行政执行是指行政主体接受决策指令后，组织行政机关及工作人员付诸实施的过程；即为实现某种决策所做的具体工作，如"行政执行是行政机关及其工作人员实施决策中心发出的决策指令，以达到预期目标的全部活动""行政执行是行政组织采取相应的手段和措施实现行政决策的过程"等。

综合国内外学者对行政执行的众多定义，本书认为：行政执行是指行政机关和经法律授权的社会组织，为贯彻落实国家的法律法规和决策机关发出的决策指令所进行的行政管理过程。行政执行是国家行政人员的一项经常性活动，是行政管理过程的基本环节之一。具体说来，行政执行包括以下含义：首先，行政执行的主体是具有行政权力的行政机关和经法律授权的社会组织；其次，行政执行的任务是执行法律、法规、政策和决策指令；最后，行政执行是通过指挥、协调、控制和监督等手段来实现的。

（二）行政执行的特征

1. 目的性

行政执行的目的在于实施决策，因此整个执行过程中的一切行政措施和行为，都是为了按期或提前实现决策目标，除此之外，没有自己的特殊目的。任何的行政执行都存在目标导向，必须服从行政决策的目标，不得违背或偏离行政决策的目标要求，所以，行政决策是一种目的性很强的活动。同时，行政执行也是一种实施性质的活动，要采取许多必要具体的行动来落实决策目标。

2. 综合性

行政执行涉及面广，牵涉的人力、物力、财力因素较多，这就决定了在行政执行过程中必须要有各机关、各部门的紧密配合，以形成一个合力来保证行政执行活动的顺利进行。同时，行政执行是一项十分复杂的管理活动，因此，必须综合使用包括行政手段、法律手段、经济手段等在内的各种手段，才能有效地完成行政执行的任务。

3. 经常性

行政管理的过程事实上就是一个制定决策和执行决策的过程，其中行政执行是一项经常性、例行性的活动，国家行政机关及其行政人员的工作时间和精力主要放在行政执行方面。行政执行是国家行政机关及行政人员的日常大量的活动，是一项经常性的繁重工作。同时，行政执行要求因地制宜、因时制宜、因势制宜，而不能固守一个模式，不能简单套用他人经验，必须根据自身的具体情况灵活实施行政行为。

4. 时效性

行政执行是一项具有时限要求的活动。行政执行的每一个环节都具有明确的时间限定，它要求行政执行机关及其人员必须做到迅速、果断，在规定的时间内完成规定的动作与任务，不能拖延而影响执行效果，必须确保决策目标的实现。行政执行的时效性，要求行政执行必须做到果断、迅速、及时和高效。

5. 灵活性

行政执行必须根据当地的实际情况，因时、因地制宜地进行。在不同的主客观条件下，行政决策执行的方式、途径、方法、手段也有所不同，不可能有固定的模式或公式，这就决定了行政执行的过程是一个灵活多变的过程。在确认决策目标权威性的基础上，只有坚持从实际出发，见机行事，灵活处理，反对机械地、僵化地去执行决策，才能积极、有效地使决策得以具体地、真正地贯彻执行。那种不顾客观实际情况，在执行决策时采取千篇一律的"一刀切"的做法，只能导致决策执行的失败。

6. 强制性

行政决策一经制定，就具有法律效力，因此它具有一定的权威性和强制性。行政执行强制性的特点，表现在当上级决策下达之后，下级必须认真地贯彻执行。强制性与灵活性是相辅相成的。灵活性是在确认决策的强制性和权威性的基础上进行的；而强制性主要体现在决策方向、目标和原则上，并不意味着在执行决策的具体措施上强制采取统一的做法和手段。

（三）行政执行的分类

行政执行的分类可以从科学行政和法制行政两个不同的角度来进行。

1. 从科学行政的角度来看，根据不同的任务，行政执行可分为例行性的行政执行和特定性的行政执行

（1）例行性的行政执行是指各行政机关为完成例行性、经常性的任务所进行的行政行为。比如传达上级指示，答复下级请示，检查各种工作情况及整理各种资料信息，等等。例行性的行政执行在行政执行中是主要的、经常发生的，处于主导性的地位。

（2）特定性的行政执行是指各行政机关为执行特定的任务和计划而采取的各种行政措施。比如为加强对某方面行政事务的管理而设立的临时管理机构，为配合党和国家的中心工作，筹备、组织、指挥某项大型群众性的宣传教育、文娱体育、咨询交流活动等。同时，还包括在突发事件或非常状态下所采取的紧急措施。比如对地震、洪水、火灾、传染病等不可抗拒的天灾人祸的紧急救援、防洪抢险、扑救管治，以及在外敌侵略情况下的战争动员，对社会动乱或政变的戒严，宣布进入紧急状态，等等。

2. 从法制行政的角度来看，行政执行与行政执法是一致的，按其对行政相对人权利义务所引起的直接后果来分，可分为行政决定、行政检查、行政处置和行政强制执行等

一是行政决定。行政决定是指行政机关及其公务人员经法定程序依法对行政相对人的权利义务所做的单方面处分行为，其具体形式主要有行政许可、行政奖励、行政命令和行政处罚等。

二是行政检查。行政检查是指国家行政机关及其公务人员依法对行政相对人是否遵

守法律、法规和具体行政决定所进行的能够直接影响行政相对人的权利义务的检查、了解行为。

三是行政处置又称即时强制。这是指国家行政机关及其公务人员在国家安全受到威胁、社会公共利益受到危害的紧急状态下而采取特别行政命令、特别强制措施的行为,它是在紧急状态下进行行政管理的一种特殊的、必要的手段。

四是行政强制执行。行政强制执行是指特定的行政机关采取强制手段保障法律、法规和行政决定得以贯彻执行的一种执法行为。

二、行政执行的作用与地位

行政管理的目标和任务归根结底是通过行政执行活动来完成的,因此,行政执行效果的好坏,直接影响着行政管理活动的质量与效率。行政执行的地位和作用主要表现在以下几个方面。

(一)行政执行是实现行政决策的唯一途径

行政决策是行政执行的依据,行政执行是行政决策的具体落实。离开了行政执行,再好再完善的行政决策都只能是一纸空文,毫无价值和意义。要把决策目标和方案变成现实,除了行政执行之外,别无选择。因此,行政执行是实现行政决策的唯一途径。

(二)行政执行是检验行政决策是否科学的唯一标准

马克思主义认为,实践是检验真理的唯一标准。行政决策作为人们主观认识客观的过程,其能否准确地、科学地反映客观实际,能否代表和体现国家的意志,最终只能通过而且必须通过实践来检验,而行政执行正是行政管理的实践活动。只有通过行政执行及其结果,我们才能及时地验证和修正决策。

(三)行政执行是衡量行政组织和公务人员工作优劣的最好尺度

一个行政组织及其公务人员能否胜任本职工作,能否圆满地完成工作任务,主要是看其行政执行的效果。行政组织机构设置是否合理,行政工作人员的素质是否优良,各项工作制度是否健全,运用的技术方法是否得当,行政监督系统是否有力,都可以从行政执行的实际效果中反映出来。凡是行政组织机构设置合理、行政工作人员素质优良、各项工作制度健全、运用的技术方法得当、行政监督系统有力的行政机关和个人,必定能准确地把握决策的内容和实质所在,迅速地动员和组织人力、物力、财力去实施决策,并善于根据本地区、本部门的情况,及时地调整实施决策的措施,以保证决策目标能按时、按质、按量地完成。因此,行政执行的实际效果是衡量行政组织和公务人员工作优劣的最好尺度。

三、行政执行的任务与基本原则

(一)行政执行的任务

行政执行的任务是:贯彻国家的政策、法律、法令和上级指示、决定、决议等,有效地实现国家和政府的决策目标。为了保障行政执行任务的圆满完成,各级政府和政府的各个部门应采取从上而下一级抓一级的做法,层层落实,确实把行政工作任务落到实处。

（二）行政执行的基本原则

为了完成行政执行的任务，保证行政执行的效果，行政执行必须严格遵循以下基本原则。

1. 服务原则

服务原则要求行政执行活动必须确立为促进经济发展服务、为巩固国家政权服务、为人民服务的观念。常言道：管理就是服务。在行政执行过程中，一方面，要努力做到公开、公正、方便、周到，满腔热情地为老百姓办实事、办好事，坚持以人民满意不满意、人民高兴不高兴、人民赞成不赞成、人民拥护不拥护为衡量行政执行工作好坏的唯一标准。另一方面，在行政执行的过程中，必须不折不扣地服务于和服从于法律、决策、政策，因为，我国是社会主义国家，法律、决策和政策是人民意志的集中表现，贯彻执行法律、决策和政策，是符合广大人民的根本利益的。

2. 规范化原则

依法行政是行政管理活动的基本要求，行政执行活动应遵循一定的行为规则。行政执行的规范化集中表现为行政执行活动的制度化和法律化。所谓制度化，是指完成行政执行任务必须要按照规程或行为准则办事；所谓法律化，是指以法律的形式规定执行机构及其权限，规定各种权能行使的人、财、物等条件，以法律的手段来解决行政执行过程中可能出现的各种问题，做到有法可依、有法必依、执法必严、违法必究。

3. 程序化原则

行政执行活动不仅要合法，而且必须严格按程序办事。行政执行程序是指由行政执行行为的方式和步骤构成的执行活动过程。这要求行政机关及其工作人员为实现决策目标、完成任务，必须根据周密的执行计划和步骤，分轻重缓急，按先后顺序，有条不紊地做好工作，以取得预期的行政执行效果。

4. 效率与效益相统一

行政执行具有时效性的特点，有严格的时限要求，因而，行政执行活动要坚决有力，做到及时、快速、果断。如果在行政执行中犹豫不决、推诿拖拉，就会错过时机、贻误工作，给党和国家造成难以弥补的损失。因此，在行政执行的过程中，我们要求以最快的速度，在最短的时间内圆满地完成行政决策目标，保证行政执行的高效率。

在追求行政高效率的同时，还要注重行政效益。行政效益是对行政结果的质量规定，主要是看它对社会有益影响的大小，给社会带来福利的多少。行政执行只有在保证工作质量，达到预期效果的前提下，才能越快越好。不讲质量和效果的高速度是不可取的。

只有把效率和效益统一起来，既有高效率又有高效益，才是好的政策执行。这就要确定效率和效益在完成政策目标的要求中各占有多大的权重，越接近这个权重要求的效率和效益就越理想。当然，这个权重是因政策项目的不同而千差万别的，因而要具体情况具体分析。

四、行政执行的前提与手段

（一）行政执行的前提

行政执行的前提是指行政决策目标实施前必备的主客观条件，主要包括以下几点。

1. 行政决策合法合理

行政决策合法合理是行政执行的首要前提。行政执行是根据决策目标规定的各项工作要求，采取有效措施而开展的行政行为，这就要求行政决策目标和程序必须是合法合理的。决策目标和程序一旦发生失误，行政执行越坚决，所造成的损失就越大。

首先，决策的制定必须严格以国家的法律、法规、政策为依据，必须符合国家经济和社会发展规划的要求。其次，决策必须由具有行政权的组织和个人，在法律规定的权限范围内进行，做到既不越权，也不滥用职权。同时，必须严格遵循决策程序进行决策，任何违反决策程序的决策都是违法的，也是不科学的。最后，决策必须符合事物发展的客观规律。合理的"理"，强调的是按事物发展的客观规律办事。只有符合事物发展的客观规律的决策才是科学的决策。

2. 行政执行的物质条件充足

任何行政执行都必须以一定的物质为前提，没有物质条件，所有的行政执行都将无从谈起。行政执行的物质条件主要包括物力、财力两个方面：行政执行过程中所需的各种物质资料，如各种设备和办公用品必须具备；行政执行所需的资金已经落实。

3. 行政执行的组织条件完备

行政执行的组织条件是指保证行政执行顺利开展的各种组织措施，如机构的建立、人员的配备、权限的划分、制度的健全、有效的指挥、思想的发动等。在行政执行过程中，建立起精简、统一、效能的组织结构，防止机构臃肿重叠；配备精干、优秀的行政人员，为行政执行正确、高效进行提供重要的人才条件；科学合理地划分行政权限，实现职、责、权、利的统一，有效地克服人浮于事、互相推诿现象的发生；健全各种工作制度，以保证执行行为的规范化；在统一指挥、统一意志的基础上，协调各种关系，以形成一种相互支持的合力；发挥思想政治工作的优势，充分调动人的积极性、主动性和创造性，这些都是行政执行所必需的组织条件。行政执行的组织条件为行政执行提供了组织上的保证。

(二) 行政执行的手段与方式

行政执行的手段是行政管理手段在执行过程中的实际运用方式。行政执行的每一个环节都离不开一定的行政手段，行政手段运用得正确与否，直接影响着行政效果的好坏。行政执行活动的多样性，决定了行政手段的多样性。根据性质、作用和特点的不同，行政执行手段主要有行政、经济、法律和思想教育等手段，各类手段分别以不同的方式发挥其执行功能。

1. 行政手段

(1) 行政手段的含义

行政手段又称行政指令性手段，是指依靠行政组织的权威，凭借行政权力，按照从上而下的行政隶属关系，向下级层层发指令，以控制和左右被管理者、影响管理对象的措施和方法。行政手段具有控制、制约、调整、协调社会各地区、各部门行政管理方向，保证行政执行集中统一地实现管理目标的功能。

(2) 行政手段的特点

一是权威性。行政手段是以国家权力为基础的，它强调下级服从上级的权威性。行政手段要求下级机关必须严格按照上级领导的意图和指令办事,以此来保证国家的各项方针、政策准确无误地、坚决有力地得到贯彻执行。行政手段的权威性与权力的大小成正比关系,即权力越大,它的权威性一般越强。

二是强制性。由于行政手段的性质是指令性的,它要求令行禁止,因此具有强制性。行政手段的强制性主要表现为行政组织体系在思想上、纪律上的统一意志、统一行动,下级及管理对象对行政主体发出的命令、规定、条例必须无条件地执行。当然,行政手段的强制性与法律的强制性相比,无论是力度还是作用范围都要小一些,它都允许在特别情况下采取灵活的行动。

三是垂直性。行政手段往往是通过行政指令的传达影响、左右下级,而这种传达是按行政系统的层级纵向垂直传达的。上级只能按隶属关系对自己的下级下指令,下级也只能按隶属关系服从自己的上级。因此,行政手段只能以垂直方向对下级使用,不能横向使用。

四是无偿性。行政手段的运用一般不考虑上下级之间利益的平衡及等价交换,只以强制性要求下级绝对服从上级的指令。

(3)行政手段的方式和作用及其局限性

行政手段的方式是多种多样的,它可以表现为:在经济管理方面对企业的直接管理形式;在国际市场发生变动时,对汇率和外汇额度的强力控制形式;在国内出现通货膨胀时,对物价、利率和工资的冻结形式;在天灾人祸降临时,所采取的炸坝泄洪等形式;在国家面临战争或骚乱时,实行的颁布戒严令等形式。行政手段是行政执行中的重要手段之一,它的运用能够使国家的政策法律和上级的意图迅速地向下贯彻,有利于行政管理活动的集中统一。事实表明,行政管理面广事杂,与之相适应的行政管理系统必然是多层次、多环节的。如果没有集中的统一意志、统一指挥和统一行动,一盘散沙,各自为政,是不可能完成行政任务、实现行政目标的。行政手段的运用正是通过在行政管理系统的层层直接控制来达到统一意志、统一指挥和统一行动的目的的。

另外,行政手段的运用还能使上级针对下级的工作情况,及时、灵活地发出各种指令,从而使行政管理中出现的新情况、新问题得到及时处理,尤其是对一些突发事件的处理,更显示出行政手段的快捷、强制的优点。

但是,行政手段是有其局限性的。行政手段的局限性主要在于缺乏平等、协商的民主精神,它以强制性的指令命令下级的结果,必定使下级处于被动的状态,使下级的积极性和主动性受到压抑,过分地依赖上级。同时,行政手段也容易导致个人专断、家长制、一言堂等不良作风的蔓延。由于行政手段是以垂直方向传达的,因此在指示、命令的下行传达过程中很容易忽略横向的协调,形成条块之间的矛盾,造成条块分割,反过来制约系统的高度统一。

2. 经济手段

(1)经济手段的含义

经济手段是指行政机关根据客观经济规律和物质利益原则,运用经济杠杆来调节政策执行过程中的各种不同经济利益之间的关系,以促进行政执行顺利实施的方法。所谓经济杠杆,是指以价格、利润、税收、信贷、工资、奖金等经济范畴为支点,把某个单位或个人的物质利益与其劳动成果联系起来而形成的调节工具,运用这一工具可以挖掘人的潜能,激发人的积极性和主动性。

（2）经济手段的特点

一是利益性。经济手段的核心是物质利益，它以物质利益为基础，将人们对物质利益的要求转化为动力，强调组织和个人的物质利益与其劳动成果相联系，强调获得物质利益的多寡取决于劳动成果的大小和劳动效率的高低。经济手段的利益性特点集中表现为商品交换中的等价交换和以质论价、工资收入上的按劳分配、奖金分配上的奖勤罚懒。

二是有偿性。经济手段要求人们获取经济利益要以劳动的付出为代价，而经济利益的获得又是社会或国家通过管理者对人们付出劳动所做的补偿。因此，经济手段在运用上，无论是对管理者还是对被管理者来说，都是有偿的，都遵循"有价交换、互相计价"规则。运用经济手段的目标之一，是兼顾国家、集体、个人三者的利益，在保证国家利益和集体利益的前提下，重视满足人们正当的、合法的利益。

三是平等性。经济手段承认各社会组织之间和公民个人之间获得经济利益的权利是平等的，它鼓励各社会组织之间、公民个人之间在权利平等的基础上，就如何通过有效的劳动或工作去获得更多物质利益开展竞争。它不承认不劳而获的特权。运用经济手段对社会财富进行分配只有一个尺度，就是价值尺度，经济杠杆对情况相同的社会组织和个人具有相同的调节作用。

四是间接性。经济手段与行政手段不同，它对组织和个人行为的调节与影响，并不采取直接干预的方法，而是通过对物质利益的调节来间接发生影响，靠物质利益的变化来支配组织和个人的行为。组织和个人在物质利益的驱动下采取怎样的行动、何时行动，行政机关是无法左右的，完全由组织和个人自己决定。

（3）经济手段的方式和作用及其局限性

经济手段的方式主要表现为制订经济计划、财政政策、货币政策、产业政策、区域政策、收入分配政策等。由于经济手段是以经济杠杆为工具、以物质利益为核心的管理，行政机关向被管理者定期或不定期地发出经济信息，使被管理者接受并据此调整自己的行为，因此，决定了经济手段具有收效快和充分发挥被管理者的自主性，使其产生内在推动力等优点。但是，经济手段作用的范围仅集中在经济行政管理方面或与经济有连带关系的方面，对于行政管理其他方面的作用有限。同时，经济手段是强调以物质利益为核心的，如果运用不当容易对意识形态和政治领域产生副作用。比如容易诱发"一切向钱看"的思想倾向，使一些人置工作于不顾而为蝇头小利向集体和国家讨价还价，甚至为了个人或小团体利益而牺牲国家利益等。严重的还有可能引起经济生活的混乱，助长非法经济活动的蔓延，给犯罪分子以可乘之机。

3. 法律手段

（1）法律手段的含义

法律手段是行政主体以行政立法、行政执法、行政司法的方式履行行政职能、实现行政决策目标的行政执行方法。或者说是行政主体以法律为武器，根据法律活动的规律、程序和特点实施行政管理的方法。在依法行政的今天，法律手段日益成为行政执行的主要方式之一。法律手段的实质是通过法律法规的执行实施，把统治阶级的意志转化为社会公众的普遍行动，用法律法规去调整各种社会关系，调整人们的社会行为，使各种社会关系朝着有利于国家社会经济进步、有利于行政目标实现的方向发展,使社会公众的行为对社会进步与稳定起积极的作用。行政管理是法制管理,法律手段是行政法制的基本内容之一,是行政法制建设的必然要求。

(2) 法律手段的特点

一是权威性。法律手段是以法律法规为管理手段或工具的,法律作为统治阶级意志的集中表现,通过法定程序上升为国家意志,因而,比行政手段更具权威性。这种权威性是普遍的权威性,无论是国家机关、政党组织,还是社会团体、群众组织,直至公民个人,都必须服从这个权威。对整个国家来说,法律的权威性甚至比执政党决议的权威性更广泛。

二是强制性。运用法律手段实施行政管理,是行政机关的行政立法行为和行政执法行为,这种行为以国家强制力为后盾。也就是说,运用法律手段实施行政管理,任何组织和个人都必须接受。凡不遵守或违反法律法规的行为,都将受到法律的严厉制裁。运用法律手段实施行政管理,实质就是运用法律法规的强制性力量,去规范人们的行为,支配人们的行动。

三是规范性。所谓规范性,是指它对一般人普遍适用,对其效力范围内的所有组织和个人具有同等的约束力。同时,法律法规作为评价人们行为的共同标准,其用语必须是十分规范的,不允许出现模棱两可、含混不清,不能发生歧义。不同层次的法律法规不得互相冲突,坚持法规服从法律、法律服从宪法的原则。

四是稳定性。所谓稳定性,是指法律、行政法规一经国家立法机关、行政机关颁布,就将在一定范围和一定时期内生效,具有相对的稳定性,任何机关、团体和个人都不能擅自修改和废除,也不因领导人的改变而改变,不因领导人看法和注意力的改变而改变。

(3) 法律手段的方式和作用及其局限性

法律手段的主要方式有行政决定、行政检查、行政强制执行和行政处置等。法律手段在行政管理中发挥着越来越重要的作用。一方面,它能够为行政管理活动提供规范和程序,使行政管理各环节、各部门都明确各自的职责、行动规范和工作程序,从而保证了行政管理的集中统一,保持了行政管理的连续性和稳定性,提高了行政效率。另一方面,法律手段的运用不仅能增强行政主体和行政相对人守法和用法的法律意识,还能加强对行政管理对象的制约和控制,使行政管理对象按法律法规采取行动或不采取行动,自我抑制不合法的社会行为,保证社会生活的有序性和条理性,促进社会和谐发展。

然而,法律手段也有其局限性,比如对某些行政管理问题的处理缺乏弹性,对一些带有特殊性的具体问题难以做出灵活的处理决定。法律手段往往只规范人们可以做什么、不能做什么,而无法提供为什么可以做或不可以做的理由与根据。因此,它所强调的是必须遵守的强制性、权威性,而不重视为什么要遵守的主动性和自觉性。

4. 思想教育手段

(1) 思想教育手段的含义

思想教育手段是指依靠宣传、说服、沟通、精神鼓励等,激励人们的积极性,实现行政目标的方法。这是行政管理最经常、最广泛使用的一种手段。其方式包括启发教育、说服劝告、建议协商、树立典范等。思想教育手段的正确运用,能够与行政手段、经济手段和法律手段相互配合、相互促进,共同推动行政执行工作的顺利开展。

思想教育手段是以辩证唯物主义的基本原理为根据,在承认真理的可知性、人的可塑性和主观能动性的前提下，把行为科学、管理心理学等有关知识结合起来，通过思想教育改变人的思想、观念，达到启发和提高被管理者的觉悟、促进其奋发向上的目的。思想教育手段作为一种以人为中心的人本主义的管理方法，它的本质是运用非强制性的手段，诱导行政主体或被管理者自觉自愿地去贯彻执行行政决策，以充分调动人的积极性，发挥人的潜能。

（2）思想教育手段的特点

一是渗透性。由于思想教育手段不是通过行政命令和法律规范等强制力去左右人们的行动，更不是以外在的暴力去钳制人们的行为，因此，其特点就在于通过耐心细致的思想教育，摆事实、讲道理，使管理者的意图、要求和行政管理的原则渗透到被管理者的思想中，再通过被管理者的思想支配其行动。思想教育手段的关键是使被管理者接受教育、明白道理，明白为什么要这样做，懂得应当做什么和怎样做。

二是应变性。思想教育手段的运用并没有固定的模式，也没有固定的程序，管理者可以根据不同的时间、地点和不同的对象、事件，随机应变地采取不同的思想教育方式。只有这样，才能收到积极的效果。

三是多样性。思想教育手段的方式是多种多样的，既有以正面灌输为主的说理、又有侧面启发式的提醒；既有热情的鼓励，又有严肃的告诫；既有公开的表扬，又有婉转的批评；既有整体的教育，又有个别的谈心。总之，思想教育手段具有丰富多彩的内容和生动活泼的形式，适应了行政管理内容的庞杂和被管理者素质参差不齐的需要。

四是潜缓性。思想教育手段是通过影响、改变人们的思想去支配人的行为，因此，它只能是通过春风化雨润物无声的方式潜移默化地发挥作用。认为通过一两次的思想教育就能收到立竿见影的效果的想法，是不切合实际的幻想。

（3）思想教育手段的方式和作用及其局限性

常见的思想教育手段有制造舆论、说服教育、协商对话、奖功罚过等。思想教育手段通过循循善诱的方式，促使人们正确地进行行政执行行为，不仅可以节省大量的人力、物力，而且更重要的是这种行为是出自心悦诚服的自觉自愿，所以能够持久而牢固。目前，各国行政执行的发展趋势是越来越重视运用思想教育手段，尽量减少强制命令。

但是，思想教育手段也不是万能的，它对行政管理的作用是间接的、缓慢的，它仅限于解决人们的观念和认识问题，属于软管理的范畴。同时，思想教育对于那些拒不接受教育或素质低下、自觉性不强、自控能力差的少数人，所收到的效果就微乎其微。因此，必须要有严格的纪律和规章制度与其相配合。

第二节 行政执行的主要环节

不同地方不同层级的行政执行的要求、方法等是不一样的，但有几个主要的工作环节是不可少的，那就是行政指挥、行政控制、行政沟通和行政协调。

一、行政指挥

（一）行政指挥的含义与作用

行政指挥是指行政领导者按照既定的目标，发令、指导、调度和协调下属实施行政管理活动的过程。它是行政执行的重要环节之一，是领导作用在行政执行过程中的直接体现。

行政指挥的作用主要体现在五个方面。第一，行政指挥是保证行政执行活动协调一致的重要手段；第二，行政指挥是高效地贯彻执行行政决策的根本保证；第三，行政指挥是高质量地达成行政决策目标的首要基础；第四，行政指挥是保证各种行政资源得以充分利用的必要条件；第五，行政指挥是衡量行政领导者的政策水平和组织领导能力的重要标准。

（二）行政指挥的原则

行政指挥需要遵守统一指挥、合理授权、指挥得当和权变指挥的原则。

1. 统一指挥原则

行政指挥的目的是达到统一。只有统一而有权威的指挥，才能使行政组织的功能得到更好的发挥，使行政机构更加灵活运转，上下同心，左右协力，保证行政决策目标的顺利完成。

2. 合理授权原则

指挥者应该根据执行工作的需要，适当向下级分配工作任务，授予其相应的权力，被授予者因而承担相应的责任。

3. 指挥得当原则

行政指挥直接关系到行政执行的效果。无论采用哪种指挥方式，都应该贯彻民主集中制的精神，体现民主、说服教育的精神，表现出示范作用。

4. 权变指挥的原则

行政执行面临的情况瞬息万变，执行工作中可能出现难以预料的各种情况。做出行政指挥时必须具体情况具体分析，随时按照决策的目标要求，灵活调整执行方案，以保证执行目标的实现。

（三）行政指挥的方式

行政指挥的具体方式是多样的，经常使用的方式有口头指挥、书面指挥和会议指挥三种。

1. 口头指挥

口头指挥具有简单、明了、及时、方便的特点，是指挥者广为采用的且深受欢迎的指挥方式。随着科学的发展与管理手段的进步，口头指挥已不只局限于面对面的交谈，电话指挥也占有重要的位置。运用口头指挥还须注意语言艺术。口头指挥包含发布命令，而命令需要清楚、完整，并在下属有可能完成的范围内。

2. 书面指挥

书面指挥是利用各种行政公文形式进行行政指挥。书面指挥可以使责任明确、信息准确，并能保留较长时间，又便于核查。运用书面指挥要注意规范性和严肃性，规范性就是要按照国家行政机关公文的规范形式进行指挥，严肃性是要严格控制书面指挥的质量和数量，防止文牍主义现象。

3. 会议指挥

一般来说，会议指挥是需要多部门协调时使用的，开会的形式可以统一思想、统一要求、各部门协商一致，所以既是保证指挥统一的很有用的手段，也是一种常用的指挥方式。要有效地运用会议进行指挥，必须注意会议的类型、会议的准备、会议的组织技巧、会议效率及对会议主持人的要求等问题。运用会议进行指挥还要特别注意提高会议质量，防止会议过多、过长。口头指挥、书面指挥和会议指挥三种方式各有使用范围和优越性，行政执行中要善于运用各种不同的指挥方式。

二、行政控制

（一）行政控制的含义与作用

1. 行政控制的含义

行政控制是指行政领导者和工作人员根据计划目标的要求，对计划的执行情况进行监督、检查，及时发现和纠正计划执行中的偏差，以保证计划目标实现的过程。行政控制的依据是行政决策目标和决策标准。行政控制要求必须掌握行政执行的准确、全面的信息，必须采取果断而且适当的行政措施。所以必须确定以决策标准为标准的执行标准，对行政执行的结果进行评估，然后进行纠正偏差。行政控制与行政指挥是有区别的：行政指挥主要是通过明确目标来贯彻行政管理活动，是直接推行行政意志的过程。而行政控制主要是纠正行政活动中的偏差，使之不偏离行政决策目标，以保证决策目标的实现。

2. 行政控制的作用

行政控制存在于行政管理的各个环节、各个阶段，其作用主要表现在以下四个方面。

第一，行政控制是完成计划的重要手段。计划不可能万无一失，行政执行是一个动态过程，有些要素及其相互关系的变化事先是难以全部掌握的，一旦出现意外情况，实际工作同计划要求就可能不符，必须依靠控制，才能逐步实现计划。

第二，行政控制是行政工作方向正确的重要保障。实践证明，有些正确的决策在执行中由于缺乏必要的控制而偏离了行政决策的方向，不能做到令行禁止，因而无法实行统一指挥，致使决策没能得到很好的落实。

第三，行政控制是贯彻依法行政的重要体现。多途径、全方位、依程序是现代行政控制的必然要求。明确各个控制主体的法定权限和职责是行政管理法制化的具体体现。

第四，行政控制是保证行政目标实现的重要机制。行政控制贯穿行政管理全过程，行政控制对行政目标的实现具有保障作用。行政控制能规范约束行政行为，保证行政过程不偏离正确的轨道，能促使行政管理系统产生强大的凝聚力，最大限度地把人们的思想和行动引导到实现行政管理的共同目标上来，保证行政管理目标的一致性。

（二）行政控制的分类

根据不同的标准，行政控制可以划分为不同的种类。以控制的范围为标准，可以划分为宏观控制和微观控制；以控制的组织机构为标准，可以划分为集中控制、分散控制和分级控制；以控制的方式为标准，可以划分为直接控制和间接控制；以控制实施的时间为标准，可以划分为事前控制、事中控制和事后控制。本书采用控制实施的时间为标准的划分方式。

1. 事前控制

事前控制是指在计划实施的准备阶段就加以控制，其目的是防患于未然，将错误扼杀在萌芽之中。事前控制的中心问题是使计划所需的人力、财力、物力都合乎标准，防止在行政实施过程中所使用的各种资源在质和量上产生偏差，力图避免未被期待的事情发生，做到防患于未然。

2. 事中控制

所谓事中控制，是指在实施计划的过程中对控制对象的行为进行检查，以发现问题并及时纠正偏差的控制。现场控制是事中控制最常见的一种形式，一般都是由管理人员亲临现场，亲自进行观察、判断、检查，并督促各种操作，对下属所提出的问题做出指示。需要指出的是，现场控制并非要越俎代庖，代为管理，而是指导下属改进工作，管理者所有的控制指示都要与下属商量，并由下属去执行。

3. 事后控制

事后控制也称为反馈控制，是控制主体根据预期的目标对行政执行的实际结果进行检查、审核，对出现的问题进行补救、处理的控制。虽然这类控制对于以往行为主要起评价作用，但是它为评鉴、指导及修正将来的行为奠定了基础。

事前控制体现主动性，事中控制强调及时性，事后控制具有被动性。现代行政管理强调事前、事中、事后同时并举的全过程控制。

（三）行政控制的方法

要真正实现有效的行政控制，就必须讲究控制的方式与方法。行政控制的方法主要有工作指导、工作考核，以及报告、汇报和视察、调查等。

1. 工作指导

工作指导的方式有三种：第一种是命令，在处理紧急事件、执行纪律及需要立即行动时使用命令最为有效；第二种是要求，针对处理正常工作及新进人员工作；第三种是指示或建议，针对鼓励下属，给予其发挥自己聪明才智和创造性的机会。

2. 工作考核

工作考核是指对比工作计划与工作的实际成果，对执行者的行为做出评定，排出优劣等级。对工作成果较好的予以奖励，对成果较差的进行惩戒。通过检查，可促进被检查单位与个人改进工作，提高效率；同时通过奖惩，使工作绩效与个人的利益直接挂钩，提高其工作的积极性和主动性。

3. 报告与汇报

报告是指下级定期向上级汇报自己的工作情况，如年终鉴定、述职报告等；汇报是政府向同级人民代表大会作政府工作报告，人民代表大会听取、审议政府的报告并对是否同意政府的工作做出决议。

4. 视察与调查

行政领导或特派员对一些专项工作深入具体执行机构进行详细的检查；纪检监察部门对专门事项进行专项调查，如监察部门的专项执法检查，这项工作一般要定期开展；人大代表、政协委员组织的视察、调查团，是较为正规的监控制度，也是确保人民当家作主的重要形式。

三、行政沟通

(一) 行政沟通的含义与作用

行政沟通也称行政信息沟通，是指在行政管理活动中，行政体系与行政环境之间、行政内部各部门之间、行政人员之间传达思想、交流情报和信息，以谋取行政体系和谐有序运行的行为过程。行政沟通的目的是谋求行政体系在思想上的一致，实质是行政信息的传递和处理过程。

行政沟通在行政管理中起着不可低估的作用：第一，行政信息是行政决策的基础，丰富、准确而全面的信息是科学决策的前提和基础。第二，行政信息是行政沟通的脉络和纽带。从横向上讲，信息可以协调行政管理运行的各个环节，保证各行政部门的协调一致；从纵向上讲，信息可保证中央和地方、上级和下级之间的目标一致、精神一体。第三，行政信息是行政监督、控制的依据。行政管理的监督、控制过程实质上就是行政信息的反馈过程。第四，行政信息是提高行政效率的一个关键性因素。行政管理主体能准确、及时、全面、有效地收集、加工、使用信息，就能促使行政机构高速、灵活地运转，提高行政效率。

(二) 行政沟通的机制

行政沟通机制有刚性的一面，称为刚性机制；又有柔性的一面，称为柔性机制。

1. 行政沟通的刚性机制

行政沟通的刚性机制是指不以行政沟通参与者的意志为转移的、有形的、具体的制度规定，它是行政沟通必须遵循的约束规则。行政沟通的制度安排是节约沟通成本的十分重要的途径，它要求做到：理顺行政机关各部门之间的职能关系，主要是要避免各部门的职能交叉，尽可能使密切相关的职能归并到同一部门，减少部门之间不必要的沟通往来，以便于迅速做出决策、迅速采取行动；尽可能地变部门间的沟通为部门内的沟通。这是因为部门内的沟通可以经常化，做到深入细致，从而减少不必要的信息失真，同时能够有效地缩减沟通的渠道，减少行政沟通的信息失真；要将例行的工作沟通制度化，如果发现有某个问题出现频率较高，那么就应当考虑将这种沟通过程固定化为制度。

2. 行政沟通的柔性机制

行政沟通的柔性机制与刚性机制相对应，是指在行政沟通中具有较大可变性的约束因素，这些因素具有可塑造、可改变的特性，它包括语言机制和心理机制。

(1) 语言机制

行政沟通依赖于大量的公文往来，这就要求行政沟通需要有一套规范化的、易被大家接受和掌握的信息表达语言系统，如公文的固定格式、规范用语及特定语言包含的特定行政意义。只有行政系统内外的信息沟通参与者掌握这些约定的机制，沟通才能准确迅速地进行，否则容易造成误解和偏差。因此，要强化对工作人员公文写作等方面的指导与培训。

(2) 心理机制

沟通的实质是人的活动通过信息符号传递和延伸，反映了人与人之间的交往关系。人们对沟通的态度、期望和反应方式等心理机制也会大大影响沟通的效果，这种影响有时甚至是决定性的。因此，从心理机制的建设着眼，要加强机关工作人员的信息化意识，加强机关的民主风气，从心理上激励其自觉主动地加强行政沟通。

(三) 行政沟通的分类

行政沟通建立在信息交流的基础之上，是统一思想、改善人际关系、鼓舞士气的重要手段。行政沟通也是行政人员参加管理的一个重要手段。民主管理的一个重要特征就是行政组织中沟通渠道的畅通。行政沟通的类型大致有三种划分方法。根据确定性，可划分为正式沟通和非正式沟通；根据沟通的方向，可划分为向下沟通、向上沟通和水平沟通；根据沟通工具，可划分为口头沟通、书面沟通和其他沟通。

1. 以沟通的确定性为依据，行政沟通可分为正式沟通和非正式沟通

（1）正式沟通是指通过正式的组织程序，沿着组织规定的线路进行的沟通。它是沟通的一种主要形式。正式沟通又可根据不同的标准进一步划分，如根据信息流向分为纵向沟通和横向沟通等。正式沟通的优点是沟通效果较好且有较强的约束力，所以，一般重要的消息通常都采用这种沟通方式。正式沟通是行政沟通的主要形式，其特点是正规、严肃、约束力强、有一定的连续性和稳定性，其不足是速度慢、刻板。

（2）非正式沟通是通过正式规章制度和正式组织程序以外的各种渠道进行的沟通，是建立在日常人际关系基础上的一种自由沟通，如组织成员之间的私下交换意见、小道消息等。非正式沟通没有明确的规范和系统，既不受正式组织体制的约束，也不受时间和场合的限制，没有固定的传播媒介，其特点是自发性、情感性、非强制性、灵活性等。非正式沟通对组织的存在和发展既有积极作用，也有消极影响，如果能加以正确引导，一定量的非正式沟通可以弥补正式沟通的不足，它的灵活和弹性，更适宜于组织成员之间的情感交流，缓解组织和社会给人们带来的压力和心理负荷，更能反映组织成员的情绪和组织内部的人际关系氛围，增强组织的凝聚力。但如果不能有效控制，非正式沟通就会削弱和干扰正式沟通，造成人心涣散，影响组织总体目标的实现。所以，有效的管理者应该善于控制和引导非正式沟通。

2. 以沟通的方向为依据，行政沟通可分为下行沟通、上行沟通和平行沟通

下行沟通即自上而下的沟通，是指上级向下级传递信息，故又称传递。它的主要目的是"上情下达"。上行沟通即自下而上的沟通，也称反馈，是下级向上级反映意见和情况，其目的是要实现"下情上达"，下级对上级的意见和建议，要能及时上达，上级便可据此对下级做进一步指导或者修改其原有决策，以顺利完成行政任务。平行沟通即横向的沟通，是指同级部门或同事之间的沟通。一个组织的部门和人之间，总或多或少地存在某种相互联系和依赖的关系，通过有效的横向沟通可以避免互相"扯皮"的现象，以便和谐同步地共同完成行政组织的大目标。平行沟通一般具有业务性质，与纵向的通过命令或指示等进行的沟通不同，它是通过协商、合作来解决问题的。

3. 以沟通的工具为依据，行政沟通可分为口头沟通、书面沟通、多媒体沟通等

口头沟通以口头形式出现，是最快、最便捷的沟通形式，在直接接触的方式之中，口头沟通是最理想的传递信息的方式，它有助于提高人们的参与感。但有时容易夹杂个人的情感因素。书面沟通以文字形式出现，有助于确定职责，是组织记录储存的一部分。书面沟通不像口头沟通那样快。这种沟通主要适用于众多的成员分布于广阔的地域而难以进行

口头沟通的情况。多媒体沟通的表现形式既非口头传递,也非文字传递,而是数码符号传递。这种传递的工具包括电话、广播、电视、网络等多种电子媒体。电子媒体沟通比以往各种媒体沟通的速度都大为提高,存储量也激增,现在多媒体沟通已经成为行政管理技术的重要组成部分,但是,这种沟通对于技术条件的要求比较高,同时也就存在实现成本高等问题。

四、行政协调

沟通和协调是同一过程相对的两个方面,沟通与协调的目的都是求得思想上的一致;协调与沟通都追求行动上的一致。有了思想上的统一,才能有行动上的一致。

(一)行政协调的含义与作用

行政协调有广义和狭义之分。广义的行政协调包括行政系统自身的协调以及行政系统与行政环境之间的协调。狭义的行政协调仅指行政系统内部各方面的协调。这里的行政协调指的是狭义的。行政协调是行政机体为了顺利地实现行政决策目标,而谋求自身统一和谐,谋求自身各相关要素匹配得当、协作分工的一种行为。行政协调的目的是谋求行政系统内部行为上的一致与和谐。

行政协调的作用主要有四个方面,第一,行政协调可以使各行政部门和行政人员在工作上密切配合,避免内耗;第二,行政协调可以促进各行政部门合理配置和有效利用人力、物力、财力等行政资源,精简和优化办事程序和环节,提高行政效率;第三,行政协调有助于各行政部门和行政人员树立整体观念和全局观念,从而有利于行政活动的有序进行;第四,行政协调有助于将分散的力量集中起来,使大家同心同德、一致行动。

(二)行政协调的原则

行政协调除了必须遵循行政活动的基本原则,如民主集中制原则、依法行政原则、精简和效率原则外,还要根据行政协调工作的特点,遵循和坚持调查研究、实事求是,客观公允、秉公协调,原则性和灵活性相结合,立足全局、服从总体目标,统一领导、统筹兼顾的原则。

1. 调查研究、实事求是的原则

对所协调的问题进行充分的调查研究,是做好行政协调工作的首要环节。

2. 客观公允、秉公协调的原则

所谓客观公允,就是全面听取和反映被协调对象的意见和要求,做到"兼听则明",防止"偏听则暗";所谓秉公协调,就是要出以公心,在协调中对人对事"一碗水端平",不偏不倚。

3. 原则性和灵活性相结合的原则

政策是行政协调工作的准则,任何协调工作,都要有政策和法律的依据,都要控制在一定的限度内。坚持原则性的同时,也要设身处地地考虑协调对象的现实情况,在不违背决策目标的前提下,灵活处理行政协调,避免"一刀切"的情况出现。

4. 立足全局、服从总体目标的原则

总体目标体现着多数人的整体利益,实际工作中需要协调的问题,尽管千差万别,有各种类型,但无论属于哪种类型,都要坚持从多数人的整体利益出发,按总体目标来协调,这是协调工作的根本出发点和归宿。

5. 统一领导、统筹兼顾的原则

协调的本意就是统一思想、统一步调。所以进行行政协调时,应强调统一领导的原则。同时,还要注重统筹兼顾,即统筹考虑被协调对象的意见及利益,掌握好采纳和取舍的程度,在落实工作目标的基础上,尽可能兼顾各方的合理要求,使协调的结果能基本被大家接受。

(三)行政协调的分类

依据不同的分类标准,行政协调可以形成如下分类。

1. 按协调作用性质可分为主动协调和被动协调

主动协调是积极的协调,是指行政领导及时察觉情况的变化,在矛盾未暴露激化之前就主动出来协调,减少工作中的反复性和曲折性。被动协调一般是指因各种矛盾已经暴露而不得不进行的调解,通过协调仍然可以减少工作的损失。

2. 按协调范围取向可分为内部协调和外部协调

根据行政协调的范围,可将行政协调分为内部协调与外部协调。内部协调主要是指在机关内部,通过国家法律、法令和规章约束,思想教育,以及典型的影响等,对工作人员进行协调的一种方法。外部协调主要是指因工作联系或隶属关系而进行协调,达到共同的工作目的的一种协调方法。外部协调的范围十分广泛,实际上就是行政组织与社会发生关系的体现。当今社会的发展使行政组织越来越直接、广泛地介入社会生活,承担着管理社会的任务。而行政组织本身又是从社会中产生的,其发展趋势又必须逐步回归到社会中。行政组织与社会之间是一种互动的关系。

3. 按协调对象性质可分为工作关系协调和人际关系协调

工作关系协调就是协调群体系统各种工作之间的关系,把各个阶段、各个方面的工作有机地结合起来。它又可分为目标计划的协调、部门任务的协调和政策措施的协调。领导者协调工作关系,重点是掌握系统方法和"弹钢琴"的艺术。掌握了系统方法就能以整体性观点、综合性观点和最佳性观点,协调好各种工作关系,使方方面面的工作联络处于最佳的协调状态。人际关系协调就是对人口协调,是谋求人和人之间心理相容、情感共鸣、行为一致的过程。

4. 按协调的途径可分为会议协调与非会议协调

根据行政协调的具体途径,可将行政协调分为会议协调和非会议协调。会议协调是经常使用的一种协调方式,可以具体通过座谈会、讨论会、汇报会等形式进行。协调会议应吸纳与行政行为有关的组织及其人员共同参加,顾及方方面面的权利和利益,具有防止独断专行的功能。会议性的协调都是正式的,而非会议性的协调既可以是正式的,也可以是非正式的。非会议性协调可以通过人员的个别交谈、广播电视等新闻媒介进行,也可以通过由有关人员在签呈文件上共同签字以表示了解的方式进行。非会议协调应根据具体协调的对象、任务和环境,灵活选取有效的形式。

第三节 行政执行过程

行政执行是一个复杂的过程，它由一系列环节所组成，这些环节主要包括准备阶段、实施阶段和总结阶段。

一、行政执行的准备阶段

行政执行的准备阶段是行政执行的基础，是使行政执行的前提得以实现的具体措施。如果说，行政执行的前提侧重于解决行政执行所必需的主客观条件的话，那么，行政执行的准备阶段则是要解决如何具体地为行政执行提供前提条件的问题。其具体内容有思想准备、计划准备、组织准备、物质准备等。

（一）思想准备

思想准备是行政执行的思想基础，它是指通过宣传、动员等多种方式，使执行者和执行对象能比较全面和深刻地了解行政决策和法令的内容、意义，从而以正确的方法、积极的态度、旺盛的精神投入行政执行中。

思想准备的具体要求：一是明确目的。要从全局的高度阐明行政决策和法令所要达到的目的及其重要意义，最大限度地统一全体行政人员的思想认识，并努力将其转化为行政人员的自觉行动。二是了解计划内容。从思想上对行政执行计划中的任务、要求、方式、方法、进度、程序、期限等做到心中有数，使行政人员都能对自己所承担的行政执行任务有一个明确的认识，从而调动他们完成任务的主动性和创造性。三是广泛宣传。行政执行不仅是行政人员的事情，还是广大人民群众的事情。要通过报纸、广播、电视等宣传媒体广泛地宣传行政决策；通过召开座谈会、咨询会等形式把行政决策的意图等告诉群众，并虚心地征求他们的意见，以形成一个有利于行政执行的社会舆论环境。

（二）计划准备

计划准备是指编制具体的实施决策的行动计划，通过编制具体步骤和具体的程序，使行政执行活动得以固定下来，成为规范和衡量行政执行活动的依据。行动计划一般包括情况分析、指导思想、工作任务、工作要求、工作方法、工作步骤、行动措施等。管理学家拉斯维尔把计划的内容概括为"5W1H"，即 What：行动的目标是什么？ Why：为什么要采取这些行动？ When：何时开始这些行动？ Who：何人负责实施这些行动？ Where：在何处或由何部门实施这些行动？ How：如何实施这些行动？

具体来说，行政执行计划的要求：其一，对决策目标和任务进行科学的分解，做到既有统一协调的规划，又有各部门的具体分工负责，使之成为一个相互关联的任务体系。其二，明确各项工作任务的轻重缓急和先后次序及完成期限，以做到分清主次，抓住主要矛盾，使之成为一个排列有序的行动体系。其三，确定完成各项任务的主要方式、手段和要求，根据不同的行政执行活动，采取形式多样的方式和手段，使之成为一个合理、合法的工作标准体系。其四，精密计算和筹划行政执行活动所需的人力、物力、财力等，既精打细算，又准备充足，使之成为一个统筹兼顾、各方面因素科学组合的完整体系。在制订计划时一定要留有余地，以便根据变化的情况进行及时的调整。

（三）组织准备

组织准备主要是指建立与配备从事行政执行活动的机构和人员，通过这些机构和人员使行政决策和计划变成现实。

组织准备的内容包括：一是建立或确定执行机构。一般来说，应尽可能地依靠原有的职能机构，在必要的情况下，也可根据需要依法增加新的常设行政机构或临时机构，并明确执行机构的职责权利、隶属关系、编制规模等。二是配备行政人员。行政人员由行政领导与一般工作人员组成，行政人员配备得好坏将直接关系到行政执行工作的成败。配备行政人员的关键在于要坚持德才兼备的原则，要讲究人才的合理搭配，充分发挥出人才的整体效应。三是制定严格的规章制度，使组织和人员的行动做到有章可循。通过建立行政工作责任制和岗位责任制，使每一个组织和个人都能清清楚楚地知道应该干什么？不应该干什么？如何干？干到何种程度？按时保量完成行政任务能得到什么奖励？反之，要受到什么惩罚？从而有效地避免职责不清、相互推诿现象的发生。

（四）物质准备

物质准备即资金与各种办公物资的筹备、购置和分配。常言道："兵马未动,粮草先行。"任何行政执行都离不开一定的物质条件。

物质准备的主要内容是：首先，经费准备。要根据完成行政任务的实际需要编制经费预算，报送有关部门的领导审批。在经费预算批准后，按预算迅速将经费下拨到各个执行部门，为行政执行活动提供充足的经费保证。其次，办公设施准备。办公用品、通信工具、交通工具、档案资料等都是行政执行活动的基本物质手段。在进行物质准备的过程中，要坚持以最小的投入获得最大产出的原则，做到既要经济又要适用，既要反对浪费又要保证最基本的物质需要。

二、行政执行的实施阶段

实施阶段是整个行政执行活动的关键，行政决策能否实现，法律法规能否得以贯彻执行，关键在于实施阶段的工作开展得好坏。行政执行实施阶段主要由指挥、协调、监督和控制等环节组成。

（一）指挥活动

行政执行的指挥是指行政领导者将已经确定的执行计划通过命令和引导等方式，来实现行政执行活动的全过程。

有效指挥活动的基本要求：一是指挥必须统一，防止政出多门、多头指挥的现象发生。二是指挥必须有力，行政领导者应该拥有依法授予的指挥权。指挥权既不能滥用，也不能被随意剥夺。三是指挥权可以进行合理的分解。合理分解部分指挥权，把一部分指挥权授予下级去行使，有利于有效指挥活动的实现。授权一方面能减轻行政领导者的工作负担，使他们能把注意力更多地集中在涉及全局指挥的重大问题上；另一方面也能调动下级的积极性，增强下级的责任心，让下级在具体的指挥实践活动中得到锻炼。当然，授权是有限的，授权只能在行政领导者的职权范围内进行，授权还要充分考虑下级的承受能力。

（二）协调活动

协调活动的任务在于：协调行政执行过程中出现的矛盾与冲突，以便在行政组织内部和外部形成一个互相支持、互相配合的人际关系。行政执行活动的复杂性决定了矛盾和冲突是不可避免的，协调是一种以温和的方式解决矛盾和冲突的好办法，它通过在行政组织与行政组织之间、行政组织与社会其他组织之间、组织与个人之间、个人与个人之间进行信息交流与沟通，使矛盾得到及时化解，问题得到有效解决。

（三）监督活动

监督活动是监督主体根据行政执行计划，对计划的执行情况进行及时的跟踪和检查，尽量使问题在萌芽状态之时即被发现。监督活动的要求主要有三点：一是对行政执行计划了如指掌，建立起评价执行情况和执行者完成任务情况的客观标准。二是经常深入实际，以便及时发现和察觉执行中存在的问题和偏差。三是执行监督者应根据存在的问题确定其性质，找出产生问题的原因，并提出相应的对策性措施。

（四）控制活动

控制活动是根据监督的情况，对行政执行行为进行积极而有效的控制，以防止行政执行行为偏离目标和计划。

控制活动一般有三种类型：一是预先控制，这主要是对行政执行准备阶段的控制，确保思想准备、计划准备、组织准备、物质准备到位。对准备仍然不到位的，要采取积极的措施予以解决。二是事中控制，这主要是对行政执行实施阶段的控制，对偏离行政执行目标和计划的实施行为应坚决地加以制止。三是事后控制，即通过信息反馈系统了解行政执行的效果，对在实施控制中未能发现的问题，继续采取补救措施，使失误降到最低的限度。

三、行政执行的总结阶段

行政执行的总结阶段是指在行政执行工作结束后，对整个行政执行工作进行全面而又认真的总结。总结是为了肯定成绩以获得经验、检讨缺点以明确教训，通过总结经验教训，为下一轮新的行政决策提供实践材料。行政执行总结阶段的内容主要如下。

（一）对行政执行活动进行全面的回顾和检查

将既定指标或标准与执行结果进行对比，检查行政执行活动是否如期地实现了预定的目标；完成的进度与效果如何；在完成行政任务的过程中有哪些成绩与创新，存在哪些问题；对存在问题采取了哪些纠正措施；等等。在检查中一定要坚持实事求是，客观公正。

（二）对行政执行活动进行科学的评价

在回顾和检查的基础上，依规定的要求和标准对行政执行的情况做出评判，并予以奖惩。例如，对在完成行政任务的过程中所采取的创新措施，应评价其究竟新在哪里，有多大的影响力和作用力，所产生的效果如何；在纠正存在的问题时所采取的措施是否得力和及时，对问题的纠正程度有多大；有哪些行政组织和行政人员在行政执行活动中表现出色，有哪些行政组织和行政人员在行政执行活动中表现不良,并给予适当的赏罚。

(三)认真总结经验教训

对经验的总结,切忌就事论事,一定要上升到理论的高度去分析和研究,使之实现从感性认识到理性认识的飞跃,从而更具有现实的指导意义。对于失败的教训,同样要进行理论上的概括,从理论上寻找出失败的原因和根源,从而为新的决策提供前车之鉴。

第四节 行政执行障碍及解决措施

大量行政管理的实践证明,并不是所有的行政执行都能准确、圆满地实现行政决策的目标,这是因为,行政执行是一个十分复杂的动态活动过程,它不可避免地要受到各种因素的干扰,遇到这样或那样的障碍。因此,很有必要对影响行政执行的因素进行界定,找出行政执行中出现的各种障碍并对其进行分析,从中寻找出排除障碍的对策。

一、影响行政执行的因素

人们在判断行政管理的状况时,往往会把注意力放在行政决策的研究与分析上。然而事实上,行政执行也是行政管理成败攸关的重要因素,同时行政执行的好坏对于行政管理目标的实现也起着决定性的作用。了解影响行政执行的因素对于考察行政管理的过程与效果具有重大的意义。

(一)行政决策的质量

科学合理的行政决策是行政执行顺利、有效开展的首要条件。因此行政决策应有较强的科学性,一旦付诸实施就能获得较广泛的理解和支持。决策目标具体、明确,在付诸执行时就能有效地避免疑问或误解。

(二)行政任务的复杂程度

由于行政目标所要解决社会事务的重要性和复杂性程度不一样,所以具体行政任务也就各有所异,有轻有重、有大有小、有难有易,完成任务所需人、财、物的数量各不相等,所遇到的阻力也各不相同。因而在行政执行过程中要涉及的机关和人员及所要完成的工作量等都会有所差异。决策所要解决的问题越简单,行政执行的难度就越小;反之问题越复杂,牵涉的单位、人员、利益关系就越多,所需调整的行为量就越大,行政执行的复杂程度也就会越高。

(三)行政执行主体的状况

行政实施主体包括行政机构和行政人员两方面。从行政机构来看,其设置的合理与否、组织结构完善与否、权责体系统一与否、信息传递灵通与否等,都直接作用于行政实施。行政机关内部越是职责明确、制度健全、纪律严明、信息灵敏、风气良好,行政执行的效率就越高;相反,就会使行政执行举步维艰。从行政人员来看,一方面是领导者,首要的是对领导者权威的服从度,良好的工作作风和方法是领导者重要的权威基础。另外,领导者自身的素质、领导艺术、工作经验及所做决策的合理合法性程度等都对行政实施起着关键的作用。另一方面是一般执行人员,行政执行人员的意向与工作态度、能力与精干程度,以及对决策的理解程度和对工作情况的判断水平等,都影响着行政执行的效果。

(四)行政执行涉及对象的状况

行政执行涉及对象的状况主要是指人民群众的文化程度、知识水平、承受能力等,这些因素都与行政执行有很大的关系。有些并非决策问题,但当正确的决策不为群众所理解时,就很难被接受,在贯彻执行的过程中就可能比较困难。我国家庭联产承包责任制的初始阶段及部分地区的计划生育工作就是如此。这就需要附之以相应的手段,如宣传、教育、奖惩等。

(五)行政环境的状况

行政环境在此是从最广泛的意义上理解的,包括自然环境、文化环境、经济技术环境、政治环境乃至工作环境。由于现代行政组织是开放性系统,所以行政环境对行政组织的影响是决定性的。如果行政环境与行政组织处于良性互动之中,那么行政组织的行政执行就能顺利展开;反之,行政执行就会面临各种阻碍。

二、行政执行中的障碍分析

在行政管理的过程中,行政执行的障碍成为行政执行的难点,不排除这些障碍,行政执行就有可能半途而废,或无功而返。行政执行中的障碍主要有以下几个方面。

(一)行政决策不完善

行政执行是对行政决策的执行,当行政决策本身不完善时,就会直接给行政执行带来障碍。

首先,决策方案不合理,缺乏科学性和可操作性。这一方面加大了行政执行的难度,因为缺乏科学性的决策往往是违反客观规律的,而不按客观规律办事,只能受到客观规律的惩罚;缺乏可操作性则使行政执行在措施、步骤不明确、不具体的情况下难以顺利实施。另一方面,决策方案不合理,缺乏科学性和可操作性,就给执行者留下了很大的空间,增加了行政执行的随意性。各级行政执行者可以根据自己的不同认识和不同理解去随意地执行决策,结果有可能导致行政执行走偏方向或走弯路的现象发生。

其次,决策执行标准不统一,甚至出现执行标准相互矛盾的现象。决策执行的标准是行政执行活动的准则之一,也是衡量行政执行结果的尺度。不统一的决策执行标准使行政执行活动缺乏统一的意志和行动,对行政执行结果也难以做出公正的评价。

(二)行政执行态度不端正

1. 思想准备不足

思想准备不足主要表现为对行政决策不了解、不理解,对行政决策抱有怀疑甚至反对的态度,其结果必然成为行政执行的思想障碍。比如由于受传统观念和思维方式的影响,有些行政人员对正确的行政决策不理解,思想上产生明显的抵触情绪,因此,在行动上就表现为消极对抗、延宕推脱,自觉或不自觉地给行政执行设置了障碍。

2. 行政执行偏离目标

在现实生活中常常会有这样的现象：正确的行政决策却难以得到正确的贯彻执行。其主要表现有：一是行政执行中的"阻碍"。最常见的是"上有政策，下有对策"。一些行政人员总是过分强调本部门或本地区的利益，甚至不惜牺牲国家利益和全局利益来维护本部门或本地区的利益，他们通过"钻政策空子""软拖""硬磨"等手段，为正确行政决策的执行设置种种障碍。二是行政执行中的"走样"。由于一些行政人员的素质不高，无法准确全面地理解行政决策，并常常把自己的主观认识强加在行政决策之上，而认识上、理解上的偏差必然会带来行动上的"走样"。

（三）行政执行效率低下

效率是行政执行的生命，低效率的行政执行只能是贻误时机，在行政执行错失良机的情况下，就必然导致行政决策目标无法按时保质地完成。行政执行效率低下，不仅成为行政执行的严重障碍，而且也有损政府的形象。行政执行效率低下的表现有：在行政执行过程中一些行政机关和行政人员对工作采取"踢皮球"的态度，相互推诿、互相扯皮、敷衍塞责，使一些很简单的事情久拖不决，误国误民；一些行政领导者大权独揽、事必躬亲，要求下级事事请示汇报，使时间耗费在复杂的请示审批的"马拉松"之中；一些行政人员热衷于"文山会海"，工作就是发发文件、开开会议，而缺乏工作实绩和工作效率；一些行政组织重叠，工作环节太多，工作手续太烦琐，导致行政信息周转慢，行政距离太长，信息传递失真度大，严重影响了行政执行的有效性。

（四）行政执行资源不充分

行政执行活动急需的人力、物力、财力等资源不充分，会使行政执行不能正常进行。其主要表现为：首先，权力机关或上级领导机关在未提供充足资源的情况下就要求行政机关执行决策，或因行政执行所需的各种资源迟迟不到位，导致行政执行受阻。其次，一些行政执行部门擅自将执行的专款挪作他用，从而影响行政执行的有效进行。最后，一些办公设备陈旧，跟不上形势发展的需要，也成为影响行政执行效果的障碍。

三、克服行政执行障碍的对策

（一）实现行政决策的科学化

可以这样说，在行政决策失误的情况下，行政执行越坚决，其错误也就越大。因此，实现行政决策的科学化就显得尤为重要。为了保障行政执行的正确进行，行政决策不仅要正确，而且要具体、明确和规范。行政人员只有在目的明确、方案具体、规范严格的条件下，才能保证行政执行的正确性和高效性。

（二）建立精干高效的行政执行人员队伍

毛泽东曾经说过，政治路线决定之后，干部就是决定的因素。从目前的情况来看，行政执行的障碍有不少都属于人为障碍，这说明行政人员素质的高低与行政执行效果的好坏密切相关。因此，建立一支精干高效的行政执行人员队伍，是克服行政执行障碍的关键。其具体要求如下：

一是提高行政人员的思想水平和认识能力,使他们能用正确的世界观和方法论来理解决策和认识决策,深刻理解决策的意义和目标,从而产生出执行决策的主动性和自觉性,有效克服行政执行的思想障碍。

二是要求行政人员要有大局意识和全局观念,要有全国"一盘棋"的思想。在克服"上有政策,下有对策"的问题上,一方面,要从法律上合理地划分中央和地方的事权,在保证中央统一领导的基础上,给予地方政府充分的自主权,以调动地方各级政府的积极性和创造性;另一方面,要求国务院各部门和地方各级政府坚持局部服从全局、小道理服从大道理的原则,自觉维护中央的权威,服从中央强有力的统一领导,确保行政执行协调有序地进行。

三是加强监督,从严治政。对于那些在行政执行中执行坚决、成绩卓越者应该给予表扬和表彰;对于那些故意与中央对着干,闹小团体主义,而且屡教不改的人,应给予必要的行政处分。通过赏罚分明等手段,来起到鼓励先进、鞭策后进的作用。

增强行政执行能力——"让在基层、懂基层的干部发挥更大作用"

基层治理是国家治理的基石,统筹推进乡镇(街道)和城乡社区治理,是实现国家治理体系和治理能力现代化的基础工程。2022年7月,《中共中央国务院关于加强基层治理体系和治理能力现代化建设的意见》(以下简称《意见》)公布,要求"加强基层政权治理能力建设"。《意见》提出,"依法赋予乡镇(街道)综合管理权、统筹协调权和应急处置权,强化其对涉及本区域重大决策、重大规划、重大项目的参与权和建议权。"

对此,湖南省邵阳市双清区石桥街道办事处党工委副书记杨凯归深有感触,"乡镇(街道)是离老百姓最近的政府管理层级,行政执行能力的高低,直接影响上级政策能否真正落实到基层,也直接影响社情民意能否真实准确地向上反映。"近年来,随着经济社会的发展,作为城区街道的石桥街道,常住人口快速增长,社会治理难度增加。石桥街道下辖的两个村子过去居民构成单一,随着新迁入人口的增加,在补贴发放、证明开具等方面出现了问题。2020年,石桥街道党工委组织调研后,以报告形式向双清区委区政府建议,将两个村庄重新整合为两个社区,社区具备流动人口管理职能,统揽基层事务,理顺了管理机制。当年底,该建议被双清区采纳并反馈至上级主管部门,经审批后顺利完成建制调整。这是街道利用上级党委政府赋予基层政权的管理权限,就涉及本街道重大决策、重大规划事项,参与管理、提出建议的一次具体实践。"基层干部的分量更重了。让在基层、懂基层的干部发挥更大作用,在基层治理中有更强的参与权和建议权,这对基层工作人员来说,是最大的褒奖。"杨凯归说,"乡镇(街道)等要更好地贯彻党和国家方针政策、落实上级部署、实现本级工作目标,必须不断增强行政执行能力。主要是因地制宜抓好落实、切实完成工作任务的操作能力。"中央党校(国家行政学院)教授时和兴说。

在湖南省邵阳县塘渡口镇,过去环保执法依靠县环境监察大队,乡镇仅负责发现、报告问题,而县环境监察大队不足20人,难以第一时间赶到基层处理。随着行政执法权下放,塘渡口镇组建起一支59人的综合行政执法大队。"执法人员整合自原来乡镇农技站、城建站、司法所、税务所等机构的人员，严格按照具备公务员身份、拥有执法资格、近3年考核达到标准、政审合格这4条标准选拔。人员的增加，显著增强了相应的执行能力。"塘渡口镇执法大队队长江祖训说。

实际工作中，将直接面向群众、乡镇（街道）能够承接的服务事项依法下放，要因地制宜，考虑地区需求和承接能力。"建议区县政府向乡镇（街道）下放服务事项时，既要考虑群众需求，也要考虑当地承接能力。"重庆市潼南区双江镇党委书记张昭源认为，可以在一些距离城区较远的人口大镇进行试点，待经验成熟后再有步骤地加以推广。"以江津区白沙镇和潼南区双江镇为例。白沙镇人口多达10余万，距离江津城区40多公里，双江镇人口只有5万多，距离潼南城区仅11公里，两者在群众办事需求量和往来城区便捷程度上有明显区别，承接服务事项的紧迫性和必要性上自然也有所差别。"张昭源说。

湖南省邵阳县塘渡口镇党委委员、副镇长黄振宇也有同感。黄振宇介绍，2019年，邵阳县试点将212项行政权力事项下放到乡镇，经过半年多探索，邵阳县又对下放事项进行了调整。比如"强行拖离未依法停泊的船舶""暂扣或没收相关船舶、浮动设施"等事项，需要水上船舶和专业人员执法，乡镇执行难度大，重新收归县交通运输局。同时，结合乡镇需求和能力水平，深化了部分事项的下放。2020年10月，经过调整，190项行政权力事项正式下放乡镇。"乡镇（街道）行政执行能力建设是一项系统工程，党委加强领导、业务部门具体指导、街道积极配合，才能做到行政权力事项放得下、接得住、能用好。"杨凯归说，"面对权力事项的增加，基层干部要适应基层自主权扩大的新形势，努力提升业务能力，增强主动性，更要让权力在制度的约束下有序运行。"（记者 杨文明 李昌禹 申智林 刘新吾）

资料来源：人民日报. 增强行政执行能力——"让在基层、懂基层的干部发挥更大作用". http://www.gov.cn/zhengce/2021-10/18/content_5643225.htm，2021-10-18，部分内容有删减.

思考题：

1. 在实际的政策执行过程中往往会遇到哪些困难？
2. 结合案例，试述基层政府在执行政策时需要重点注意解决哪些问题？

复习思考题

1. 试述行政执行、行政指挥、行政控制、行政沟通和行政协调的含义。
2. 行政执行应当遵循哪些基本原则？
3. 行政执行的前提条件有哪些？
4. 行政手段、经济手段、法律手段和思想教育手段各具有哪些特点？
5. 分别阐述行政沟通与行政协调的类型有哪些？
6. 如何对行政控制进行分类？
7. 影响行政执行的因素有哪些？
8. 结合实际，谈一谈行政执行是否是检验行政决策科学性的唯一标准。

行政监督

【学习目标】
* 掌握行政监督的内涵和方法。
* 明确行政监督体系的主要内容。
* 了解我国行政监督机制完善的发展方向。

古语云：法令行则国治，法令弛则国乱。行政监督就是指各类监督主体依法对政府行政机关及其工作人员行使行政权力行为是否合法、合理所实施的监察和督导活动。行政权力失去监督就容易产生腐败，正如孟德斯鸠所言："一切有权力的人都容易滥用权力，这是万古不易的一条经验。有权力的人们使用权力一直到遇到有界限的地方才休止。"深化国家监察体制改革是以习近平总书记为核心的党中央做出的重大决策部署，是事关全局的重大政治体制改革。因此，行政管理学需要加强对行政监督的研究。

第一节 行政权力制约的基本理论

行政权力是行政管理主体管理社会公共事务所享有的合法资格和相应的强制力与约束力，行政权力是国家公共权力的重要组成部分，是由社会共同需要产生的，目的在于维护公共利益、维持、调整和管理整个社会生活的基本秩序。公共权力制约的基本理论最早可以追溯到古希腊时期，现代意义的国家公共权力制约的基本理论是由资产阶级思想家首先提出的，是人类政治文明的重要内容。

一、分权制衡理论：以权力制约权力

分权制衡论也称为权力制约论，它是西方国家的立法、行政和司法三种权力各自独立又相互制约和均衡的理论。这一理论强调：为防止政府权力的腐败或滥用，必须对其进行合理分割，并建立相互制约和监督的关系。分权制衡论是被西方国家普遍运用在政治体系

和其他国家管理活动中的重要法理。分权制衡论对权力的制约最为直接，也最为有效。

制衡学说源于分权思想，可追溯到古希腊的柏拉图和亚里士多德，但真正创立这一学说的是17—18世纪的资产阶级启蒙思想家及后来的政治家、理论家，其代表人物是英国的洛克、法国的孟德斯鸠、美国的杰斐逊和汉密尔顿。

亚里士多德认为，一切政体都有三个要素——议事机构、行政机构和审判机构，"倘若三个要素（部分）都有良好的组织，整个政体也将是一个健全的机构"。亚里士多德开创了分权理论的先河，其理论孕育了以分权进行监督，以监督达到制约的基本精神。在分权思想基础上发展起来的制衡学说，形成于资产阶级革命时期。

洛克在《政府论》中把国家权力分为立法权、行政权和外交权（也译为联盟权）。他在论述"三权分立"的同时，特别强调立法权与行政权的分立。他认为："如果同一批人同时拥有制定和执行法律的权力，这就会给人们的弱点以绝大诱惑，使他们动辄要攫取权力，借以使他们自己免于服从他们所制定的法律，并且在制定和执行法律时，使法律适合于他们自己的私人利益，因而他们就与社会其余成员有不相同的利益，违反了社会和政府的目的。"基于此，洛克进一步确立了立法权至上的原则，并明确主张立法权是人民交给、委托给议会行使的权力，因而人民自然就有权对立法权的执行情况进行必要的监督和制约。

18世纪中叶，法国启蒙思想家、法学家孟德斯鸠是近代权力制衡理论的完成者，他在《论法的精神》中论述法和政体以及自由的关系时，强调了专制政体与法律的水火不容，认为一切有权力的人都容易滥用权力，要防止权力被滥用，保障人民的自由，"就必须以权力约束权力"。

孟德斯鸠认为，国家权力不能集中掌握在一个人或一个机关的手中，否则就不能保障社会自由和公民自由。他说，政治自由是通过三权的分野而得以保障的。当立法权和行政权集中在同一个人或同一个机关之手时，政治和社会的自由便不复存在了。如果司法权同立法权合而为一，将对公民的生命和自由施行专断，而如果司法权同行政权合而为一，法官便将握有压迫者的力量，公民的自由将荡然无存。一句话，没有分权就没有政治自由。孟德斯鸠的分权学说中最重要的部分就是关于权力制衡的必要性及其设置的。

在对各种政制进行详细考察之后，孟德斯鸠提出了权力制衡的理论。他认为，"一切有权力的人都容易滥用权力，这是万古不变的一条经验。""有权力的人们使用权力一直到遇有界限的地方才休止。"因此，他强调权力的相互约束，通过特定的力量平衡，达到以权力控制权力的目的。在他看来，一个自由的健全的国家必然是一个权力受到合理和合法限制的国家。在以权力约束权力理念之下，孟德斯鸠的分权学说表现为一整套权力结构的设计。具体包括以下内容。

第一，孟德斯鸠主张立法权应当由人民选举的代表来行使。他强调，各个城市和地区的人民应各自选出代表参加议会。为数不多的代表能够讨论大众聚集在一起不适宜讨论的问题，这是代议制最大的好处。他认为，以出身、财富或荣誉著称的人应单独组成贵族院，由一般群众选举产生的代表则组成平民院。议会两院同时拥有立法权，相互牵制，以制止贵族和平民的相互侵犯。另外，涉及贵族的案件还应由贵族院审理。他还指出，立法机关的集会应由行政机关召集，以实现行政权对立法权的制约。

第二，孟德斯鸠认为行政权力和军队应交由国王掌握。行政权力处事需要当机立断，急速行动，因而行政权力和军队由一人掌握比较合适。立法机关有权审查它所制定法律的实施，以实现对行政权的监督，但不应有权审讯执政者本人，这对防止立法机关的专制是很有必要的。他还认为行政机关有权制止立法机关的越权行为，以"反对权"参与立法。他提出立法机关有随时解散军队的权力，以防止军队成为行政权力压迫人民的工具。

第三，孟德斯鸠强调司法独立原则。他所谓的"司法独立"，就是司法权独立于立法和行政权力。由选自人民阶层的法官依照法律的规定行使审判权，不受立法权和行政权的干涉。这一概念的提出是孟德斯鸠对洛克分权理论的一大突破。司法被明确为与立法、行政并立的权能，使孟德斯鸠的分权学说成为真正意义上的"三权分立"。司法独立是"以权力制约权力"的关键，只有"司法独立"才能保障司法权对立法权、行政权的制约。美国《独立宣言》的主要起草者杰斐逊继承了洛克、孟德斯鸠的三权分立和权力的监督制约理论，并依据其长期执政的经验在实践中对这一思想理论做了进一步的完善，具体提出了要加强对行政权、司法权和联邦权力进行有效监督制约的主张。他特别强调，行政权失控的现象极容易发生，因此，对于国家的行政权力必须进行严格的监督制约。

美国建国初期的政治家、宪法学家汉密尔顿对孟德斯鸠及以往的分权学说做了系统的解释、发挥和补充。他认为权力分立并不等于三者绝对隔离，为了达到权力的制约与平衡，恰恰需要权力的局部混合。权力之间制约的核心是在法律上的互相监督，三权之间必须保持平衡，每一部门的权力对其他两权来说都不具有压制的优势。汉密尔顿分权与制衡理论的核心思想是：以权力制约分权制衡理论是近现代西方国家政治制度和监督制度的重要理论基础，它既为西方国家的权力架构提供了依据，又为各种监督方式的拓展奠定了基础，从而成为西方国家重要的行政监督理论基石，并受到后世很多西方思想家的推崇、继承与发展，在实践中更成为西方国家普遍的政府组织原则，对近现代西方政治民主化进程产生了深远的历史影响。

分权制衡论主导下的以权力制约权力的权力制约模式虽然能有效制约权力，但不可能解决所有的权力滥用问题。就三权分立自身而言，立法权、行政权和司法权三者虽然是并列的，但在事实上，司法权是其中最弱的，而行政权则是其中最具有扩张性的，因此，很难达到理想的制衡效果。可见，对权力的制约不能只寄托于分权与制衡。

二、人民主权理论：以权利制约权力

人民主权理论是西方思想家基于社会契约论和主权论提出的民主理论，是近代西方政治发展史上一个重要的理论成果，认为人民拥有主权，国家的主权源于人民权利的让渡，因此人民对国家有天然的监督权。人民主权论是人类在对政治发展历史经验进行总结的基础上获得的并经检验为真理的认识，它意味着对"家天下"和野蛮政治的彻底否定，这种观念显然是对客观世界的正确反映，是较好的解释权力来源的观点。

法国思想家莫耐在《反暴君论》一书中提出，国王是人民的公仆，人民是国家的主人，人民立君，而不是君立人民。

洛克在其政治学巨著《政府论》中竭力反对"君权神授"的谬论，提出"天赋人权"的口号。在他看来，当政府与人民发生争端时，人民应该是裁判者；政府若一意孤行，违背主权者的意志，人民就可收回自己的权力，甚至以强力对付强力。他还认为，国家的立法权和行政权必须分离，这是防止政府滥用权力的办法，是"在一切情况和条件下，对于滥用职权的强力"。这种强力就是法律，是人民对他们委托权的控制武器。

孟德斯鸠将民主学说理论向前推进了一大步。他始终认为，国家的主权源于人民，国家的权力是人民自然权力契约的结果。人民必须"依靠良法"对政府的行政权力进行有效的监督。系统提出人民主权论的是法国资产阶级启蒙思想家卢梭。他的人民主权论第一次以极为完整的形式和彻底的精神打开了西方近代政治的大门。他坚持人民主权的绝对性、神圣性和不可侵犯性，极大地鼓舞了大革命时代的政治先驱者。

卢梭认为，以社会契约方式建立的国家，完全是出于人类自身的理性要求，是"要寻找一种结合的形式，使它能以集体共同的力量来护卫和保障、每个成员的人身和财富，并且由于这一结合而使每一个与集体相联系的个人又只不过是在服从自己本人，并且仍然像以往一样地自由"。这种结合的形式是通过每个人把自己的一切权利全部转让给整个集体，集体掌握管理社会的治权。人们在签订契约时无一例外地将自己的一切权利交给了这个共同体，这样其最高权力仍属于人民全体。人民行使国家主权称为人民主权。人民主权是"公意的运用"，"公意"所保护的是全体人民的"公共福利"，是公正的和以公共利益为依归的。政府是在公民和主权者之间建立的一个中间体，它使两者得以互相适应，它负责执行法律并维持社会和政治自由，因此，主权是第一位的，政府是第二位的。权力的表现和运用只能以符合人民意志的社会契约为基础，政府权力的行使必须是为了维护"公意"，不得违反主权意志，必须对人民负责，必须接受人民的监督和控制。

可见，人民主权是政府权力的逻辑基础，没有人民主权就不可能有政府权力。政府是人民缔结契约、转让权力的结果；一切权力属于人民；行政管理者只是人民权利的具体执行者，其权力是人民赋予的，他们必须承担维护人民权利的义务；为了防止政府滥用职权和侵犯民权，人民可以通过各种形式来监督政府的行为；在公共权力体系中，建立行之有效的监督机制对政府的各种行为进行监督。

从实践上看，虽然当今世界存在社会主义政治意识形态和资本主义意识形态的分野，但自从资产阶级高举人民主权的旗帜、号召人民起来推翻封建专制统治并取得历史性的胜利后，资本主义宪政国家无不以人民主权为核心来强化以公民监督、社团监督为代表的社会监督。

马克思主义在创建社会主义理论时，也充分肯定了人民主权的历史进步意义，并将它作为社会主义革命和建设中的共同信仰和追求。人民主权论的强劲生命力就在于其有力的解释力。在现实中，政府作为代理人实际上很难做到按照其委托人——人民的意志行事，其原因有三方面。

第一，在人民主权的委托代理关系中，代理人的目标函数并不总是与委托人相一致。当一种行动不是直接代表公共利益，而是代表着行为者时，就可能会出现代理者的行为偏差，存在着代理人偏离甚至背弃委托人利益的危险。

第二，在委托代理中，人民或代议机构与政府之间的信息始终是不对称的。作为代理人的政府可能通过提供不真实的信息来追求自身效用的最大化。由于信息不对称，委托人人数众多且相当分散，缺乏采取统一的集体行动的动力，从而加大了对政府监督约束的困难和风险。

第三，在承接公共权力的代理中，不存在代理权的竞争，政府是独家垄断的，即享有垄断代理权。因为在任何国家都只存在一个统一的行政系统，人民不能在多个行政系统中进行选择，这种垄断性使政府处于明显的优势，从而扭曲了人民与政府的委托代理关系。

政府凭借这种优势，常常不顾人民的利益，追求集团或个体利益的最大化。处于劣势地位的委托人难以对代理人的行为方式及其结果加以约束、监督。另外，体现委托人意志的法律通常只给法律执行者——政府提供原则性的规定和指导，政府具有较大的自由裁量权。

可见，虽然人民主权论很好地解释了权力的真正来源——人民的权利，并引申出人民应该起到监督政府和制约政府权力的作用，但事实上，由于作为委托人的人民本身处于权力约束的弱势地位，因此，很难有效制约公共权力。

三、社会契约论：以道德制约权力

在西方，契约一开始就被人们作为一个社会的最高制度伦理看待，它制约着一切具体的行为规范。虽然这种社会契约论的政治形式常常被人们指责为一种虚构，但是由于这一理论较多地涉及人与人之间的关系，因此人们普遍认为它为责任提供了一种即使不充分也是必要的条件。

在西方思想史上，霍布斯、斯宾诺沙、洛克、卢梭、康德和罗尔斯等都从不同层面探讨了社会契约论。

霍布斯是17—18世纪流行的自然法和契约论的创始人之一。霍布斯认为，人的本性是趋利避害。在自然状态中，人的本性表现为求利、求安、求荣。人类为了求利，便不断地运用暴力争夺财产；为了求安，便相互猜忌，用暴力保护自己；为了求荣，则不惜为小事而动用武力。总之，在自然状态中，人与人之间充满敌意和戒备，不存在什么是与非、公正与不公正等道德观念。但人类本身为了自我生命的保护，又会超越自然状态，制定和平与正义的自然法，并通过契约形成公共权力。

霍布斯认为，人类的和平合作关系只能通过契约形成，因为契约是订约者彼此自由协商的结果。它不是一种思想，也不是一种强制。在制定契约的过程中，每个人在承诺自己承担的权利和义务的同时，也要考虑到对方所承担的权利和义务。契约在一定意义上，就是权利的相互转让。"权力的相互转让就是人们所谓的契约"，契约产生国家。通过签订契约，把一切权利交给某个个人或会议，即主权者。"政府的一切必要权力一概委之于主权者"，主权者就是伟大的"利维坦"，是专横的、强权的象征。

与霍布斯不同，斯宾诺沙则主张国家权力不是专横的，而是理性的，即国家的目的在于保护人民的福利和政治、思想自由。

洛克则提出社会契约的理论立足点在于对个人权利的认定。洛克认为，契约一经订立，自然状态立即转化为公民社会，公民社会建立之后，个人的一切自然权利，如自由、平等，特别是财产权利，都仍然最后保留，个人的权利尤其是财产权是神圣不可侵犯的，对个人财产权的界定和保护是政府的首要任务。政府实际上是社会权利和个人权利之间的一种契约关系。在这个契约中，公民和政府是契约的双方当事人，公民放弃给政府的仅仅是一部分权利。公民放弃一部分权利给政府是为达到更好地保护他们的生命、自由和财产的目的，政府的权力决不容许扩张到超出公众福利的需要之外，也就是说政府行使权力必须严格服从这个目的。洛克主张政治之所以必需是因为它在保护个人的权利上发挥了作用。因此，政府必须对公民负责。

卢梭则进一步指出，社会契约产生的是"道德和集体的共同体"，是一个"公共的大我"。社会契约完全是出于人类自身的理性要求，是"要寻找一种结合的形式，使它能以全部共同的力量来卫护和保障每个结合者的人身和财富,并且由于这一结合而使每一个与全体相联系的个人又只不过是在服从自己本人,并且仍然像以往一样地自由"。这种结合的形式是通过每个人把自己的一切权利全部转让给整个集体,集体掌握管理社会的治权。因此,政府行使权力必须要符合"公意",要对公民负责,并负有保护公民的行政道德责任。

康德则认为,契约的公正和权威、人们对契约的虔诚,是由于契约内在的道德规定使然。最高意义上的契约是以自身作为约束根据的具有普遍必然性的道德自律,这种道德自律能有效地促使政府履行行政责任。

罗尔斯则对契约理论进行了一种理性的提升,致力于用契约理论来构造其公平的正义,贯穿《正义论》全篇的中心思想,就是他对契约的道德规定。他强调道:"要理解它就必须把它暗示着某种水平的抽象这一点牢记在心。特别是我的正义论中的契约并不是由此进入一个特定的社会,或采取一种特定的政治形式,而只是要接受某些道德原则。"总之,道德本体构成了契约的题中之意。

由上不难看出,虽然各种契约理论的形式有所差别,但从其契约价值上讲,它们至少包含以下两个共同点。

第一,契约签订的直接动力在于契约双方当事人之间要达到某种目的。社会契约论中,政府权力的产生是公民与政府之间订立契约的结果,其直接动力和目的都是维护全体公民的公共利益,政府权力行为必须服从这个目的,为公民之公共利益负责。因此,维护社会公共利益是社会契约论对行政道德的内在规定。

第二,契约意味着双方当事人之间权利义务的对称。政府掌握管理社会的公共权力,同时必须负起维护公共利益的义务、责任,公民有服从政府公共权力管理的义务,同时公民也有被保护公共利益的权利,有监督和制约公共权力的权利。因此,政府公共权力的执行者必须对自己的行政行为负责。

布坎南认为,在公共权力机构担任公职的是既有理性又很自私的人。要保障公权的使用具有节制和理性,避免公权的滥用,除了通过政治契约的监督外,还须通过价值的洗礼、道德的升华,消除公共权力使用者的心理灰色的一面。

以社会契约论为基础的以道德制约权力的权力制约模式主要通过两种方式来实现对权力的约束,即权力主体的自律和他律。权力主体的自律是在权力主体行使行政权力中以内在道德的力量来进行自我约束,促使权力的正确使用。它的约束范围非常广,在法律难以或无法干预的领域能够发挥约束作用。权力主体的他律主要是公民、社会团体等对权力主体做出肯定、批评和建议,迫使其遵守道德规范。

但是,由于权力主体的道德水平是无法衡量的,而且道德的约束是一种软约束,缺乏刚性,因此,虽然道德是对权力制约的必不可少的因素,但其制约能力并不十分理想。

第二节　行政监督的基本内容

一、行政监督的含义

所谓行政监督,是指国家行政机关及其他行政主体对有义务执行和遵守有关行政法规、规章、命令和决定的组织和个人实施的查看、了解和掌握其义务履行情况、督促其履行义务的具体行政行为。行政监督有广义和狭义之分。广义的行政监督除查看、了解和掌握相对人履行其行政法义务的情况外，还包括对调查了解的结果加以处理的活动，如责令被监督对象纠正其违法或不当行为、撤销或变更违法或不当的行政行为、对有关责任人员给予处分等。狭义的行政监督仅指行政主体在其职权范围内查看、了解和掌握相对人义务履行情况的活动。

一般而言，在谈及行政主体对公民、组织的外部监督时，行政监督的概念是狭义的。当论及行政主体的内部监督，特别是专门机关的监督（如行政监察）时，行政监督的概念多是广义的。因为外部行政监督行为的任务和内容仅仅是查看、了解和掌握相对人履行其行政法义务的情况，而根据了解和掌握的情况对相对人的实体处理则不属于外部行政监督行为的范畴。

就一个完整的监督过程而言，行政监督应包括查看、了解事实及对被监督对象的权利和义务进行实体处理两大部分。因此，行政监督权也分为程序性监督权和实体性监督权。程序性监督权，如要求被监督对象如实汇报有关情况、提交有关文件的权力；对被监督对象运用一定强制手段以查明有关事实情况的权力；采取必要措施保全证据的权力等。

对行政监督的理解，可以从以下几个方面来把握。

首先，行政监督的主体是享有某项行政监督权的国家机关和法律、法规授权的组织。由于任何行政权力的行使都必然伴随一定的监督过程，因而任何行政主体在行使其法定权力的同时，也必然依法明示或默示地享有相应的行政监督权，从而具有行政监督的主体资格。也就是说，只有具备行政主体资格的组织才能成为行政监督的主体；而行政监督主体在行使权力、履行职责的同时也必然具有行政主体的法律地位。

其次，行政监督的对象是处于国家行政管理之下的公民和组织。它具体包括国家行政机关及其工作人员、法律法规授权的组织、行政机关委托的组织或者个人（在内部行政监督关系中），以及公民、法人和其他组织（在外部行政监督关系中）。其中，国家行政机关及其工作人员、法律法规授权的组织、行政机关委托的组织或者个人在行政监督的过程中具有双重身份，当他们依职权对其他组织和个人实施监督时，其身份是行政监督主体或行政监督主体的代表。与此同时，国务院以外的其他行政主体在行使行政监督权的同时又处于其他行政主体的监督之下，它们又具有监督对象的身份。也就是说，除国务院作为国家最高行政机关始终是行政监督的主体，以及作为外部行政管理相对人的公民、法人和其他组织始终是行政监督的对象之外，其他行政主体在行政监督中均兼有：监督主体与监督对象的双重身份。

再次，行政监督的实施具有主动性、单方性和独立性。行政监督是行政主体为了维护国家行政管理秩序、保障国家行政活动的顺利进行而对特定的组织和个人主动实施的一种单方行为，这种行为依行政主体拥有的行政监督权而实施，不以相对人的同意为前提。行政监督虽然不直接改变相对方的实体权利与义务，但它可以对相对方设定某些程序性义务并对其权利进行一定的限制。行政监督的实施，可能会引起行政处罚，也可能引起行政奖励，也可能不引起任何其他行政行为，但都不影响行政监督行为的独立存在，也不影响其产生法律后果。

最后，行政监督的目的是保障行政管理目标的实现。通过行政监督可以及时地发现和制止行政违法行为，使法律、法规和规章得以顺利地贯彻执行，进而实现行政目标。

二、行政监督的种类

（1）依照行政监督对象的不同，可将行政监督分为内部行政监督和外部行政监督。内部行政监督是以行政机关及其工作人员、其他行政组织和人员，以及与行政机关之间存在组织隶属关系的国有企事业单位及其负责人员为对象的行政监督。外部行政监督是行政机关及其他行政主体以公民、法人及其他组织为对象进行的行政监督，是外部行政管理的一个重要环节。

（2）依照行政监督是否是行政机关的专门或主要职责来划分，可将行政监督分为一般权限的行政监督和专门权限的行政监督。一般权限的行政监督是指不以行政监督为专门或主要职责的行政机关在行使职权的过程中对监督对象进行的监督。它包括行政机关内部上下级之间的监督，如各级政府对其所属部门的监督、上级政府对下级政府的监督、上级政府工作部门对本系统内下级政府工作部门的监督、同一行政机关内部上下级之间的监督；同一行政机关内部负责内部事务管理的部门在其权限范围内对其他部门的监督，如政府人事部门对其他部门的人事管理进行的监督、财政部门对其他部门的财务管理进行的监督；以及不以行政监督为专门或主要职责的行政机关对其所属的企事业单位、社会团体的监督，如国务院对其所属的直属事业单位中国社会科学院的监督等。专门权限的行政监督是指以行政监督为专门或主要职责的行政机关在行使职权的过程中对监督对象进行的监督。主要是指行政监察机关、审计机关在其权限范围内对有关组织和人员进行的监督。

（3）依照行政监督的具体行为来划分，可将行政监督分为主动监督和被动监督。主动监督是指行政监督主体不经公民和组织通过申诉、控告、检举、提请复议等方式的请求，而对监督对象主动实施的行政监督。被动监督则是指行政监督主体在公民和组织通过申诉、控告、检举、提请复议等方式提出请求后对有关监督对象进行的行政监督。就主动监督而言，监督主体在选择监督对象、监督时间和监督方式上有较大的自由裁量权。而对于被动监督，监督主体一般依法具有采取监督行为的义务，监督过程更为公开、透明，监督主体监督实施监督时负有的监督程序义务也较多。

（4）依照行政监督实施的时间来划分，可将行政监督分为事前监督、事中监督和事后监督。事前监督是指行政主体在某一行政行为作出之前对其是否合法适当进行的监督，如市场监督管理部门在颁发某公司营业执照前，对申请人是否符合法定的公司成立条件而进行的检查监督。事中监督是指行政主体在某一行政行为的实施过程中对该行为进行的监督，如行政机关在对某个行政行为进行处理的过程中进行的复查行为。事后监督是指行政主体在某一行为实施终了之后对该行为及其结果进行的监督，如复议机关依复议申请人的请求对某个行政处罚行为进行的审查。事前监督是一种预防性的监督行为，一般不引起惩罚性的法律后果，也不会引起赔偿责任。而事中监督和事后监督因违法或不当的事情已经发生，通常会引起惩罚性的法律后果和赔偿责任。

此外，行政监督依照不同的标准，还可以分为例行监督和特定监督、定期监督和随时监督、全面监督和重点监督、纵向监督和横向监督、联合监督和单独监督等。

三、行政执行与监督在行政管理中的地位

完成行政管理的根本任务，实现决策目标，关键在于准确果断、快捷圆满地执行活动和有效监督。

（一）行政执行与监督是行政管理中的一个重要环节

设置合理的机构，配备高素质的人员，健全工作制度，制定正确决策，对完成行政管理任务来说十分重要，但这些因素的作用只有通过行政执行过程才能体现。行政组织结构是否妥当、人员编制是否合理、决策是否正确等，也有待于执行结果来检验。离开执行活动，行政管理过程中的组织、用人、领导、决策等环节已完成的工作，都会功亏一篑。

（二）行政执行与监督是决策目标的实践检验过程

决策目标的确定有无根据，目标规划是否符合客观要求，目标付诸实施的条件是否完备，在目标制定过程中这些考虑周全与否，最终还需经执行实践来验证。在执行过程中，发现决策错误应从速改正，若有不足应予补充，薄弱之处使其逐步完善。总之，行政执行是检验决策目标正确与否的实践检验阶段。

（三）行政执行的效果是评估、判断行政管理工作的客观依据

行政执行效果既是胜利完成工作任务的标志，又是行政管理中诸因素或环节效能的综合反映。如行政组织方面，法规编制是否建立、机构设置是否合理、管理幅度有无失当、职责权限是否分清等；人事管理方面，制度配套是否健全、人员素质的高低、人事关系能否正常融洽等；管理效能方面，办事效率如何、工作实绩优劣、领导干部作风好坏、工作人员积极性的发挥程度等；机关工作方面，管理技术程度、办公手段先进程度、住处渠道畅通情况等。凡此都会直接影响到行政执行效果，或者说，都会在行政执行效果上暴露利弊。经常以行政执行效果为行政工作的标尺，扶正纠偏，将有助于改进行政管理，提高行政效率，创造出促进技术进步、推动经济发展的行政管理体制。

四、行政监督在行政管理中的作用

行政监督是保障行政目的得以实现的重要环节和手段。行政主体通过行政监督了解国家行政法律、法规、规章、命令、指示、决定的实施情况，及时反馈信息，以利于行政主体审查和评估既定行政法律、法规、规章、命令、指示和决定的正当性和合理性，及时采取修正和改进措施，为行政主体制定科学的决策提供事实依据。行政监督具有以下功能。

（一）预防功能

行政监督可以预防、及时纠正监督对象的违法行为。建立行政监督机制，对监督对象有一种约束作用和威慑力，可以起到预防其实施违法行为，督促其正确执行国家行政法律、法规、规章、命令、指示和决定，及时发现问题，纠正违法行政行为的作用。

（二）惩戒功能

行政监督的惩戒功能主要是指对行政主体及其工作人员的违法失职行为通过行政监督

依法予以追究和处罚。行政监督是一种防止行政违法失职行为蔓延的手段，是一种对行政违法失职行为的法律制裁。因此，有关行政监督的法律都规定了惩戒的内容、方法和程序等。

（三）保障功能

行政监督是保证行政法律、法规、规章、命令、指示和决定的有效执行，实现行政管理目标的重要环节和手段，因而行政监督有必要通过设置合理的监督程序规则，如听证程序等，来保障行政监督。

第三节　行政监督体系

行政监督体系是指具有法定监督权的多元的监督主体在对政府行政机关及其工作人员进行监督时的任务和权限划分体系。根据不同的标准，可以将行政监督体系划分为不同的类型。本书根据行政监督主体与监督客体的关系，将行政监督体系划分为内部监督体系与外部监督体系。

一、行政监督的内容

行政监督全面覆盖了行政机关及其公职人员，行政权力和一切行政管理活动都受到有效监督，其内容主要有以下四方面。

（一）监督决策是否科学、合法

行政领导最重要的职责就是进行决策，决策科学，才能方向明、决心大、步子稳、方法妥，行政管理活动才有高绩效。决策失误，必定导致事业失败或行政管理低效。正因为如此，行政领导的决策才必须处于切实有效的监督之下。监督主体除了认真监督决策目标、决策依据、决策方案外，还应着重监督决策的程序是否合法、科学、民主，是否严格遵循以下步骤：发现问题，确立目标；集思广益，拟订方案；分析评估，选择方案；实施方案，完善决策。

当前对决策监督的重点应是防止主观盲目的决策，尤其要防止一些行政领导为了追求政绩而做出的急功近利的决策，坚决杜绝"三拍现象"（拍脑袋决策、拍胸脯保证、拍屁股走人）和"形象工程"。为达此目的，要合理界定政府部门的决策权限，进一步健全重大事项集体决策、专家咨询、社会公示与听证、决策评估等制度。

（二）监督行政管理行为是否合法、合理

行政管理行为可分为抽象行为和具体行为，这两种行为都必须受到切实有效的监督。

（1）抽象行为是指立法行为，主要指行政主体制定和发布行政法规、行政规章以及其他具有普遍约束力的决定、命令和规范性文件的行为，此外还包括相关政府部门为全国人大制定相关法律、为地方人大制定相关地方法规的行为。

当前，对抽象行为的监督要以防止国家政策部门化为重点。所谓国家政策部门化，主要是指个别行政部门利用法定职权和掌握的国家立法资源，在起草国家法律、行政法规时过于强调本部门的权力而弱化相应的责任，制定部门规章、编制行业规划、实施宏观政策

时，偏离了整体的国家方针政策和公共利益，力图通过国家法律、法规、规章来巩固和扩大本部门的各种职权以及本部门、相关企业、相关个人的既得利益。

在中国现行立法和管理体制下，国家的一些法律法规由相关行政部门起草然后提交立法机关或有相应权力的机关审议通过，大量的部门规章、宏观政策则由相关部门制定并贯彻执行。不可否认，由相关行政部门制定起草法律、法规草案和制定行政规章、宏观政策有其合理的一面：行政部门对于相关领域有着丰富的管理经验，对于问题了解清楚，能够对国家法律法规、政策的制定提供很好的参考。但是，这种由行政部门负责起草法律法规、制定规章的行为也有不可避免的弊病，那就是容易产生国家政策部门化。

只有切实加强对抽象行政管理行为的监督，才能从源头上清理"行政权力部门化、部门权力个人化、个人权力商品化"的"权力三化"现象。"权力三化"的现象在地方政府中时有发生，"上有政策下有对策"便是集中的表现，必须通过行政监督使这类现象减少到最低限度。

（2）具体行为是指行政管理主体依照职权做出的、对被管理对象的合法权益产生实际影响的管理行为，如行政许可、行政处罚、行政强制、行政征收、行政奖励、行政救济、行政调解等。为规范这些行为，国家制定了相应的法律、法规，如《中华人民共和国行政许可法》等。

法律、法规有明确规定的，行政管理行为不得逾矩违规，这是对具体行为合法性的监督；法律、法规没有明确规定的，行政部门在做出具体行为时应以民为本，在不损坏国家及公共利益的前提下适当考虑照顾被管理对象的眼前利益，这是对具体行为合理性的监督。

（三）监督公共部门及其工作人员是否廉洁勤政、不滥用权力

廉洁和勤政历来是行政管理的基本要求。任何行政部门及其工作人员不廉或不勤，都会失去行使行政权力的资格。

腐败的本质是公共权力的滥用。行政部门及其工作人员必须用人民赋予的权力为人民谋利益，绝不能以权谋私。我们绝大多数的行政机关和工作人员是好的，是忠于人民的，但也存在着以权谋私、贪污腐败等问题。有的利用行政审批、政府采购、执法监督等方面的权力搞权钱交易，或参与干预企事业单位的经营活动牟取非法利益，甚至利用手中的权力索贿受贿；一些不法商人盯住行政管理者手中的权力，使出各种手段拉拢腐蚀，搞官商勾结，损害国家和人民的利益；有些行政部门工作人员在廉洁自律方面做得很不错，但精神状态不佳，两袖清风不干事，遇事推诿扯皮，该作为时不作为，这是失职渎职的表现。这些问题的发生，有个人品质原因，但同制度不够完善和权力缺乏监督约束有直接关系。

因此，只有加强行政监督的力度，才能从根本上解决滥用权力的问题，从而实现廉洁行政。我们必须发挥行政监督治懒、治庸的功能，促使他们勤政为民，多做好事。正如习近平总书记所指出的：要以踏石留印、抓铁有痕的劲头抓工作作风建设；要继续全面加强惩治和预防腐败体系建设，加强反腐倡廉教育和廉政文化建设，健全权力运行制约和监督体系，加强反腐败国家立法，加强反腐倡廉党内法规制度建设，深化腐败问题多发领域和环节的改革，确保国家机关按照法定权限和程序行使权力。要加强对权力运行的制约和监督，把权力关进制度的笼子里，形成不敢腐的惩戒机制、不能腐的防范机制、不易腐的保障机制。

（四）监督自由裁量权是否被违规滥用

自由裁量权是指行政部门及其工作人员在法律、法规、规章规定的范围内依据立法目的和公正合理原则自行判断行为的条件、自行选择行为的方式和自由做出相应决定的权力。也可以说，它是行政部门及其工作人员在法律明示授权或者消极默许的范围内，基于行政管理目的自由衡量、自主选择而做出一定的具体行为的权力。自由裁量权是社会、经济发展的必然产物，并且随着社会、经济的发展而不断扩大，以至于已成为当代行政管理中不可或缺的一种权力。自由裁量权可弥补立法的不足，使公共部门及其工作人员充分发挥积极性和主动性，从而提高行政效率，更好地管理公共事务。

然而，在关注自由裁量权的合理性与必然性的同时，我们千万不能忽视它的负面影响和作用。由于各种主客观条件的影响，自由裁量权经常被滥用，以致产生了一系列负面效应，其中主要有以下几点。

（1）损害被管理对象的合法权益。
（2）助长官僚作风和特权思想。
（3）导致行政管理人员法律观念淡薄。
（4）使自由裁量行为反复无常、宽严不一。
（5）形成不良社会风气（如地方和部门保护主义、本位主义等），滋生腐败现象。

自由裁量权有可能成为行政管理者腐败的条件。研究发展中国家腐败问题的专家罗伯特·克利特加德（R. Klitgaard）在其著名的"腐败条件"公式中就明确指出这一点：腐败条件＝垄断权＋自由裁量权－责任制。这一公式的意思是：当官员享有垄断权和自由裁量权而又无须对权力的行使承担必要的责任或不须对滥用权力负责任时，官员便具备了从事腐败行为的条件。

大量事实表明，滥用自由裁量权与发生在行政部门及其工作人员中的腐败现象存在着必然的联系。因此，必须加强对自由裁量权的监督，特别是对行政执法部门及其工作人员在执法活动中行使自由裁量权的监督，坚决杜绝违规滥用自由裁量权的行为。

二、行政管理内部监督体系

行政管理内部监督是指上级行政机关对下级行政机关、专门行政监督机关对一般行政管理机关以及行政部门对其工作人员进行的监督，它是行政管理系统内部建立的检查、督促等自我约束、自我制衡等主体监督体系。其中，专门行政监督机关在中国主要是指行政监察机关和审计机关。

世界各国建立了形式各异的行政管理内部监督体系。在一些单一制国家，中央政府设有主管地方事务的机构，如日本的自治省，主要负责指导和监督地方政府实施法制，完成中央政府下达的任务，监督地方预算计划的制定并检查其完成情况。同时，政府设立了监察机构，主要负责全面推进政府管理工作；了解公民意见、解决问题；通过对话，解决不良行为造成的后果。

在联邦制国家，如在美国，各州政府享有很大的自治权利，依法建立了一套地方监督体系。同时，政府各部门内设监察机关，其职责是监督本部门的审计和调查、指导协调本部门的工作，纠举违法行为，并提出改正措施。

另外，基于司法制度的不同，各国的内部监督体系构成也呈现出不同的特点。以大陆法系为司法制度的欧洲大陆国家，一般在政府组织内部设立行政法院，审查和裁定政府机关公务人员的违法案件。英美法系国家，其行政管理中的违法案件，包括行政案件，由独立于行政部门的司法机关裁决。

相对于行政管理外部监督体系而言，行政管理内部监督体系具有独特的优势和特点，具体体现在以下三个方面。

第一，监督内容更具全面性。依据宪法和相关法律规定，权力机关对行政管理的监督涉及多个方面的内容。然而，由于权力机关的主要职责是制定法律，一般而言，人大代表对行政管理的运作缺乏充分而又深入的了解；权力机关的议事程序和运行机制也有内在的局限性；加之出于职责分工的考虑，实践中权力机关对行政管理的监督更多的是在宏观上把握政府施政的整体情况。司法机关对行政管理的监督主要集中在政府具体行为的合法性方面，几乎不涉及对政府抽象行政行为的监督问题。

而行政管理系统的内部监督则建立在层级隶属的组织原则的基础之上，上下级领导的服从关系、上下级在管理目标上相当程度的一致性、行政管理机关层级控制的需要以及行政管理机关对自身或下级行政管理运作的熟悉，这些都使得行政管理系统内部监督可以在更为全面的范围内展开。

行政管理系统内部的监督既包括对具体行政行为和抽象行政行为的监督，也包括对行政行为合法性与合理性的监督，还包括对政府公务员的监督。

第二，监督方式更具多样性。相对于权力机关和司法机关的监督而言，行政管理系统内部的监督更具多样性。既可以依据职权采取积极主动的方式，也可以应相对人的申请被动地进行监督；既可以运用法定的正式的监督方式，也可以运用各种非法定的监督方式；既可以撤销违法或不当的决定，也可以直接变更违法或不当的决定；既可以通过法律的手段来惩罚做出违法行为的行政管理机关或公务员，也可以以内部纪律处分的形式来规范公务员行为。

第三，监督程序更具时效性。由于受到监督程序和监督方式的约束，权力监督和司法监督通常无法及时发现或处理行政管理中出现的违法或不当行为。而由于上下级的行政隶属关系和监督方式的多样性特征，使得行政管理内部监督可以更为及时、高效地发现并处理行政管理中出现的新情况、新问题。

当然，由于行政管理系统内部监督毕竟是一种自我监督，是由行政管理者自身来发现并处理行政管理过程中出现的违法或不当行政行为，这违背了"任何人都不得做自己案件的法官"这一公认的原则，因此，其公信力通常弱于权力机关、司法机关和其他监督主体所实施的外部监督。

在行政监督实践中，行政管理系统内部的监督通常很难避免或消除偏袒的可能性。即使行政管理系统内部的监督主体完全遵守相关法律法规，但由于监督权力本身的行使允许相当程度的自由裁量空间，监督机关也会出于尽可能减少违法或不当行政管理行为对行政管理带来的负面影响的考虑，从而无法完全满足合法利益受到损害的相对人的正当请求。

在中国，行政管理内部监督体系主要有一般监督、专门监督、行政复议和特种监督四种基本形式。

（一）一般监督

一般监督是指基于组织层级和隶属关系，上下级行政管理机关之间、同级行政管理机关之间以及行政管理机关对其自身或所属公务员进行的监督活动。

行政管理是一个规模庞大、内容复杂的系统，为了实现管理目标，就必须将目标层层分解到各个部门乃至各个公务员，逐级融合成大规模的复杂活动。所以，行政管理系统必须是一个金字塔式的层级机构，各层级之间界限分明，下级必须服从上级，上级有权监督下级，下级有权向上级反映情况或提出申诉。

中国实行双重领导体制，地方各级人民政府及其职能部门不仅要对本级权力机关负责，而且要服从上级人民政府及其职能部门的领导或业务指导。处于领导或业务指导地位的上级行政管理机关享有相应的监督权力；同时，各级人民政府及其职能部门也可以依据法律法规和工作纪律对其公务员进行监督。可见，此种监督是行政管理的内在需要，它有助于保障政令的畅通无阻和良好的工作局面。

（二）专门监督

专门监督是指在行政管理主体内部设置专门监督机关，即专门监察机关实行的监察活动。目前，我国行政管理专门监督中，最为核心、常用、有效的专门监督是国家行政监督机关实行的行政监察活动。国家行政监督机关以宪法和法律为依据，在我国县及县以上各级政府中都有设立。它在上级行政监督机关和所属人民政府的领导下，独立地行使监察权，只服从国家有关法律、法规和政策等，因而其监督地位具有公正性和权威性的特点。

中华人民共和国成立之后，中央人民政府政务院设立了人民监察委员会，省级以上各级财政机关和国营财经企业部门设立了监察室。1954年，国务院设立监察部，1959年第二届全国人民代表大会撤销了监察部，1986年，恢复设立监察部，1990年，国务院颁布实施《中华人民共和国行政监察条例》，1997年，《中华人民共和国行政监察法》正式颁布实施。

1. 行政监察体制

行政监察机关实行双重领导体制。实践中，中央、省级、市级和县级人民政府分别设立了各自的监察机关。监察部主管全国监察工作，县级以上地方各级人民政府监察机关负责本地区的监察工作。地方行政监察机关同时对本级人民政府和上一级监察机关负责，而在监察业务方面以上级监察机关领导为主。值得注意的是，当前国家行政监察机关与中国共产党纪律检查委员会合署办公。

2. 行政监察形式

（1）检查监督执法情况。检查监督国家行政机关在遵守和执行法律、法规和人民政府的命令、决定中存在的问题。

（2）受理控告和检举。受理对国家行政机关及其公务员和国家行政机关任命的其他人员违反行政纪律行为的控告和检举。

（3）调查处理违纪行为。调查处理国家行政机关及其公务员和国家行政机关任命的其他人员违反行政纪律的行为。

（4）受理申诉。受理国家行政机关公务员和国家行政机关任命的其他人员不服主管行政机关给予处分决定的申诉，以及法律、行政法规规定的其他由监察机关受理的申诉。

3. 行政监察权限

我国行政监察机关的权限包括：检查监察对象贯彻执行国家政策、法规的情况，查处其违法行为；受理对监督客体违法、违纪行为的申诉和控告；审议本级政府任命人员的纪律处分事项；教育监察对象遵纪守法；制定、颁布监察工作相关的规章、命令和指示。行政监察是行政监督中不可缺少的一种重要形式，它在确保政令通畅、维护行政纪律、推动廉政建设、促进行政管理等方面发挥着基础性作用。

（三）行政复议

行政复议是指行政相对人认为行政主体的具体行政行为侵犯其合法权益而依法向行政复议机关提出复查该具体行政行为的申请，行政复议机关依照法定程序对被申请的具体行政行为的合法性、适当性进行审查并做出行政复议决定的一种行政监督法律制度。国家十分重视行政复议，专门制定了《中华人民共和国行政复议法》，中共中央办公厅和国务院办公厅还于2007年年初联合发出《关于预防和化解行政争议健全行政争议解决机制的意见》。行政复议的目的是纠正行政主体做出的违法或者不当的具体行政行为，因此，它是一种行政自我纠错机制。我国各级行政机关普遍设立了行政复议机构，这些机构及其人员做了大量工作，取得了重大成绩，其发挥的内部监督作用也相当巨大。

加强行政复议工作，是化解社会矛盾、促进社会和谐的必然要求，是维护人民群众合法权益的重要途径，是建设法治政府的重要内容，是促进政府自身建设的重要手段。各级政府及各部门应在肯定成绩的同时，正视存在的问题，把行政复议工作做得更好，着重采取以下措施。

（1）必须坚持"以人为本、复议为民"，忠实履行行政复议职责，依法、公正、高效地解决行政争议。

（2）必须畅通行政复议渠道，积极受理行政复议案件。

① 必须提高行政复议的办案质量，努力做到"定纷止争、案结事了"。

② 必须创新行政复议方式方法，提高解决行政争议的效率。

③ 必须加强基层行政复议能力建设，提高行政复议总体水平。

④ 必须不断完善行政复议制度和机制，进一步规范行政复议行为。

（四）特种监督

特种监督是指行政管理主体内部依法实行的针对某种专门的行政管理活动进行的专业性监督，如审计监督、物价监督等。其中审计监督就是国家审计机关进行经济监督的一种活动，它有权依法对政府组织、企事业单位以及其他同国家财政有关单位的财政财务收支的真实、合法和效益进行审核、稽查的活动。如果发现有违法行为，审计机关有权责成有关单位予以纠正，并有权对其做出没收非法所得、处以罚款、停止财政拨款、终止银行信贷等处理。由于专业性监督主体在公共组织内部具有相对的独立性，它与被监督对象既无隶属关系，又无经济利害关系，从而使其监督具有较高的自主性、主动性和客观性。

1. 审计监督体制

中华人民共和国成立之后的很长一段时间，审计职能是由监察机关来行使的。1982年的宪法规定国务院设立审计机关，在国务院总理的领导下，依法独立行使审计监督权，不受其他行政机关、社会团体和个人的干涉。随后，1988年的《中华人民共和国审计条例》、1994年的《中华人民共和国审计法》和1997年的《中华人民共和国审计法实施条例》相继出台，使中国的审计监督逐步走向规范化、制度化。实践中，审计机关实行双重领导体制、审计机关不仅对本级人民政府负责，更要对上级审计机关负责，在审计监督业务上以上级审计机关领导为主。

2. 审计监督形式

审计监督主要有以下几种形式：审计本级政府各职能部门和下级政府预算的执行情况和决算以及预算外资金的管理和使用情况；审计监督中国人民银行的财务收支情况；审计监督国家建设项目预算的执行情况和决算；审计监督政府部门管理的和社会团体受政府委托管理的社会保障基金、社会捐赠资金以及其他有关基金、资金的财务收支情况；审计监督行政管理机关接受的国际组织和外国政府援助、贷款项目的财务收支情况；其他法律法规规定应当进行审计的行政管理机关财政、财务收支情况。

三、行政管理外部监督体系

行政管理外部监督，是指行政管理组织以外的各种监督主体对行政机关及工作人员的管理活动所进行的多渠道的、多种形式的异体监督。外部监督体系主要包括权力机关的监督、司法机关的监督、政党监督、社会监督等形式。

（一）权力机关的监督

权力机关的监督是指国家立法机关对行政管理机构及其活动实施的监督，是具有法律效力的最高层次的异体监督。由于世界各国的政体和国体不同，其国家权力机关的监督内容与模式也存在着差异。

在三权分立的国家，立法权、司法权、行政权分别交由不同的国家机关行使，以实现权力的相互制约、相互监督。因而，通常被称为议会或国会的权力机关由选民选举的议员组成，行使立法职能并享有某种监督政府的权力，同时它也被政府监督。

在实行"议行合一"的国家，国家权力机关拥有国家主权和最高的法律地位，在国家体系中居于核心地位，任何机关都没有制约它的权力。例如，我国实行的是人民代表大会制度，这种制度的根本特点是国家的一切权力属于人民，人民通过选举人民代表大会的代表来行使国家权力，人民代表大会作为最高国家权力机关要对人民负责并接受人民的监督。在行政监督中，人民代表大会通过中央和地方各级人民代表大会及其常务委员会来实施监督权。由于各级人民政府、人民法院和人民检察院都由人大产生，并对人大负责和报告工作，因此，人民代表大会的监督既是代表人民意志和国家利益的监督，也是最高层次、最具权威以及享有最高法律效力的监督。

世界各国权力机关监督的方式主要有质询、诘问、不信任表决、弹劾、审批、调查等。

（1）质询主要是指立法机关的成员在讨论会中就某个政府管理活动有关的问题向政府机关发问，并要求予以回答的做法，其目的是了解信息。

（2）诘问是指以严肃而正式的提问与答复方式对政府组织进行的立法监督活动。

（3）不信任表决是针对内阁制政府是否应当继续工作的议会表决。当国会议员对内阁制政府行为感到严重不满时，可采用不信任表决的方式促使政府官员辞职。

（4）弹劾是指国会议员纠举违法失职的政府官员并罢免其职务的工作活动。弹劾的对象主要是各国的总统、副总统及高级公职人员。

（5）审批是指国会对于政府的重大措施所进行的审查批准的活动。

（6）调查是指各国国会在行使其立法职能时，都需要准确了解信息和资料，组织经常性的调查委员会从事信息和资料的收集工作。

我国由人民代表大会及其常务委员会对政府进行监督的主要工作方式有以下几种。

（1）听取和审议同级人民政府的工作报告，其中包括年度报告、财政预算报告、各项重大措施和政策报告、政府各部门负责人工作活动报告等。

（2）审查并撤销本级行政机关发布的不适当的法规、规章、命令和决议。

（3）向政府及所属部门提出质询和询问，发表意见，同级政府组织的有关人员必须负责答复。

（4）视察和检查政府工作，处理公民对政府的申诉、控告和检举。《宪法》第四十一条规定：中华人民共和国公民对于任何国家机关和国家工作人员，都有提出批评和建议的权利；对于任何国家机关和国家工作人员的违法失职行为，有向有关国家机关提出申诉、控告或者检举的权利。当公民向国家权力机关提出对政府的申诉、控告和检举时，除了与人民代表联络外，还可以诉诸各级人大常委会内设的信访机构。权力机关的信访机构通过处理公民的来信来访，发现政府工作存在的问题，以督促其改进。

（5）罢免政府组成人员。我国政府组成人员都是由各级权力机关选举或任命产生，权力机关可以进行多种形式的监督，如提出批评、建议、意见或进行评议，其中罢免是最为严厉的惩戒方式。《宪法》第六十三条规定：全国人民代表大会有权罢免国务院总理、副总理、国务委员、各部部长、各委员会主任、审计长、秘书长。而《中华人民共和国地方各级人民代表大会和地方各级人民政府组织法》第十条规定：地方各级人民代表大会有权罢免本级人民政府的组成人员。

（二）司法机关的监督

司法机关的监督是指国家司法机关作为监督的主体对机构及其活动实施的强制性的监督活动。司法监督是一种兼具公正性与合法性的监督形式，对于保障国家法制秩序的稳定、完善法制建设都有重要意义。其监督主体与监督内容都由国家法律明确规定，具有特定性。这种监督形式的重点是监督行政管理主体及其人员具体行为的合法性，其监督主体主要是国家检察机关和国家审判机关即国家法院，这两种机关的监督活动构成了司法机关监督的主要内容。可以对行政立法进行审查。目前，世界各国的司法监督实践主要包括以下两个方面。

（1）由专门的宪法法院或普通法院系统对政府颁布的行政管理法规和行政措施进行审查，以判断其是否违反宪法。

（2）由司法机关对与政府管理有关的行政纠纷进行审理和裁判，以维护当事人的合法权益，即行政诉讼和行政裁判。在我国，司法机关是指人民法院和人民检察院，它们对政府机关及公务员的具体的、违法的行政行为行使审判权和检察权。

我国人民法院作为国家的审判机关，通过审理、判决与行政管理组织机构及其人员相关的案件，处罚违法犯罪的行政管理人员的行为，对行政管理活动实行监督。人民法院监督的具体方式如下。

（1）对刑事案件进行审理和判决，依法追究行政管理主体及其工作人员在刑法案件中所应负的违法、侵权的刑事责任。

（2）对民事案件进行审理和判决，依法追究行政管理主体及其工作人员在民事活动中所应负的违法、侵权的民事责任。

（3）对行政案件进行审理和判决，依法追究政府管理主体及其工作人员在行政活动中所应负的违法、侵权的行政责任，保证行政工作的公正合法进行。

（4）通过司法建议通知书、司法建议书等形式，向有关机构及其主管部门提出改进工作的意见和建议。

我国人民检察院作为国家的法律监督机关，肩负着维护国家法制的职责，主要通过对行政管理组织机构人员触犯法律的罪行和利用职权犯罪的事件进行侦查、批捕和提起公诉来实施监督。检察机关的具体监督方式如下。

（1）对行政管理中触犯刑法的管理主体及其工作负责人进行批捕和提起公诉，以此来实行监督。

（2）对利用职权徇私舞弊、贪污受贿、失职渎职以及重大责任事故之类的案件进行调查、批捕和提起公诉，履行监督职能。

（3）依法监督刑事案件的判决、判决的执行以及监狱、看守所、劳改劳教机关的行为是否公正合法。

（4）对专门负责侦察的公安机关的侦察活动的过程实行监督，保证侦察工作的合法性与公正性。

（三）政党监督

政党是当今世界各国政治中最重要的组成部分，它在监督领域中占有重要的地位。在西方实行两党制和多党制的国家中，政党对行政的监督主要是通过两个方面来进行的：制造社会舆论来支持或反对政府的某些决策和行为；政党议员代表本党利益对政府工作进行监督。

我国的政党监督与西方国家的两党制或多党制的政党监督不同。我国实行的是以共产党领导的、多党合作的政党制度，相应的我国的政党监督以共产党监督为主，各民主党派监督为辅。中国共产党是我国的执政党，对行政管理实行监督是党不可回避的政治责任，其作为执政党的长期执政地位和基于历史功绩形成的领导权威为其监督行为提供了合法性与政治支持。中国共产党从中央到地方各级党、党的纪律检查委员会组织以及广大党员对行政管理组织进行的监督，是中国共产党作为执政党实行领导的一种重要方式。它具体通过以下三个方面来实现监督。

（1）通过制定正确的路线、方针和政策来规定行政活动的方向。

（2）通过党的纪检机关检查处理组织中党员的违法违纪行为。

（3）通过对党员的教育，促进和保证公共组织中的公务人员依法办事，自觉履行党的义务和职责，充分发挥党员的先锋模范作用。

当然，我国的政党监督中也包括了各民主党派对政府及非政府组织行政管理活动的监督。各民主党派在中国共产党的领导下，对行政管理主体的活动进行监督，成为行政管理外部监督体系的一个重要组成部分。民主党派的监督是政治上民主的体现，它在一定程度上是对民主党派代表的特定阶层和范围的民众利益的尊重。

民主党派通过下面几种方式来监督行政管理活动：以人民政协的方式实行监督；通过其在人民代表大会中的代表来监督政府工作，对政府工作提出批评和建议；出席国务院和地方各级政府召开的重要会议，提出自己的意见和建议；向国家高层领导人直接提出意见和建议，如民主党派的领导人定期与国家领导人进行会晤，就某些重要的问题交换意见；民主党派党员作为国家公民，还可以通过其他途径实行监督。

（四）社会监督

社会监督是指由各种社会组织和团体及公民作为监督的主体对行政机关及其活动实施广泛监督的活动。人民主权理论和社会契约理论告诉我们，公共权力来源于公民权利的让渡。因而，社会的各种组织、团体及人民群众有权对行政管理机构及人员的一切行为实施监督，这也是公民行使权利、参与管理的一种形式。虽然这种监督不具有任何法律强制力，不能直接改变和撤销行政管理机构的决定和行为，但这种监督的广泛性和灵活性仍然会对行政管理机构的权力形成一定的制约作用。

社会监督一般包含以下三方面内容。

1. 社会团体的监督

社会团体的监督是指各种社会团体作为监督的主体对行政管理实行监督的活动。社会团体是指由公民或单位自愿组成，为了实现其成员的共同意愿，按照有关国家规定及组织章程开展活动的非营利性社会组织。社会团体按照其成立的宗旨和所处的行业来划分，可分为三大类。

（1）群众性组织，主要包括全国各级共青团、全国各级工会、全国各级妇女联合会以及其他群众性自治组织。

（2）行业性组织，主要是指全国性和地方性的工商联合会、文学艺术界联合会、科学技术协会、记者协会、个体劳动者协会等。

（3）公益性组织，主要是指消费者权益保护协会、红十字会、环境保护协会、慈善组织等。

社会团体具有自愿性、非营利性、非政府性、自治性和开放性等特征。因此，社会团体监督是民主社会的产物，是基于宪法规定的各项公民权利和结社权以及普遍的人权来获得合法性支持，体现了国家对公民主权的尊重。

2. 公民的监督

公民的监督是指公民作为监督的主体，按照宪法和法律所规定的公民权利，对行政管理实行监督的活动。这种监督是公民民主权利的体现，是在民主的基础上实现公民权利对政府权力的制约。公民监督是社会监督中最经常、最普遍的一种监督。《宪法》第四十一条明确规定："中华人民共和国公民对于任何国家机关和国家工作人员，有提出批评和建议的权利，对于任何国家机关和国家工作人员的违法失职行为，有向国家机关提出申诉、控告或者检举的权利。"我国公民对行政管理实行监督的方式主要有：通过信访对行政管理活动实行监督；通过人民代表向行政管理机构提出批评、建议对行政管理活动实行监督；通过向人民法院提出诉讼对行政管理活动实行监督；通过向有关机关提出申诉、控告、检举等方式实行监督。

我国接受公民监督行政管理的途径主要有"现场办公""市长热线电话""价格听政""网络问政""政务微博"等。

3. 社会舆论的监督

社会舆论的监督是指社会公众通过各种大众传播媒介形成舆论来对行政管理机构及其活动实施监督的活动。这项监督是宪法赋予社会公众的一项公民权利，从根本上来说是民主社会中新闻自由和公民享有的言论自由的必然延伸。公民可以利用新闻自由和言论自由，通过现代社会中覆盖面广泛的报纸、刊物、广播、电视、网络等大众传播媒介对行政管理主体及其工作人员的管理行为发表评论，提出意见和建议，并对行政管理实行监督。

由于大众传播媒介通常具有信息量大、传播速度快、反应迅速和覆盖面广等特点，因而，社会舆论监督也体现了社会影响力大、迅速及时、覆盖面广以及公开透明等监督特点，在行政监督中发挥着重要作用。西方国家将其视为与立法、行政、司法三权并立的第四权力，甚至视其为制约三权的权力，并将其誉为"无冕之王，布衣宰相"。各国通过立法保障公共舆论的自由，使新闻媒体成为特殊的监督主体。

随着我国对外开放事业的不断发展和新闻媒体业的兴起，新闻媒体对行政管理机构及其人员行为的监督正日益扩大。近年来，许多违法、违纪案件的调查和处理，就是在新闻舆论的帮助和支持下进行的。新闻媒体通过公正、客观、负有责任心的舆论监督，对揭示行政管理工作的失误、纠举公务员的违法失职行为、评价公共决策、增强行政管理工作的透明度、消除官僚主义和腐败现象等，起到了积极和无法替代的监督作用。

四、构建权威高效的监督体系

习近平总书记在中纪委十八届六中全会上指出"要坚持党对党风廉政建设和反腐败工作的统一领导，扩大监察范围，整合监察力量，健全国家监察组织架构，形成全面覆盖国家机关及其公务员的国家监察体系"，并强调"要做好监督体系顶层设计，既加强党的自我监督，又加强对国家机器的监督"。2017年10月18日，习近平总书记在党的十九大报告中又明确指出："构建党统一指挥、全面覆盖、权威高效的监督体系，把党内监督同国家机关监督、民主监督、司法监督、群众监督、舆论监督贯通起来，增强监督合力。"这些论述深刻阐明了法治框架下深化国家监察体制改革的基本思路和方向。

构建统一的国家监督机构，健全国家监察组织架构，适应未来的发展需要，将监察部、国家预防腐败局、反贪污贿赂总局共同组建为统一的国家监督机构——国家监察委员会。明确中央纪委书记领导国家监察机构的工作，明确一名中央纪委副书记担任国家监察委员会主要负责人。省、市、县参照中央体制格局设置相应机构，国家监察委员会领导地方各级监察委员会工作。2018年2月，全国省、市、县三级监察委员会全部组建完成。3月18日，十三届全国人大一次会议第六次全体会议，杨晓渡当选为中华人民共和国国家监察委员会主任。按照机构设置科学、人员配备合理、装备手段先进的要求构建反腐败国家监察体系，需要在《宪法》中明确国家监察委员会的法律地位，并制定《国家监察委员会组织法》《反贪污贿赂法》，以明确国家监察机构的组织体系和职权配置。

第四节 我国行政监督机制的完善

行政监督机制是指由行政监督的主体、对象、内容、程序、方式、手段等要素构成一体，以及各要素之间相互依存、相互制约和相互作用的关系。完善我国行政监督机制，可以协调各行政监督子系统的功能和作用的发挥，减少和避免各监督主体之间的摩擦与冲突，使各监督主体相互配合、相互制约，形成结构合理、功能互补、和谐统一的监督体系。

一、我国行政监督机制存在的问题

完善我国行政监督机制，就是要协调各行政监督子系统的功能并发挥其作用，减少和避免各监督主体之间的摩擦与冲突，使各监督主体相互协调配合，形成结构合理、功能互补、和谐统一的监督体系。行政监督机制，是指由行政监督的主体、对象、内容、程序、方式、手段等各要素之间相互依存、相互制约和相互作用所构成的有机联系。随着国家治理体系和治理能力现代化的推进，如何克服当下以纪检监察为主导、检察司法为保障的公共管理监督模式的弊端，是值得深思的重大问题。

1. 监督机构内在动力不足

行政监督工作最终是依靠监督人员来完成的，而监督机构能否有效地实施监督，很大程度上取决于监督人员的主观能动性。这种主观能动性主要取决于三个方面：一是道德规范；二是责任机制；三是激励机制。目前，我国监督机构的内在动力主要依赖于监督人员的道德水平，缺少有效的责任机制的约束，内在的精神力量和外在的制度力量缺乏有机结合。同时，在我国行政监督体系中，责任机制也是不健全的，各项监督机构的工作业绩缺乏科学的考核和有效监督，没有建立相应的奖惩机制和责任追究制度。

2. 监督体系设置不合理

经过多年的建设，当前我国的行政监督体系已形成一个主体多元、内容广泛、多层次的系统，发挥了很大的作用。但是，由于监督责任体系的构建、制度设计以及具体实施过程中的各种主客观因素的影响，监督体系并未形成一个明确的核心，各种监督机构不能组成一个整体，内外监督各不相属，国家监督与社会监督脱节，监督合力较弱，"漏监""虚监""难监"等现象还不同程度地存在，主要是各种监督形式本身还存在着明显的缺陷和不足。一方面，我国公共部门及其所属人员受到多重监督，例如，党的纪律检查委员会有责任对党的公职人员进行监督，政府的监察机关负责对政府官员及政府任命的其他人员进行监督，有犯罪嫌疑的公共管理人员同时还受司法监督，各级人民代表大会则要对政府组成人员和司法机关的主要领导进行监督。另一方面，我国各个监督机构分别隶属于不同的管理系统，立法监督属于人民代表大会，司法监督属于法院和检察院，行政监督属于政府。由于各个监督机构在体系上没有形成一个统一的整体，因此在监督体系中群龙无首，缺乏必要的沟通和协调，相互之间推诿扯皮事件时有发生，严重影响了监督机构应有的威信，也弱化了我国监督机制的整体效能。具体表现为以下几点。

第一，监督机构力量分散，惩防不力。国家监督职能分散于各级纪检监察机关、政府的预防腐败局、各级检察机关的查办和预防职务犯罪机构，这些机构职能重叠、边界不清，难以形成合力，且执行法律不一、执行标准不一，很难形成稳定、规范而高效的配合衔接机制。现有的行政监察体系、司法监察体系，其监察法制碎片化，监察对象存在盲区，特别是行政监察针对的只是狭义政府，而非广义政府，无法做到监察全覆盖，造成了有很多漏网之鱼的现象。在我国，80%的公务员、95%以上的领导干部都是共产党员，党内监督和国家监察既具有高度内在一致性，又具有高度互补性。创设从国家到县级的监察委员会，让其代表党和政府行使监察权，将实现由监督"狭义政府"到监督"广义政府"的转变，实现监察对象和监察范围"不留死角""不留盲区"，确保公职人员行使人民赋予的权力始终用来为人民谋利益。

第二，监督机构隶属地方和部门，独立性有待加强。现行反腐体制中，监督权是行政权和检察权派生的权力，国家没有统一集中的监督权。从党的十八大以来查处的68名省部级官员犯罪案件看，这些均与反腐监督缺乏独立性有关。监督机构隶属地方和部门，其功能受到限制，腐败行为的发现机制失灵、防范机制失效、惩治机制乏力，同级监督形同虚设。由此而导致的最大的危害是，无法对地方和部门领导进行日常监督，只能寄希望于中央查处，一旦中央监督不到位，极易"养虎遗患"。

第三，反腐败刑事司法呈同体监督，司法反腐公信力存在隐性流失。刑事司法关乎公民资格权、自由权和生命权，现代文明国家均选择侦查、起诉、审判三个独立主体相互制约的体制。我国实行公、检、法相互制约、相互配合的宪法原则，就是对刑事诉讼领域权力制约的体制设计。但在腐败犯罪刑事司法上，职务犯罪侦查权与审查起诉权同属检察机关，出现侦查与起诉同体格局。这种同体监督在一定程度上造成了司法反腐公信力的隐性流失，在效果上与异体监督也存在极大差异。

第四，执纪执法边界不清，存在以纪代法现象。腐败案件的法定侦查机构是检察机关，但检察机关借助党纪"双规"措施调查取证，以纪检身份进行初查，长期以来成为常态。这不仅造成了案件调查的权责不对称，而且淡化了执纪与执法两种截然不同的职责属性，并饱受规避法律诟病。据统计，新刑事诉讼法实施后，职务犯罪案件起诉、审判中作非法证据排除的有68%是通过"双规"获取的。

3. 法律制度不健全，监督缺乏可操作性

公共管理监督立法是建立和完善监督机制的前提和保证。监督主体的监督职能，必须以一定的法律法规为准绳，并通过一定的方式和程序来实现。有关监督的法律法规既是对行政监督权力及其行使的规范，又是对这种权力及其行使的保障。目前，我国实施监督所必需的法制规范还很不完备，缺乏明确的监督标准和具体的实施细则，难以准确判断和及时纠正监督对象的违法行为，使具体的监督活动无法可依、无章可循，缺乏可操作性，无法行使监督权力，同时又会造成对监督权力缺乏有效约束的现象。这就难免会导致监督的盲目性和随意性。例如，就人民监督而言，我国宪法中规定的有关人民的监督权利还没有通过专门法律加以具体规定，监督权利的行使还缺乏法律设定的可操作性程序。这样，人民对公共管理的监督就受到很大的限制。为此，有必要尽快健全监督法律法规，增强监督的可操作性，使监督真正落到实处。

4. 权力机关监督的实际效力较小

人民代表大会是国家权力机关，享有至高无上的权力，有权对一切国家行政机关实施

全面监督。人大对行政机关及其工作人员的监督,是最高层次、最有权威的监督,其监督应该最具有权威性和强制性。但在实际运行过程中,人大监督的实际效力较小。这是因为:第一,人大在实施监督时缺乏具体的法律作保障。尽管宪法和有关法律赋予了它重要的监督地位和权力,但现行法律只对监督的内容、范围和形式做了原则规定,而对行使监督的程序和违法行为应负的法律责任没有明确规定,使人大实施监督有时无章可循,无法操作,难以落到实处,导致人大监督搞"形式"、走"过场"。第二,人大自身的工作制度也影响其监督效果。以全国人大为例,由于实行会期制,每年的会期只有十几天的时间,在此期间,代表们要讨论决定国家政治、经济和社会生活诸多领域的重大问题,很难有足够的时间和精力充分审议政府在各个方面的工作,全国人大常委会虽然是常设机构,但常委们大多身兼数职,在常委职务外还有正式职务,不能有效地行使监督权。第三,权力机关所能获取的相关信息非常有限,政务公开程度较低,信息严重不对称。第四,人大代表的素质不能完全适应监督的需要。在实际政治生活中,由于非专业的人大代表自身的政治、业务素质问题,导致实际的参政议政能力不强,监督工作的基础不扎实,使得人大一年一次会议对公共管理的监督作用有限,缺乏经常性的监督和足够的监督力度。

5. 新闻舆论和人民监督的实际效力弱

新闻舆论和人民监督属于社会监督的范畴,当二者平衡时,社会权利便能有效制约公共权力。但由于中国是一个在历史上缺少民主传统的国家,加之公共管理的制度、程序、行为活动公开化机制不健全,透明度不高,监督渠道不畅,因此仍会表现出社会权利依附公共权力的现象。即使依宪法对公共管理过程进行监督,但由于没有规范的监督途径和确定的法律效力,因此仍不能对公共权力产生应有的约束力。

二、完善我国行政监督机制的有效措施

通过对我国行政监督体系中存在的主要问题进行分析得出,要提高我国行政监督体系的整体效能,维护监督主体的独立性和权威性,应采取以下措施。

1. 强化监督机构的动力机制

强化监督机构的动力机制,一是要全面提高监督人员的素质,加强道德自律教育,包括进行理想教育、信念教育和权力观教育,弘扬先进的理念,树立爱岗敬业的奉献精神。二是要明确监督主体的职责与责任,建立和完善责任追究制度,包括责任确定机制和责任奖惩机制,并与晋升任用制度和物质利益分配政策紧密结合。这样,就能促使监督主体形成强大的压力和动力,驱使监督主体高效地实施监督。

2. 建立行政监督体系的协调机制

只有建立监督体系的协调机制,使隶属于各系统的监督主体互相配合,协调一致,形成合力,才能充分发挥行政监督的整体功能,取得良好的监督效果。具体要做好两方面工作:一是要从加强监督立法入手,从法律上具体规范和明确各监督主体的地位、职责、权限,以及监督活动的范围、方式和程序等,建立监督主体之间以及监督主体与客体之间的责任、利益、权利、义务相统一、相协调的关系,形成一个全方位、多层次、强有力的行政监督体系网络。加强监督的总体规划和避免不同监督机制间的重叠和冲突,增强其整体

合力，使不同主体的监督体系各司其职、各负其责，明确监督目标。二是为了更好地加强各监督主体的整合，应建立一个专司行政监督协调的权威机构，赋予其相对独立的地位和较大的权威来统一协调各个监督主体对公共权力的监督问题。监督的独立性是保证监督公正性的前提，较大的权威则可以打破行政运行监督机制长期失衡的状态，并能对各监督主体进行综合指导和协调，使它们在监督过程或在有些案件受理、调查、移送、处理方面能互通情况、互相配合，形成有机整体，发挥整体效能。

3. 健全和完善行政监督法律机制

健全和完善行政监督的法律机制，从总体上说，要在行政监督立法、守法、执法三个环节齐抓共管。具体说来，就要制定一系列专门用于监督的法律，既要制定实体法规，又要制定监督程序法。这些法律会明确监督的主体、监督的内容、监督的手段和方法，以及可操作的公共管理监督的程序等，使监督纳入法制化的轨道，形成科学、合理而又完善的监督机制。只有完善监督法制，才能为健全行政监督法律机制，依法实行行政监督提供基本的规范程序和保障。因此，党的十九大报告强调："制定国家监察法，依法赋予监察委员会权限和手段，用留置取代'两规'措施。"

4. 强化人大监督机制

人大及其常委会是代表人民行使国家权力的机关，行使对公共权力的监督职能，它是以人民为后盾，以国家强制力为保证的国家权力的监督。强化人大监督机制是制约公共权力的重要途径。具体来说，一是要健全组织机构，如建立人大监督委员会等专门监督机构，以担负起日常监督工作，保证人大监督权的落实；二是要提高人大代表的素质和监督能力，如通过培训等方式，让人大代表和人大常委会成员熟悉有关监督的法律、法规，了解监督的形式、程序和方法，引入公开竞争机制，选举人大代表，弱化代表荣誉感，强化责任感和使命感；三是要加强重点或者焦点问题作为人大监督的重点，提高监督的质量和效果。

5. 完善新闻舆论和人民监督制约机制

充分发挥新闻舆论的监督作用，一是要加强新闻立法，以法律形式明确规定舆论的监督权、审稿权、批评权和采访、报道程序、方法以及侵权责任等，从而为舆论监督提供法律保障，使舆论工作者能更好地依法履行监督职责。二是要实现舆论监督与其他监督相结合。舆论监督是一种非权力型监督形式，其有效性需要通过权力监督机制的制衡才能真正得以实现。因此，权力机关监督、司法监督以及政府部门内部专门监督，既要充分重视舆论监督的作用，又要善于主动从舆论揭露的问题中发现重要案件线索并进行有力查处。

充分发挥人民监督的作用，一是要强化人民监督的法律保障，通过制定专门法律，确立人民监督的法律地位，明确人民监督的权限和程序，使之能够依法行使监督权，并受到法律应有的保护。二是要进一步提高公共管理机构工作的公开性和透明度，建立更广泛的公开办事制度，使社会各界切实参与到监督活动中，从多方位直接实施监督。三是要继续加强信访举报工作，要完善人民信访举报的体系和网络，健全保护和保密制度，健全举报奖励反馈机制等，保证言路畅通、举报有门，保护举报者的合法权限，使举报者免受打击报复，维护正义。四是要科学推行群众评议、领导干部任前公示制等制度。

6. 深化国家监察体制改革

党的十九大报告明确指出:"深化国家监察体制改革,将试点工作在全国推开,组建国家、省、市、县监察委员会,同党的纪律检查机关合署办公。"因此,国家监察体制改革是事关全局的重大政治改革,是国家监察制度的顶层设计,是推动全面从严治党向纵深发展的重大战略举措,对于健全中国特色国家监察体制,强化党和国家自我监督具有重要意义。国家监察是对公权力最直接的监督,监察全覆盖和监督的严肃性、实效性,直接关乎党的执政能力和治国理政科学化水平。监察体制改革坚持问题导向,着力解决行政监察覆盖范围过窄、反腐败力量分散、纪律与法律衔接不畅等问题,实现国家监察理念思路、体制机制、方式方法的与时俱进,将有效提升运用法律治理国家的能力,把制度优势转化为管理国家的效能。深化国家监察体制改革、制定国家监察法,体现了全面从严治党与全面深化改革、全面依法治国的有机统一,也充分体现了坚持党的领导、人民当家做主、依法治国的有机统一,必将推进国家治理体系和治理能力现代化。深化监察体制改革,要通过整合行政监察、预防腐败和检察机关查处贪污贿赂、失职渎职以及预防职务犯罪等工作力量,成立各级监察委员会,形成全面覆盖国家机关及其公务员的国家监察体系,根本目的是加强党对反腐败工作的集中统一领导。因此,深化国家监察体制改革,涉及政治权力、政治关系的重大调整,是政治体制的重大改革、国家监督制度的顶层设计,也是坚持和完善人民代表大会制度的重要举措。

为了贯彻落实党的十九大精神,根据党中央确定的《关于在全国各地推开国家监察体制改革试点方案》,第十二届全国人民代表大会常务委员会第三十次会议决定:在全国各地推开国家监察体制改革试点工作。具体内容如下。

(1)设立监察委员会,行使监察职权。按照《全国人民代表大会常务委员会关于在全国各地推广开展国家监察体制改革试点工作的决定》规定,在各省、自治区、直辖市、自治州、县、自治县、市、市辖区设立监察委员会,行使监察职权。将县级以上地方各级人民政府的监察厅(局)、预防腐败局和人民检察院查处贪污贿赂、失职渎职以及预防职务犯罪等部门的相关职能整合至监察委员会。监察委员会由本级人民代表大会产生。监察委员会主任由本级人民代表大会选举产生,监察委员会副主任、委员由监察委员会主任提请本级人民代表大会常务委员会任免。监察委员会对本级人民代表大会及其常务委员会和上一级监察委员会负责,并接受监督。

(2)监察委员会的职权。监察委员会按照管理权限,对本地区所有行使公权力的公职人员依法实施监察;履行监督、调查、处置职责,监督检查公职人员是否依法履职、秉公用权、廉洁从政以及道德操守情况,调查涉嫌贪污贿赂、滥用职权、玩忽职守、权力寻租、利益输送、徇私舞弊以及浪费国家资财等职务违法和职务犯罪等行为并做出处置决定;对涉嫌职务犯罪的,移送检察机关依法提起公诉。为履行上述职权,监察委员会可以采取谈话、讯问、询问、查询、冻结、调取、查封、扣押、搜查、勘验检查、鉴定、留置等措施。

(3)监察委员会的性质。监察委员会实质上就是反腐败工作机构,和纪委合署办公,代表党和国家行使监督权,既不是行政机关也不是司法机关,而是政治机关。按照《全国人民代表大会常务委员会关于在全国各地开展国家监察体制改革试点工作的决定》规定,监察委员会按照管理权限,对本地区所有行使公权力的公职人员依法实施监察。

为实现对本地区行使公权力的公职人员监察全覆盖，主要监察以下六大类人员：第一，国家公务员法所规定的国家公职人员；第二，由法律授权或者由政府委托来行使公共事务职权的公务人员；第三，国有企业的管理人员；第四，公办的教育、科研、文化、医疗、体育事业单位的管理人员；第五，群众自治组织中的管理人员；第六，其他依法行使公共职务的人员。

昭化区：专项巡察助推乡村振兴

"老乡你好，你们聚居点怎么还在乱倒垃圾？平常都是这样吗？"近日，广元市昭化区委巩固拓展脱贫攻坚成果专项巡察组深入清水镇树丰村罗汉寺居民聚居点，看到道路上垃圾乱堆乱放，严重影响村容村貌，引起了巡察干部的疑惑。

"我们这个居民点现在没有垃圾房，垃圾没地方倒，只能哪儿方便往哪儿倒了。"当地群众一肚子怨言。

当地群众告诉走访干部，聚居点缺少垃圾集中设施，很多居民都将垃圾随手放置，天最热的时候，垃圾散发出恶臭，蚊蝇横飞，严重影响大家的正常生活。

巡察干部在聚居点东边发现，公路边堆放了很多垃圾，以塑料袋居多，还混杂了废弃轮胎、泡沫，在阳光下反射着耀眼的白光。在居民点南边还有一个大坑，这里的垃圾堆积如山，伴有阵阵酸臭味。

经走访了解，树丰村罗汉寺聚居点有居民26户，聚居点建成后就配套建设了一个垃圾房。2021年因修建村道路占用，一直没有修建新的垃圾集中设施，当地居民没有地方倒垃圾，只能随意倾倒和焚烧，造成环境污染又容易滋生细菌，老百姓的怨声很大。

"群众的关切就是我们的任务，我们必须要给当地群众一个说法！"巡察组长立即找来村支部书记，当面质问道，"老百姓的怨声你们没听到吗？聚居点的白色垃圾你们没看到吗？你们的干部工作作风就这样吗？"

"脱贫攻坚不是一阵风，脱贫攻坚成果我们一定要巩固好。农村生活垃圾'户清扫、村收集、镇转运、区处理'模式必须长期坚持下来！"实地了解后，巡察组随即来到清水镇，将树丰村罗汉寺聚居点垃圾成堆问题和村组干部工作作风问题，与镇党委、政府主要领导同志进行了沟通，并向清水镇和树丰村下发立行立改通知书，要求村委会对居民聚居点垃圾立即进行清运，积极筹措资金修建垃圾房，确保居民聚居点住户有一个整洁干净的居住环境。

收到通知后，树丰村立即对居民聚居点及周边的垃圾进行了清运，清水镇党委对居民聚居点垃圾房资金做了安排，保证本月底开工建设，同时对分管城乡环境的干部和树丰村村组干部进行了集中诫勉谈话。

"非常感谢巡察组，帮我们解决了烦心事，以后生活起来顺心多了，巡察组真是给我们办了实事了！"看到干净整洁的聚居点，几个住户拉着巡察干部的手连声感谢。

"群众利益无小事，开展专项巡察，就是要巩固脱贫攻坚成果，助力乡村振兴，切实解决群众的烦心的事，堵心的事，真心实意为群众办实事。"昭化区委巡察办主任王珏说道。

为扎实做好巩固拓展脱贫攻坚成果同乡村振兴有效衔接，该区成立了巩固拓展脱贫攻坚成果专项巡察组，借鉴全国和全省脱贫攻坚考核验收的方式，紧紧围绕"三个聚焦"，对全区 18 个村巩固拓展脱贫攻坚成果工作进行一次全面的政治体检，截至目前，专项巡察组共发现问题 31 个，下发立行立改通知 6 件。通过巡察，加快推进全区乡村振兴步伐，助推农村人居环境提升，群众的幸福感、获得感不断增强。

资料来源：四川新闻网.昭化区：专项巡察助推乡村振兴.https://nyncj.cngy.gov.cn/mshow/20230105084137947.html.2002-12-27.

思考题：
1. 专项巡察组的主要工作方式是什么？
2. 结合案例，分析巡察工作为什么能够助力乡村振兴？

复习思考题

1. 简述行政监督的含义及其类型。
2. 简述行政协调在行政管理活动中的地位与作用。

第十一章 政府绩效管理

【学习目标】
* 掌握政府绩效管理的含义、计划与实施。
* 确定和掌握政府绩效反馈、考核与改进以及中国政府绩效管理的实践历程。

苏洵在《嘉祐集》中提到:"夫官必有课,有课必有赏罚。有官而无课,是无官也;有课而无赏罚,是无课也。"政府绩效是指各级政府在管理社会公共事务、提供公共服务过程中所取得的成绩和效益。政府绩效评估就是根据一定的目标、指标和方法,对各级政府、部门及其工作人员的绩效进行测量、考核,反映其工作的实际效果,通过奖优罚劣,促进政府改进工作、提升管理效率和服务质量。当前,适应社会公共服务需求变化,改革和创新政府治理,提高政府治理能力,改善政府绩效,是实现我国经济社会协调发展、建设和谐社会的关键。政府绩效管理是一个包含了绩效计划与实施、绩效考核、绩效反馈与改进等环节的系统过程,注重通过持续开放的沟通形成组织目标,并推动团队和个人达成目标。实践证明,科学的政府绩效管理,有助于推进公共行政的科学化、规范化、现代化。

第一节 政府绩效管理概述

一、政府绩效管理的概念

(一)企业绩效管理的理念与启示

毋庸讳言,政府绩效管理实践直接受到企业绩效管理的启发。企业的绩效管理是依据企业、主管与员工之间达成的协议来实施的一个动态的沟通过程,通过系统地对一个组织或员工所做出的贡献进行评价,并给予奖惩,来促进组织自身价值和目标的实现。如何使员工在现任岗位上发挥专长,并使其对职业生涯发展有正面的期望,是设计现代绩效考核制度的最高指导原则。绩效管理不但让员工有了更大的自我发展空间,同时还涵盖了目标管理、职业生涯规划等环节，它的目的是确保各项目标的达成，改进管理方法及程序，并以此作为开发人才潜力的基础。有效的绩效管理从一开始便有计划地展开，更强调未来绩效的提升，在注重工作结果的同时不偏废工作过程，从而能够不断发现和解决问题，有效地实现系统优化。绩效管理不应简单地被认为仅仅是一个测量和评估的过程，而应该是一个管理者和员工之间互相沟通、达成共识的途径。在绩效管理的过程中，员工和管理者应该明白组织要求的工作任务是什么、这项工作必须完成到什么程度。而且，绩效管理系统应该鼓励员工提高他们的自身绩效，促使他们进行自我激励，并通过管理者和员工之间开放式的沟通来加强彼此间的信任，这也是现代绩效管理不同于传统绩效评估的重要特征之一。

自 20 世纪 60 年代以来，伴随着政府财政危机和信用危机，西方发达国家开展了建设绩效导向型政府的改革活动，并引导着世界各国的公共行政改革趋势。无论是政府管理者、公共行政学家，还是社会公众，都极为关注政府管理的绩效问题。

（二）政府部门绩效的概念

绩效是效率和效能的总和，其中效率就是投入与产出的比率，效能则是将实际成果与原定的预期目标进行比较，前者适用于能够将投入和产出量化的场合，后者则适用于那些收益无法量化的场合。具体来说，政府部门的绩效概念涉及以下三方面内容。

1. 行政成本

行政成本是行政活动中消耗的人力、物力、财力、信息、空间、时间、权威、信誉等各种有形与无形资源的总称。与其他很多资源一样，政府部门的资源也是稀缺的。因此，政府部门的绩效一定会受到成本的限定和约束。行政成本包括以下两个方面。

（1）有效成本。有效成本在行政过程中能够转变为行政绩效。具体而言，它有量化成本和非量化成本两种形式，如工作人员的工资、办公物品的折旧消耗费用、调研和决策执行费用等，都是以货币计量的有效成本；而政府部门在各项决策中必须承担的风险，是无法以货币计量的有效成本。

（2）无效成本。如政府部门难以杜绝的铺张浪费，或因政府直接参与市场竞争而引发的寻租腐败等无益于提高政府绩效的支出就是一种无效成本。

2. 行政产出

政府部门的行政产出是指公共行政活动所形成的直接结果，它可能是有形的，如政府主持修建防洪大坝、实施航天工程；也可能是无形的，如政府倡导健康文明的社会风尚、依法治国的精神。与企业的产出相比，政府部门的产出经常是无形的，这是行政绩效难以精确计量的重要原因。

3. 行政效果

公共行政效果是指政府部门的直接产出对社会所产生的最终影响。如政府制定的某项政策是政府部门的产出，该项政策所引起的公民、社会、企业等观念和行为上的变化就是公共行政的效果。

行政效果可以分成不同的类型：根据时间跨度，可以将其分为短期效果、中期效果和远期效果；根据内容和范围，可以将其分为经济效果、政治效果和社会效果；根据作用的方向，可以将其分为正面效果和负面效果；根据可识别程度，可以将其分为显性效果和隐性效果。

（三）政府绩效管理的功能

政府绩效管理是在设定公共服务绩效目标的基础上，对政府部门提供公共服务的全过程进行追踪监测，并做出系统的绩效评估。因此，它一般包括三个最基本的功能活动。

1. 绩效计划与实施

绩效计划是一个将个人目标、部门或团队目标与组织目标结合起来的目标整合过程，是绩效管理的起点。制订了绩效计划之后，组织的员工就开始按照计划开展工作，即绩效实施。在工作的过程中，管理者要对员工的工作进行指导和监督，对发现的问题予以解决，并随时根据实际情况对绩效计划进行调整。

2. 绩效考核

绩效考核是根据事先确定的绩效指标，对政府管理过程中投入、产出、中期成果和最终成果所反映的绩效进行评定和划分等级。绩效考核包括组织绩效考核和个人绩效考核。对政府行政管理而言，组织绩效考核往往具有最重要的地位。公务员个人绩效的考核结果，是个人工资调整、奖惩和晋升的主要依据。

3. 绩效反馈与改进

绩效考核结果要通过反馈，让被考核者了解自己的绩效状况，才能将管理者的期望传达给员工，然后针对存在的问题拟订合理的绩效改进方案并付诸实施。在绩效改进过程中，可以通过培训提高管理者和员工的自身能力。

对整个组织而言，绩效反馈能更清楚地反映哪个部门或哪一要素出现了问题，并进行针对性改进。

总体而言，政府绩效管理是由收集绩效信息、确定绩效目标、设计考核指标、进行绩效考核、根据考核结果改进绩效等流程构成的行为体系，它既包括对政府绩效创造过程的管理，也包括对政府绩效结果的评估；既包括对公务员个人的考核，也包括对政府组织绩效的考核。绩效管理活动围绕这几个方面展开，是持续提高政府绩效、不断促进管理创新的动因。

二、政府绩效管理的意义

在政府部门管理的众多模式和方法中，绩效管理由于对政府部门效率和责任的强调，对结果导向的注重和对公民需求的回应，成为政府部门进行有效资源配置、提高效率的一个重要手段，并因此成为各国行政改革的趋势。综合对政府部门绩效含义及绩效管理功能活动的理解，我们认为，政府绩效管理既是一种通过持续开放的沟通形成对组织目标的共识，并推动团队和个人达成目标的管理行为，又是一个包含了绩效计划与实施、绩效考核、绩效反馈与改进等功能活动的系统过程。从实践的角度看，政府绩效管理具有以下意义。

1. 绩效管理为行政管理新模式提供了支撑

新公共管理学派提出公共服务市场化、社会化、权力非集中化、以结果和顾客为导向等观点挑战了传统僵化的行政模式，主张从集权的等级制转向参与和协作的扁平化组织结构。而组织是否放权取决于很多因素，其中之一是绩效可以得到测定和控制的程度。作为组织绩效的系统测定和展示，绩效管理为上级提供了充分的信息和控制绩效的手段，从而为分权化改革提供了保障和基础。

2. 绩效管理有利于在政府部门间形成竞争机制

绩效管理有利于在政府部门间形成竞争机制主要表现在两个方面：一是通过测评各个政府部门的绩效并公布有关结果，引导公民在公共服务机构的选择，导致投票流于形式，引起群众的抵触，从而对政府部门施加压力，促使其提高服务质量和效率；二是在政府部门内部，绩效考核和在此基础上的绩效改进有助于营造竞争氛围，形成诱因机制，将绩效与奖惩相联系，以激发人的工作热情和动力。通过绩效评估，政府组织的激励约束机制有了依据，进而可开展针对性的奖惩，强化了政府组织的激励约束机制。

3. 绩效管理为资源配置提供了科学工具

绩效管理作为一种管理工具，其最重要的意义是在政府运作和管理中加入了成本与效益的考虑，这有助于政府组织科学地设定目标并根据效果来配置资源，减少政府部门的浪费。从某种角度上说，它是政府部门进行有效资源配置的一个重要手段。

三、政府绩效管理的特征

在现代组织管理中，绩效管理发挥着越来越大的作用。与企业的绩效管理相比，政府部门的绩效管理由于价值取向的不同而具有各自的特征，主要体现在以下几个方面。

（1）公共目标导向。政府绩效管理的目的是通过奖惩机制强调政府的责任意识和危机意识，以奖优罚劣为手段，促进政府效能建设，不断提高政府在经济、效率、效果和公平方面的绩效，打造服务民众、使民众满意的高效政府。

（2）公民为本。政府绩效管理强调外部评价，对全体公民负责，这一点是由其目标的公共性所决定的。只有公众对政府提供的公共产品和公共服务满意时，政府管理才能产生真正的绩效。公众对政府部门的满意程度，是衡量政府绩效的终极标准。人们期待政府部门能够负起责任。政府绩效管理建立了对各种责任的评估机制，能够对政府部门的各种活动进行综合测评，并可以通过绩效反馈来判断公共行政的责任是否得到落实。例如，珠海市推行的"万人评议政府"就是典型案例。

（3）指标的多元性。政府绩效管理具有合理、精细的指标设计，能够较好地满足不同民众的多方面要求。公共服务所面对的是具有各种各样要求的"顾客"，他们对政府部门提供的同一类服务的评价往往差异很大。行政管理经常面临的困境之一就是在满足了一部分民众的要求时，往往会令另一部分民众感到不满。因此，要塑造一个现代的顾客导向型政府，就必须综合考量各方面要求，设计一套符合大多数公民根本利益的考核指标，有效地促进公共服务品质的提升。

（4）重视公民参与。在政府绩效评估过程中要吸引广泛的公民参与。公民是政府部门绩效评估的主体之一。因为从公共行政的角度来看，政府部门的支出必须获得公民的认可并按合法程序进行，公民有权评价政府部门是否为他们提供了优质的服务。发达国家绩效评估中的公民参与既表现在"顾客"导向的绩效指标设计和多样化的公民满意度调查上，又表现为民间组织对政府部门绩效的独立评价和审视。

① 控制过程，保证结果。企业绩效评估的一般原则是"目标导向""结果为本"，但

由于政府管理活动往往是涉及全局性、宏观性的领域，如果过分关注结果而放松对过程的监控，可能会导致严重的后果，如 SARS 等公共卫生安全问题。因此，政府绩效管理必须加强事前、事中监督，在注重结果的同时更注重管理过程的有效性。

② 兼顾组织绩效和个人绩效。政府绩效的形成不是公务员个人绩效的机械相加，而是与政府的职能部门设置、部门内的岗位设置、相应的信息传递系统、机构运转机制等密切相关，其中任何一个因素不科学都会影响整体的绩效。过去政府部门通常进行的是公务员个人绩效评估，但在个人与组织互动日益密切的情况下，仅仅进行个人绩效评估是不够的。个人绩效的提高并不必然导致组织绩效同步的提高，只有将二者有机结合起来才能促进政府部门整体绩效的提高。

第二节　政府的绩效计划与实施

一、政府绩效管理的价值取向

在制订政府的绩效计划之前，我们首先应该考虑的是计划的价值取向，这涉及衡量政府绩效管理成效的价值标准。在绩效管理过程中，针对不同的目标，衡量的标准应各有侧重，但总体而言，政府绩效管理的价值标准主要有以下几点。

（一）经济

在评估一个组织的绩效时，首要的问题便是"组织在既定的时间内花费了多少钱，是否按照法定的程序花费钱"。这是经济指标首先要回答的问题。经济指标一般指组织投入管理项目中的资源量。经济指标关心的是"投入"，以及如何使"投入"以最经济的途径使用。也就是说，经济指标要求的是以尽可能低的投入或成本，提供与维持既定数量和质量的公共产品或服务。

（二）效率

效率要回答的问题是"机关或组织在既定时间内的预算投入，究竟产生了什么样的结果"。因此，效率可以简单地理解为投入与产出之间的比例关系，效率关心的是手段问题，而这种手段经常以货币方式体现。效率可以分为两种类型：生产效率，指生产或提供服务的平均成本；配置效率，指组织所提供的产品或服务是否能满足不同偏好。也就是说，在政府部门所提供的种种项目中，如国防、社会福利、教育、健康等，其预算配置比例是否符合民众的偏好顺序，资源的配置能否实现大多数人的最大利益。

（三）效能

效能关心的问题是"情况是否得到改善"。因此，效能指公共服务符合政策目标的程度，通常是将实际成果与原定的预期成果进行比较。效能可分为两种类型：①社会效能。它包括两个方面，一是政府部门制定的目标和采用的手段是否体现了国家意志，是否代表了广大人民的利益；二是政府部门实现目标的能力，即目标完成的程度和速度。②群体效能。它着眼于集体功能的发挥是否符合组织的目的，组织内部的运行机制是否合理。如果行政组织内部结构不合理，或组织活动偏离了组织目的，则群体效能低；反之，则群体效能高。

（四）公平

传统行政管理学重视效率、效果，而不大关心公平问题。自新公共行政学产生以后，公平问题日益受到重视，并成为衡量以政府为代表的公共行政绩效的重要标准。公平作为衡量绩效的标准，关心的主要问题在于"接受服务的团体或个人是否都受到了公平的待遇，需要特别照顾的弱势群体是否得到更多的社会照顾"。但公平的价值标准在市场机制中难以界定，在现实中也难以测量。

（五）民主

政府绩效管理要考虑公众对政府的效率是否满意，考察政府所做的工作在多大程度上满足了社会和公众的需要。民主作为衡量绩效的标准，关心的主要问题在于"公民参与的程度有多高，政府是否接受了民众的监督，使公众意志和利益能够及时体现在行政过程中"。目前，我国的地方政府越来越认识到，作为服务对象的公民对于政府整体意义上的绩效最具有发言权。

二、绩效计划

绩效计划是一个将个人目标、部门或团队目标与组织目标结合起来的目标确定过程。作为绩效管理的第一个环节，绩效计划是否合理，直接关系着后续工作能否正常开展，影响着整个绩效管理的效果。政府部门绩效计划主要围绕以下几个方面进行。

（一）确定政府部门的战略目标

政府部门在制定战略目标的过程中，首先应该与顾客、与公众沟通，明确公众的需要与愿望，这样制订出来的绩效计划才会得到公众的认可和支持。政府作为公共产品、公共服务的提供者，最明确的职能定位是以满足公众的需要为自己的最高价值追求。因此，它在制订计划前必须充分考虑民意，广泛地建立接受利益表达的制度性渠道，并在进行利益整合时更加倚重民众的意志。

（二）将战略目标分解为具体的任务或目标，落实到各个岗位上

分解战略目标，首先要对工作标准进行明确的定义。工作标准必须符合组织的战略目标并且具有可测量性，使将来的绩效考核可以根据具体的标准来评价工作完成的好坏。这些工作标准应该是在对各个岗位进行相应的职位分析、工作分析、人员资格条件分析的基础上制定出来的，它反映了岗位的职责和特征。只有在明确了工作标准的基础上，才能制定出具体的岗位目标并加以落实。

（三）绩效计划中的沟通和参与

绩效计划是一个确定组织对员工的绩效期望并得到员工认可的过程，因此，它是一个双向沟通的过程，管理者和员工的共同投入和协作是绩效管理的基础，不同于管理者单方面布置任务、员工单纯接受要求的传统管理活动。

绩效计划必须清楚地说明期望员工达到的结果以及为达到该结果所期望员工表现出来的行为和技能。通常，各级政府的人事部门对制订绩效计划负有主要责任，各职能部门的

领导也应积极参与其中。最重要的是让行政工作人员也参与绩效计划的制订，那样他们会更容易接受绩效计划并在深刻理解计划的基础上全力配合，有利于绩效管理工作的顺利开展。而且，只有在全面了解行政工作人员的知识、能力、素质和技能后，制订的工作计划才会与个人的胜任特征相匹配，使绩效计划既有一定的可行性又有一定的挑战性。

三、绩效实施与过程管理

在绩效管理过程中，决定绩效管理方法有效与否的关键就是处于计划与考核之间的绩效实施与过程管理。政府组织最容易犯的错误之一是在制订了一个好的绩效计划之后，就等着年底的绩效考核，这也是政府绩效管理薄弱的地方。我国政府中存在着官员腐败和为追求 GDP（国内生产总值）数字增长而危害生态环境的盲目投资行为，主要原因之一就是缺乏对政府官员实现目标过程的监督和管理。

（一）持续的绩效沟通

绩效沟通是一个管理主体与考核对象追踪绩效进展情况、找到影响绩效提升的原因的过程。这些信息包括工作进展情况、潜在的障碍和问题、可能的解决措施以及管理者如何才能帮助员工等。绩效管理系统中，绩效计划是动态的，需要随时发现不合理和过时之处及时调整。持续的绩效沟通可以使一个绩效周期内的每一个人，无论是管理者或是员工，都可以随时获得有关改善工作的信息，并就随时出现的变化情况达成新的承诺。

（二）绩效信息的收集和分析

绩效信息的收集和分析是指系统地收集有关员工、工作活动和组织等方面的绩效信息并对此进行科学分析。所有的决策都需要信息，绩效管理也不例外。没有充足有效的信息，就无法掌握员工的工作进度和所遇到的问题，也无法对员工工作结果进行评价并提供反馈；没有准确及时的信息，就无法使整个绩效管理循环不断地进行下去并对组织产生良好影响。绩效信息的收集过程不像其他过程一样有时间上的顺承关系，而是贯穿整个绩效管理期间，渗透于绩效管理过程的每个环节。收集绩效信息的主要目的是为绩效考核、绩效改进和员工交流提供事实依据，也为其他人力资源决策提供事实依据，在绩效考核出现法律纠纷时为组织的决策辩护。

与绩效有关的信息主要包括：目标和标准达到或未达到的情况、考核对象因工作或其他行为受到表扬或批评的情况、证明工作绩效突出或低下所需要的具体依据、对管理者或员工找出问题有帮助的数据、管理者同员工就绩效问题进行谈话的记录等。信息收集的渠道可以是组织中的所有员工，如员工自身的汇报和总结、同事的共事和观察、上级的检查和记录、下级的反映与评价，等等。

第三节 政府绩效考核

一、政府绩效考核对象

（一）绩效考核的多元主体

在传统行政模式下，效率的考核活动属于管理过程中的控制环节。考核主要是上级部门或领导对下级部门或公务员的反馈活动。但是，随着分权化管理、结果导向、顾客导向、工作团队、组织与雇员发展等新公共管理理念和实践活动的大量出现，以往管理中自上而下的单向反馈考核方式已转变为全方位的绩效考核方式。近年来，在人力资源管理领域，对个人绩效的考核普遍采用"360度考核"，为个人绩效考核提供了更为全面和准确的考核方法。"360度考核"尽可能综合了来自上级、同事、下级、顾客等各方面的信息，避免了由直线领导进行考核时因信息不全或个人主观因素导致的错误结果，尽可能做到公平公正。从考核程序上看，被考核者不仅有同样的机会自述，而且有同等的权力考核他人，这种积极的参与模式能使被考核者更容易接受考核结果。

在组织绩效考核方面，同样也存在考核主体多元化的趋势，目前借鉴了源自企业的"平衡积分卡"考核方法。因为随着各种类型的公共组织日益获得更加广泛的管理自主权和资源控制权，它们已不再是单一而机械地执行上级部门的命令，而是还必须考虑立法部门、利益集团、政治领导人、专业人士、公众以及其他相关业务部门对它们提出的要求，并做出及时的回应。政府部门的责任机制，开始从自上而下的单一链条转变为面向多元利益群体的网络形式，政府部门的责任性已体现在政治、法律、专业技术、管理等各方面。同时，政府管理的战略性也在提升，需要可持续地完成公共目标，不断提升公共服务能力，因此，需要综合考虑当前服务绩效的达成与未来服务能力的培养。

（二）绩效考核的对象

对不同等级的公务员要按照其管理权限实行分级分类考核。对不同等级公务员进行分级考核体现了行政管理中分层管理、分级负责的要求。把同一级公务员放到一起考核既能增加可比性，又能强调主管领导在考核中的责任。实行分类考核的必要性在于政府机关的公务职位和公务人员都是分类管理的。不同类别的公务员，其职位内容、要求、特点均不相同，如在一级政府中从事秘书工作和从事财务工作的公务员考核就难以套用同一个标准。因此，政府人事行政机关一般实行分级、分类考核标准体系，有利于增强公务员绩效考核的可操作性和准确性。对政府部门的绩效考核需要一个前提，即科学地界定政府及其各职能部门的职责，科学地限定行政权力特别是行政许可权的范围。如政府及其职能部门职责不清、权限不明，政府绩效管理考核是难以进行的。此外，对各职能部门也要按照其提供公共服务性质的不同进行分类，设置不同的绩效考核指标。与此同时，还要根据各个部门的职责为其配置足够的资源，以发挥其能力。

二、绩效考核指标体系

政府部门的绩效考核指标可以分为四个维度：业绩、效率、效能和成本。在绩效指标的设置上，应遵循"SMART"的基本原则，这一原则在英、美等政府绩效管理相对成熟的国家被普遍使用。"S"表示"Specific"，要求绩效指标是"具体的""明确的""切中目标的"；"M"表示"Measurable"，要求绩效指标最终是"可衡量的""可评价的"，能够形成数量指标或行为强度指标，验证这些绩效指标的数据或者信息是可以获得的；"A"表示"Achievable"，要求绩效指标在付出努力的情况下是"能够实现的"，避免设立过高或过低的目标；"R"表示"Realistic"，要求绩效指标是"现实的"，可以证明和观察；"T"表示"Time-bound"，要求绩效指标具有"时效性"，注重完成绩效指标的特定期限。

（一）业绩指标

（1）公共服务的数量和质量。公共服务内容包括投资兴建的基础设施、颁布实施维护经济秩序的法令法规等，在数量上要尽可能满足社会发展的需要，在质量上要尽量提供优质服务水平，具有高效率的办事能力。

（2）公共管理目标的实现情况。如经济是否持续增长、物价是否稳定、就业是否充分、收支是否平衡、资源配置是否合理、国民财富是否增加等。

（3）政策制定水平与实施效果。例如，要考察一项财政政策的制定与实施是否科学有效，可以设置税收总收入、直接税、间接税、社会保险缴款占 GDP 的比重、员工的社会保障缴款占 GDP 的比重等指标进行考核。

（4）公共管理的效益。如税收总额占 GDP 的比重、政府支出占税收总额的比重、政府支出增长率与经济增长速度之比、人才吸引情况、外地企业和外资企业投资总额等。

（5）公民对公共管理和公共服务的满意程度。如公民对公共行政过程中体现的公平和公正是否信任、对政府部门的服务态度和办事效率是否满意等。

（二）效率指标

政府部门的效率是指公共管理者从事公共管理活动所取得的成果同所消耗的人力、物力、财力和时间的比例关系。公共行政的效率可以通过公共产品或服务的数量、质量、时效、费用、公共行政能力的发挥水平、组织系统要素和系统整体的运行状况等方面的指标来测量。效率指标通常包括提供公共服务与产品的单位成本、服务与产品的数目、公共政策执行的开支、政府部门的办公物品损耗费用等。

（三）效能指标

效率作为绩效考核的指标，用于衡量可以量化的公共产品或服务，而许多公共服务在性质上很难界定，更难量化，不能使用效率指标进行测量。效能是指公共管理活动对目标团体的状态或行为改变的影响程度，如福利状况的改变程度、公共服务的顾客满意程度、政策目标的实现程度等。对政府部门的效能可以从两个方面考核。

（1）行为的合理化水平。包括公共决策是否科学、民主监督是否有效、公共行政是否廉洁高效、政府能否有效执行政策、立法活动能否满足经济和社会发展的要求、政治体制能否依据经济与社会的需要及时变革等。

（2）政府机关效能。包括以下几个方面：是否有合理而完善的制度，包括岗位责任制、首长责任制、服务承诺制、限时办结制、联合办公制、效能考评制和失职追究制等；能否依法行政；是否推行政务公开；是否公示机关各部门的职责、权限、审批程序、时限、承处人姓名和审批结果等；能否提高办事效率；能否提供使公众满意的优质服务。

（四）成本指标

公共行政成本指标的设置依据两个方面：一是为了维持政府机构运转所产生的费用；二是为了履行其职能所产生的投入。具体包括以下内容。

（1）政府部门占用的人力、物力与财力。如政府部门的职员人数、政府部门固定资产总额、政府部门支配资源的程度及支出结构等。

（2）政府部门的支出。如中央政府国内外负债及占 GDP 的比重、中央政府预算盈余（赤字）及占 GDP 的比重、政府发展科教文卫等方面的专项支出和政府一般性支出占 GDP 的比重、政府消费占 GDP 的比重等。

三、个体绩效考核方法

绩效考核的对象可以是个人，也可以是团体或组织。公务员绩效考核有定性的方法，如述职报告法、人物评语法、要素评语法等；也有定量的方法，如增/减分法、系数法、指标法等。不同的方法针对不同职位类别的公务员进行考核，并且互相交叉。

（一）自我报告法

自我报告法即利用书面形式对自己的工作进行总结及考核的一种方法。这种方法比较适用于管理人员或高层领导的自我考核，并且测评的人数不宜太多。自我考核是自己对自己一段时期工作结果的考核，让被考核者主动地对其表现加以反省，独立地为自己的绩效做出评价。

（二）业绩评定表法

业绩评定表法即根据所限定的因素对员工进行考评，是一种被广泛采用的考评方法。采用这个方法，主要是在一个等级表上对业绩的好坏判断进行记录。考核所选择的因素有两种较为典型的类型，即与工作有关的因素和与个人特征相关的因素。与工作有关的因素是工作质量和工作数量，涉及个人因素的有依赖性、积极性、适应能力和合作精神等特征。考核者通过明确描述出员工及其业绩的各种因素的比重来完成这项工作。

（三）因素考核法

因素考核法即将一定的分数按权重分配给各项绩效考核指标，使每一项绩效考核指标都有一个考核尺度，然后根据被考核者的实际表现在各考核因素上评分，最后汇总得出的总分，就是被考核者的考核结果。使用因素考核法时，应该注意每个因素对于不同职位上的公务员的重要性是不一样的，针对不同的考核目的和不同层次的考核对象，考核的侧重点有所区别。从考核的目的上看，对公务员的奖励应以考"绩"为主，对公务员的晋升应以考"能"为主；从不同的考核客体来看，对一般公务员的考核应侧重于工作态度和职业道德，对中层负责人的考核应侧重于能力，对部门负责人的考核应侧重于业绩。

（四）工作标准法

工作标准法即制定工作标准或劳动定额，然后把员工的工作情况与工作标准相比较，找出差距，以考核员工绩效。在政府部门，能够完全量化的工作标准较少。因此，这种方法很少单独使用，一般只是作为考核程序的一部分。

（五）面谈考核法

现代绩效管理十分重视上下级之间的沟通，面谈是一种十分重要的沟通方法，广泛地应用于人力资源管理的各个环节上。面谈考核是为了反映通过书面测验无法反映出的情况，能更进一步地了解员工对工作岗位的适应情况，找出不足，对症下药。随着现代绩效管理思想的发展，各国政府越来越关注公务员的能力与素质状态，对公务员的考核强调上下级之间的关系与了解，通过构建上级与下级之间的良好关系，去了解下级的工作情况，并经常加以指导，协助其改进，从而为人才开发打好基础。

（六）个人绩效合约

首先根据组织绩效目标自上而下的层层分解，确定不同员工的主要绩效范围，然后设定相应的绩效目标并确定具体的考核目标。员工在与其直接上级进行沟通后签订个人绩效合约。员工的直接上级负责监督绩效合约的完成，并负责根据绩效合约的具体要求对员工进行绩效考核。

（七）行为等级评定法

行为等级评定法即把行为考核与评级量表结合在一起，用量表对绩效做出评级，并以关键行为事件为根据，对量表值做出定位。使用这种方法，可以对源于关键事件中有效和非有效的工作行为进行更客观的描述。熟悉一种特定工作的人，能够识别这种工作的主要内容，可以对每项内容的特定行为进行排列和证实。这种方法需要大量的员工参与，因此比较容易被员工接受。

四、系统绩效考核方法

目前被广泛谈论和应用的系统绩效考核的方法主要有两种：关键绩效指标法和平衡记分卡法，这两者是基于组织战略的系统考核方法。这两种方法的系统采用，使组织将未来愿景通过战略的连接，落实到每个经营单位或战略单位、每个部门乃至每一个人，使整个组织在这个系统的引导和管理下，成功地实现组织的战略目标。

（一）关键绩效指标法

关键绩效指标是用于考核和管理被评估者绩效的可量化的标准体系。它的含义有三方面：首先，关键绩效指标是一个标准化的体系，它必须是可量化的；其次，关键绩效指标体现了对组织战略目标有增值作用的绩效指标，基于关键绩效指标对绩效进行管理，就可以保证真正对组织有贡献的行为受到鼓励；最后，关键绩效指标是进行绩效沟通的基石，它是连接个体绩效与组织战略目标的一个桥梁，通过在关键绩效指标上达成的承诺，员工与管理人员就可以进行工作期望、工作表现和未来发展等方面的沟通。建立关键绩效指标体系时，应当遵循以下几项原则。

（1）目标导向。关键绩效指标必须依据工作目标确定，其中包括组织目标、部门目标、岗位目标。把个人和部门的目标同组织的整个战略联系起来，以全局的观点思考问题。

（2）注重工作质量。工作质量是任何组织想要在市场经济中拥有强大竞争力的核心要素，但往往难以衡量，因此，对工作质量设立指标、进行控制尤为重要。

（3）保证可操作性。从技术上保证指标的可操作性，对每一个指标都给予明确的定义，建立完善的信息收集渠道。

（4）强调输入和输出过程的控制。在设立关键业绩指标时，要优先考虑流程的输入和输出状况，将两者之间的过程视为一个整体，进行端点控制。

（5）指标一般应当比较稳定，即如果工作流程基本不变，则关键指标的项目也不应有较大的变动。

（6）关键指标应当简单明了，易于被执行者理解和接受。

基于关键绩效指标的绩效管理是结果导向的。关键绩效指标法的主要注意力在于绩效指标的设置必须与组织的战略目标挂钩，其"关键"二字的含义是指在某一阶段某个组织战略上要解决的最主要的问题。这种方法的运用无疑是很有针对性的，但在政府部门的实际操作中还存在一些弱点。

（1）虽然它正确地强调了战略的成功实施必须有一套与战略实施紧密相关的关键业绩指标来保证，但却没有进一步将绩效目标分解到组织的基层管理部门及操作人员。

（2）关键绩效指标没能提供一套完整的对操作具有具体指导意义的指标框架体系。

（3）政府部门的产出难以量化，在进入市场的交易体系后难以形成一个反映其机会成本的货币价格，要精确算出投入产出比并不容易，这就为对相关指标进行准确量化带来了技术上的难度。

（二）平衡记分卡法

平衡记分卡法（BSC）是由哈佛大学商学院的教授罗伯特—卡普兰创立的，它是具有绩效考核功能的管理系统。它的主要功能在于实现内部过程和外部产出之间的反馈循环，使组织的发展战略落实为行为，从而能够持续地改善战略绩效，实现组织目标。作为一种系统考核方法，运用于企业中的平衡记分卡同时设置了四个关键管理层面，反映了四个方面的绩效。

（1）财务层面：由营业收入增长与组合、成本下降、生产力提高、资产利用投资策略等指标构成。

（2）顾客层面：由市场占有率、顾客延续率、顾客争取率、顾客满意度及顾客获利率五大核心指标构成。

（3）企业内部流程层面：可以分解为创新、营运、售后服务三大流程。企业通过界定一个完整的内部流程以发展新的解决方案，满足顾客与股东的需求。

（4）学习与成长层面：包括企业通过增强员工潜力、信息处理能力、明确权责和目标来提升员工满意度、员工留职率及员工生产力。

平衡记分卡也强调绩效管理与组织战略目标之间的紧密关系，并提出了一套具体的指标框架体系，具有很强的操作指导意义。与此同时，它还阐明了以上四个层面之间的内在关系：学习与成长层面解决企业长期生命力的问题，是提高企业内部战略管理的素质与能力的基础；企业通过管理能力的提高为客户提供更大的价值；客户的满意使企业获得良好的财务效益。以此为基础，从这四个层面出发设计的各项考核指标在逻辑上紧密相承，保持了组织管理所需要的动态平衡。平衡的过程也就是通过关键因素的理性整合，不断提升系统有效性的过程。

由于平衡记分卡具有强有力的理论基础和便于操作的特点，该方法自20世纪90年代初一经卡普兰教授提出，便迅速被美国等发达国家的企业所采用。今天当人们谈及系统绩效管理时，基本都是以BSC为主的体系。虽然平衡记分卡最初的焦点和运用是改善私营企业的管理，但是平衡记分卡在改善政府部门的管理上也能取得很好的效果，发挥着聚焦重点、激发潜能和提高责任感的作用。

平衡记分卡符合政府部门赖以存在的基本原理，即服务于公民（顾客），而非仅仅控制预算开支。财务层面为企业营利提供了一个清晰的长期目标值，但对于政府部门来说，财务层面提供的只是一个约束而不是一个目标值。政府部门必须把开支控制在预算之内，但是不能以能否维持开支和预算的平衡来衡量它们是否成功。如果政府部门严重违背了它的使命和利益相关者的期待，即使能够减少开支，也不能证明它有效益和效率。因此，财务因素在政府绩效管理中可以发挥促进和约束作用，但是很少成为政府部门的主要目标。政府部门平衡记分卡应该把对顾客层面的考核置于最上层，将满足顾客或利益相关者的要求作为主要目标，其他各个方面的改善只是实现这个目标的手段，而不是目标本身。

利用平衡记分卡能将政府部门的行为过程与战略目标很好地结合起来，直接提升政府管理的有效性。政府部门平衡记分卡作为一种有效的战略执行工具，它的四个层面作为一个整体，是协同增进绩效的关系。具体说来，政府在确立使命或目标的同时，需要确立相应的预算指标和预算执行方式，确立相应的组织结构和组织流程，确立相应的绩效考核体系，并通过确立相应的学习机制，使公务员能够不断提高自身的素质并不断推动组织发展。

第四节　政府部门绩效反馈与改进

一、绩效反馈

绩效管理的循环从绩效计划开始，以绩效反馈和面谈等环节导入下一个绩效周期。总的来说，绩效反馈主要有以下几方面的作用：第一，使员工了解自己在本绩效周期内的业绩是否达到所定目标、行为态度是否合格，让其与管理者对考核结果达成一致的看法。绩效考核以后，如果评估结果没有反馈给员工，那么问题就会仍然存在。第二，探讨绩效未合格的原因所在并制订绩效改进计划。通过绩效反馈，员工与管理者之间有了良好的沟通，双方可以就如何解决绩效问题进行探讨，从而形成绩效改进计划，进而改进绩效。第三，管理者可以在绩效反馈中向员工传递组织的期望。组织的战略是要层层分解到具体的工作岗位上的，在管理者与员工讨论工作目标的过程中，就可以将组织的战略目标贯穿其中，让员工把握具体的目标并将其落到实处。第四，管理者和员工双方对下一个绩效周期的目标进行协商，形成个人绩效合约。绩效合约是一种正式的书面约定，它将管理和员工双方讨论的结果列为具体的条目记录下来，这样既有助于员工清楚自己要完成的任务有哪些，又有助于管理者在绩效周期结束时对员工的绩效进行评估。

绩效反馈应该是经常性的。管理者一旦意识到在员工的绩效中存在缺陷，就有责任立即去纠正。这种经常性的绩效反馈使员工在正式的绩效考核前对自己的表现有一个大体的认识，更容易接受绩效考核结果。绩效反馈着重于管理者与员工之间的沟通，因此，应该鼓励员工积极参与绩效反馈过程，让管理者与员工在一种相互尊重和相互鼓励的氛围中讨论如何解决员工绩效中所存在的问题。

成功绩效反馈应该"对事不对人"，将绩效反馈集中在行为或结果上而不是在人的身上。对员工的有效业绩要给予肯定和赞扬，表明管理者并不仅仅是在寻找员工绩效的不足，从而增加绩效反馈的可信程度，也有助于强化员工的相应行为。与此同时，要把重点放在解决问题上，改善不良绩效。管理者应该和员工一起找出导致不良绩效的实际原因，然后就如何解决这些问题达成共识。绩效反馈的最后阶段是，要制定具体的绩效改善目标，这是最为有效的绩效激励因素之一，有利于激发员工改善绩效的动力。

二、绩效改进和导入

成功的绩效改进和导入，是绩效管理发挥效用的关键。传统绩效考核的目的是通过对员工的工作业绩进行评估，将评估结果作为确定员工薪酬、奖惩、晋升或降级的标准。而现代绩效管理的目的不限于此，员工能力的不断提高以及绩效的持续改进才是其根本目的。政府部门的绩效改进遵循如下过程：第一步，分析组织绩效改进要素，确定期望绩效与实际绩效，找出两者间的差距，分析差距背后的底因；第二步，要针对存在的问题拟订合理的绩效改进方案，并确保其能够有效地实施，如个性化的培训等；第三步，通过对绩效改进过程和产生的结果进行评估，分析绩效改进方案的实施效果。如果效果不好或达不到政府部门的期望，就要对绩效改进计划进行调整。绩效改进计划要有实际操作性，最好能详细具体到每一个步骤。

绩效导入的焦点就是进行绩效培训，为能保证绩效的持续改进，必须通过培训使管理者和员工具备相应的能力。绩效导入一方面可以增进管理者和员工对绩效管理的了解，尽可能减少绩效管理过程中的错误行为和由此造成的不良绩效；另一方面可以让管理者和员工掌握绩效管理的操作技能，例如如何设定绩效指标、如何评分、如何进行绩效沟通等，保证绩效管理的有效性。在具体实施绩效培训时，组织应该根据员工的具体情况来设计个性化的培训方案。

政府部门的管理者经过培训后才能更好地指导下属，不是把自己放在一个监督者的位置上，而是注重和下属之间的沟通，鼓励他们竭尽所能、改善自我，使员工的满意度和积极性得到提高，做到人尽其才、才尽其用。政府部门的员工只有在质量关注意识、服务导向、主动性等相关方面完善自己时，他们的工作效率和对顾客的服务质量才会得到提高，政府部门的整体绩效才会因此改进。概括而言，绩效改进和导入主要包括以下内容。

（一）绩效沟通

绩效沟通是绩效改进和导入的前提。通过沟通，员工能全面了解上级主管部门对自己工作的真实评价，发现工作中存在的差距和主要问题，共同分析原因，并制定出改进措施。同时，绩效沟通还能帮助政府主管部门进行一系列的人事决策，如晋升、培训、调离等。在人事决策的过程中，要利用一切的信息沟通渠道，把每个政府工作人员的绩效情况都公开化、透明化，使得绩效结果的运用更加公平，也使绩效导入更有针对性。

（二）设定绩效改进目标

政府部门的公共性决定了它要对公众负责，所以与公民满意度相关的绩效改进目标是处于优先地位的。这种优先等级的确定将大大减少绩效改进中可能出现的主次不分问题，更有针对性地解决问题。

（三）设定能力发展目标

能力发展目标是指那些与提高员工工作效率和提供服务的能力有关的目标。管理者必须充分了解员工目前的能力、妨碍员工获得更好绩效的因素，以及员工的事业目标。根据这些信息，管理者才能制订出绩效导入计划，对员工进行必要的职务调整，或实行培训与再教育。从长远来看，管理者还应该根据员工目前的绩效水平和长期以来的绩效提高过程，和员工协商制订一个长远的工作绩效和工作能力改进提高的系统计划，明确员工未来的发展途径。

（四）绩效改进和导入方案的拟订与实施

绩效改进和导入方案需要细致全面的策划以及专家的指导。正如平衡记分卡展现的组织内部四个层面之间存在的逻辑因果关系，政府部门的绩效计划也是这样通过逻辑因果关系联系在一起的。因此，在设计绩效改进的方案时要系统地看问题，不能顾此失彼。绩效导入属于学习与成长层面，对于一个组织的长远发展尤为重要，应拟订一系列的方案不断更新员工的知识储备，激发他们的创新能力。

第五节　中国政府绩效管理实践

一、中国政府绩效管理的现状

（一）现状分析

绩效管理作为一种新的管理工具，目前在西方发达国家的公共行政领域得到广泛的应用。随着中国经济社会的发展，政府绩效管理职能日益扩大，政府目标责任制逐步推行，机构改革不断深入，政府部门绩效也同样成为各级政府普遍关注的问题，很多政府机关和地方政府都在尝试进行绩效管理改革实践并取得了一定成效。目前，我国政府绩效管理的应用主要分为三种类型。

1. 普适性的政府机关绩效管理

普适性的政府机关绩效管理的特征是将绩效评估作为绩效管理系统中的一个环节，随着绩效管理的普及而普遍适用于多种公共组织。如目标责任制、社会服务承诺制、效能监察、效能建设、行风评议等。

2. 具体行业的组织绩效评估

具体行业的组织绩效评估主要将绩效评估应用于具体的行业，一般具有自上而下的单向性特征，即由政府主管部门设立评价指标体系，组织对所属企事业单位进行组织绩效的定期评估。例如卫生和计划生育委员会为医院设立的绩效评估体系、教育部为各级各类学校设立的绩效评估体系等。

3. 专项绩效评估

专项绩效评估即针对某一专项活动或政府工作的某一方面开展绩效评估。例如国务院办公厅开展的政府网站绩效评估、广东省人民政府开展的依法行政绩效考核等。

总体而言，我国的政府绩效管理实践已经在各级政府及其部门中逐渐开展起来，并引起了社会各界的广泛关注。政府绩效管理对于促进我国民主、政治发展、改进政府绩效、提高政府信誉和形象都具有重要意义。

（二）存在的主要问题

当前我国政府绩效管理实践尚处于探索期，在理论上和实际操作上都还很不成熟，存在的主要问题如下。

1. 绩效目标制定的问题

绩效目标的设定需要有一定的挑战性，这样才会产生内在的激励作用。但是，目标实现难度频繁提高，就会适得其反，挫伤下级的工作积极性。目前许多地方政府对职能部门的年度考核指标是年度递增的，这样不免会使许多职能部门产生过大压力，迫不得已采取消极应对措施，甚至出现虚报数字的情况，导致考核结果无法反映真实的绩效。

绩效目标的制定注重短期目标，忽视长远发展，导致政府的短期政绩得到彰显，但可持续发展能力受到削弱。最明显的例证是在各地发展工业而忽视了生态环境的保护和治理。

绩效目标的制定缺乏广泛参与。我国政府部门的绩效目标往往是由上级部门和领导制定的，下级部门和普通工作人员参与较少。这样制定出来的目标下级认同率低，执行过程中的动力自然不足，绩效管理的效果也不理想。

2. 绩效指标设定的问题

下级部门往往依据上级领导的偏好来设定指标，上级关注什么，绩效考核就考什么，对上级不关注的往往不考核或考核的权重较轻。而事实上，上级领导的偏好不一定就与组织的核心职能相一致。

指标设定过程缺乏对环境变量的思考。如就地方招商引资这项指标而言，交通便利的商品集散地、沿海近港地区常年都有大批外商主动投资，而内陆或是交通不发达的地区在招商引资的数量、质量上就明显不如沿海地区，这是当地的行政机构及其工作人员不能完全控制的。近年来各地政府为促进当地经济发展，都将招商引资作为一项重要的绩效考核指标。上级部门在下达这项指标时往往不考虑环境因素，导致有些地区难以完成指标，这样考核就明显有失公平。

地方政府的绩效指标体系中，存在许多"一票否决"指标的设置，即一项指标不合格，其他指标分值再高也不合格。这种指标的设置很不科学，个别指标比如涉及人民群众生命财产安全事故、重大决策失误等指标占的权重较大是合理的，但是一些地方政府将群众越级上访、计划生育等设置为"一票否决"的指标就值得商榷。

3. 绩效考核过程中的问题

考核程序没有规范化，容易使本应严谨的考核流于形式；考核方法多为定性，较少采取定量方法；考核结果难以兑现；我国政府部门的考核以官方为主，多是上级对下级的评估，缺乏社会公众对政府以及政府部门的评估；对下级部门的绩效考核不是统一进行，主管职能部门各自为战，下级部门每年要应付许多职能主管部门的考核和检查，多头考核成了下级部门的沉重负担，甚至影响了正常工作的开展；政府绩效考核过程封闭，缺乏外界监督。

4. 重评估、轻过程的问题

绩效考核本身的后馈性决定了完整的绩效管理计划应包括管理过程中的预警指标，即对管理过程中偏离绩效目标的因素提出预警，使下级部门和工作人员能够及时做出调整，保证绩效目标的实现。而这一点是我国大部分绩效管理计划所缺失的。我国的绩效管理目前还处于重评估的阶段，并没有真正地把绩效管理作为一个完整的系统引入政府部门的管理中，因而不管是在理论上还是在实践上，我们看到的都是绩效考核和评估，绩效考核后的结果缺乏沟通，也缺乏配套的改进措施。

5. 法律法规不完善的问题

虽然历次政府机构改革都强调提高行政效率，但只是停留在较为抽象的原则层次上，缺乏较具体、可操作的政策性指导，更没有相应的法律法规作为制度保障。由于缺乏整体的战略规划和科学有效的管理方法，绩效管理难以在我国政府部门全面系统地推进。

二、中国政府部门绩效管理存在的困难及原因

只有对政府部门绩效进行衡量，才有改进和提高公共行政绩效的可靠基础。但与私人部门相比，政府部门的绩效管理要困难得多，造成这些困难的原因有以下几点。

（一）政府的产出难以量化

绩效管理的一个重要前提就是将所有绩效都以量化的方式呈现出来，并据此进行绩效衡量。这对私人部门基本上不构成问题，因为私人部门的产品和服务可以出售，并且可以用货币价值来衡量。但政府部门的绩效管理远比私人部门复杂，因为它要面临如何将公共服务量化的问题。由于行政组织是一种特殊的公共权力组织，所生产出来的产品或服务是一些"非商品性"的产出，大多数公共服务品质的好坏很难用客观具体的数据来衡量，因此，它们在进入市场的交易体系时不可能形成一个反映其生产成本的货币价格，要精确算出投入产出比并不容易，这就为对其数量进行正确测量带来了技术上的难度。

（二）公共行政价值取向的多元性

公共行政价值取向的多元性、利益机制的复杂性，使政府部门绩效评估的利益取向定位和价值取向定位具有更多的争议性和主观性，这种争议性和主观性也阻碍着政府部门有效地实施绩效管理。具体而言，绩效管理包括对公共项目决策、实施以及效果与影响的分析，评估一项公共项目实施得好坏，自然也就涉及对公共项目决策者和管理人员的能力高低的鉴别。这种鉴别经常使决策者和管理人员因感到威胁而抵制评估。而且，由于与自身利益相关，政府部门总是试图表明公共项目的积极效果，极力维护和提高其地位和权威，不愿接受来自外部的批评指正，因此，绩效管理作为一种公共管理工具未能被政府部门有效地利用。

（三）绩效管理项目的复杂性

绩效管理项目的目标缺乏准确性。许多公共项目表述过于笼统，所反映的公共项目目标含糊而不具体，而且公共项目目标隐含着价值判断和政治因素，很难形成社会全体成员的一致看法。公共项目决策者出于政治上的原因，往往故意把目标表述得模糊不清。这些都给考核标准的确立带来了困难，难以衡量评估项目达到预定目标的程度。

（四）绩效指标制定困难

绩效指标的制定是否周全、合理、客观，是否能涵盖该组织的重要绩效，是成功的绩

效管理必备的条件。因此，政府部门是否拥有具备绩效管理能力的专家，是否能制定出科学、合理的绩效指标体系，就成为绩效管理的重要条件。此外，在制定绩效指标的过程中，上下级机关难免会在指标的数量、范围、权重等方面发生争议。许多政府部门推行绩效管理之所以失败，首先起源于绩效指标体系的不合理。

（五）政府部门信息收集和处理困境

绩效管理的过程有赖于可靠的信息。如果所收集的信息错误或不够全面，就无法真正地反映机关的实际绩效。但是，政府部门的信息由于量化困难、渠道不畅、政治利益等各方面的原因，很难客观有效地反映组织的真实情况，这无疑也给绩效管理带来了极大的困难。

三、优化中国政府绩效管理的对策

2017年10月，习近平总书记在党的十九大报告中提出，要全面实施绩效管理，完善干部考核评价机制。这为我国政府绩效管理改革指明了方向。结合当前各级各地的具体情况而言，需要从以下五个方面进一步优化政府绩效管理实践。

（一）建立完整的政府绩效管理体系

政府部门在制定明确的长远战略规划后，对战略规划实施过程中的绩效目标应有阶段性安排，在一个发展阶段内相对稳定几年，然后再根据前几年的实际业绩平均值确定下一阶段的绩效目标，这样才能对下级部门和员工产生真正的激励作用，使其在重视最终结果的同时也注重绩效过程的实施。

建立政府绩效管理过程中的内外沟通协调机制。在对政府部门实施绩效管理的过程中，各个利益相关主体的意见和建议相当重要，只有很好地平衡各个利益相关主体的利益，才能真正进行绩效管理。可以通过草案的协商、公示等各种途径保证绩效管理的内外沟通协调。绩效考核的主体要多元化，尤其应重视公众满意度的测量。政府部门提交的绩效计划应当通过人大、上级政府的审批，接受公众的监督和建议。考核主体应多元化，不但要由政府部门自己提供绩效计划和结果报告，还要由上级主管部门、同级人大以及公众来参与评价。要重视公众满意度的测评，赋予公众参与评价的权利，保证公众参与评价的途径畅通。适当稳定一级政府首长的任期，抑制政绩冲动，提升政府绩效管理的战略水平。同时，积极探索多部门或者多个平级政府共创绩效的分配方法。在我国的政府绩效管理中存在的一个突出问题是，有些绩效需要由多个部门共同取得，但是由于缺乏科学合理的业绩分配方法，导致多个绩效主体的积极性被挫伤了。

（二）加强绩效管理立法工作

从立法上确立绩效管理的地位和权威性，保证绩效管理成为管理政府的基本方法，进而促进政府开展绩效考核以提高公共管理水平。绩效管理机构在政府中应具有相对独立的地位，享有调查、考核、评估有关政府活动的权力，不受其他任何行政组织或个人的干扰；评估结果能够得到有效传递和反馈，切实应用于提高行政效率；评估活动能引起公众的关注，有充分的可信度和透明度。

颁布绩效管理工作的制度和规范，对公共行政过程中应对哪些项目进行评估、开展什么形式的评估、评估应注意哪些事项等问题做出详细规定，使评估工作有法可依，有规可循，把绩效管理纳入一个正常发展的轨道。

（三）完善公民参与机制

重新定位公民的作用。公民不再仅仅是传统意义上的投票人、纳税人、服务的接受者，而是国家和政府真正的主人。公民可以而且应该积极参与公共事务，帮助政府机构界定重要问题，提出解决方案，判断目标是否达成。

由公民选择、界定绩效考核对象。在公共服务设计中引入"顾客介入"机制，通过公民的参与将事实（资料数据）与价值取向（公民偏好）结合起来，增加绩效考核指标体系的社会相关性，选择将那些最需要监控又最能体现对公民负责的重要项目纳入绩效考核指标体系，以保证提供的公共服务符合公民的偏好。

公民参与意味着公民可以以社会的主人和服务对象的角色对政府绩效提出要求，协助和监督政府机构对他们的开支和行为负责。这样的绩效管理不但能帮助政府以民众的需求为导向，还能使政府的运作随时受到公众的监督。

（四）建立健全合理的评估体制

建立健全合理的绩效评估体制是推进政府绩效管理发展的关键。我国需要借鉴发达国家的成功经验，在各级政府内部建立完善的绩效管理机构，负责协调公共项目的管理，通过对公共项目实施检查、回顾和总结，发现问题，吸取经验和教训，为改进未来决策提供依据和建议，从而切实提高政府公共管理水平。

政府外部的评估机构，如立法、司法机关的相应部门主要负责对公共项目的实施进行审计和监察，向立法机关、政府以及公众公布绩效评估的结果。全国各级人大可以建立必要的评估机构，评价和监督政府公共政策、规划、方案、计划等项目的实施过程及其效果，把评估作为监督政府公共行政的有效手段，促进我国公共行政的民主化。此外，还可以借鉴国外思想库的发展经验，鼓励发展民间中介评估组织。政府部门、立法机关的评估工作可委托民间中介评估组织来完成，以节省大量的公共资源。

（五）建设电子政府，完善绩效数据收集系统

绩效数据和信息的收集是开展绩效管理的必要条件。政府绩效管理所需要的信息量大，涉及的部门多，信息来源渠道广泛，因此要充分利用网络和现代通信技术，把政府各项公共管理项目的实施结果、实施过程的监测数据、已开展的绩效考核资料、有关各地方和各部门乃至全国的统计指标和数据等，汇集形成全国性的绩效管理数据库，建立有效的信息传递网络。在收集、整理信息的同时，把绩效考核的结果尽快反馈和扩散给有关各方，以便于及时发现和修正正在实施的公共管理项目的缺陷，增强公共管理项目的准确性和有效性。

电子政府可以作为改善政府绩效管理的新载体。电子政府的开放性大大增强了公共行政的透明度和民主化程度，为政府绩效管理朝科学化、标准化、制度化的方向发展提供了多方面支持。电子政府的信息网络使得行政信息的传递更为迅速及时，反馈渠道更为畅通。对政府内部而言，电子政府打破了传统的政府金字塔式的管理层级结构，使政府组织结构

出现扁平化趋势，加强了操作执行层与高层决策层的直接沟通，有利于绩效管理的开展；对社会公众而言，电子政府为公民广泛、深入、普遍的行政参与创造了条件，为每个公众提供了直接表达意愿、传递信息、咨询、监督、建议和表决的机会，保证了信息来源的真实、客观。

强化政府采购绩效管理的有力举措

2019年2月27日，北京市"晒"出政府采购预算表。全市196个部门公开财政预算，实现除涉密部门外的全公开。与往年相比，这一年所有部门的预算表都增加了一张"政府采购预算表"，读懂这些预算表，老百姓就能清楚地了解到各个部门今年"钱从哪来""钱花哪去"的情况。"晒"政府采购预算表，是贯彻落实中央关于全面实施预算绩效管理、完善政府采购信息公开部署的有力举措。北京市"晒"政府采购预算表，在政府采购预算公开方面迈出了可喜一步。此次主要从公开范围、明细程度、公开内容、公开形式四个方面，进一步提升预算公开水平。在公开部门总体收支情况、"三公经费"预算、政府购买服务预算和项目绩效目标等内容的基础上，推进了医疗器械产品注册费、药品注册费、城市道路占用挖掘收费、污水处理收费等七项涉企收费的公开，收费部门、收费依据、收费标准等一目了然，有利于政府主动接受社会监督，积极回应社会关切。

政府采购是最受公众关注的焦点话题之一。前几年，一些地方在政府采购过程中存在的问题集中在权力寻租、地方保护主义等方面，政府采购"价高、质次、效率低"现象的背后，往往反映出信息封闭、暗箱操作，导致暴露不易，觉察更难。现在，北京市"晒"出政府采购预算表，建立全面规范透明、标准科学、约束有力的预算制度，不仅是保障人民群众知情权、参与权、表达权、监督权的需要，让权力在透明开放的环境中运行，众目睽睽之下，也有利于遏制少数人"玩猫腻"的冲动，增加了违规操作的难度、不法行为暴露的可能。

财政部2019年公布的对全国各省、自治区、直辖市、计划单列市2018年度政府采购信息公开情况开展的第三方评估结果显示，目前政府采购透明度整体良好。从"晒"政府采购预算表入手，进一步明确政府采购信息公开标准、流程，完善考核评价制度，加大奖惩力度，倒逼政府采购信息公开更加规范，不断向纵深推进。

北京市"晒"出政府采购预算表，在全国具有积极的示范带动效应。期待在法律制度的保障下，各地政府采购从预算开始，采购过程、采购结果、采购合同等采购信息都能全面及时予以公开，并充分利用微博、微信、举报电话、电子邮箱等多种形式，进一步加大预算信息公开和社会监督力度，拓展预算公开的广度深度，提高预算公开的权威性和公信力。

资料来源：强化政府采购绩效管理的有力举措. http://apinion.people.com.cn/n1/2019/0301/c1003-3095258.html.2019-03-05.

思考题：
1. 简述"晒"政府采购预算的意义和作用。
2. 案例中政府采购容易出现问题的环节有哪些？

1. 绩效与效率有什么区别?
2. 中国政府绩效管理的经验是什么?
3. 如何理解政府绩效管理的特点?
4. 政府绩效管理有哪几个主要环节?
5. 什么是绩效评估指标体系?
6. 什么是第三方评估?第三方评估有什么意义?

第十二章

行政改革与发展

【学习目标】
* 掌握行政改革与行政发展的概念与理论。
* 了解并掌握我国和西方国家行政改革和发展的实践经验。

梁启超曾经说过:"法者,天下之公器也;变者,天下之公理也。"行政改革是各国普遍关注的问题和行政学研究的重大课题。研究行政改革和探讨行政发展的基本趋势,对建立中国特色社会主义行政体制,促进行政管理科学化和现代化具有重要意义。

党的十八大以来,以习近平同志为核心的党中央高度重视全面从严治党工作,加大反腐倡廉的力度,各级纪检监察机关坚持"老虎""苍蝇"一起打,先后查处了多起腐败案件,"从多处的腐败案件看,权力不论大小,只要不受制约和监督,都可能被滥用"。孟德斯鸠也指出:"一切有权力的人都容易滥用权力,这是万古不易的一条经验。"我国政府权能发达,行政体系庞大,组织结构林立,如果监督乏力,就容易发生滥用权力、行政腐败、失职渎职等现象;因此,加强行政监督对于我国更有现实针对性。本章主要阐述行政监督的含义与特点、行政监督的类型、行政监督的作用、行政监督体系、中国行政监督的优化等内容。

第一节 行政改革概述

一、行政改革的含义

行政改革是指国家行政机关为适应内外环境的变化,对行政管理的诸方面因素进行的调整和变革。它包括行政责权的划分与行政职能、行政组织、人事制度、领导制度、行政方式、行政运行机制等方面的改革。

行政改革是行政主体适应社会政治、经济、文化环境的变迁而进行的自我调整、变革过程。由于国情不同，同一国家在不同发展阶段的具体情况也往往有所差异。因而行政改革的内容、方式各有不同。

就改革的基本类型看，行政改革有"调适型"改革、"转轨型"改革和"发展型"改革三种。"调适型"改革是指发达国家在原有政治、经济框架范围内的适应性改革；"转轨型"改革是指实行计划经济体制国家向市场经济体制转变的行政变革。"发展型"改革则是指欠发达的第三世界国家的改革。

就改革的基本方式看，行政改革有"突变式"改革和"渐进式"改革两种。"突变式"改革是指在较短期内，对行政体制进行大幅度调整和变革，能迅速改革、改变旧体制，但阻力和风险较大。"渐进式"改革则是指用较长时间对行政体制各方面进行逐步阶段性的调整和变革，较为稳妥，进程相对缓慢。两种方式各有利弊并有各自的适用性，在改革中应按实际情况权衡利弊，做出抉择。

二、行政改革的必然要求

（一）行政改革是适应时代发展和应对全球化挑战的必然要求

和平与发展是当今世界的两大主题。世界要和平，国家要稳定，人类要进步，已成为当代世界的主旋律，促进世界向着和平方向发展成为许多国家政府的重要职能。为此，政府必须对传统行政职能和行政管理方式进行调整和变革，以适应国际形势发展的需要。同时，经济全球化的发展对各国政府管理提出了更高的要求，为应对全球化挑战，行政改革成为当代各国政府的必然选择。

（二）行政改革是推动上层建筑适应经济基础变化发展的迫切需要

行政改革属于上层建筑的范畴。按照马克思主义的观点，上层建筑与经济基础是辩证统一的关系。一方面，经济基础决定上层建筑，有什么样的经济基础，就要求有什么样的上层建筑。经济基础发生变化，上层建筑必然要随之变化。另一方面，上层建筑对经济基础具有反作用，如果上层建筑适应经济基础，就会促进经济基础的发展；反之，则会影响、制约甚至阻碍经济基础的发展。

传统公共行政模式以德国社会学家马克斯-韦伯倡导的科层制为经典，主张建立严密的、层级节制的科层组织，公共部门人员照章办事、循规蹈矩，在行政过程中完全非人格化，严格按等级层次自上而下地执行行政命令。传统公共行政模式在长期运作过程中形成了许多官僚制弊端，如机构膨胀、人浮于事、效率低下等，这些弊端极大地损害了政府公信力，导致政府的"信任赤字""合法性危机"。尤其是20世纪70年代石油危机后的经济衰退，导致西方各国政府普遍面临高通胀、高福利、公共开支重不堪负的困境。财政压力使西方各国政府纷纷选择用较少开支来实现公共使命，即"少花钱，多办事"的改革道路。因此，改革传统管理模式，重塑政府的改革成为20世纪80年代以来的热潮。各国政府纷纷通过管理制度、政策、机制和方式的调整来促进经济发展。同时，还建立了适应经济发展的行政法规以及监督、廉政、民主制度等，增强政府管理活动的公开性和民主性，扩大人民群众参政议政的渠道，促进政府与社会公众间的相互沟通和理解，从而较好地调节上层建筑和经济基础之间的矛盾，推动经济基础的发展。

（三）行政改革是适应当代科技发展、实现行政管理科学化和现代化的需要

当代科技发展是各国政府行政改革的强大动力。信息技术的快速发展为建立灵活、高效、公开和透明政府提供了技术保障。信息时代的来临以及"数字化生存"方式要求政府对迅速变化的社会做出反应，它打破了长期以来政府对公共信息的垄断，使公民和社会团体更容易参与政府管理活动。这要求对政府组织及其运作过程做出变革与调整，实现公共政务的公开化、信息化和数字化，形成信息时代政府治理模式。

行政管理科学化和现代化，是当代行政管理研究的出发点和落脚点，也是各国政府行政管理活动的基本目标。为实现行政管理科学化和现代化，需要行政职权的合理划分，政府职能的科学配置，组织机构的精干高效，人事制度、领导制度的不断完善，行政法规、行政制度的建立健全，行政管理方式方法等诸方面的不断改进和完善。而这一切都需要通过行政改革才能得以实现。不进行行政改革，旧的行政弊端就无法克服和消除，新的行政体制就不能形成和运行。因此，行政改革是促进和实现行政管理科学化及现代化的基本途径与重要手段。

第二节　西方国家行政改革实践

一、当代西方国家行政改革的发展趋势

（一）优化政府职能

当代西方国家行政改革的一个基本趋势，是缩小政府行政管理的范围，分散、转移政府专业管理职能和部分公共服务职能，同时，强化政府宏观调控和综合协调功能。普遍采取如下改革措施。

1. 国有企业私营化，将部分国有企业或资产卖给私人经营

美国、英国、法国、德国和日本（从政治地理的角度研究，西方国家的范围也包括日本）等国家都在一定程度上实行民营化。英国自1979年撒切尔夫人上台后便积极推行私营化运动。1996年起，日本通过重新划分政府与社会的职能分工的行政改革方案，对原由政府直接经营管理的公用事业，如公共建设、邮政、交通运输、林业等领域的国有企业实行简政放权，引进现代企业机制，政府不再直接插手管理，由其自主经营。

2. 公共服务市场化

实现公共服务市场化的具体途径有合同出租、以私补公、授权社区。美国在重塑政府期间，高举公共服务改革大旗，实行"掌舵"与"划桨"分离，利用民间部门高效率、低成本的优势，大力将部分公共服务市场化，让私人企业和非营利性机构参与公共服务的提供和生产。

日本政府也早已将清洁卫生、维修公用设施、修建学校等公共事务委托给地方自治体、民间团体或个人管理，除社会福利设施外，其他公共事务的委托管理面高达80%左右。

3. 政府业务合同化

在当代西方各国，政府业务的合同承包极为普遍，从道路修建到人口普查，从图书馆运营到治安消防等，政府的许多职能都可能成为签约外包的标的。

上述改革措施对缩小政府管理范围，减少政府雇员人数并缓解由此产生的管理困难和

政府财政赤字，无疑开辟了一条新途径。西方各国政府在缩小其管理范围的同时也十分注意加强政府的宏观调控和综合协调功能。各国政府普遍重视计划手段、经济手段、法律手段的综合运用。

经济和社会组织提供给政府经济政策和市场发展前景的综合信息，制定了保持市场正常运行的规则。通过预算、货币金融、物价调控等经济手段以及法律手段对市场进行管理，以保证市场的正常运行和竞争的公正性、合法性。此外，各国政府普遍加强了宏观调控和综合协调部门的建设，建立和完善了综合协调的机制。如美国总统府，英国内阁委员会、财政部，法国总统府、经济计划厅，德国联邦总理府计划司、联邦经济部，日本总理府、总务厅等，都是承担宏观调控和综合协调的重要部门。

（二）重组政府机构

随着社会发展和国家干预的加强，传统科层组织制度产生了机构庞大、效率低下和行为形式化等弊端。因此改革传统科层组织制度，建立精干、合理、高效的政府机构成了当今各国政府改革的重要目标。

美国在克林顿执政时期积极推行压缩政府规模的改革，将政府部门一些机构成建制转移出政府，克林顿发布总统命令并敦促国会撤销政府部门各类顾问委员会约700个。其他各国政府也在不同程度上进行机构合并和调整，在组织结构上压平层级制，减少中间管理层次，简化内部规章制度，实行参与管理、参与决策，解决非经常性问题则多用临时机构如特别委员会、项目小组等。

英国执行局是重组政府机构的典型，目前近2/3的文职人员已转到执行机构。英国方案是把原政府内的中下层组织转变为执行机构，实现决策权与执行权的分离，执行机构与政府签订责任书，明确其责任范围、工作目标及考核标准。执行机构首长在其职责范围内享有充分的人事、财政自主权，使执行机构在财力、人力等资源配置上有更大的自主权和灵活性，同时对后果也承担着更大的责任。澳大利亚、丹麦、新西兰以及我国部分地区也有类似的做法。

值得注意的是，当代西方发达国家在重组政府机构中普遍采用大部门体制的做法，政府部门的设置一般保持在15个左右。

（三）改革公务员制度

1. 精减人员，加强公务员定员管理

1994年，美国国会通过《联邦雇员重新调整法案》，要求联邦政府1999年前裁减272500人，并授权联邦机构"买出"雇员以鼓励雇员离开联邦政府，自愿提前退休和自愿辞职的雇员一次性发给2.5万美元"现金奖励"。到1998年，实际裁员35.1万人，14个联邦部门中有13个裁员，唯司法部增加了雇员，削减财政开支1370亿美元，使美国在连续30年的财政赤字后，第一次出现节余。

加拿大和日本政府也在人事管理方面推行"渐减"计划及采取"多退少补"原则，使公务员队伍逐步得到精简，实现世界各国中少见的行政编制"负增长"。

2. 放松规制，实行柔性化管理

当代西方各国政府在人事录用、报酬、职位分类、培训等制度改革方面的基本趋势是放松规制，增强灵活性。同时，采取更加灵活的薪酬奖励制度，并在公务员体系外增加临时性、兼职或季节性雇员的数量。

（四）改革社会福利制度，完善社会政策

美国1996年通过的《联邦福利改革法》（全称《美国个人责任与就业机会协调法》）是其福利制度建立以来的一次根本性改革，核心是以"工作福利"取代"社会福利"，把社会福利转为工作福利，强调工作伦理，以接受工作作为给予救助的条件，并对低收入就业者给予帮助；强调家庭作用，离开妻子儿女的父亲也要承担责任；增加社会投资，重新定义社会公正，把社会发展作为社会政策的基础，在教育、职业教育、职业培训以及开办企业等方面政府提供适当支持。福利改革后，享受政府福利补助的人数和金额都明显减少。

英国等西方发达国家也纷纷完善社会政策、重构福利国家，推动人们"从福利转向工作"；采取一系列鼓励就业的政策措施，通过教育和培训来提高人们的就业能力等。

（五）促进第三部门发展，培育社会治理的多元主体

积极培育和推动第三部门的发展壮大是当代西方各国政府改革的重要内容之一。以美国为例，1975—1995年，非营利组织在数量上大幅跃升，达120万个，总资产高达1.9万亿美元，收入近8990亿美元。在此期间，非营利组织312%的资产增长率和380%的收入增长率，远高于同期美国全国GDP 74%的增长率。1995年后，美国非营利组织仍以同样惊人的速度增长。在21世纪初的几年里，美国人向非营利组织的捐款每年都在2400亿美元左右，非营利组织数量已达到180万个。同时，非营利组织在结构和功能上也发生了明显的变化，对公共管理的影响日益增加。

（六）重视公共危机管理，建立有预见性的政府

构建首长负责制的应急中枢指挥系统"9·11"后，时任美国总统布什宣布成立国土安全办公室（2002年6月升格为国土安全部），将独立性和灵活性较强的联邦紧急事务管理署（FEMA）并入以反恐为首要任务的国土安全部。

1. 制定完备的法律法规和应急预案及计划安排

美国一贯重视通过立法来界定政府机构在紧急情况下的职责和权限，先后制定上百部专门针对自然灾害和其他紧急事件的法律法规，建立以《国家安全法》《全国紧急状态法》和《灾难和紧急事件援助法案》为核心的危机应对法律体系。

2. 重视新闻媒体的积极介入

各国政府着力构建危机管理者与媒体之间的良性互动关系。2001年9月11日，美国在遭受恐怖袭击45分钟后，时任总统布什即发表电视讲话，以稳定民心。法国有一套比较健全的新闻发布制度，从国防到外交、从自然灾害到恶性事故，在事件发生后，基本都能在第一时间由国家有关部门发布信息，以杜绝社会上的猜测和不良传闻。

3. 开展公共危机教育，培育理性的国民危机意识

在日本的政府出版物中，涉及防灾减灾内容的就有《建筑白皮书》《环境白皮书》《消防白皮书》《防灾白皮书》《防灾广报》等10多种刊物。澳大利亚的防灾教育也深入人心，

政府专门设立全国灾害管理学院，培养危机管理专业人才等。

（七）精简程序，改进管理方式

当代各国特别是西方各国政府纷纷注重通过精简程序、缩小审批事项、下放审批权限、废除失效过时的条例、合并重复审批程序和审批制度、简化申报程序和审批手续、发展电子政务等做法来改进公共管理方式。

同时，当代西方各国政府管理方式方法改革的另一个基本趋势，是注意将私人企业成功管理办法引进政府管理。在这方面，英、美的做法尤为突出。例如，英国每一届政府研讨行政改革的班子，都聘请私人企业管理专家参加，并在改革过程中引入现代企业管理经验。1968年的《富尔顿报告》提出行政改革思想，直接吸取大型企业管理的经验；1979年的"效率评审计划"，几乎是现代化大企业普遍采用的效率评审技术在政府中的翻版；1987年推行的"下一步行动"和1992年梅杰政府的"以竞争求质量"运动、1999年针对地方政府改革的"灯塔计划"，都借鉴了企业管理的先进经验。

调整中央与地方关系，扩大地方政府权力，是当代行政改革的趋势之一。20世纪70年代以来，这方面的改革呈分权和集权两种趋势，但以地方分权为主流。自20世纪70年代以来，美国对中央与地方的关系进行了调整。特别是自里根上台后，提出"还政于州"的口号，要求将联邦政府和州政府共同执行的职能分开，一部分完全由州和地方政府负责，给州政府更多自主权。1988年，就有40个联邦计划完全由州政府接管。法国更是把权力下放和分散作为行政改革的突破口。1992年又颁布了关于地方议员行使职权的条件和地方行政运作方式的法律文件——《关于行使地方议员职务条件法》和《共和国地方行政法》《共和国地方行政指导法》。以2003年颁布的关于法国国家结构改革的宪法修正案在议会的通过为标志，改革触及法国传统的中央集权行政体制，其重点在于建立分权机制，发展地方民主，给地方政府更多决策权和财政自主权。

需要特别指出的是，在当代西方各国的分权与放权的改革中，各国政府都坚持财权集中、事权分散的原则，既保证了国家整体利益得以维护，又充分调动了地方政府的积极性。同时，在不同程度上强化了中央政府对地方政府的严格有效的监督，加强中央宏观调控。

二、西方国家行政改革的主要特征

（一）坚持有计划、渐进式的行政改革，使行政改革稳步发展

日本政府从1968年至今，已实施多次削减定员计划，每次都由总务厅经过详细调查研究并与各省厅充分协商，制订出削减定员计划，地方据此进行调整预算后，提交内阁会议审定，最后发布"定员令"，由各省厅组织实施。由于日本每次削减定员计划都有统一规划和逐年计划，采取持之以恒、细水长流的渐减方式，可以较好地避免由于一次性的、大幅度的减少机构及编制而引起的震动，既能防止因减少人员机构带来的种种弊端，又能做到人员编制的"负增长"，达到压缩人员编制、调整人员结构的目的。

英国政府为不断适应国际、国内政治和经济形势变化的需要，解决国内经济发展所面临的困难，也一直把行政改革作为主要战略目标。英国无论是哪一届新政府上台，都不约而同地对政府行政改革给予高度重视，长期不懈地进行改革。

法国自 1982 年实施权力下放以来已有 30 多年历史，目前仍在继续推进。他们认为，这一改革还需要相当长的时间才能完成。美国调整改革联邦与州关系的方式也比较温和，如正在进行的还权于州的"新联邦主义"改革，已达 40 多年时间，目前还在有条不紊地进行中。

（二）坚持依法改革，重视配套立法

在西方国家，行政改革的每个步骤、措施，都要有议会通过的相应的法律作依据才能实施。

美国宪法规定，总统和政府行政机构的权力是宪法和法律授予的，一切改革活动必须以法律为依据，未经授权不得擅自采取任何行动。联邦政府各行政机构的设立及其经费预算、职责任务、管辖范围、人员定额等，也都必须经国会审议批准，有明确的法律依据。如有些事情在国会未审议批准前会影响某些政府行政机构的正常运转，也只能采取临时措施应急。

此外，美国宪法规定了联邦政府与州政府的事权划分，联邦政府主要行使国家立法、外交、军事和财政等方面的权力，凡应由州政府行使的权力，联邦政府不得干预。当联邦政府与州政府发生纠纷时，由最高法院依宪法和法律裁决，联邦政府无权以行政命令的方式强制州政府做什么或不做什么。

英国政府在行政改革中也强调要有法律依据，实行"先立法后改革"。地方政府因工作需要，考虑增加机构和扩大人员编制的，必须由中央主管部门审核后，报议会决定。议会不管最后是否通过，都要有一个相应的法律文件予以确认。澳大利亚、德国等也制定了类似的改革法规。

（三）注重政府管理内涵的改革，追求政府管理的效益

西方各国政府在改革中注重提高政府管理效能和服务质量，每次行政改革都特别强调用尽可能少的投入来换取尽可能多的产出，少花钱多办事。

英国 1968 年的《富尔顿报告》虽涉及政府职能的调整和公务员制度的改革，但其宗旨是便于采用企业管理经济核算办法，引入"输出预算法"和应用新式管理会计学。所以，虽然机构增加，服务质量提高了，但政府财政压力却减轻了。1979 年的"效率评审计划"直接为政府节省了 20 亿英镑的支出。

1991 年的"市民宪章"运动并未对政府体制做出实质性的改变，但它力图克服公共服务行业中服务态度不好和服务质量不高等群众意见比较大的问题，对提高公共服务质量做了种种规定，得到了群众的拥护。

1992 年的"市场检验"运动则是将政府部分公共服务项目推向市场，进行公开招标，引入竞争机制，打破原来由政府垄断的格局，目的也是提高政府公共服务部门的服务质量，并充分利用社会财力、物力来办公共服务项目。

日本政府从 1980 年开始，以"亲切、廉洁、效能"为宗旨，以窗口服务为中心，开展了完善行政服务活动。1988 年又推行了"高质量的行政服务运动"，要求与国民有接触的公共服务要做到明白易懂、方便群众、办事迅速、服务周到、保证安全，为人们提供所需的各种行政服务。为此，各省厅及特殊法人都设置了服务窗口。从 1990 年开始，日本

又把每年5月定为"高质量行政服务推进月",集中实施改善行政服务的总检查。

美、法等国政府也奉行"顾客至上"的原则,采取各种措施提高服务质量。

(四) 组建精干、高效的改革工作班子,重视发挥参谋咨询机构的作用

英国政府的主要行政改革措施都由内阁办公厅属下的"效率小组""下一步行动小组"或"市民宪章小组"等来组织实施。这些机构各有25名工作人员,机构不大但很精干,工作人员的素质很高,效率也较高。这些小组直接对首相顾问负责,有关报告可直送最高层。这些精干机构在推动英国行政改革中发挥了重要作用。

日本行政改革也有健全的组织保证体系。总务厅既是日本政府行政改革的规划、推进部门,又是对各省厅的行政改革进行综合协调的机构,有统一推进行政,综合协调各省厅机构设置、人事管理,开展行政监察等功能。总务厅的行政管理局主管行政改革和定员管理,并负责与各省厅官方的联系与协商,各省厅的官方主管省厅内的综合协调、行政改革和定员管理。这样从总务厅到各省厅官方,形成推进、实施行政改革。计划和统一管理机构编制的组织保证体系,从而有力地保证行政改革顺利实施。

此外,各国政府在行政改革过程中普遍重视参谋咨询机构的作用,注意倾听参谋咨询机构提出的改革建议和改革方案。这些参谋咨询机构有的隶属于行政首脑或行政部门;有的是民间组织,有相对独立性。它们承担着政府交予的咨询任务,为政府行政改革出谋献策,在促进政府行政管理科学化上发挥了重要作用。

(五) 强化监督,形成立体的政府绩效评估机制

20世纪80年代以来,西方国家政府把"绩效评估"作为消除改革阻力、提高政府管理效能的重要手段。"绩效评估"经过数十年的实践和发展,已成为政府行为标准的约束体系。

1993年美国国会通过的《政府绩效与结果法》和同年的《戈尔报告》,使国会改变了对政府的监督体制,从监督行政程序的合法性转为注重行政结果;要求联邦政府改革各部门和文官的业绩考核办法,注重工作的质量、效益和公众满意程度,力求建立"以结果和绩效为本"的新的公务员体制模式,使其建立在分权、灵活性、绩效基线上,而不是程序(过程)和顺从上。该模式既保留了现行体制的核心价值,又体现了灵活性、回应性、效率性,即"以最聪明、最好、最快、最经济的方式做事情"。

2001年小布什接任总统后,提出应通过改革公务员制度,建立有意义的绩效评估体系,奖励有卓越表现的人员,建立与结果之间的紧密联系。《总统管理议题》要求联邦政府的管理和预算办公室"为五项总统管理议题的每一项分别制定'成功标准'和'管理记分卡',并依据管理记分卡每季度定期对25~26个重点实施总统管理议题的机构的现状采取以'红绿灯'(traffic light)为标志的追踪评估,结果直观地反映出联邦政府实施人力资本战略管理取得的明显进步"。

另外,在一些国家,社会公众也可读到大量由立法部门、利益集团、社会团体和专业人士发布的针对公务人员和专职办事机构的绩效评估报告,并通过各种媒体和渠道发表对公共部门绩效改革的意见和看法,以促进公共部门的改革。因为在这种内外部评估相结合、多元评估主体并存的立体评估体系的监控下,绩效评估"不仅要评估政策、计划和项目自

身存在的必要性和合理性并用数据来加以表示,并强调事前评估的结果必须向公众公布,如果事后评估显示政府的政策、计划或项目未能产生预期的效果,则有关部门和人员将不可避免地被追究责任"。这使公务人员迫于绩效评估的压力和个人福利损失的可能,而不敢懈怠行政改革的目标,进而取得化解改革阻力的效果。

当然,西方各国的行政改革始终是在维护资本主义政治体制的前提下进行的,而且有不少改革方案在实施过程中也遇到了重重阻力,这在一定程度上反映了资本主义国家行政改革的现实。

第三节 中国行政改革的经验与未来展望

一、中国行政改革的经验

中国行政改革是复杂巨大的系统工程,涉及社会生活的方方面面。为保证行政改革顺利进行,我国在推进行政改革中的基本做法和经验如下。

1. 立足中国国情,坚持因地制宜、区别对待

一个国家的行政体制由本国政治、经济、文化、历史等因素决定。只有从国情出发,才能保证改革成功。中国人口众多、幅员辽阔,内地人口13亿多,占世界人口的22%左右;中国是发展中国家,人均国民收入比较低,仍处于社会主义初级阶段;中国实行的是以公有制为主体的社会主义经济制度,政府承担对公有制财产的保值增值责任等,这决定了我国政府职能比西方国家要广泛、复杂得多,决定了我国行政改革必须从国情出发。否则,再好的改革设想,也是空中楼阁。

此外,还要看到,中国经济发展有很大的不平衡性,发展水平由沿海到内陆到西部呈梯次状态,每个地区、每个县市间的发展水平有很大差异。这种客观上的差异要求在把握行政改革总目标和实行改革时,必须注意照顾各地的特殊情况,使改革有一定的灵活性。因此,中国在推进行政改革的进程中,十分注重从各地实际出发,不搞"一刀切",允许各地在遵循改革总原则和总方针的前提下,在改革的具体步骤和方法方面因地制宜。中央政府根据各地的情况实行分类指导,使改革更符合各地实际。

2. 坚持以发展经济为中心,与经济体制改革相配套

行政体制作为社会上层建筑,既反作用于经济体制,又受社会经济发展水平和经济体制的制约,它一定要服从和服务于社会经济的发展和经济体制改革的需要。因此,中国行政改革始终坚持以经济建设为中心,围绕经济建设事业进行,无论是机构精简,还是人员调整,都服从发展经济运行的需要。

同时,坚持以转变政府职能为核心,不断推进政企分开、政资分开、政社分开、政务分开,并随着经济体制改革的进程和社会发展不断深化。实践证明,这是我国行政改革取得成功的重要经验。

3. 坚持新发展理念,正确处理改革、发展和稳定的辩证关系

发展是解决我国一切问题的基础和关键,发展必须是科学发展,必须坚定不移地贯彻创新、协调、绿色、开放、共享的发展理念。新发展理念揭示了发展的本质和内涵。中国

正处于向市场经济转型的关键时期，没有社会稳定不可能发展经济和促进改革。而经济持续和快速发展是社会稳定的基础，改革又是经济发展的基本动力。因此，发展是目的，改革是动力，稳定则是推进改革和发展的基本前提。

30多年来，我国政府在推进行政改革过程中，十分注意从整体上统筹这三者间的辩证关系，把改革力度、发展速度和社会可承受程度统一起来，把不断改善人民生活作为处理改革发展稳定关系的重要结合点，使之相互协调、相互促进。

4. 广泛吸收和借鉴国外发达国家的行政改革经验及我国传统的行政精华

对外开放是中国的既定国策，是促进改革、加快改革的成功之路。世界各国在长期行政管理实践中积累了许多经验，是人类的共同财富，尤其是发达国家政府在发展市场经济中积累的某些经验，更值得参考借鉴。

同时，中国是有悠久历史的文明古国，几千年的行政历史为当今行政改革提供了丰富养料。因此，在行政改革中既要坚持对外开放，注意吸收和借鉴当今世界各国行政改革的成功经验和做法，学习发达国家科学管理的方式方法，以丰富我国行政改革内容，又要十分注意弘扬中国传统文化的精华，古为今用，促进中国特色行政体制的完善。

5. 坚持分步实施、逐步到位的渐进改革方式

改革是对各种利益和权力的重大调整，因此必然会引起权益格局和社会关系的重大变化，也必然会遇到许多矛盾和问题。这就决定了中国行政改革有相当的复杂性、艰巨性和长期性，不可能一步到位，而必须采取渐进方式。因此，我国在行政改革过程中，采取从点到面、从局部到整体、从表层到深层分步实施的做法，自上而下、上下结合地逐步推行，使改革取得明显的效果。

二、中国行政改革的展望

党的十九大报告对中国行政改革的目标要求是：转变政府职能，深化简政放权，创新监管方式，增强政府公信力和执行力，建设人民满意的服务型政府。2018年3月，第十三届全国人民代表大会第一次会议审议批准了国务院机构改革方案。深化国务院机构改革，要着眼于转变政府职能，坚决破除制约市场在资源配置中起决定性作用、更好发挥政府作用的体制机制弊端，围绕推动高质量发展，建设现代化经济体系，加强和完善政府经济调节、市场监管、社会管理、公共服务、生态环境保护职能，结合新的时代条件和实践要求，着力推进重点领域和关键环节的机构职能优化和调整，构建起职责明确、依法行政的政府治理体系，提高政府执行力，建设人民满意的服务型政府。按照这一目标要求，今后一段时期中国行政改革的主要任务如下。

1. 继续简政放权，加快政府职能转变

简政放权，转变政府职能是行政改革的核心。为此，一要深化行政审批制度改革，加快推进政企分开、政资分开，切实减少对微观经济活动的干预，更大程度和更广范围地发挥市场在资源配置中的决定性作用，创造良好的市场环境，维护公平竞争的市场秩序。二要更加注重社会管理和公共服务，深入推进政社分开、政事分开，从体制、法制、政策、能力、人才和信息化方面全面加强社会建设，创新社会管理；按照到2020年建立起功能

明确、治理完善、运行高效、监管有力的管理体制和运行机制，形成基本服务先、供给水平适度、布局结构合理、服务公平公正的中国特色公益服务体系的目标，遵循"分类指导、分业推进、分级组织、分步实施"的方针，推进事业单位分类改革，创新体制机制，探索建立多种形式的法人治理结构，构建公益服务新格局。

2. 统筹考虑机构设置，科学配置行政部门内设机构权力、明确职责

改革开放以来，我国进行了多轮行政改革，但对部门内设机构设置的调整较少。以大部制改革为例：多个职能相近的部门合并后，内设机构整合往往局限于办公室、财务、人事、法制等综合部门，具体业务职能部门较少得到调整，个别地方出现了从过去"局与局之间推诿"，转变为同一部门内"处与处之间扯皮"的现象。

今后的行政改革将向精细化、纵深化的方向发展，不停留于简单地做加减法，而着重于做乘除法，深入政府部门内部，优化内设机构设置，真正打通职能交叉、重叠乃至矛盾之处，切实推进政府职能转变。

3. 打破职责同构，充分发挥地方积极性

党的十九大报告提出，要"赋予省级及以下政府更多自主权。在省市县对职能相近的党政机关探索合并设立或合署办公"。按照这一要求，必须适应经济社会发展以及政府职能转变的新要求，认真解决我国当前行政层级和行政区划方面存在的一些问题。

一是因地制宜。我国幅员辽阔，区域间存在着较大差异，但在以往的行政改革中，因受单一制国家惯性影响，容易出现机构设置的"职责同构"现象。为推进国家治理体系现代化，必须赋予地方以更多的自主权，在保障中央统一领导的前提下，以地方本地化特征为基础构建科学高效的地方行政组织架构。

二是优化行政区划设置。要按照有利于促进科学发展、有利于优化配置资源、有利于提高社会管理水平和更好提供公共服务的原则，合理调整行政区划，简化行政管理层级，适时适度地调整行政区规模和管理幅度。

三是深化乡镇行政体制改革，建立行为规范、运转协调、公正透明、廉洁高效的基层行政体制和运行机制。同时，探索经济总量较大、吸纳人口较多的县城和小城镇，赋予其与经济总量和管理人口规模相适应的经济社会管理权限。

4. 创新行政管理方式，提高政府公信力和执行力

一是创新服务和管理模式，优化管理流程。

二是着力建设法治政府。进一步加强行政立法、执法和监督工作，加强行政程序和行政监督制度建设，规范政府行为，推进政府建设和行政工作法治化、制度化。

三是推进政务公开。完善政务公开制度，扩大政务公开范围，保障公众对公共事务的知情权、参与权、表达权和监督权。

四是提高科学决策水平。健全科学决策、民主决策、依法决策机制，合理界定决策权限，规范决策行为。

五是加快电子政务建设，推进公共管理和服务的信息化、现代化。

六是推进政府绩效管理。加快完善行政绩效评估标准、指标体系和评估机制、评估方法，有效引导和督促各级政府和工作人员树立正确的政绩观。

第四节　行政发展概述

"精简机构是一场革命，如果不进行这场革命，不论党和政府的整个方针、政策怎样正确，工作怎样有成绩，我们却只能眼睁睁地看着党和政府的机构这样地缺少朝气、缺少效率，正确的方针、政策不能充分贯彻，工作不能得到更大的成绩。"如同任何事物的运动一样，行政管理活动也是一个不断发展、不断完善的过程。行政管理活动是在一定的行政环境下进行的，与行政环境之间形成了相互影响和相互约束的关系，这就意味着行政管理系统的存在方式是稳定性和变动性的统一。行政管理系统的稳定是相对的，但当相关系统变化要求行政管理系统做出相应的转变时，行政改革和发展就是必然的选择。本章将着重探讨行政发展的基本概念、行政发展理论和中外行政发展的实践及趋向。

行政发展作为行政系统不断完善的过程，具有自身的特点；行政发展既有动力也有阻力，行政发展的过程就是积极地运用动力因素、克服阻力因素的过程。

一、行政发展的含义与特点

（一）行政发展的含义

行政管理是一个完整的系统，它是在与其相关系统的互动中生存和发展的。行政管理的相关系统是广泛的、复杂的，既有人类社会方面的因素，也有自然方面的因素，前者有政治、经济、文化等，后者主要有自然资源、气候等。它们通过不同的方式或直接或间接地影响着行政管理系统。一般而言，行政管理系统与其相关系统需要保持大致的平衡，只有这样经济社会才能健康、平稳地发展。但由于影响行政管理系统的相关因素是在不断发展变化的，因此行政管理系统不论是其观念、体制或者其行为模式都要不断地进行调整和变化。自然界和人类社会各系统的变化是永无止境的，它们对行政管理系统适应其变化的要求也是无止境的，因此，行政发展也必然是无止境的、渐进的过程。

一般认为，行政发展是行政管理系统为适应环境的变化，遵循行政价值体系的要求，采取科学的方式方法，优化行政组织结构，完善自身功能，提高行政绩效，实现行政价值的过程。

与传统意义上的经济发展、政治发展等不同的是，行政发展研究的对象并不局限于发展中国家，发达国家和新兴的现代化国家自身也有适应环境变化而提高行政绩效的要求。发达国家、新兴的现代化国家和发展中国家行政发展内容都是行政发展的研究对象，发达国家的行政发展过程在一定程度上为发展中国家的行政发展还提供了借鉴和启示。

从行政发展的定义可以看出，行政发展是整个社会发展的一个组成部分，它与政治、经济、文化发展是一种互相联系、相辅相成的关系。就行政发展与行政改革的关系而言，行政改革是行政发展的动力系统和主要途径，行政发展则是行政改革的积极成果，因此，行政发展比行政改革的内涵更加深刻和全面。

（二）行政发展的特点

1. 整体性

行政管理系统是一个完整的系统，其内部各要素之间是相互影响、相互作用的。任何一个要素的变化和发展，都必然要求或者引起其他要素的改变。因此，行政发展虽然可以表现在具体的各项制度、各个层面的分别展开，但总体上是呈现出整体发展的趋势。同样道理，我们衡量一个行政管理系统的发展水平，也不能以某一方面的水平为标准，而应从行政机构设置的合理程度、行政功能的发挥程度、行政绩效的高低以及行政目标与整个国家政治目标的协调程度等各方面来衡量。

2．适应性

行政管理系统必须与行政管理相关系统的发展相适应，当政治、经济、文化等相关系统的发展达到一定程度后必然要求行政管理系统做出相应的改变，因此，行政管理系统内各要素诸如价值观念、组织机构、职能配置、人员素质等都要做出相应调整、优化和完善。总之，行政发展体现了行政管理系统与其相关系统之间的"不平衡—平衡—不平衡"的动态转换关系。

3．积极性

行政发展不同于一般意义上的改革或变化，它强调的是行政管理系统自身的不断完善、管理活动的不断改进，以及绩效的不断提高，进而对相关系统的发展产生积极的和推动性的作用。

4．组织性

行政发展不是自发的活动，而是经过精心设计、有计划、有组织地进行的过程，包括行政发展的目标、行政发展的措施和路径选择、发展效果的评价等，这些过程都遵循严格的程序和步骤，其具体的实施也是在有计划、有组织地推进。

二、行政发展的动力与阻力

（一）行政发展的动力

行政发展的动力是指推动行政管理系统变革发展的力量。在不同的国家或同一个国家的不同历史时期，行政发展的动力因素都有所区别。但从一般的角度看，可以把行政发展的动力划分为外部动力和内部动力。

1．外部动力

行政发展的外部动力包括政治、经济、文化、意识形态等多种因素。①行政管理体系是政治体系的重要组成部分，政治革命或政治体制改革对行政发展的影响最为直接。②经济体制的变革必然要求政治体制改革与之相适应，作为政治体制重要组成部分的行政系统也必然会发生变动。③意识形态特别是其理论形式对社会现实具有维护、批判的功能，也有超越社会现实的局限而创造新的思想观念，进而在新观念指导下改变社会现实、创造新的社会状态的作用。当意识形态进行了调整或创新后，政治体制以及与之紧密相连的行政体系必然在其压力之下做出调整或变革。④与意识形态相联系，文化领域的变化也是行政发展的动力之一。任何一个行政体系的结构形式、职能配置、运转程序以及行政人员的行为、态度、价值观等，都直接或间接地受到文化的影响和制约。

2．内部动力

行政发展是行政系统变革的积极成果，因此总体而言它是符合行政系统长远利益的。

行政系统内部产生的动力主要有：第一，行政系统追求自身"合法性"的动力。尽管政府的组成来自权力机关的授权，但从根本上讲，其权力来自社会的认同。因此，执行权力机关的意志，为社会服务是行政系统变革发展的原动力。第二，行政人员追求使命感的动力。行政人员都有着强烈的使命感和较高层次的追求，即把自身价值的实现作为其重要的追求，因此，把推动行政发展服务社会民众作为实现其价值的路径。

当然，因为行政系统的垄断性以及体制惯性等原因，行政体系自身有着无法克服的惰性，行政发展的内部动力常常是有限的，因此，行政发展的动力在很大程度上表现为外部动力。

（二）行政发展的阻力

同行政发展的动力一样，行政发展的阻力也同样有来自内、外的两种阻力。行政发展的外部阻力主要表现在行政体系必须适应政治、经济、文化发展的现状，不能落后也不能超前发展，当行政发展超越政治、经济或文化等因素的发展时，这些本来的外在动力就会转换成阻力。

从行政发展的现实情况看，来自外部的阻力相对较小，而来自内部的阻力因素构成了行政发展的主要障碍，其主要包括以下几个方面。

（1）行政体系的阻力。即行政体系和制度往往具有很大的惰性和惯性。一般而言，当这种行政体系所认可的行政发展状态与社会发展状态相适应或是基本适应时，它就是一种巩固现有行政系统的积极力量；但当其所认可的那种行政发展状态与社会发展状态不相适应，即落后于社会状态时，它便成为一种阻碍行政发展的消极因素。

（2）行政文化的阻力。行政文化是社会文化在行政管理活动中表现出来的一种独特的文化形式，其本身也是一个复合的整体，其中包括人们对行政体系的态度、感情、信仰和价值观以及人们所遵循的行政习惯和传统习性等。行政文化虽然受到行政体系和行政活动的很大影响和制约，但行政文化也有反作用的力量，它往往在很大程度上，全方位、全过程影响行政活动。这种反作用既可能有积极的推动作用，也可能有消极的阻碍作用。但由于行政文化相对于行政活动的滞后性和稳定性，其往往成为行政发展潜在的阻力，甚至使行政发展的过程出现反复。

（3）行政人员的阻力。行政人员的阻力一般分为以下几种情况。

① 由于行政人员对行政发展的必要性认识不够而对行政发展产生阻力。行政发展与社会发展的不适应是动态的、不断变化的过程，但对这种不适应所带来的一些行政现象如机构臃肿、人浮于事、效率低下等，并不是每一个行政人员都能感觉到、认识到的。因此，他们在行政发展过程中，往往表现出漠不关心、消极被动、敷衍了事等现象，成为行政发展的阻力。

② 由于行政人员对行政发展的新状态不适应造成的阻力。行政发展意味着对行政人员旧有的行为模式的否定。而任何一种行为模式都是经过长时期的巩固形成的，具有相对稳定性。面对行政发展的新状态，一些行政人员要么仍以旧的行为模式活动，要么面对行政发展的新形势、新要求手足无措、无所适从，从而影响行政发展的效果，成为阻碍行政发展的力量。

③ 由于行政发展触动了一些行政人员的既得利益，这些人也会成为行政发展的阻力。

行政发展意味着对旧有的行政权力体系结构的调整,这必然会触动一些人的既得利益,应该说大部分行政人员都能够识大体、顾大局,但也有一小部分人消极对待、不作为,甚至蓄意为行政发展设置种种障碍。

认识和把握行政发展的动力和阻力,对于我们积极地运用行政发展的动力因素、克服行政发展的阻力因素,促使行政发展顺利进行具有重要意义。

三、行政发展的内容

行政发展是指行政管理系统全方位、多领域的全面发展,因此行政发展的内容范围极为广泛,概括而言,行政发展的主要内容包括行政体制发展、行政职能发展、行政行为方式发展和行政文化发展。

(一)行政体制发展

行政体制是国家行政机关的管理体制,其内容包括行政组织机构设置、内部权力划分、人事制度和运行机制等的关系模式。行政体制的发展与政治体制改革紧密相连,其核心是国家行政权力的重新定位、划分及行政职能的重新配置。其主要内容包括以下几方面。

(1)行政机构改革与权力的重新配置。机构是职能和权力运行的载体。由于行政组织具有垄断性特征,导致行政机构和人员总有自我膨胀的倾向。因此,世界各国都把裁减行政机构、压缩机构规模作为行政发展的重要内容。

(2)行政组织结构的调整。行政组织结构调整的目的是要在集权与分权之间寻找一个平衡点,从而能够发挥两者的优势,并根据实际需要不断调整行政组织的管理幅度。行政组织结构调整的内容涉及中央与地方权力关系的调整、地方政府的管理层级的调整以及不同层次政府内部各部门之间权力关系的调整。从各国行政发展的实践看,分权、减少管理层级以及把更多自主权授予地方政府、下级部门是一个普遍的趋势。

(3)行政人事制度的发展。其包括两个方面,一方面建立完善的人事管理制度,不断完善对行政人员的管理,如建立公务员制度,规范公务员的录用、奖惩、考核等;另一方面就是要不断提高行政人员的素质,包括公务员录用标准的制定、在职后的继续教育、出任新职前的考察与岗前培训等。

(二)行政职能发展

行政职能作为行政机关在管理活动中的职责和功能,其内涵本身就具有职能发展的潜在含义的范围及其行为方式。政府职能的转变要求在行政改革过程中根据行政系统内外部环境的变化的作用实现行政职能的发展。

(三)行政行为方式发展

作为行政机关、行政人员在履行职能时采取的行为,行政行为方式发展与行政组织的价值区间、职能的变化、行政运行机制、行政方法和技术等变化都有着密切的关系,政府的行政行为方式,必须以一定的价值为导向,不同的价值取向导致不同的行政行为方式。

在服务型政府的理念下,公平、正义、效率、秩序、社会发展、人的全面发展将成为行政价值的核心内容,行政行为方式也必然以此为导向以服务的方式履行其职能。

政府职能的变化、行政运行机制的变化直接影响着政府的行政行为方式,当政府职能和行政运行机制发生变化后,行政行为方式也会随之而变化,绝对不存在一成不变的行政行为方式。

行政方法和技术的进步也同样会带来行政行为方式的发展,如信息技术在政府管理中的广泛应用,促成了官僚科层制向扁平化方向的发展,实现了政府权力体系甚至政府内外关系的重构,并从实质意义上改变了政府信息传递的方式及办事的方式。

(四)行政文化发展

行政发展不仅包括具体形态的体制、职能、行为等,还包括行政领域意识形态,即行政文化的发展。行政文化是行政人员对现实行政活动的态度、观念、意识、精神、心理、价值观等方面的集中体现,是一定时期内行政人员共同遵守的文化模式。行政人员都生活在一定的行政文化之中,因此,没有行政文化发展的行政发展是不可想象的。行政文化发展的核心内容是新的行政价值和行政伦理的探讨和确立。任何一个行政体系的结构、过程、程序及行政行为,都直接或间接地受到行政价值和行政伦理的规范和影响,只有关注到更深层次的行政价值和行政伦理的影响和制约作用,才可能确保行政发展的有效进行。行政文化发展是行政发展深层次的和持久的推动力。

综上所述,行政体制的发展、行政职能的发展、行政行为方式的发展以及行政文化的发展是相互彼此制约的,四者的有机结合构成了丰富的、体现不同特点的行政发展实践活动。

第五节　行政发展理论

20世纪70年代以来,西方发达国家开展了一场广泛持久的行政改革运动,并且迅速在世界上的多个国家展开,成为全球性的行政改革运动。尽管不同国家在改革目标、途径、方式、方法上不尽相同,但其主要理论依据却基本相同。这些理论主要包括公共选择理论、新公共管理理论、新公共服务理论和治理理论,等等。

一、公共选择理论

(一)公共选择的理论基石

所谓公共选择(public choice),是指相对于市场个人选择的非市场集体决策。公共选择理论不仅仅是当代西方经济学的一个分支,它同时也属于一个极重要的现代政治学、行政学研究领域。说它是经济学理论,主要是因为它运用的是经济学的逻辑和方法,而说它属于政治学、行政学研究领域,是因为它分析的是政府的行为特点、政府的管理活动及各个领域公共政策的制定与执行。因此,公共选择理论常被称为"新政治经济学""政治的经济学"或"官僚经济学"。作为一个独立的学术领域,公共选择理论被定义为"对非市场决策的经济学研究"。

公共选择理论被逐步认识和接受,一个重要的原因是人们对它的理论基础即方法论上的个人主义、理性经济人假说、交易政治范式的广泛承认。个人主义是微观经济分析的出发点,同样可以看成是集体行为的出发点,将个人的选择或决策当作公共选择或集体决策的基础。理性经济人是公共选择理论的关于个人的行为假定,也是整个公共选择理论的一块基石与分析问题的逻辑前提。

公共选择理论认为，人的行为并不总是单一地追求自利的目标，而是具有多样性，在某些方面，有人可能是个利己主义者，而在其他方面，却可能成了一个利他主义者或两者的结合。人的这种多样性并不影响到人是经济人的假设以及根据这一假设得出结论的合理性。这种将人的自利行为从市场决策领域向政治决策领域的扩展，还有利于保证对人类行为分析的一致性。因此，由个人组成的国家或政府不应被看成是以服务大众利益为目的的。

公共选择学派把政治过程也看成是复杂的交易过程，政治过程构成了"政治市场"，也就是指人们参与政治活动时，与其他政治个体和组织发生关系的场所。公共选择理论是严格按古典完全竞争市场模型来构想政治市场的，即政治家相当于企业家，选民和纳税人相当于消费者，官僚相当于厂商，政治宣传机构相当于广告商。与经济市场类似，政治市场也是由供求双方组成的。需求者是选民和纳税人，供给者是政治家和公务员。无论是选民还是政府官员，在进行选择时都要先对个人的成本与收益进行计算。如果一项集体决策给他带来的收益大于他投赞成票时所需承担的实际成本，那么他就会支持这项决策，否则就不支持甚至反对。

公共选择理论的主要代表人物有邓肯·布莱克、詹姆斯·M.布坎南、戈登·图洛克、曼库尔·奥尔森、丹尼斯·缪勒等。

（二）政府失灵观

政府失灵有各种各样的表现，公共选择理论认为这主要表现为政府的扩张行为、寻租行为、政府的决策失误和效率低下等方面。

1. 政府的扩张行为

公共选择理论对政府扩张的分析分为五个方面。

（1）政府在供给公共物品和消除外在效应（外部不经济）时的扩张。

（2）政府征集收入和进行财富再分配时的扩张。

（3）利益集团存在时的扩张。

（4）官僚机构与政府自身的扩张。

（5）财政幻觉状态下的政府扩张。

2. 政府寻租行为

政府寻租是指政府工作人员凭借政府权力而进行的寻求财富转移的活动，其本质在于为自身捞取更多、更大的利益。

政府寻租行为也可以看作是政府官员逐利动机的外在表现。在寻租活动中，受到损失的是消费者、不成功的寻租者和寻租的受害厂商，而受益者除了成功的寻租者外，最主要的就是政府或政府官员，这或许就是寻租行为无法杜绝的根本原因。

3. 政府的决策失误

公共选择主要就是政府决策，政府对经济生活干预的基本手段是制定和实施公共决策。公共选择理论认为，政府决策作为非市场决策有着不同于市场决策的特点，具有相当程度的不确定性，存在着诸多困难、障碍和制约因素，从而导致公共决策失误。

公共选择理论认为，导致政府决策失误的原因主要包括以下几点。

其一,政府对决策信息的垄断。政治家与选民都是经济人,政治家利用他们对决策信息的垄断,尽可能提出能够体现自身利益的提案,并设法使之通过,而选民虽然也有权利去追求自身利益,然而,他们通常既无途径也无能力去了解有关决策情况,因而,很难有效地利用选举权来制约政府。

其二,选民的意识常受组织良好的利益集团的影响。有的利益集团可能还拥有一定的政治权势,它们利用这种优势或权势影响政府决策和选民投票行为,从而使政府做出不利于民众的决策。

其三,规则失效。即使政府提供的政策、方案是最好的,但由于选举规则本身的问题,最终的政策结果也难以达到最优,因为现实中较多使用的是简单多数制,而这种规则最终所体现的只是中间选民的意愿。

其四,改变某种规则或决策的代价更高。要改变规则和决策可能会比人们预计从这种改变中所得到的好处要多得多,因而人们不愿改变原有的规则或决策,特别是这种改变在短期内效益不明显而代价却很高时尤为如此。

4. 政府机构效率低下

政府机构执行政策的效率不高、官僚主义作风严重,必然会影响政策执行的效果,可能好的政策也难以收到好的效果,从而导致政府失灵,这属于政府内部管理方面的问题。

关于政府机构效率低下的原因,公共选择理论认为有以下几点。

其一,缺乏竞争。纵向上,领导与下属之间存在着密切的利害关系,下属一般不会因工作效率低而被解雇;横向上,政府垄断了公共物品的供给,提供公共物品的部门之间也不存在竞争。因而无论从纵向还是从横向来看,都缺乏竞争压力。

其二,没有降低成本的激励。客观上,由于政府活动大多不计成本,这无形中促使政府部门对公共物品的供给容易超出社会财富最优分配时的限度;主观上,政府工作大多具有一定垄断性,各部门可以利用这种垄断地位,在供给公共物品时尽可能降低服务质量,提高服务价格,并在此基础上扩大自身规模。而且由于政府部门承担的任务较为复杂,它们可以利用所处的垄断地位封锁关于公共物品生产及资源成本的信息,从而使外界无法进行有效监督。

其三,监督信息不完备。从理论上看,政府及其官员并不能为所欲为,而是必须服从公民及其代表的政治监督,以保证政府部门运行的效率。然而由于信息本身具有的不完全性、不对称性,加上政府对信息的垄断性,监督者不可能完全了解被监督部门的运行情况,反而有可能受被监督者操纵。

(三)救治政府失灵的政策主张

公共选择理论认为,之所以出现政府失败,根源在于把政府行为假设为出于公心的理论前提与政治过程中的人都是利己的现实发生了矛盾。一旦把经济分析方法引入政府行为的分析中,政府干预的缺陷就会一目了然,解决这些问题的途径也会清晰可见。

1. 进行规则改革

公共选择学派认为政策内容本身并不是导致政府失灵的根源,其根源在于政策制定的规则,规则的变革是解决利益冲突的一种方式。但在现实生活中,具体规则(法律、法规)

的变革很难达成完全一致。只有元规则层次上的变革才有可能达成完全一致，因为元规则体现的是全体民众最基本的一些价值，可以说是所有人价值取向的最大公约数。公共选择学派不直接提出具体的建议以供选择，而是为规则改革提供一种指导或规范建议，为政策制定提出一系列所需的规则和程序，从而使政策方案更合理，减少或避免决策失误。

2. 建立竞争机制

公共选择理论认为，只有打破公共物品生产的垄断，在政府机构内建立起竞争机制，才能铲除导致政府低效率的最大障碍。这就要推行政府改革，优化公共服务供给的制度安排，尽可能地解决公共选择过程中的矛盾。

具体到制度设计，一是在行政管理体制内部重新设计竞争结构。同一种职能让若干个行政部门竞争性地提供，在这些机构之间展开竞争从而提高效率。二是建立发挥个人积极性的经济激励制度。竞争可以降低成本，但只有经济激励才能回报绩效。三是采用由私营企业承包公共服务的办法。

3. 约束政府的税收和支出

政府活动的支出依赖于赋税。因此，对政府的税收和支出加以约束，就从根本上限制了政府的行为，抑制了政府的自我扩张。这种约束可以从政府预算的程序和数量两个方面入手，前者要求在批准程序上注意保持收支平衡；后者要求政府收支增长直接与国民经济的增长挂钩，并保持在一定的比例，在政府机构内引入激励机制。

4. 加强监督

成立专家委员会定期对政府机构进行评审，确定其应提供的公共产品量及预算资金情况等。但专家委员会应采取随机组成、经常调整等方式进行工作，避免其与政府机构形成共同利害关系。

二、新公共管理理论

新公共管理理论是20世纪80年代以来兴盛于英、美等西方国家的一种新的政府管理理论和管理模式，也是近年来西方规模空前的行政改革的主要指导思想之一。它以现代经济学为自己的理论基础，主张在政府等公共部门广泛采用私营部门成功的管理方法和竞争机制。重视公共服务的产出，强调文官对社会公众的响应力和政治敏锐性，倡导在人员录用、任期、工资及其他人事行政环节上实行更加灵活、富有成效的管理。

（一）理论特点

新公共管理作为一种新的政府管理理论和管理模式，其理论基础与以往的行政理论有很大的不同。如果说传统的公共行政以威尔逊、古德诺的政治—行政二分法和韦伯的科层制作为其理论支撑点的话，新公共管理理论则以现代经济学的私营部门管理理论和方法作为自己的理论基础。首先，新公共管理理论从现代经济学中获得了理论依据。如从"理性经济人"的假定中获得绩效管理的依据；从公共选择和交易成本理论中获得政府应以市场或顾客为导向，提高服务效率、质量和有效性的依据；从成本—效益分析中获得对政府绩效目标进行界定、测量和评估的依据等。其次，新公共管理理论又从私营部门管理方法中汲取营养。新公共管理理论认为，私营部门许多管理方式和手段都可为公共部门所借用。

如私营部门的组织形式能灵活地适应环境；对产出和结果的高度重视，而不是只管投入、不重产出；人事管理上实现灵活的合同雇佣制和绩效工资制，而不是一经录用，永久任职，等等。新公共管理理论认为，私营部门成功地运用着的管理方法，如绩效管理、目标管理、组织发展、人力资源管理等并非为私营部门所独有，它们完全可以运用到公共部门的管理中，在具体的各项制度、各个层面分别展开，但总体上是呈现出整体发展的趋势。同样道理，我们衡量一个行政管理系统的发展水平，也不能以某一方面的水平为标准，而应从行政机构设置的合理程度、行政功能的发挥程度、行政绩效的高低以及行政目标与整个国家政治目标的协调程度等各方面来衡量。

（二）政策主张

新公共管理理论作为国际性思潮，有众多的代表人物、思想观点和政策主张，国内学者综合研究者的观点，将其政策主张概括为以下几个方面。

1. 强调职业化管理

新公共管理理论认为，公共组织尤其是政府必须清楚自己做什么、如何做和向谁负责，让公共管理人员成为管理者，而不是传统的仅听命于别人的行政官员。现在公共管理已变成了政治管理的一种形式，与政治领导人的关系也发生了变化。

2. 引入绩效评估

新公共管理理论把绩效评估作为改进政府绩效的一种管理工具，制定绩效标准，同时在绩效评估的过程中提高公众的参与度。

3. 引进项目管理和战略管理

新公共管理理论主张改变传统行政管理中只重视投入、而忽视产出的现象，主张项目预算系统根据机构的具体项目来分配资金，要列出项目、子项目以及更低层次项目的所有成本；人员的配置不再由人事部门来决定，它成为项目预算的组成部分。这就意味着政府部门要决定组织的使命或长远的目标，预测目标的获取，考虑组织如何适应环境以及它在环境中的优势和劣势、机会和成本。这种重视战略管理的途径通过将结果与资源分配尤其是与项目预算的结合，来促进资源的更好利用。

4. 提供回应性服务

新公共管理理论强调顾客至上或顾客导向，它通过把公众变成消费者（顾客）、以市场取代政府、提供回应性服务，来满足公众（顾客）的不同需求。它通过引入市场机制、公众参与管理、公共服务提供的小规模化等措施，给公众（顾客）提供自由选择服务机构的机会，征求他们对公共服务的意见和要求，并测量其满意程度。

5. 公共部门的分散化和小型化

新公共管理理论主张建立执行机构或半自治性的分散机构，让其负责公共项目的执行和公共服务的提供。原来庞大的部（委）被分解成许多执行机构，每个机构负责一个或数目有限的公共服务供给，部（委）内仅留下少数文官负责制定政策、计划和协调工作。分散化的优点是缩小官僚机构的规模、降低集中化程度；它通过"一站式服务"而提高公共物品和服务供给的效率，将这些提供公共物品及服务的部门与转移支付的形式相结合，可以取得规模经济效益。

6. 引入竞争机制

新公共管理主张在公共部门中引入市场机制，在公共部门与私人部门之间、公共部门机构之间展开竞争，以缩小政府规模，提高公共物品及服务供给的效率。竞争机制的引入带来了公共部门服务的一系列变化尤其是形成了市场检验、优胜劣汰的局面。

7. 采用企业管理模式

新公共管理理论主张在公共部门引入企业管理经验、理论、方法及技术。他们认为公共部门管理与私营部门管理是相似的，其差别仅仅表现为次要的方面，私营部门的管理比公共部门的管理要优越得多，效率也高得多，因此，主张用企业管理的模式重塑公共部门管理。新公共管理所主张的项目预算、绩效评估、战略管理、顾客至上、结果控制、合同雇佣制、绩效工资制、人力资源开发和组织发展等原则或措施均来自企业的管理实践。

三、新公共服务理论

（一）新公共服务理论的产生

所谓新公共服务，是指"关于公共行政在以公民为中心的治理系统中所扮演的角色的一套理念"。新公共服务理论是行政管理领域新兴的一种新公共行政理论，是由美国著名行政学家罗伯特·B. 登哈特（Robert B. Denhardt）等为代表的一批行政学者在批评传统的公共行政，尤其是在批评新公共管理理论的基础上建立起来的。

罗伯特·B. 登哈特和珍妮特·V. 登哈特在其合著的《新公共服务：服务，而不掌舵》一书中，首先对传统公共行政和新公共管理进行了分析，通过分析，肯定了新公共管理相对于传统公共行政的比较优势，同时也指出了其理论存在的局限性，认为新公共管理只是代表了一种政府治理形式，不能涵盖所有的政府理论与实践。新公共服务理论就是在此基础上提出的一种以公民对话协商和公共利益为核心的新的行政发展理论。

（二）新公共服务的理论观点

作为一种全新的现代公共行政管理理论，新公共服务的理论观点主要包括以下几个方面。

1. 服务而非掌舵

对公务人员来说，重要的是要帮助公民表达并满足他们共同的利益需求，而不是试图控制社会的发展方向。现代社会生活的复杂性使政府掌控社会变得不仅不合时宜，而且不太可能。政府的作用要从控制转变为议程设定，把合适的参与者集中到谈判桌前进行磋商和谈判，或者作为中间人促成公共问题的解决。

2. 追求公共利益

公务人员必须致力于建立集体的、共享的公共利益观念。公共利益是全体人民共同的利益和责任，是目标而不是副产品。新公共服务理论认为，建立社会远景目标的过程并不能只委托给政治领袖或被任命的行政官员，事实上，广泛的对话和协商更为重要。政府的作用就体现在把人们聚集到坦诚对话的环境中，共商社会发展的方向。同时，政府还有责任确保经由这些程序而产生的政策方案完全符合公正和公平的规范，确保公共利益居于主导地位。

3. 思想的战略性与行动的民主性

新公共服务理论认为，符合公共利益的政策和方案只有通过集体努力和协作的过程，才能够最有效地、最负责任地得到贯彻与执行。为了实现集体的战略目标，在具体的计划实施过程中需要公众的积极参与。新公共服务理论认为，应当激发公众的自豪感、责任感和参与的积极性，从而保证政策执行的民主性。

4. 服务公众而非服务顾客

新公共服务理论认为，政府与公民之间的关系不同于工商企业与其顾客之间的关系，在公共部门中，政府要关注建设政府与公众之间、公众内部各种观点，认为"治理一词的基本含义是指在一个既定的范围内运用权威维持秩序，满足公众治理的目的是在各种不同的制度关系中运用权力去引导、控制和规范公民的各种活动的需要"。

（三）主要理论观点

1. 治理主体的多元化

治理虽然需要权威，但这个权威并非一定是政府机关，治理的主体既可以是公共机构也可以是私人机构，还可以是公共机构和私人机构的合作。其实质是建立在市场原则、公共利益和认同之上的合作。

2. 治理结构的网络化

该理论摒弃了金字塔式的等级治理结构，强调政府与各组织之间的互相合作，在各组织和个人参与公共事务的基础上，最终建立一个相互合作的治理网络。

3. 治理过程的互动性

治理意味着参与者最终将形成一个自主的网络。这一自主的网络在某个特定的领域中拥有发号施令的权威。它与政府在特定的领域中进行合作，分担政府的行政管理责任；强调治理过程中的权力动作模式的互动性，主张通过合作、协商、伙伴关系等对公共事务进行管理。

4. 社会的成熟度

成熟的社会应该与政府一道，共同致力于解决各种社会和经济问题，通过政府与社会的良性互动来实现善治。

第六节 行政发展实践

在相同或相似的背景和压力下，世界上多数国家为提升政府绩效，进行了行政改革与发展探索。这些实践活动都是在相关理论指导下进行的，而且不同的国家相互影响、相互借鉴。

一、西方国家行政发展实践

（一）西方国家行政发展的背景

当代西方行政改革源于四大动力：一是政府面临困境；二是公众对政府期望的增高；

三是私人企业革新成就对政府的压力和示范效应；四是大众传媒普及和日益增长的监督作用。其中，政府面临的困境无疑是改革的主要动因。

（1）政府职能扩张和规模膨胀伴随着西方各国福利国家的建立，政府的活动范围越来越大，需要处理的事务越来越多，各国政府都不同程度地出现了行政机构规模的增长、权力的膨胀、管理的重叠和公共服务质量下降等现象。

（2）财政危机随着政府活动不断扩张，政府支出也不断增长；收入与支出不对等，收入有限，支出无限。同时，政府官员没有减少开支的内在动力，而增加开支的势头却十分强劲。政府官员以政府机构权力极大化作为追求的目标，而政府权力的大小又与其所控制的社会资源的数量密切相关，从而与政府预算的规模密切相关，即追求公共机构权力的极大化必然带来政府预算规模的极大化。总之，政府职能和责任增加，财力资源有限却又无获取新资源的良策，从而陷入财政危机之中。伴随财政危机的是管理危机和信任危机。政府规模过于庞大导致管理中的失调、失控。官僚主义和效率低下，其结果是政府形象受损和普遍存在的信任危机。

（3）公众对政府期望的增高。随着西方福利国家的形成，政府职能和规模扩张，政府责任也越来越大。民众普遍认识到政府活动对个人福利的巨大影响，因而对政府提出了更高的要求和期望，希望政府部门提高服务水平和服务质量，同时又不愿意增加自己的税负，这样，民众对政府的要求与政府的实际状况之间的差距致使政府陷入两难，政府要摆脱这种两难境地，除了进行政府改革、提高政府工作效率和服务质量、节约开支外，别无选择。

（4）科技革命的推动。新的技术革命和由其带来的经济结构、社会结构的变动也是推动西方国家行政改革的重要动力。尤其是信息技术的发展与成熟，提高和改善了政府管理的技术基础。新的信息技术不仅有使政府容易管理社会的一面，也有优化政府自身管理的一面。从20世纪70年代末期开始，美国在预算与财政系统中引入"运作绩效评估系统"，从此，信息技术就被不断运用到美国政府中的人事管理、采购系统管理、公共项目管理等领域。信息技术为政府机构减少层级与放松管制也提供了技术上的支持。

（5）大政府价值观遭遇挑战。西方国家在20世纪70年代达到高峰的经济"滞胀"，促进了各国朝野对政府与市场关系的重新思考，人们不断对大政府价值观提出怀疑，政府"瘦身"成为各方的要求；市场交换价值在全球范围内被重新肯定，调整政府与市场的关系势在必行；而私营部门的改革成就对政府改革有着巨大的示范作用，使政府改革只能前进，不能后退。

（6）经济全球化的冲击。经济全球化既是20世纪80年代末以来的一种现实状态，也是一种发展趋势。从本质上来说，经济全球化是货物、服务、生产要素更加自由流动，各国经济相互依存、相互依赖的过程。经济全球化带来了世界范围内的制度竞争，同时也要求政府重构政府职能、进一步分权和提升政府能力，以应对经济全球化的挑战。

（二）西方国家行政发展的内容与措施

20世纪70年代以来，在西方国家的行政发展进程中，英国、美国、新西兰等国的改革理念在这个时期的国家群体中具有代表性、普遍性。它们的改革虽各有特点，但在改革的价值和路径选择上基本一致，改革的内容和措施也基本相同。

1. 政府职能的优化

当代西方发达国家行政改革的重点之一是重新界定政府职能。在"新公共管理理论"的视野中，政府从大量社会事务中解脱出来，将这些职能交给或归还给社会，由社会经济组织或中介组织去承担，政府则制定法律和规章制度，监督和执行法律和法规。当代西方各国优化政府职能、减少政府干预的基本途径是通过采取民营化、放松管制以及压缩式管理等途径将政府兴办和管理的大部分公共事业、企业交给市场和社会，尽可能地将公共部门承担的社会服务出租和承包出去。

在英国，1979年撒切尔政府上台，拉开了英国政府全面改革的大幕。撒切尔政府认为，国有企业亏损严重，是国家的一大包袱。因此，有必要大规模和彻底地重组国有部门。其政策路径是鼓励私人资本进入原属国家投资经营的领域，通过大量出售国有企业的股份，大力推行私有化或非国有化，同时把原属地方政府的公房大量出售给私人，大大增加了拥有私房的家庭总数。其结果是极大地提高了企业的生产效率和效益。同时，也减轻了政府的财政负担，激活了社会的活力。

美国的行政改革实际上始于1981年里根的上台，里根采用供给学派的政策，主张通过大幅度减税并改革税制、放松政府管制、转变政府职能以应对经济停滞。

新西兰的改革建立在四部重要的法律基础之上，即1986年通过的《国有企业法》、1988年的《国家部门法》、1989年的《公共财政法》、1991年的《雇佣合同法》。这四部法律分别为公共部门的公司化、私有化、政府机构和公务员制度改革，公共财政体制改革以及调整劳资关系和劳动合同关系提供了法律依据。

经过职能调整，西方发达国家政府的经济社会管理职能仅限于：①建立全面而系统的经济立法体系，把社会经济活动纳入法制轨道；②通过财政金融干预等手段，加强对经济的宏观调控；③公共物品及公共服务的提供。

2. 公共服务的市场化、社会化

公共服务市场化、社会化在实践中主要采取以下形式：①政府业务合同出租，即利用合同承包的方式把政府的一些工作任务推向市场，基本运作方式是政府将需要或者适合出租的公共项目向私营企业以及社会中介组织招标，竞争的获胜者与政府主管部门签订合同，前者完成任务并达到合同规定的标准，后者支付合同约定的报酬。②建立公共部门与私营部门伙伴关系。为了弥补政府能力和财力的不足，西方各国政府在改革的过程中，采取利用私营部门补充公共部门的方式，打破政府对一切公共服务垄断的传统，建立起公共部门与私营企业的伙伴关系，实现二者的"双赢"、良性互动。③公共服务社会化，即政府授权社区并鼓励各社区举办各种公共事业如老人院、收容院、残疾人服务中心等，政府机构如社会工作部门、警察局出面组织邻里互助、街道联防等，以改进社会服务、控制犯罪活动。

3. 分权

当代西方行政发展的目标之一在于分散政府管理职能，缩小政府行政范围，因而必然要实行分权与权力下放。分权既涉及中央与地方的关系，又涉及中央政府内部上下级关系。中央政府部门内部上下级关系的改革更是当代西方国家行政改革的热点。在西方政府的机构改革中，许多政府经济部门被改为准政府机构或独立出去。其中最激进的要数英国的"下一步行动方案"和新西兰的公司化改革,两者的共同之处是把原部门内的中下层组织转变为具有独立性质的单位,实行经理负责制——经理被赋予了机构、编制、人事管理和财务等方面的极大自主权。

这一改革实现了上下级由直接隶属到合同关系的转变,上级对下级的控制由着眼于工作过程到着眼于工作结果的转变,体现了决策与执行分离和分权制度化的趋势。实践证明,实行合理分权,让独立机构、社会和非政府组织去承担公共服务有很大的好处,这些组织比集权的机构拥有更多的灵活性,它们对公共需求能迅速地做出反应,而且效率更高、责任性更强、更具有创新精神。

4. 引入现代企业管理技术和方法

当代西方国家行政改革的最显著特征是公共行政中的管理主义倾向,即引进现代化管理技术和方法尤其是私营部门的管理技术来"重塑政府",实现政府管理的现代化,"市场化""企业化"被广泛用于政府管理。这些管理技术和方法有:战略管理、全面质量管理、顾客管理、成本管理、标杆管理、绩效管理等。例如,在这方面,美国政府的绩效管理理念及实践是比较先进的。1993年,美国国会通过了《政府绩效与结果法》,该法案明确提出了政府绩效改革的目标,规定了政府绩效管理的内容,强调通过加强管理责任与管理弹性以提高政府的绩效,并对政府绩效管理的实施进程作了细致的安排等。

此外,私营部门管理技术和方法的应用还表现在全面质量管理在行政审批部门和行政执法部门中得到了广泛的应用,利用信息技术,发展电子政府,形成以信息技术为基础的政府治理新模式等。

5. 改革公务员制度

在公共人事管理改革方面,西方发达国家采取的主要措施如下。

(1)放松管制、增强灵活性。西方各国在公务员的录用、报酬、职位分类、培训及履行职责等方面放松管制,增强灵活性,具体举措包括消除繁杂的规则,减少繁文缛节以及防止办事拖拉等。

(2)公共管理者的非职业化。文官终身受雇受到改革的猛烈冲击,强制性裁员和日益增多的短期合同在公务员管理中出现得越来越多,公务员职业的永业性原则逐步被打破;加强公共部门与私人部门管理者之间的交流;合同雇用和临时雇用已经成为公共部门以及政府机构用人的常见方式。

(3)绩效评估以及灵活的付酬制度。西方公务员制度改革的另一个基本取向是注重结果而非过程控制,重视绩效评估,并采取灵活的付酬与奖励措施。

二、中国行政发展的历程

中华人民共和国成立以后,为适应政治、经济形势的发展变化,我国先后进行了11次以机构改革为主要内容的行政改革,从而推动了行政发展。

(一)1954年的改革

1954年年底,国务院设立部委机构35个、直属机构20个、办公机构8个以及秘书厅,共64个部门。

1952—1953年，中央六大区人民政府为行政委员会，撤销了其地方政府的职能，同时，1954年9月，政务院改为国务院，在原有机构的基础上，第一次设立国家统计局、计量局等20个直属机构，主办各项业务。是年，国务院行政机构包括秘书厅的数量已达到4个。此两年，又调整、增设了一些部委和直属机构，至1956年年底，国务院行政机构达86个，其中部、委48个，工作人员5万余人。同时，各级地方政府也比照中央政府对口设置了厅、局，形成了自上而下的以中央为主、与计划经济一致的部门管理体制。

（二）1958年的改革

1958年2月，第一届全国人大第五次会议作出了《关于调整国务院所属组织机构的决定》，开始对所属机构进行精简和调整，撤销、合并了20个工作部门。1959年，第二届全国人大召开时，国务院设立的行政机构降为60个，即39个部委、21个直属和办事机构，人员也裁减到3.6万人。这次改革以中央向地方下放权力为主要内容，精简合并的几乎全是经济管理部门。

（三）1965年的改革

1965年年底，中央各部门直属企业、事业单位由1959年的2400余个增加到10500余个，国务院部、委机构49个，直属机构22个，办公室7个和1个秘书厅，机构总数达到79个，形成了中央政府机构设置的第二次高峰。

（四）1982年的改革

1980年，邓小平在《党和国家领导制度的改革》一文中，针对高度集权、机构臃肿、官僚主义等弊端，提出了进行政治体制改革的任务。1982年邓小平又强调指出，精简机构是一场革命。同年，五届全国人大常委会通过了《关于国务院部委机构改革实施方案的决议》。根据重叠的机构撤销、业务相近的机构合并的原则，撤委并部，大大减少直属机构。经过改革，国务院行政机构减为61个，其中部委43个，工作人员缩减为3万人。在管理权限方面主要改革权力过分集中的状况，解决中央与地方的管理权限和政府与企业的管理权限问题。在中央与地方的关系上，实行"分灶吃饭"的体制，以调动地方的积极性；改革政企关系，实行利改税，给企业以更多的自主权。

这次改革是在党和国家工作重心全面转移到社会主义现代化建设上来之后，首次进行的行政改革，它所提出和建立的关于改革的思想，在一定程度上为以后的行政改革提供了理论基础。

1982年的国务院机构改革取得了一些成果，但总的来说，仍是以"精简机构，减少编制"为目标，着眼于机构本身的撤减与合并，以及隶属关系上的变更，并未从转变政府职能着手。随着改革开放的深入，政府需要处理的事务也随之增多，精简后的政府机构出现了新一轮的膨胀，至1987年年底，国务院行政机构又增至72个，其中部委45个，工作人员5万余人。

（五）1988年的改革

总结以往政府机构"精简—膨胀—再精简—再膨胀"的教训，党的十三大提出了"机构改革必须抓住转变职能这个关键"。1988年，七届人大一次会议批准了以转变政府职能为核心的国务院机构改革方案。对这次机构改革做了精心的准备，制定了包括长远目标、近期目标和五年目标的改革目标体系。

长远目标，即建立一个符合现代化管理要求，具有中国特色的功能齐全、结构合理、运转协调、灵活高效的行政管理体系。五年目标，即理顺关系、转变职能、精简机构与人员，提高行政效率，克服官僚主义，增强机构活力。

1988年改革的核心是逐步理顺政府、国有企业、事业单位和人民团体的关系，理顺政府各部门之间的关系以及中央政府与地方政府之间的关系。重点是政企分开，弱化政府的微观管理职能，强化综合管理职能，精简专业部门，强化宏观调控部门。

从实践的情况来看，这次改革较为明显的进展与成效是机构设置上的调整与变化。经过这次改革，国务院行政机构减少至65个，其中部委41个。从精简机构的数量上看虽然不算大，但在性质上发生了变化，即是按照转变职能的方向和原则进行的。

1988年改革的最大特点是：第一次明确提出了政府职能转变这个关键性的问题。强调职能转变这个关键问题，标志着我国的政府机构改革，开始突破只注重数量增减、单一的组织结构调整的局限，向行政体制改革的关键因素——政府职能的重新选择、定位延伸，改变了以往就机构论机构的做法，把改革拓宽到行政体制的其他方面。

（六）1993年的改革

1992年，党的十四大明确提出要建立社会主义市场经济体制。与这一经济体制改革相配套，1993年3月，八届人大一次会议批准了新的国务院机构改革方案。这次改革，把适应社会主义市场经济发展的要求作为改革目标，提出以转变政府职能为重点，根本途径是政企分开，把属于企业的权力下放给企业，政府的行政职能主要是统筹规划、掌握政策、信息引导、组织协调、提供服务和检查监督等。为此，加强了综合经济部门，如国家经贸委。通过改革，国务院行政机构由原来的86个减少到59个，其中部委40个。

（七）1998年的改革

1998年的改革是1949年以来规模最大的行政体制与政府机构改革，改革的目标是：建立办事高效、运转协调、行为规范的行政管理体系，逐步建立适应社会主义市场经济体制的有中国特色的行政管理体制。1998年，九届人大一次会议《关于国务院机构改革方案》中明确把政府的职能定为三项：宏观调控、社会管理、公共服务。这是对政府职能的科学定位，也是对传统行政思维的重大突破。按照精简、统一、效能的原则，调整政府组织机构，实现精兵简政，加强宏观经济调控部门，调整和减少专业经济部门，适当调整社会服务部门，加强执法监管部门，发展社会中介组织；完善国家公务员制度，建设高素质的专业化国家行政管理干部队伍。撤销机械部、冶金部、化工部、电力部、电子部、轻工总会、纺织总会等，组建由国家经贸委管理的国家局，并明确规定这些国家局不再直接管理企业，不再承担投资项目立项、审查、审批职能，不下达生产和分配计划及盈亏指标。国务院组成部门由原来的40个压缩为29个，中央各部委直属局公务员从1997年的3.4万人减少到1.7万人，国务院人员编制减少了47.5%。全国各级党政群机关的人员编制由739万人减为624万人，共精减115万人。

（八）2003年的改革

党的十六大报告指出，完善政府的经济调节、市场监管、社会管理和公共服务的职能，是适应深化改革和扩大开放的新形势，转变和规范政府职能的新要求。为此，要深化行政管理体制改革，形成行为规范、运转协调、公正透明、廉洁高效的行政管理体制。根据党的十六大报告的要求，2003年的国务院机构改革有五大重点。

（1）深化国有资产管理体制改革，设立国务院国有资产监督管理委员会。

（2）完善宏观调控体系，将国家发展计划委员会改组为国家发展和改革委员会。

（3）健全金融监管体系，设立中国银行业监督管理委员会。

（4）继续推行流通管理体系改革，组建商务部。

（5）加强食品安全和安全生产监督体制建设，组建国家食品药品监督管理局。本次改革除国务院办公厅外，国务院29个组成部门经过改革调整为28个。

（九）2008年的改革

在党的十七大上，党中央明确了科学发展观是指导我国经济社会发展的根本指导思想。十七大报告提出，科学发展观第一要义是发展，核心是以人为本，基本要求是全面协调可持续性，根本方法是统筹兼顾，指明了我国下一步中国经济社会改革与发展的思路和战略。以科学发展观为指导，十七大报告首次提出建设服务型政府的任务，为新一轮政府机构改革指明了方向。2008年2月，党的十七届二中全会通过的《关于深化行政管理体制改革的意见》强调，深化行政管理体制改革，要按照建设服务政府、责任政府、法治政府和廉洁政府的要求，着力转变职能、理顺关系、优化结构、提高效能，做到权责一致、分工合理、决策科学、执行顺畅、监督有力，为全面建设小康社会提供体制保障。2008年3月十一届人大一次会议通过了《国务院机构改革方案》。

这次机构改革的主要任务如下。

（1）围绕转变政府职能和部门职责关系，探索实行职能有机统一的大部门体制，合理配置宏观调控部门职能。

（2）加强能源环境管理机构，设立高层次的议事协调机构——国家能源委员会，组建国家能源局。

（3）整合完善工业和信息化、交通运输行业管理体制，组建工业和信息化部和交通运输部。

（4）以改善民生为重点，加强与整合社会管理和公共服务部门，组建人力资源和社会保障部、环境保护部、住房和城乡建设部。本次机构改革，除国务院办公厅外，国务院组成部门设置27个，涉及调整变动的机构15个，正部级机构减少了4个。

这次改革突出了三个重点。

（1）加强和改善宏观调控，促进科学发展。

（2）着眼于保障和改善民生，加强社会管理和公共服务。

（3）按照探索职能有机统一的大部门体制要求，对一些职能相近的部门进行整合。

（十）2013年改革

在党的十八大上，党中央指出行政体制改革是推动上层建筑适应经济基础的必然要求，明确提出建设职能科学、结构优化、廉洁高效、人民满意的服务型政府，推动政府职能向创造良好发展环境、提供优质公共服务、维护社会公平正义转变。2013年2月，党的十八届二中全会通过《国务院机构改革和职能转变方案》,同年 3 月十二届全国人大一次会议通过《国务院机构改革和职能转变方案》。这次改革按照建立中国特色社会主义行政体制目标的要求,以职能转变为核心,继续简政放权、推进机构改革、完善制度机制、提高行政效能,加快完善社会主义市场经济体制,为全面建成小康社会提供制度保障。

这次机构改革的主要任务如下。

(1)重点围绕转变职能和理顺职责关系,稳步推进大部门制改革。

(2)将铁道部拟订铁路发展规划和政策的行政职责划入交通运输部,组建中国铁路总公司,承担铁道部的企业职责。

(3)整合卫生部的职责、国家人口和计划生育委员会的计划生育管理和服务职责,组建国家卫生和计划生育委员会。

(4)组建国家食品药品监督管理总局,对生产、流通、消费环节的食品安全和药品的安全性、有效性实施统一监督管理。

(5)为统筹新闻出版广播影视资源,将国家新闻出版总署、国家广播电影电视总局的职责整合,组建国家新闻出版广播电影电视总局。

(6)重新组建国家海洋局和国家能源局。本次改革国务院正部级机构减少 4 个,其中组成部门减少 2 个,副部级机构增减相抵数量不变。改革后,除国务院办公厅外,国务院设置组成部门 25 个。

政府职能转变是深化行政体制改革的核心。这次职能转变重点是处理好政府与市场、政府与社会、中央与地方的关系,深化行政审批制度改革,减少微观事务管理,以充分发挥市场在资源配置中的基础性作用、更好发挥社会力量在管理社会事务中的作用、充分发挥中央和地方两个积极性,最终加快形成权界清晰、分工合理、权责一致、运转高效、法治保障的国务院机构职能体系。

这次改革突出两个重点:一是趋向于大部门制的机构整合,二是国务院机构的职能转变。除此之外还在改善宏观管理、改进社会管理和加强依法行政方面有新的内容。这些改革举措不仅与我国经济社会发展要求相吻合,而且在一定程度上还体现出当代公共管理的一些趋势特征。

(十一)2018 年改革

党的十八届三中全会通过的《中共中央关于全面深化改革若干重大问题的决定》指出,全面深化改革的总目标是坚持完善和发展中国特色社会主义制度,推进国家治理体系和治理能力现代化,行政改革要加强中央政府宏观调控职责和能力,加强地方政府公共服务、市场监督、社会管理、环境保护等职责,同时转变政府职能更需深化机构改革。党的十九大报告指出,统筹考虑各类机构设置,科学配置党政部门及内设机构权力、明确职责,在省市县对职能相近的党政机关探索合并设立或合署办公。党的十九届三中全会通过的,深化党和国家机构改革是推进国家治理体系和治理能力现代化的一场深刻变革,要以加强党的全面领导为统领,以国家治理体系和治理能力现代化为导向,以推进党和国家机构职能优化协同高效为着力点,改革机构设置,优化职能配置,积极构建系统完备、科学规范、运行高效的党和国家机构职能体系。在政府机构改革方面,结合新的时代条件和实践要求,着力推进重点领域、关键环节的机构职能优化和调整,构建起职责明确、依法行政的政府治理体系。

这次行政机构改革的主要任务如下。

（1）为统一行使全民所有自然资源资产所有者职责，统一行使所有国土空间用途管制和生态保护修复职责，组建自然资源部。

（2）为整合分散的生态环境保护职责，统一行使生态和城乡各类污染排放监管与行政执法职责，加强环境污染治理，组建生态环境部。

（3）为加强党对"三农"工作的集中统一领导，坚持农业农村优先发展，统筹实施乡村振兴战略，组建农业农村部。

（4）为增强和彰显文化自信，坚持中国特色社会主义文化发展道路，统筹文化事业、文化产业发展和旅游资源开发，组建文化和旅游部。

（5）为推动实施健康中国战略，树立大卫生、大健康理念，组建国家卫生健康委员会。

（6）为维护军人军属合法权益，加强退役军人服务保障体系建设，建立健全集中统一、职责清晰的退役军人管理保障体制，组建退役军人事务部。

（7）为防范化解重特大安全风险，健全公共安全体系，整合优化应急力量和资源，组建应急管理部。

（8）为完善市场监管体制，推动实施质量强国战略，营造诚实守信、公平竞争的市场环境，进一步推进市场监管综合执法、加强产品质量安全监管，组建国家市场监督管理总局。

这次改革整体性推进中央和地方各级各类机构改革，重构性健全政府治理体系，系统性增强政府执行力，适应新时代要求的行政机构职能体系主体框架初步建立，为完善和发展中国特色社会主义制度、推进国家治理体系和治理能力现代化提供了有力组织保障。

（十二）2023年改革

党的二十届二中全会通过了《党和国家机构改革方案》。本次机构改革是以习近平新时代中国特色社会主义思想为指导，以加强党中央集中统一领导为统领，以推进国家治理体系和治理能力为现代化导向，坚持稳中求进工作总基调，适应统筹推进"五位一体"总体布局、协调推进"四个全面"战略布局的需要，适应构建新发展格局、推动高质量发展的需要，加强科学技术、金融监管、数据管理、乡村振兴、知识产权、老龄工作等重点领域的机构职责优化和调整，转变政府职能，加快建设法治政府，为全面建设社会主义现代化国家、全面推进中华民族伟大复兴提供有力保障而进行的调整。主要调整内容如下。

1. 重新组建科学技术部，将部分职能划转其他部门

改革方案指出，加强科学技术部推动健全新型举国体制、优化科技创新全链条管理、促进科技成果转化、促进科技和经济社会发展相结合等职能，强化战略规划、体制改革、资源统筹、综合协调、政策法规、督促检查等宏观管理职责，保留国家基础研究和应用基础研究、国家实验室建设、国家科技重大专项、国家技术转移体系建设、科技成果转移转化和产学研结合、区域科技创新体系建设、科技监督评价体系建设、科研诚信建设、国际科技合作、科技人才队伍建设、国家科技评奖等相关职责，仍作为国务院组成部门。通过

重组科技部，首先强化了关键核心技术攻关和实现高水平科技自立自强的统筹领导；其次将领域科技工作管理的职责转到发展改革委、工信部、卫健委等经济社会管理部门，强化了与经济社会发展从目标设定到科技创新过程的全面耦合。

2. 组建国家金融监督管理总局

统一负责除证券业之外的金融业监管，强化机构监管、行为监管、功能监管、穿透式监管、持续监管，统筹负责金融消费者权益保护，加强风险管理和防范处置，依法查处违法违规行为，作为国务院直属机构。国家金融监督管理总局在中国银行保险监督管理委员会基础上组建，将中国人民银行对金融控股公司等金融集团的日常监管职责、有关金融消费者保护职责，中国证券监督管理委员会的投资者保护职责划入国家金融监督管理总局。不再保留中国银行保险监督管理委员会。

3. 组建国家数据局

负责协调推进数据基础制度建设，统筹数据资源整合共享和开发利用，统筹推进数字中国、数字经济、数字社会规划和建设等，由国家发展和改革委员会管理。将中央网络安全和信息化委员会办公室承担的研究拟订数字中国建设方案、协调推动公共服务和社会治理信息化、协调促进智慧城市建设、协调国家重要信息资源开发利用与共享、推动信息资源跨行业跨部门互联互通等职责，国家发展和改革委员会承担的统筹推进数字经济发展、组织实施国家大数据战略、推进数据要素基础制度建设、推进数字基础设施布局建设等职责划入国家数据局。

此外还进行了深化地方金融监管体制改革、中国证券监督管理委员会调整为国务院直属机构、统筹推进中国人民银行分支机构改革、完善国有金融资本管理体制、加强金融管理部门工作人员统一规范管理、优化农业农村部职责、完善老龄工作体制、完善知识产权管理体制、信访局调整为国务院直属机构、精减中央国家机关人员编制等方面的机构改革。

三、中国行政发展的方向

党的十八届三中全会通过的《中共中央关于全面深化改革若干重大问题的决定》强调，必须切实转变政府职能，深化行政体制改革，创新行政管理方式，增强政府公信力和执行力，建设法治政府和服务型政府。党的十九届三中全会通过的《深化党和国家机构改革方案》指出，坚决破除制约使市场在资源配置中起决定性作用、更好发挥政府作用的体制机制弊端，围绕推动高质量发展，建设现代化经济体系，构建起职责明确、依法行政的政府治理体系，增强政府公信力和执行力，加快建设人民满意的服务型政府。这为未来一段时期我国行政改革和发展指明了方向，即建设服务政府、责任政府、法治政府和廉洁政府。

上海市"一网通办"的今天和明天

"一网通办"是政府管理体制机制的重大制度性变革，是政府服务模式的颠覆性创新，是便民利企的重要举措。

上海于2018年年初出台《上海市公共数据和一网通办管理办法》，开始实施"一网通办"改革。三年来，上海推进"一网通办"改革，累计实施357项改革举措，全面超额完成目标任务，形成一批可复制推广的经验和模式。这项改革在2020年入选联合国全球电子政务调查报告经典案例。现在上海实现行政审批事项全覆盖，已接入"一网通办"平台事项达3166项。实现市民和企业用户基本全覆盖，推出"随申码"服务，开通运行"随申办"国际版，上线试运行"随申办"长者版，累计实名注册个人用户5049万，企业用户222万。持续提升服务能力，2020年，"一网通办"平台日均访问人次1259.8万，其中，日均办事17.3万件。实行"两个免于提交"，即本市政府部门核发的材料，原则上一律免于提交；能够提供电子证照的，原则上一律免于提交实体证照。推动高效办成一件事，对"一件事"的申请条件、申报方式、受理模式、审核程序、发证方式、管理架构等进行整体性再造，推进主动精准服务，个人主页和企业专属网页累计访问超69.2亿次。平均减环节69%、减时间54%、减材料75%、减跑动71%。主动精准推送居住证办理、税收优惠、疫情防控等政策服务2.07亿次。实现政府的绩效由企业和群众来评价，将"好差评"制度作为"一网通办"往深里走的制度安排，企业和群众对政务服务"好差评"的好评率达99.96%。

2021年2月9日，上海市委、市政府又印发了《关于深化"一网通办"改革构建全方位服务体系的工作方案》，对今后3年的工作做出了总体部署。今后将进一步深化改革拓展服务范围，围绕个人事项和企业经营全周期服务，突出场景应用，推进十八大领域各项服务场景应用。比如在服务个人方面，"一网通办"将全面拓展"衣食住行文教"的所有服务场景；在医疗卫生方面，"一网通办"将打造"随申码·健康"，实现预约、挂号、付费、报销等全流程数字化，推进电子病历、电子疫苗接种记录等新应用；在出行方面，将打造"随申码·交通"，实现地铁、公交等的"一码通行"，停车"无感支付"。在休闲服务方面，计划推出"随申码·文旅"和"随申码·健身"，为游客和运动爱好者提供一键相应场馆的在线预约预定，并打造数字图书馆、数字博物馆、数字美术馆；在教育领域，将打造全学段教育在线报名和缴费统一入口，提供云端招聘服务等。

总之，到2023年年底前，"一网通办"将从"爱用"向"常用"转变。基本建成"一网通办"全方位服务体系，为群众和企业提供智能化、个性化、高质量的政务服务。

资料来源：上海市"一网通办"改革取得显著成效 在全国省级政府一体化政务服务能力评估中位列第一．https://www.shpt.gov.cn/shpt/shxinxi/20210528/591707.html,2021-05-27.

思考题：
1. "一网通办"实现了哪些政府管理体制机制的重大制度性变革？
2. 为什么说"一网通办"是政府服务模式的颠覆性创新？

1. 什么是行政改革？
2. 西方国家行政改革的背景是什么？

3. 如何理解西方行政改革的理论依据?
4. 西方国家行政改革的主要内容是什么?
5. 中国40多年的行政改革取得了哪些成就?
6. 中国行政体制改革的主要经验是什么?
7. 当前深化行政体制改革的主要任务是什么?

参 考 文 献

[1] 蜡山正道．行政学总论 [M]．北京：中华书局，1934．
[2] 怀特．行政学导论 [M]．刘世传，译．北京：商务印书馆，1947．
[3] 弗兰克·约翰逊·古德诺．政治与行政 [M]．王元，译．北京：华夏出版社，1987．
[4] 中共中央马克思恩格斯列宁斯大林著作编译局．马克思恩格斯全集 [M]．北京：人民出版社，2006．
[5] 王河江．行政管理学 [M]．北京：经济科学出版社，2010．
[6] 雷恩．管理思想的演变 [M]．赵瑞，等译．北京：中国社会科学出版社，2000．
[7] 贝尔纳．科学的社会功能 [M]．周提芳，译．北京：商务印书馆，1982．
[8] 泰勒．科学管理原理 [M]．蔡上国，译．上海：上海科学技术出版社，1982．
[9] 张润书．行政学 [M]．北京：三民书局，1983．
[10] 彭和平公．公共行政管理 [M]．北京：中国人民大学出版社，1995．
[11] 吴琼恩．行政学的范围与方法 [M]．台北：五南图书出版有限公司，1992．
[12] 列宁．列宁选集 [M]．北京：人民出版社，2012．
[13] 毛泽东．毛泽东选集 [M]．北京：人民出版社，1991．
[14] 孟德斯鸠．论法的精神 [M]．张雁深，译．北京：商务印书馆，1961．
[15] 中共中央马克思恩格斯列宁斯大林著作编译局．马克思恩格斯选集 [M]．北京：高等教育出版社，2006．
[16] 夏书章．行政管理学 [M]．6 版．北京：高等教育出版社，广州：中山大学出版社，2018．
[17] 郭小聪．行政管理学 [M]．北京：中国人民大学出版社，2012．
[18] 韩莹莹，胡晓东．行政管理学 [M]．武汉：华中科技大学出版社，2013．
[19] 曹现强，王佃利．行政管理学 [M]．北京：清华大学出版社，2011．
[20] 郑志龙．行政管理学 [M]．北京：高等教育出版社，2011．
[21] 马建川，翟校义．公共行政原理 [M]．郑州：河南人民出版社，2002．
[22] 刘俊生．管理学 [M]．北京：中国政法大学出版社，2009．
[23] 徐双敏．行政管理学 [M]．4 版，北京：科学出版社，2022．
[24] 谷隶栗．行政管理学 [M]．北京：知识产权出版社，2022．
[25] 龚霄侠．现阶段中国行政环境和行政改革略论 [J]．兰州大学学报：社会科学版，2006（2）：110-115．
[26] 陈延庆．行政环境与行政职能变迁论析：行政生态学视角的考察 [J]．青岛科技大学学报：社会科学版，2009（4）：667-69．
[27] 刘祖云．戴洁．再论社会分层的依据 [J]．中南民族大学学报：人文社会科学版，2006（6）：122-126．
[28] 李春仙．基尼系数：社会贫富差距的预警绳 [J]．现代营销：经营版，2019（9）：165．
[29] 陆家欢．基尼系数与政府的社会职能：拉美国家的启示 [J]．大连干部学刊．2018（8）：43-45．
[30] 中华人民共和国宪法（2018）．共产党员网．https://baike.baidu.com/item/ 中华人民共和国宪法（2018 修正本）59429533?fr=ge_ala.2018-03-22．
[31] 教育领域中央与地方财政事权和支出责任划分改革方案．中国政府网．https://baike.baidu.com/item/ 国务院办公厅关于印发教育领域中央与地方财政事权和支出责任划分改革方案的通知 /23540682?fromtitle, 2019-06-03．

[32] 刘广明. 2017年中国高等教育运行的基本数据解读. https://blog.sciencenet.cn/blog-359436-1125826.html, 2017-05-03.

[33] 张五军. 我国平等团结互助和谐民族关系形成的历史逻辑. 中国知网.

[34] 国家民委工作职责. 中华人民共和国民族事务委员会. https://www.neac.gov.cn/seac/mwjs/201012/1009121.shtml, 2010-12-18.

[35] 发改委负责人解答基本公共服务领域首部国家规划. 环球网. http://www.china.huanqiu.com/article/qCakrnJwiOw, 2012-07-20.

[36] 2020年基本公共服务均等化总体实现. http://www.163.com/news/article/CEFMSM7M000187V5.html, 2017-03-03.

[37] 中共中央关于全面深化改革若干重大问题的决定（2013年11月12日中国共产党第十八届中央委员会第三次全体会议通过）. 中国网. http://www.gov.cn/jrzg/2013-11/15/content_2528179.htm, 2014-01-17.

[38] 习近平：新冠肺炎疫情是新中国成立以来在我国发生的传播速度最快感染范围最广防控难度[39]. http://www.Xinhuanet.com/politics/2020-02/25/c_1125625675.htm.

[39] 国务院决定于2020年开展第七次全国人口普查. 新浪网. https://new.sina.com.cn/gov/2019-11-10/dx-iicezzrr8451509.shtml.

[40] 夏书章. 行政管理学[M]. 6版. 广州：中山大学出版社，2018.

[41] 郭小聪. 行政管理学[M]. 5版. 北京：中国人民大学出版社，2021.

[42] 徐双敏. 行政管理学[M]. 4版. 北京：科学出版社，2022.

[43] 娄成武，杜宝贵. 行政管理学[M]. 3版. 北京：高等教育出版社，2019.

[44] 朱紫祎. 中国传统行政理念的内蕴与现代启示[J]. 中州学刊，2017（2）：92-95.

[45] 卢侃怡. 传统决策文化在当代公共部门决策中的应用[J]. 农村经济技，2019，30（6）：261-262.

[46] 康志平. 传统文化与政府决策能力建设[J]. 改革与开放，2010（6）：187-188.

[47] 顾敏. 传统行政文化对于当代中国政府行政的正价值分析[J]. 科技创新导报，2010（12）：231-232.

[48] 葛荃. 构建公共管理知识体系的中国话语——从中国传统行政管理思想说起[J]. 行政论坛，2018，25（6）：53-58.

[49] 陈艳梅. 论中国传统哲学"贵和"思想及其现实意义[J]. 沈阳农业大学学报（社会科学版），2016，18（1）：112-115.

[50] 胡安娜. 毛泽东决策思想中之传统文化底蕴[J]. 平顶山学院学报，2006（1）：11-13.

[51] 李彩晶. 儒家"贵和"思想及其当代价值[J]. 广西社会科学，2009（8）：42-45.

[52] 荆玲玲，张会来. 行政管理中的国学应用研究[J]. 未来与发展，2010，33（12）：26-29，17.

[53] 李京. 传统行政文化对地方政府执行力提升的影响及对策研究[D]. 湘潭大学，2011.

[54] 周一青. 宁夏出台重大行政决策规定提高决策质效. http://nx.people.com.cn/nz/2021/0108/c192482-34517404.html, 2021-01-08.

[55] 杨文明，李昌禹，申智林，刘新吾. 浅析高职教育发展中的几个问题. http://news.lnd.com.cn/system/2021/10/18/030263137.shtml, 2021-10-18.

[56] 徐双敏. 行政领导学[M]. 4版. 北京：科学出版社，2022.

[57] 郭小聪. 行政管理学[M]. 5版. 北京：中国人民大学出版社，2021.

[58] 李德志. 人事行政学[M]. 北京：高等教育出版社，2011.

[59] 冯光明，徐宁. 人力资源管理[M]. 北京：北京理工大学出版社，2011.

[60] 刘松博. 领导学[M]. 北京：中国人民大学出版社，2021.

[61] 曹晓丽，林枚. 领导科学基础[M]. 4版. 北京：首都经济贸易大学出版社，2019.

[62] 新华网. 努力造就一支忠诚干净担当的高素质干部队伍. http://www.xinhuanet.com/politics/2019-01/15/c_1123994727.htm, 2019-01-15.

[63] 夏书章. 行政管理学 [M]. 2版. 北京：高等教育出版社，2005.

[64] 中国行政管理学会. 新中国行政管理简史（1949—2000）[M]. 北京：人民出版社，2002.

[65] 张成福，党秀云. 公共管理学 [M]. 北京：中国人民大学出版社，2001.

[66] 张国庆. 行政管理学概论 [M]. 北京：北京大学出版社，2002.

[67] 谢庆奎. 当代中国政府与政治 [M]. 北京：高等教育出版社，2003.

[68] 竺乾威. 公共行政学 [M]. 上海：复旦大学出版社，2000.

[69] 郑志龙. 行政管理学 [M]. 北京：中央广播电视大学出版社，2001.

[70] 郭济. 中国公共行政学 [M]. 北京：中国人民大学出版社，2003.

[71] 荣仕星. 实用行政管理学 [M]. 北京：人民出版社，2004.

[72] 谢明. 公共政策导论 [M]. 北京：中国人民大学出版社，2002.

[73] 竹立家，李登祥. 国外组织理论精选 [M]. 北京：中共中央党校出版社，1997.

[74] 张金马. 政策科学导论 [M]. 北京：中国人民大学出版社，1992.

[75] 林尚立. 国内政府间关系 [M]. 杭州：浙江人民出版社，1998.

[76] 刘靖华. 政府创新 [M]. 北京：中国社会科学出版社，2002.

[77] 薛刚凌. 行政体制改革研究 [M]. 北京：北京大学出版社，2006.

[78] 朱光磊. 当代中国政府过程 [M]. 天津：天津人民出版社，2002.

[79] 刘智峰. 第七次革命：1998—2003年中国政府机构改革问题报告 [M]. 北京：中国社会科学出版社，2003.

[80] 陆士桢. 以德治国 [M]. 北京：新华出版社，2001.

[81] 邓小平. 邓小平文选 [M]. 北京：人民出版社，1994.

[82] 朱立言. 行政领导学 [M]. 北京：中国人民大学出版社，2002.

[83] 罗元铮，焦宝文. 电子政府导论 [M]. 北京：中国财政经济出版社，2002.

[84] 马克思，恩格斯. 马克思恩格斯全集 [M]. 北京：人民出版社，1972.

[85] 黄达强，刘怡昌. 行政学 [M]. 北京：中国人民大学出版社，1988.

[86] 金太军. 行政改革与行政发展 [M]. 南京：南京师范大学出版社，2003.

[87] 宋德福. 中国政府管理与改 [M]. 北京：中国法制出版社，2001.

[88] 荣仕星. 论领导者责任 [M]. 北京：人民出版社，2004.

[89] 列宁. 列宁选集 [M]. 北京：人民出版社，1995.

[90] 李乾贵. 依法行政问题研究 [M]. 北京：中国法制出版社，2002.

[91] 齐明山. 行政学导论 [M]. 北京：大众文艺出版社，2001.

[92] 刘学华. 审计学 [M]. 上海：立信会计出版社，2005.

[93] 刘秋华. 管理学 [M]. 北京：高等教育出版社，2004.

[94] 魏娜，吴爱明. 当代中国政府与行政 [M]. 北京：中国人民大学出版社，2002.

[95] 毛泽东. 毛泽东选集 [M]. 北京：人民出版社，1991.

[96] 纪培荣，宋世明. 国家公务员制度教程新编 [M]. 济南：山东大学出版社，2005.

[97] 徐颂陶. 新编国家公务员制度教程 [M]. 北京：中国人事出版社，1993.

[98] 邓子基. 财政学 [M]. 2版. 北京：高等教育出版社，2005.

[99] 陈小京，伏宁，黄福高. 中国地方政府体制结构 [M]. 北京：中国广播电视出版社，2001.

[100] 应松年. 行政法学新论 [M]. 北京：中国方正出版社，1999.

[101] 贾湛，彭剑峰. 行政管理学大词典 [M]. 北京：中国社会科学出版社，1989.
[102] 李善岳. 中国政府管理概论 [M]. 北京：中共中央党校出版社，1997.
[103] 郭宝平，余兴安. 政府研究概览 [M]. 太原：山西人民出版社，1992.
[104] 陈奇星. 行政监督论 [M]. 上海：上海人民出版社，2001.
[105] 张一弛. 人力资源管理教程 [M]. 北京：北京大学出版社，1999.
[106] 任爽. 科举制度与公务员制度 [M]. 北京：商务印书馆，2002.
[107] 毛寿龙. 西方公共行政学名著提要 [M]. 南昌：江西人民出版社，2006.
[108] 林新奇. 中国人事管理史 [M]. 北京：中国社会科学出版社，2004.
[109] 张德信. 中国政府改革的方向 [M]. 北京：人民出版社，2003.
[110] 陈振明. 公共管理学 [M]. 2版. 北京：中国人民大学出版社，2003.
[111] 侯志山. 外国行政监督制度与著名反腐机构 [M]. 北京：北京大学出版社，2004.
[112] 姜杰. 管理学名著概要 [M]. 济南：山东人民出版社，2003.
[113] 林水波，张世贤. 公共政策 [M]. 台北：五南图书出版公司，1981.
[114] 张润书. 行政学 [M]. 台北：三民书局，2001.
[115] 亨利. 公共行政与公共事务 [M]. 北京：中国人民大学出版社，2002.
[116] 张定安，谭功荣. 绩效评估：政府行政改革和再造的新策略 [J]. 中国行政管理，2004，8（2）：76-78.
[117] 宋世明. 美国行政改革研究 [M]. 北京：国家行政学院出版社，1999.
[118] 习近平关于协调推进"四个全面"战略布局论述摘编 [M]. 北京：中央文献出版社，2015.
[119] 孟德斯鸠. 论法的精神上册 [M]. 张雁深，译. 北京：商务印书馆，1959.
[120] 陈奇星，等. 行政监督新论 [M]. 北京：国家行政学院出版社，2008.
[121] 张定安，谭功荣. 绩效评估：政府行政改革和再造的新策略 [J]. 中国行政管理 2004（2）：26-28.
[122] 习近平关于全面从严治党论述摘编 [M]. 北京：中央文献出版社，2016.
[123] 习近平关于严明党的纪律和规矩论述摘编 [M]. 北京：中央文献出版社，2016.
[124] 习近平关于党风廉政建设和反腐败斗争论述摘编 [M]. 北京：中央文献出版社，2015.
[125] 十八大以来党风廉政建设和反腐败法规制度汇编 [M]. 北京：中国方正出版社，2016.
[126] 李小沧. 中国的行政监督 [M]. 天津：天津大学出版社，1999.
[127] 克里斯托弗·胡德. 监管政府：节俭、优质与廉政体制设置 [M]. 陈伟，译. 北京：生活·读书·新知三联书店有限公司，2009.
[128] 张华. 当代中国公权力网络监督研究 [M]. 合肥：合肥工业大学出版社，2013.
[129] 陈国权. 权力制约监督论 [M]. 杭州：浙江大学出版社，2013.
[130] 邓频声. 中国特色社会主义权力监督体系研究 [M]. 北京：时事出版社，2011.
[131] 王凯伟. 政府效能与行政监督 [M]. 长沙：湖南人民出版社，2012.
[132] 汪波. 中国网络监督与政府治理创新（1994—2012），"四维制衡"视角透析 [M]. 北京：北京师范大学出版社，2013.
[133] 王月明. 地方公共权力监督制约体制研究 [M]. 北京：法律出版社，2012.